LES MARCHÉS FINANCIERS DE L'AFRIQUE CENTRALE

Changements structurels et performances

Collection Etudes Eurafricaines
Dirigée par André Julien Mbem

Le Sahara et la Méditerranée, frontières entre l'Afrique et l'Europe, sont aussi des passerelles par lesquelles, depuis des siècles, au-delà des tragédies et des drames, se rapprochent et se remodèlent ces deux ensembles géographiques et leurs civilisations. La collection « Etudes Eurafricaines » encourage la diffusion d'études historiques et prospectives sur les symbioses dont cette partie du monde est l'antique théâtre.

Déjà parus

AMOR NDJABO Monique, *Le handicap moteur dans la ville de Yaoundé. Trajectoires et expériences de vie*, 2021.
FOFANA Abdoulaye, *La direction du budget au Mali*, 2020.
KAGAMBEGA Marcel, *Le rôle des Etats africains dans l'encadrement juridique des migrations Sud-Nord et Sud-Sud*, 2020.
BOUSSOU Vivian, *De l'efficacité des mots et concepts dans la définition des politiques économiques. Etude du cas de la Côte d'Ivoire à travers une analyse des discours*, 2020.
OVOUNDAGA Marcy Delsione, *La télévision publique gabonaise et la construction d'une communauté nationale (1963-2014)*, 2020.
AMADOU ADAMOU Bachirou, *Le constitutionnalisme à l'épreuve de l'intégration dans l'espace CEDEAO. Contribution à l'étude de la protection des droits fondamentaux depuis l'ouverture démocratique en Afrique*, 2020.
FOFANA Abdoulaye, *La direction du budget au Mali. Instrument stratégique de prévision et d'exécution de la Loi des finances*, 2020.
KYALO-OCHIENG Nuru Koki, *Le langage du dessin d'actualité. Approche sémiotique*, 2020.
FOFANA Ibrahima Sory, *Mali : enjeux des mutations et des recompositions du foncier à Bamako*, 2020.
HOUNZANDJI Aimé, *Une université nationale en Afrique occidentale. Dahomey-Bénin (1944-1974)*, 2020.
YAGONZELA LIAMBOMBA Didier, *L'avènement de la justice constitutionnelle en République démocratique du Congo. De la Cour suprême à la Cour constitutionnelle*, 2020.
TOUNKARA K. Mamoutou, *La migration des Maliens vers la France. Enjeux politiques, économiques et socioculturels*, 2020.
MOUVONDO Epiphanie, *La logistique de l'aval pétrolier dans les pays de la CEMAC. Révélateur et facteur des disparités socio-spatiales d'accès aux produits pétroliers*, 2020.
MBA MISSANG Frederik, *La professionnalisation de l'armée au Gabon*, 2019.

Paul BABAGNACK

LES MARCHÉS FINANCIERS DE L'AFRIQUE CENTRALE

Changements structurels et performances

Préface de Daniel ONA ONDO

L'Harmattan

5-7, rue de l'École-Polytechnique, 75005 Paris

http://www.editions-harmattan.fr

ISBN : 978-2-343-22736-8
EAN : 9782343227368

À mes parents,
M. et Mme EMBAL,
À ma femme,
Olive Danielle BABAGNACK,
À mes enfants,
Serge Alain OSSOCK BABAGNACK EVOUNA
Ivan Collins BALATA BABAGNACK SIBE
Franck Daryl BABAGNACK EMBAL
Ralph Daren BABAGNACK BIBOU
Candela Dana BABAGNACK OUYENG

Cher Professeur,

Excellence Monsieur le Président de la commission de la CEMAC,

J'ai un honneur respectueux à l'endroit de votre personne pour votre long et riche parcours universitaire et professionnel exemplaire.

Au moment où vous présidez aux destinées de la commission de la CEMAC, vers le chemin de l'intégration régionale, pour une accession réussie à la mondialisation, le présent ouvrage est une modeste contribution de ma part, pour une intégration financière régionale de la CEMAC.

Je vous prie de considérer que ce livre est un soutien à votre action et un accélérateur de l'intégration régionale de la CEMAC pour l'intérêt supérieur de nos États et de leurs populations en matière de financement de notre économie.

Bonne lecture, Excellence Monsieur le Président de la commission de la CEMAC,
Pr Daniel ONA ONDO

M. Paul BABAGNACK, Ph. D.
Docteur en Sciences de Gestion
Expert-comptable
Commissaire aux comptes
Agréé CEMAC EC 526

REMERCIEMENTS

Qu'il me soit permis de remercier en particulier :

M. Zeineddine KHELFAOUI, Professeur Agrégé des Universités en Sciences Economiques et sociales, enseignant à l'Université Paul-Valéry Montpellier III, mon Directeur de thèse pour m'avoir enseigné, conseillé, accompagné depuis de nombreuses années et qui a accepté de diriger mes travaux.

M. Jean Michel PLANE, Professeur Agrégé des Universités en sciences de gestion et sociales, enseignant à l'Université Paul-Valéry Montpellier III, pour m'avoir enseigné depuis de nombreuses années, pour ses conseils et son soutien permanents.

M. Sofiane TAHI, HDR, Professeur à l'Université de Picardie Amiens, pour sa lecture et ses corrections.

M. Hervé NDOUME ESSIGONE, Maître de conférences, Agrégé CAMES en Sciences de gestion, Institut National des Sciences de Gestion (Gabon) pour sa lecture et ses corrections.

Mme Catherine PEROUX, Maître de conférences en Sciences de gestion, enseignante à l'Université Paul-Valéry Montpellier III, pour m'avoir accueilli, conseillé, et accompagné.

M. Boris STRONC, Maître de conférences en Sciences de gestion, enseignant à l'Université Paul-Valéry Montpellier III, pour m'avoir soutenu.

M. Kondé SEKOUBA, M.B.A., Administrateur Directeur Général de l'Académie franco-américaine de Management (AFRAM), partenaire au Gabon de l'Université Paul-Valéry Montpellier III, qui m'a toujours orienté et encouragé vers le chemin de la connaissance.

Mes remerciements vont enfin à mes enseignants, aux membres du jury et à tous ceux qui ont contribué de près ou de loin à la réalisation de la thèse qui a rendu possible le présent ouvrage. Qu'ils trouvent à travers l'aboutissement de ce travail de recherche, le témoignage de ma reconnaissance.

PRÉFACE

Face à l'internationalisation de plus en plus accentuée du commerce mondial, les États sans exception sont confrontés et engagés dans un processus de compétitivité de leurs économies. D'où la multiplication des initiatives d'intégration régionale dans le monde. L'Afrique n'est pas en reste de ce vaste mouvement irréversible. C'est ainsi que l'Afrique s'est engagée de façon prémonitoire dans ce processus dès les années 60 au lendemain des indépendances. Il en est de même des États de l'Afrique centrale constituant la Communauté économique et monétaire de l'Afrique centrale (CEMAC). L'Afrique compte aujourd'hui près de quatorze (14) intégrations économiques régionales (IER).

L'intégration comme facteur de croissance économique et de développement est devenue plus qu'hier une contrainte au regard de la faiblesse de nos économies et de leurs très petites tailles. Le régionalisme est un tremplin vers l'économie mondiale pour réussir l'entrée des pays de la CEMAC dans une économie globalisée en bloc homogène. Le régionalisme doit être compris comme une vision à trois dimensions :

- ✓ **Politique** : basée sur des institutions fortes et stables, gage de confiance en référence à l'amélioration du climat des affaires ;
- ✓ **Économique** : se référant à la libre circulation des biens et des personnes et au commerce intrarégional, afin de développer et de soutenir des dynamiques et des pôles de croissance ;
- ✓ **Monétaire et financier** : relative aux banques et autres mécanismes financiers comme les marchés financiers permettant d'assurer le financement de l'économie et sécuriser les flux financiers.

Il s'agit d'œuvrer au rapprochement des économies de la CEMAC, à une intégration institutionnelle, et surtout de pallier la faiblesse de la capitalisation individuelle de chaque État à mobiliser les fonds nécessaires au financement de son économie, en l'absence d'un instrument de financement des investissements longs dans la CEMAC, selon la Banque des États de l'Afrique Centrale (BEAC). Sur ce constat, les pays membres de la CEMAC décident alors de constituer une bourse de valeurs mobilières régionale (BVMAC) lors du sommet des chefs d'État de la CEMAC à N'Djamena au TCHAD du 14/12/2000 au 18/12/2000.

En plus de ces facteurs, d'autres facteurs sont venus renforcer l'idée de l'intégration économique et financière des États de la CEMAC. Il s'agit de la dévaluation du franc de la coopération financière africaine (FCFA) en janvier 1994 par rapport au franc français (FF), et par ricochet à l'euro, qui a doublé la dette des États et des entreprises et accentué la crise du secteur financier.

D'où la nécessité de la création des outils pour un financement endogène de l'économie des pays de la CEMAC, profitant de l'atout majeur d'une intégration économique régionale à monnaie unique, car l'union monétaire à monnaie unique est un atout supplémentaire dans une union économique. Les expériences de coopération monétaire dans le monde sont la preuve des élans d'intérêt et des gains générés par cette connexion monétaire des États membres.

Ce pour quoi l'existence dans un même espace économique et monétaire comme la CEMAC, de deux marchés financiers est une incompréhension structurelle et opérationnelle dans la perspective de la création des marchés plus vastes et afin de relier les marchés africains aux marchés internationaux.

S'agissant de la bourse des valeurs régionales de l'Afrique centrale (BVMAC) et de la Douala stock exchange (DSX), cet état de fait freine l'élan de solidarité régionale et plombe le développement des pays membres. D'où la disparition progressive des marchés financiers nationaux. Car, les marchés financiers de l'Afrique centrale pris individuellement ont montré leurs limites s'agissant de leurs performances. Les indicateurs de performances boursières (capitalisation boursière, indice boursier et le rapport de capitalisation sur le PIB) sont médiocres.

Sortir de l'antagonisme de ces deux marchés financiers est une impérieuse nécessité. La crise institutionnelle, opérationnelle et séparatiste dans laquelle se trouvait le marché financier de l'Afrique centrale rend tout son système financier inefficace dans le financement de son économie. Il s'agit donc de sortir d'un marché financier fragmenté et entrer dans un marché financier centralisé par la consolidation des deux marchés financiers sur la base des théories de la centralité (bipolaires) et de la mutualisation.

Ne pas profiter des avantages d'une zone monétaire optimale (ZMO) à monnaie unique reviendrait à ignorer le potentiel économique de la région Afrique centrale en développant des titres domestiques. De façon empirique, les différents marchés financiers à travers le monde se regroupent pour construire des dynamiques financières et améliorer la soutenabilité et le financement des économies. La théorie du changement structurel/organisationnel permet une consolidation des deux marchés financiers de la CEMAC.

Cette reconstruction participe du développement du système financier de la région Afrique centrale qui manquait d'un outil comme le marché financier. Le système financier s'améliore en renforçant son efficacité dans le financement de l'économie de la communauté. Cette réorganisation ayant pour effet de stimuler et d'accélérer le processus d'une intégration économique et financière.

La CEMAC a entamé la fusion de ses deux marchés financiers suite à la décision prise lors de la session extraordinaire de ses Chefs d'État tenue le 30 octobre 2017 à N'Djamena au TCHAD. Elle se fera en deux phases.
La première phase est institutionnelle entre les régulateurs (CMF et COSUMAF) et les dépositaires centraux (CAA, BVMAC et BEAC).

La deuxième phase concerne la restructuration et l'accompagnement des structures/unités.

À travers cet ouvrage le Dr Paul BABAGNACK fait émerger avec emphase, une double interpellation, tant sur les plans théorique et scientifique que sur les plans politique et institutionnel. Après l'accession des pays de l'Afrique centrale à la souveraineté internationale, ils ont opté pour le régionalisme comme modèle de développement. Ce modèle a connu des adaptations au fil du temps pour répondre aux préoccupations du moment.

Les différentes crises économiques et financières qui se sont succédé ont accentué la prise de conscience pour une intégration africaine avec comme marqueur le Plan d'Action de Lagos (PAL) en 1984. Ces États ont opté pour la création des communautés économiques régionales et le renforcement de celle qui existe (CEMAC). Avec pour objectif prioritaire l'endogénéisation du financement de l'économie africaine et le renforcement du commerce régional et intrarégional afin de créer des pôles de production des champions nationaux et par l'effet du ruissellement, assurer un développement équilibré de nos pays membres.

Le financement bancaire est à bout de souffle d'une part et onéreux d'autre part. Face à ces deux contraintes majeures du système bancaire, un système parallèle comme le marché financier réorganisé peut corriger ou suppléer cette défaillance. Afin que le succès soit au bout du compte, il s'agit de « repenser la gouvernance et surtout rendre plus efficaces nos interventions communautaires pour accélérer l'intégration régionale » et légitimer l'intégration continentale africaine en gestation.

Pr Daniel ONA ONDO,
Président de la commission de la CEMAC
Ancien Premier Ministre

INTRODUCTION GÉNÉRALE

L'environnement du système financier [1]de l'Afrique centrale est en mutation depuis les années 2000 avec la présence en son sein d'un acteur nouveau et remarquable qu'est le marché financier. C'est un outil innovant, indispensable au financement des économies dans un contexte de globalisation et de mondialisation, afin de booster son économie en développement et de ne pas rester en marge de l'évolution des mécanismes de financement pour l'investissement et la croissance. Il constitue une source de financement complémentaire appelé la finance directe[2], alternative aux sources en vigueur depuis les années 1960 après les indépendances des pays d'Afrique subsaharienne jusque dans les années 1980, c'est-à-dire principalement le système bancaire [3]et les investissements directs étrangers[4].

---

[1] Le système financier permet de mettre en relation les agents économiques excédentaires en ressources avec ceux qui sont déficitaires. Cette mise en relation peut se faire directement ou indirectement ; on parlera de finance directe ou indirecte.

[2] Typologie établie en 1960 par J. Gurley et E. shaw, Vernimmen 2015, Finance d'entreprise, Dalloz p. 323

[3] Le système bancaire moderne se compose d'une banque centrale et des banques commerciales (appelées aussi banques secondaires, banques ordinaires privées ou tout simplement banques).

[4] Selon la Banque de France, « les investissements directs sont des investissements internationaux par lesquels des entités résidentes d'une économie acquièrent ou ont acquis un intérêt durable dans une entité résidente d'une économie autre que celle de l'investisseur. La notion d'intérêt durable implique l'existence d'une relation à long terme entre l'investisseur direct et la société investie et l'exercice d'une influence notable du premier sur la gestion de la seconde. L'investissement direct comprend à la fois l'opération initiale entre les deux entités et toutes les opérations financières ultérieures entre elles et les entreprises du même groupe international ». La notion d'intérêt durable permet de différencier, parmi les mouvements internationaux de capitaux, les IDE des investissements de portefeuille. Ces derniers sont considérés comme des placements internationaux, alors que les IDE impliquent un pouvoir de décision de l'investisseur sur l'entreprise rachetée ou construite à l'étranger. La distinction fondamentale entre IDE et investissement de portefeuille a été introduite

Loin d'être désuets ou opposés, leur rôle ainsi que leur impact se trouvent prolongés, renforcés et sécurisés dans la consolidation et la diversification des sources de financement dont l'économie a besoin.

Définir le rôle du marché financier, c'est répondre d'abord à la question, pourquoi le marché financier ? Le financement de l'économie postmoderne au regard des enjeux complexes et multiformes est une question centrale qui exige la mobilisation des capitaux importants et des différents acteurs économiques (qu'ils soient des investisseurs particuliers comme les ménages ou des investisseurs institutionnels comme les entreprises, les administrations publiques ou les collectivités locales) qui ont des besoins de financement liés à leur activité économique. La finance se trouve être ainsi le centre de gravité dans le processus de financement des économies. De ce fait, une place de choix lui est accordée par toutes les parties prenantes.

Le secteur public crée l'environnement propice à travers son pouvoir politique et administratif en donnant une impulsion de départ, par la suite contrôle et régule cette activité par une règlementation institutionnelle et normative. Le secteur privé quant à lui saisit cette opportunité contextuelle et règlementaire pour créer de la valeur afin de concourir sans cesse pour disposer des sources de financement durables et variables, modernes et innovantes capables de répondre

---

en 1960 par S. Hymer. Dans une thèse qui ne sera publiée qu'en 1976, il met en évidence que ces deux types d'investissements internationaux répondent à des déterminants différents. L'IDE se traduit non seulement par un transfert de fonds financiers, mais aussi en général par un transfert de technologies et de capital humain (par l'intermédiaire des personnels expatriés s'impliquant dans la production à l'étranger). L'IDE est à l'origine de la création des firmes multinationales ou sociétés transnationales. Une fois créé un réseau de filiales à l'étranger, l'activité de la firme multinationale ne se réduit cependant pas aux seuls IDE. Progressivement, la firme internationale va organiser au niveau international ses activités de conception, de production et de commercialisation de ses produits. Les relations entre les filiales étrangères et la maison-mère donnent alors lieu à un commerce international intrafirmes de biens et de services, qui ne relève pas des IDE.

efficacement aux besoins des opérateurs économiques actuels et futurs. Pourquoi alors les développer dans les PED ?

L'essor du marché de capitaux dans certains PED constitue un tournant décisif dans l'histoire de la globalisation financière, entraînant comme l'ont justement souligné Bourguinat et Menaï (1994), une double rupture[5] : « D'une part, la hiérarchie des marchés née de la globalisation de la finance internationale et qui excluait d'emblée les PED (considérés comme assez risqués avec la suspension des paiements enregistrée au début de la dernière décennie) du circuit de l'économie financière mondiale semble disparaître. D'autre part, l'équilibre général sous-jacent au fonctionnement de ce vaste marché semble également évoluer. L'équilibre quantitatif avec éviction des PED a laissé place à un équilibre par des prix. Les pays émergents ont payé par des rendements extrêmement élevés leur intégration financière ».

Sur cette base, plusieurs raisons concourent au développement du marché financier domestique, il s'agit alors des raisons spécifiques et générales (Committee on the Global Financial System, BIS 1999, Herring Richard et al, 2000, Kim et al, 2001). La principale raison spécifique est que le développement d'un marché financier à titre performant offre à l'État un mécanisme de financement des dépenses qui atténue la nécessité de recourir à la BC pour financer le déficit budgétaire. Une autre raison spécifique est la nécessité de stériliser les entrées massives des capitaux (Tuner, 2002). C'est-à-dire que le recours de l'État au financement par les institutions financières internationales avec son corollaire de conditionnalités très onéreuses devient moins une contrainte qu'une option. Une autre raison spécifique est que le marché financier donne la possibilité à l'État d'avoir accès à des financements à long terme par le biais de l'emprunt obligataire.

[5] Direction de la prévision. Note de conjoncture internationale, décembre 1995, p. 27

Il y a également plusieurs raisons d'ordre général. La raison fondamentale est de rendre les marchés financiers plus complets en générant des taux d'intérêt du marché qui reflètent le coût d'opportunité des fonds à chaque échéance. Ceci pose problème pour l'efficacité des investissements et la décision de financement, car la base des investisseurs reste dominée essentiellement par le secteur bancaire.

Une deuxième raison générale est d'éviter la concentration de l'intermédiation financière uniquement sur les banques (John Burger et al, 2006).

Une troisième raison est que le marché financier peut aider les opérations de politiques monétaires telles que le refinancement interbancaire afin de satisfaire un besoin de liquidités et par la même occasion le contrôle de la masse monétaire.

Une quatrième raison est que le marché financier donne la possibilité aux autres opérateurs économiques que l'État de trouver des sources de financement de l'économie à long terme par le biais de la capitalisation boursière pour certains, et pour d'autres par des opportunités de placement des fonds donc de l'épargne par le financement direct des investissements ; ce qui implique une forte mobilisation de celle-ci permettant d'augmenter le taux d'épargne (Lévine et Zervos, 1998).

Une cinquième raison, c'est que le marché financier est un vecteur de croissance, car il permet l'amélioration du système de contrôle des entreprises et le filtrage ou la sélection des entreprises pouvant bénéficier ou avoir accès à l'épargne (Joseph Schumpeter, 1912). Mais aussi couplé à l'accélération de la croissance économique, il stimule l'épargne domestique par une amélioration de la quantité et de la qualité des investisseurs (Singh, 1997).

Aujourd'hui, cette activité a connu une mutation profonde et rapide pour répondre aux différents et nombreux besoins de financement en s'adaptant à un nouvel environnement plus contraignant, car plus ouvert et plus global donc plus compétitif et offrant des produits divers. La libéralisation financière est favorable à la croissance économique dans ces pays (PVD) en stimulant l'épargne et l'investissement, en améliorant la productivité du capital financier et en diminuant son coût par le biais de l'offre et de la demande de ce capital. Et cette rencontre se produit dans un milieu normé et règlementé qu'est le marché financier.

De façon générale, c'est une doctrine économique qui se matérialise par l'ouverture à la concurrence et par la mise en place d'un système de régulation qui se substitue au dirigisme des pouvoirs publics et au contrôle de l'État. Elle consiste à rendre libre l'accès à une activité économique pour différents agents économiques privés ou publics. Elle signifie donc la fin du monopole d'une administration ou d'une entreprise sur une activité définie par l'autorité publique. La libéralisation veut contribuer à la stimulation de la concurrence, à l'encouragement de l'innovation, la qualité du service et la baisse des prix pour le consommateur final d'un bien ou d'un service.

De façon spécifique, la libéralisation financière est un concept qui a été développé par Mc Kinnon (1973). Elle est apparue comme une solution à la répression financière. Et selon lui, elle permet l'accumulation de l'encaisse monétaire (épargne) en augmentant le taux d'intérêt réel et en stimulant la croissance, tout en réduisant l'intervention de l'État dans le secteur financier.

Shaw (1973) insiste sur l'importance du secteur financier dans le développement économique. Il peut accélérer la croissance en apportant son concours à l'élimination de la pesante répétition de la performance d'une économie réprimée. Il présente les avantages de la mise en place d'une politique de libéralisation financière.

En premier lieu, il permet l'entrée de flux de capitaux étrangers et non la sortie des capitaux domestiques. En deuxième lieu, la libéralisation financière permet l'unification du marché domestique du capital en raison de l'augmentation des taux d'intérêts servis sur les dépôts bancaires. En troisième lieu, elle conduit à une diversification des produits financiers en faveur des prêteurs et emprunteurs.

De façon empirique, l'expérience montre que le marché obligataire en monnaie locale aide à la stabilité financière en déduisant le risque de change et en allongeant les échéances des financements. Ce développement du marché obligataire est lié aux choix des politiques économiques adoptées par la plupart des PED favorables au libéralisme économique des années 1980 c'est-à-dire :

Une plus grande ouverture au commerce international et sur le plan intérieur, des réformes allant dans le sens du recul de l'État dans le fonctionnement de l'activité économique et l'amélioration de la dette publique.

Définir le rôle du marché financier, c'est ensuite répondre à la question : qu'est-ce que le marché financier ? Le concept de marché financier ou bourse est une illustration particulière du marché. L'expression est également employée au pluriel « les marchés financiers ». Le terme renvoie à une double signification.

C'est d'abord un lieu où différents types d'acteurs peuvent échanger des capitaux au comptant ou à terme, effectuer les transactions sur des actifs financiers et de plus en plus sur des produits dits *« dérivés ».*

C'est-à-dire un lieu physique, où fondamentalement, les marchés financiers servent à permettre la « rencontre » entre des « épargnants » et des « investisseurs » d'une part, des personnes qui, parce qu'elles ne dépensent pas en consommation la totalité de leurs revenus, souhaitent placer tout ou partie de leur épargne. Et d'autre part, des personnes, disons principalement des entreprises, mais aussi des États, qui au contraire ne disposent pas, à un moment donné, et alors qu'elles en expriment le besoin, de la totalité des « fonds » nécessaires au financement de tel ou tel projet, de tel ou tel investissement.

C'est aussi le mécanisme de moins en moins *« géographique »* et de plus en plus « abstrait *», « dématérialisé », « virtuel »* par lequel sont agrégés en temps réel et de façon de plus en plus continue les offres des vendeurs et les demandes des clients en vue de déterminer une cotation (un taux ou une valeur).

Fondement du processus de globalisation financière, basé sur la règle des « 3 D » : *désintermédiation, décloisonnement et dérèglementation* (Henri Bourguinat, 1992). C'est-à-dire :

Désintermédiation : Les entreprises n'ont plus besoin des banques pour se financer ou pour emprunter, elles s'adressent directement aux marchés (actions, obligations…)

Décloisonnement : L'interconnexion du marché monétaire (marché à court terme), du marché financier (marché à long terme : actions, obligations) le marché des changes (l'échange de monnaies). À titre d'exemple : emprunter par l'émission d'un titre, d'une monnaie à une autre avec une couverture de risque de change. Il s'agit aussi d'une ouverture internationale des marchés, avec une synergie des banques commerciales d'affaires, et la levée du contrôle de change.

Dérèglementation : Il s'agit d'une adaptation de la règlementation bancaire à l'évolution du secteur financier, notamment dans le but de libéraliser la concurrence.

Définir le rôle du marché financier enfin, c'est lui donner une définition simple, compréhensible et décliner son organisation générique. Le marché financier au sens le plus strict est un marché direct de capitaux à long terme (appel public à l'épargne) qui comprend de manière classique deux compartiments.

Le marché primaire d'une part ou marché de l'émission des titres ou encore marché du neuf est le compartiment où les agents économiques ayant des besoins de capitaux longs (entreprises et États, etc.) peuvent les satisfaire en émettant (en vendant) des titres (actions et obligations). Et le marché secondaire d'autre part ou marché de l'occasion facilite l'échange des titres déjà émis dans le marché primaire. Les deux marchés étant complémentaires et indissociables, le second permet surtout d'assurer la liquidité du marché et le premier encourage l'entrée de nouveaux titres dans le marché.

Mais l'histoire des marchés financiers est liée à celle du développement économique en général et aussi à l'évolution politique et culturelle de chaque pays ou de chaque région. Depuis les années 1930, le système financier étant essentiellement dominé par le système bancaire, c'est à partir des années 1970 que le basculement s'opère de façon décisive avec une forte croissance des marchés financiers.

Cette évolution du mode de financement de l'économie s'est propagée de manière progressive avec comme point de départ les pays développés, à partir de l'Europe occidentale, l'Amérique centrale et l'Amérique du Nord pour connaître une accélération vers l'Asie et le Moyen-Orient. Cette progression fut lente dans les pays sous-développés comme en Amérique du Sud, en Afrique à l'exception dans une moindre mesure de l'Afrique du Sud qui a connu un développement plus rapide. Ce processus s'est accéléré grâce au développement du commerce international, garantissant les moyens de paiement et la nécessité de la délocalisation des investissements par une forte financiarisation des investissements directs étrangers faisant appel à des mouvements importants des flux financiers. L'émergence des marchés financiers en Afrique implique un changement de paradigme dans le comportement tant des opérateurs économiques que des institutionnels.

Seulement leur apparition en Afrique n'est pas ancienne, hormis en RSA, la vingtaine des marchés financiers répartis entre l'Afrique du Nord, l'Afrique de l'Ouest, l'Afrique Centrale, l'Afrique Australe et l'Afrique de l'Est datent des années 1980. On dénombre actuellement de manière précise vingt-trois bourses dont deux en Afrique centrale (Tableau n° 1).

Tableau n° 1 : Les marchés financiers existants en Afrique

SOUS-RÉGIONS	NOMBRE	BOURSES DES VALEURS MOBILIÈRES
Afrique du Nord	**4**	Bourse d'Algérie, de Casablanca, du Caire et d'Alexandrie (CASE) et de Tunis
Afrique de l'Ouest	**4**	Bourse régionale des valeurs mobilières (BVRM), regroupant les huit pays de l'UEMOA, du Cap-Vert, du Ghana et du Nigeria
Afrique centrale	**2**	• Le Douala Stock Exchange (DSX), la bourse du Cameroun Et • la Bourse des valeurs mobilières de l'Afrique centrale (BVMAC), regroupant les six pays de la CEMAC
Afrique Australe	**8**	Bourse du Botswana, de Johannesburg, du Malawi, de Mozambique, de Namibie, de Swaziland, de Zambie, et de Zimbabwe
Afrique de l'Est	**5**	Bourse de Nairobi, de l'île Maurice, de Kampala, de Tanzanie et du Soudan
TOTAL	**23**	

Source : à partir du rapport de l'Union Africaine, 2008

Le développement des marchés financiers s'est accentué avec la création des grands ensembles économiques dans le monde (CER) afin de correspondre aux exigences financières et aux exigences économiques du moment, relatives au développement de la finance d'une part et au renforcement du commerce international d'autre part.

Aussi l'ouverture des frontières et la suppression des barrières, conséquences de la globalisation des économies ont contribué à la conquête de nouveaux espaces d'investissement, notamment de nouveaux débouchés en vue de la satisfaction des nombreux et nouveaux besoins liés à l'évolution de la population mondiale et l'accroissement de la pauvreté. L'efficacité d'une telle démarche passe par la mutualisation[6] des moyens techniques et technologiques, humains et surtout financiers, etc.À titre d'illustration, nous pouvons décrire l'évolution des marchés financiers de Paris, Bruxelles et Amsterdam.

L'Afrique n'est pas restée à l'écart de ces transformations et des regroupements selon les clivages historiques ou hégémoniques. Ce fut le cas avec les deux entités issues de la colonisation ou de la tutelle française : l'Afrique Equatoriale (centrale) française et une partie des pays de l'Afrique de l'Ouest (occidentale) française. Soit en s'affranchissant politiquement d'abord, ensuite sur le plan économique et enfin sur le plan monétaire par la création des monnaies locales. Comme ce fut le cas en Afrique de l'Ouest : au Ghana avec le *« Cédi »,* au Nigeria avec le *« Naira »*. En Afrique du Nord : au Maroc avec le *« Dirham »*, en Tunisie avec le *« Dinar »*, et en Afrique australe avec l'Angola et le *« Kwanza »* ou le Botswana avec le « Pula » et l'Afrique du Sud avec le *« Rand »* qui est un cas particulier dans le domaine de l'existence et du développement des marchés financiers en Afrique.

[6]Un des principes de la théorie de l'efficience des marchés est mutualisation des ressources « l'économie du pooling »

De façon surprenante, ces évolutions ne sont pas uniquement le résultat des politiques économiques gouvernementales cherchant à développer le secteur financier. Elles sont aussi dues à la mise en œuvre de stratégies politiques visant à associer les populations aux programmes de privatisations impulsés dès la fin des années 1980 par les institutions financières internationales (IFI), en l'occurrence la Banque mondiale (BM) et le Fonds monétaire international (FMI). En effet, l'introduction en bourse des sociétés publiques nationales visait à obtenir l'adhésion et l'implication de la population (traditionnellement hostile aux privatisations bénéficiant essentiellement aux groupes étrangers), en favorisant l'actionnariat africain (local), ce qui permettait en même temps d'élargir la base des investisseurs. Quatorze (14) places boursières ont ainsi été créées entre 1988 et 1999.

Le projet de bourse régionale dans l'espace CEMAC avait démarré en 2003, mais sa mise en œuvre n'a progressé que lentement. La bourse des valeurs mobilières de l'Afrique centrale (BVMAC) a reçu en avril 2007 l'agrément du régulateur régional. La commission de surveillance du marché financier de l'Afrique centrale (COSUMAF) assure l'animation et la gestion courante de la bourse régionale. Les fonctions de banque de règlement sont assurées, à titre transitoire, par la Banque des États de l'Afrique centrale (BEAC). La bourse régionale est une bourse inter-États des pays de la CEMAC correspondant à un marché financier régional. Et la Douala stock exchange (DSX), bourse nationale du Cameroun a débuté en 2003. La bourse nationale est donc une bourse locale à compétence territoriale dans un pays donné. L'intégration financière au sein de la Communauté économique et monétaire de l'Afrique centrale (CEMAC) continue de se heurter à l'existence de deux places boursières concurrentes et très peu actives sur les marchés primaires ou secondaires.

Avec la crise financière mondiale, le renchérissement des coûts de financement sur les marchés des capitaux internationaux a réduit les options de financement des États africains, dont des pays membres de la CEMAC. Le développement des marchés de titres domestiques est ainsi devenu un objectif encore plus important, relayé par les politiques des institutions financières multilatérales.

Dès 2008, la Banque africaine de développement (BAD) a lancé l'initiative des marchés financiers africains (l'IMFA) tandis qu'une initiative conjointe du FMI et de la BM a été lancée pour aider, entre autres, les pays d'Afrique subsaharienne, dans la construction de marchés financiers. Élément de réponse à la crise financière internationale, la piste d'allocation des sources locales de financement à travers les marchés financiers se trouve être une piste structurelle encourageante, durable et sécurisée.

Si tant est qu'elle reçoit l'assentiment des différents bailleurs de fonds internationaux, à savoir le FMI et la BM, à l'observation, l'espace du marché financier de l'Afrique Centrale est constitué de deux bourses de valeurs mobilières : l'une à vocation sous-régionale, la BVMAC avec compétence sur l'étendue du territoire des six (6) pays composant la CEMAC.

Au fond, un fait remarquable attire l'attention de tout observateur attentif et averti sur la question du financement des investissements en particulier et du paysage économique en général. Il est à noter l'existence sur le même marché financier de l'Afrique centrale, d'une autre bourse de valeur mobilière, nommée la DSX. Investie des missions identiques à celle de sa consœur de la BVMAC, basée à Douala avec la particularité d'avoir compétence uniquement sur le territoire national camerounais. (Figure n° 1)

Figure n° 1 : Sphère géographique des marchés financiers dans la CEMAC

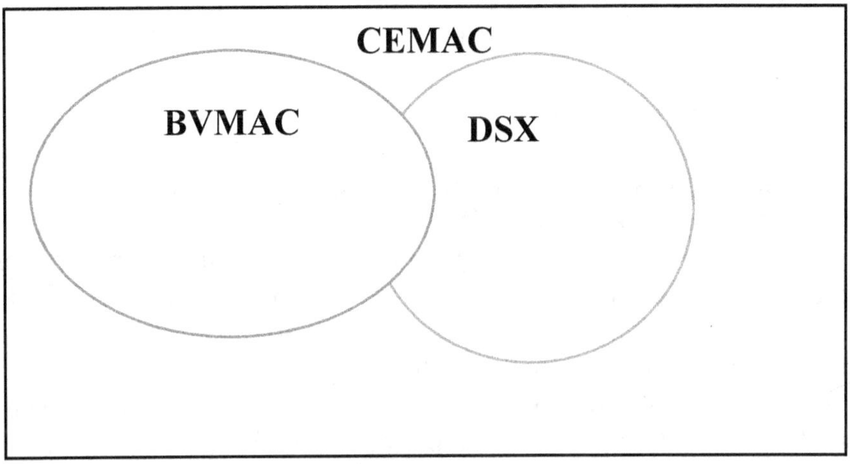

Après plus d'une décennie d'existence institutionnelle formelle et structurelle, une infrastructure organisationnelle, fonctionnelle et opérationnelle mais non dynamique, l'on peut s'interroger sur la pertinence de la corrélation du binôme marchés financiers et financement de l'économie dans un tel contexte.

Le premier étant au service du second, la question suivante mérite une réponse : les marchés financiers de l'Afrique centrale sont-ils performants dans le financement des économies des pays membres de la CEMAC ? Telle est la question centrale qui anime ce travail de recherche.

Répondre à cette question centrale, c'est définir d'abord le concept de performance. C'est une notion plurielle et complexe. Afin de mieux correspondre à l'esprit et à la lettre de notre travail de recherche, une attention particulière portée sur cette notion s'impose afin de décliner les indicateurs génériques et spécifiques à retenir qui soutiendront l'analyse du lien entre marché financier et entreprises.

La performance serait alors structurelle par un enchaînement entre allocation et récupération des ressources. On pourrait donc définir la performance comme la capacité à agir selon des critères d'optimalité très variés, afin d'obtenir la production d'un résultat. Mais la performance désigne aussi bien le résultat que les actions qui ont permis de l'atteindre (Bourguignon, 1996). Cette approche classique et traditionnelle se focalise sur le résultat et revient sur l'enchaînement nécessaire allocation/récupération. C'est plus une approche situationnelle qui pourrait être complétée par une approche plus processuelle, comme celle de l'US Navy : « processus de la définition de la mission et des outputs, de détermination des standards de la performance, mise en relation du budget avec la performance, de *"reporting"* des résultats ainsi que de l'assurance que les managers sont capables des résultats ». La performance résulterait donc du choix d'un ensemble d'enchaînements d'actions à exécuter et des moyens mis à disposition pour l'atteinte des objectifs ainsi que pour le choix des compétences.

Cette approche privilégie également les concepts d'efficacité et d'efficience, qui apparaissent comme des synonymes de la performance, mais parfois comme des résultats à atteindre. Il est d'ailleurs préférable de se référer à ces notions plutôt qu'à la productivité qui renvoie à une approche industrielle et reste donc évoquée pour justifier le caractère quantitatif de la performance. L'efficacité pourrait être définie comme « la capacité à réaliser des objectifs » (de la Villarmois, 2001). Il s'agit de faire ce que l'on a prévu même si on doit y affecter des ressources supplémentaires. Elle représente la conformité de l'atteinte de l'objectif alors que l'efficience implique le respect des contraintes de ressources, c'est-à-dire les moyens négociés (Commarmond et Exiga, 19 989). L'efficience introduit la notion d'optimisation.

Être performant impliquerait alors d'être à la fois efficace et efficient dans une situation donnée. La notion même de performance est alors relative à la définition des objectifs. L'organisation peut alors se concevoir comme un ensemble finalisé en vue « de faire quelque chose ». C'est une coordination rationnelle des activités en vue de poursuivre des buts et des objectifs implicites communs (Edgar H. Schein, 1970). La poursuite d'un objectif est la condition d'existence d'une organisation (Chester et Barnard, 1938). Longtemps l'approche classique s'est imposée, simplifiant la question de la performance, fédérant les individus autour d'un objectif unique déterminé en haut lieu. Pour résumer cette approche, un modèle global peut être présenté, il s'agit du modèle de (Gilbert, 1980) qui se décline à travers un triangle (Figure n° 2).

Figure n° 2 : Le triangle de la performance

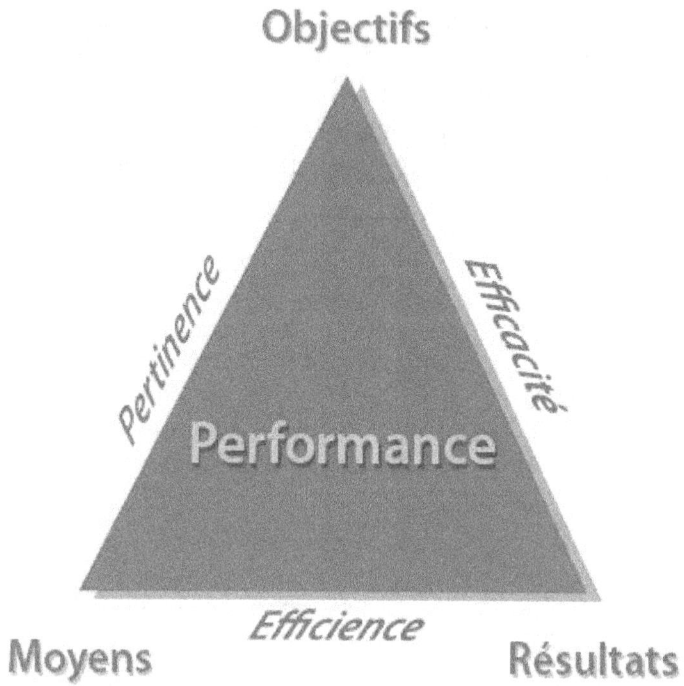

Interprétation :

- Objectif/Moyen = Pertinence
- Résultat/Moyen = Efficience
- Résultat/Objectif = Efficacité »

Ensuite, pour aborder cette question de recherche, la méthode qualitative est retenue. Cette approche est conceptuelle dans une démarche théorique, selon la méthode de la complexité développée par Anthony WILDEN (1983) et Edgard MORIN (1980) en quatre principes :

1) l'ordre ;
2) le désordre ;
3) l'organisation ;
4) l'interaction.

Ces principes indiquent que la résolution d'un problème passe par l'identification et la détermination des variables issues de plusieurs secteurs en interconnexion, c'est-à-dire une combinaison d'éléments complémentaires. Cette méthode trouve son fondement à travers une triple inspiration des travaux scientifiques de :

(i) Bêla BALASSA (1961), relatifs à sa description linéaire et contraignante des différentes étapes en cinq phases conduisant à la construction d'une intégration économique ;

(ii) Walt Whitman ROSTOW (1960), relatifs à une démarche aussi contraignante que linéaire des cinq étapes menant au développement économique ;

(iii) Kurt Lewin (1940), relatif au changement organisationnel en trois phases dans le passage d'un état actuel à un état désiré, d'une situation originale actuelle jugée inadéquate.

Elle permettra l'élaboration des différentes étapes en tant que démarche prospective conduisant à la construction d'un Marché Financier Régional Intégré (MFRI) comme la réalisation d'une vision, en tenant compte des critères objectifs et subjectifs, lointains et/ou proches de son environnement. Ces différentes étapes tiendront compte de deux unions, déterminants fondamentaux composant la Communauté Economique et Monétaire de l'Afrique Centrale (CEMAC) à savoir, l'Union Économique de l'Afrique Centrale (UEAC) et l'Union Monétaire de l'Afrique Centrale (UMAC). Cette méthode qualitative trouve son fondement, selon la méthode scientifique de Gaston BACHELARD (1934), en quatre **(4)** points, à savoir :

1) l'observation des faits ;
2) l'élaboration des hypothèses ;
3) la vérification ou la validation ;
4) la loi ou la solution.

À l'observation, le marché financier de la CEMAC est constitué de deux places boursières, le marché financier régional, la BVMAC ayant compétence exclusive[7] sur l'étendue du territoire des six (6) pays membres qui la composent et le marché financier du Cameroun, le DSX, à vocation nationale. Investi des missions identiques dans un même espace commun et réduit, il ne semble pas faciliter l'atteinte des objectifs fondamentaux d'une bourse des valeurs. Et par la même occasion, il atrophie les efforts d'intégration économique et financière de la CEMAC. La stratégie de développement qui avait conduit en son temps les États membres de la CEMAC à mettre sur pied un tel outil de financement était le rapprochement des économies de la sous-région dans la perspective d'une intégration d'abord institutionnelle. Ensuite et surtout de remédier à la faiblesse de la capitalisation individuelle de chaque État à mobiliser les fonds nécessaires au financement de son économie, ainsi que la faiblesse de l'épargne issue des pays membres et par la même occasion compléter l'appareillage financier d'un outil moderne de financement qu'est le marché boursier.

---

[7] Acte additionnel n° 11/00-CEMAC-CCE-02 en date du 14 décembre 2000 fixant le siège de la Bourse des Valeurs Mobilières de l'Afrique Centrale (BVMAC), à Libreville, République Gabonaise.

Vu sous cet angle, les agents économiques des pays membres qui voyaient là une opportunité de source de financement restent insatisfaits face à ce dualisme qui ne facilite pas toujours le déploiement des investissements par le marché financier dans la région. Unanimement et au regard de certains indicateurs, le poids économique du Cameroun est incontestablement important et influence de manière significative l'économie de la sous-région. À lui seul, il détient les ¾ du commerce de la zone CEMAC et 50 % du PIB de cette dernière. Par conséquent, les entreprises de droit national camerounais pour une question de souveraineté ne s'intéresseraient pas à la BVMAC.

Au regard de la faiblesse et de l'étroitesse des économies des pays de la zone CEMAC pris individuellement, des déficits budgétaires des États et des crises financières qui les ont paralysés, ainsi que des plans d'ajustement structurel (PAS), le marché financier reste potentiellement une alternative aux financements des économies de la région et de leurs entreprises. Pour étayer ces questions de recherche, nous formulons trois (3) hypothèses et trois (3) indicateurs.

Première hypothèse. La fluidité du marché financier : la liquidité[8]

La pratique montre que plus le marché est liquide (Gravelle, 1999), plus il est efficient, dans la mesure où les investisseurs peuvent mieux investir sur un tel marché (Fama, 1970). Un marché liquide permet d'atténuer le coût du risque et réduit le coût de l'argent pour les entreprises et les autres emprunteurs (Jensen, 1978). Est-ce que le marché financier de l'Afrique centrale permet d'organiser cette fluidité du marché et dans quelles conditions ?

[8] Gravelle (1999) définit la liquidité en quatre points : *l'immédiateté,* c'est-à-dire la rapidité avec laquelle une opération de négociation d'une certaine taille est effectuée ; *la profondeur*, c'est-à-dire la taille maximale d'une transaction pour un écart donné entre le cours acheteur et le cours vendeur ; *l'ampleur,* qui correspond au coût d'obtention de la liquidité ; et *la résilience,* qui désigne la capacité des prix à revenir rapidement en situation d'équilibre après la transaction.

Deuxième hypothèse. L'augmentation du volume des transactions : le niveau des transactions

La performance d'un marché financier s'analyse par rapport au volume des transactions, c'est-à-dire le nombre de titres émis et surtout leur progression dans la durée afin d'apprécier son dynamisme et sa contribution au financement de l'économie et des entreprises. Cette augmentation du volume des transactions qui conduirait à une baisse des coûts des transactions (Jensen, 1978). Est-ce que le marché financier de l'Afrique centrale réunit les conditions permettant l'accroissement du volume des transactions ?

Troisième Hypothèse. L'évolution des marchés financiers de la CEMAC : la mutation des bourses

Le financement bancaire est à bout de souffle dans le financement de l'économie de l'Afrique Centrale. Il est marqué par des crises financières successives, des faillites, des coûts de crédits élevés ainsi que la méfiance des épargnants et la prolifération des établissements de microfinance (EMF). Est-ce que le marché financier de l'Afrique centrale réorganisé peut suppléer ou corriger cette défaillance ?

-

L'analyse de la performance à travers les hypothèses supra, permettra d'apprécier les indicateurs de performance suivant les *« 3 E »* à savoir l'efficacité, l'efficience et l'effectivité de chaque marché financier de la CEMAC (BVMAC et DSX).

Premier indicateur : L'efficacité du marché financier

C'est le degré de réalisation des objectifs. On considère qu'une activité est efficace si les résultats obtenus sont identiques aux objectifs définis (Gilbert, 1980). Mais, pour évaluer l'efficacité d'une organisation de manière absolue, il faut s'assurer que l'organisation est en adéquation avec son environnement (c'est-à-dire qu'il faut tenir compte des perceptions des divers intervenants en l'occurrence les prestataires, etc.) et des groupes concernés par la vie de cette organisation, notamment les institutionnels, les entreprises, et les salariés eux-mêmes. On pourra alors parler d'organisation efficace si le marché financier en tant qu'animateur a atteint ses missions (Willarmois, 2001), (Chester et Bernard, 1968) et (Bourguignon, 1996).

Deuxième indicateur : L'effectivité du marché financier

Désigne d'une part un *« fait »* vérifiable, voire mesurable, celui de l'application, susceptible de degrés (l'effectivité n'est jamais totale) d'une règle de droit, d'autre part les *« effets réels »* sur les comportements sociaux. En d'autres termes, l'effectivité permet d'apprécier l'impact de l'existence des marchés financiers dans le paysage économico-financier et social dans le périmètre de référence qui leur est prescrit.

Troisième indicateur : L'efficience du marché financier

C'est le rapport entre les ressources employées et les résultats atteints. Un groupe est efficient s'il respecte l'enveloppe des moyens attribués ou s'il obtient un meilleur résultat que celui fixé avec des moyens similaires (Gilbert, 1980). L'efficience se mesure avec un ratio : résultats obtenus/frais engagés. Ce calcul permet de s'assurer que l'entreprise (organisation) utilise de manière optimale ses ressources. Efficience = liquidité + transparence. Mais en ce qui concerne les marchés financiers, il y a efficience lorsque cinq (5) conditions sont réunies (Jensen, 1978) : 1) la rationalité des investisseurs, 2) la libre circulation de l'information, 3) la gratuité de l'information, 4) l'absence des coûts de transaction et d'impôts de bourse, 5) l'atomicité des investisseurs et la liquidité.

De ce fait, la déclinaison de ces trois hypothèses de recherche, la vérification de celles-ci, et sans nul doute l'établissement d'un bilan des marchés financiers de la CEMAC depuis leur existence à travers les trois indicateurs, nous permettrons de proposer une des solutions à même de soutenir la perspective de financement des investissements de leur économie par le biais du marché boursier régional intégré.

Étant entendu que les pays de la sous-région de l'Afrique centrale institutionnelle ont programmé leurs plans d'investissements pour un pays émergent à des dates disparates, le Cameroun en 2035, le Gabon en 2025 et la Guinée Équatoriale en 2020 pour ne citer que les pays qui constituent le poumon de l'économie de la zone CEMAC. Ce qui implique un besoin important de financement et la diversification des sources de financement constitue pour les États et pour les entreprises de la zone CEMAC une opportunité additionnelle et de compétitivité. La loi ou la solution[9] consiste à donner une réponse précise et justifiée à la problématique de notre question de recherche. Au regard des hypothèses énoncées après leur vérification et leur analyse, notre solution est la résultante d'un regard croisé et prospectif au vu de la complexité du problème qui ne peut être perçu sous un angle étroit.

Démarche logique et rectiligne, démonstrative et déductive, la solution est la conséquence explicative qui en découle. Enfin, pour résoudre la problématique précitée et proposer une solution, notre travail de réflexion s'articule en deux parties :

La première partie est consacrée à la déclinaison des déterminants favorables à la consolidation des marchés financiers de l'Afrique centrale relatifs à la construction d'un Marché Financier Régional Intégré (MFRI) à travers ses deux **(2)** unions constitutives. À savoir, l'une économique pour justifier le pan économique de l'intégration régionale dans le premier chapitre intitulé : l'Union Économique de l'Afrique Centrale (UEAC). L'intégration économique étant un processus graduel de mise en commun des politiques économiques (production, commercialisation) par des instruments juridique et institutionnel dans une aire géographique donnée, en vue de favoriser les échanges commerciaux à l'intérieur de la région.

---

[9] Résultat d'une réflexion permettant de résoudre un problème, de venir à bout d'une difficulté. Dictionnaire universelle, 2e Édition, p.1111.

L'autre monétaire pour justifier l'indispensable complément du pan monétaire et financier du régionalisme dans le second chapitre intitulé : l'Union Monétaire de l'Afrique Centrale (UMAC). L'intégration monétaire étant comprise comme un processus graduel (Béla BALASSA, 1992) de mise en commun des politiques monétaires et financières par des instruments juridique et institutionnel dans une aire géographique donnée, par différents États partageant la même monnaie ou ayant des monnaies différentes, en vue de faciliter les moyens de paiement (transaction) et d'investissement. C'est-à-dire la circulation plus dense et fluide de l'épargne (Aimé Scannavino [1999] [Dunod, paris 1999]).

La seconde partie porte sur la performance des deux marchés financiers de l'Afrique centrale, elle analyse le lien entre marché financier et entreprises dans la zone CEMAC. À savoir, la Bourse des Valeurs Mobilières de l'Afrique Centrale (BVMAC et la Douala Stock Exchange [DSX], la bourse locale du Cameroun. Afin d'apprécier les indicateurs de performances individuelles de chaque marché financier dans le financement des entreprises de l'Afrique centrale, l'objectif de cette partie est d'analyser le lien structurel et fonctionnel entre les marchés financiers et les entreprises.

PREMIÈRE PARTIE

DÉTERMINANTS DU MARCHÉ FINANCIER RÉGIONAL INTÈGRE

« La monnaie n'appartient pas exclusivement, ni même, prioritairement à l'économie. Son acceptation ne se réduit pas à un calcul rationnel des coûts et avantages, mais mobilise des croyances et des valeurs au travers desquelles s'affirme l'appartenance à une communauté ».

Michel Aglietta et André Orléans

Introduction

Le financement est une activité réelle de l'économie depuis la nuit des temps. Communément aussi appelé la finance, il regroupe principalement quatre [4] grandes spécialités : 1) la finance personnelle, 2) la finance d'entreprise, 3) les finances publiques et 4) la finance des marchés (figure n° 3). La finance des marchés est compartimentée en i) marché monétaire, ii) en marché des changes, iii) en marchés dérivés et iiii) en marché financier. Et c'est ce dernier aspect qui fait l'objet de notre réflexion. Mais loin d'être une activité statique, la finance se veut dynamique et évolutive. Le système bancaire et les investissements directs étrangers en font partie et ont largement rempli leur mission à l'époque où les économies des pays en voie de développement, en l'occurrence ceux de l'Afrique centrale institutionnelle se structuraient et étaient en quête de modèle économique.

Figure n° 3 : Schéma synoptique des pans de la finance

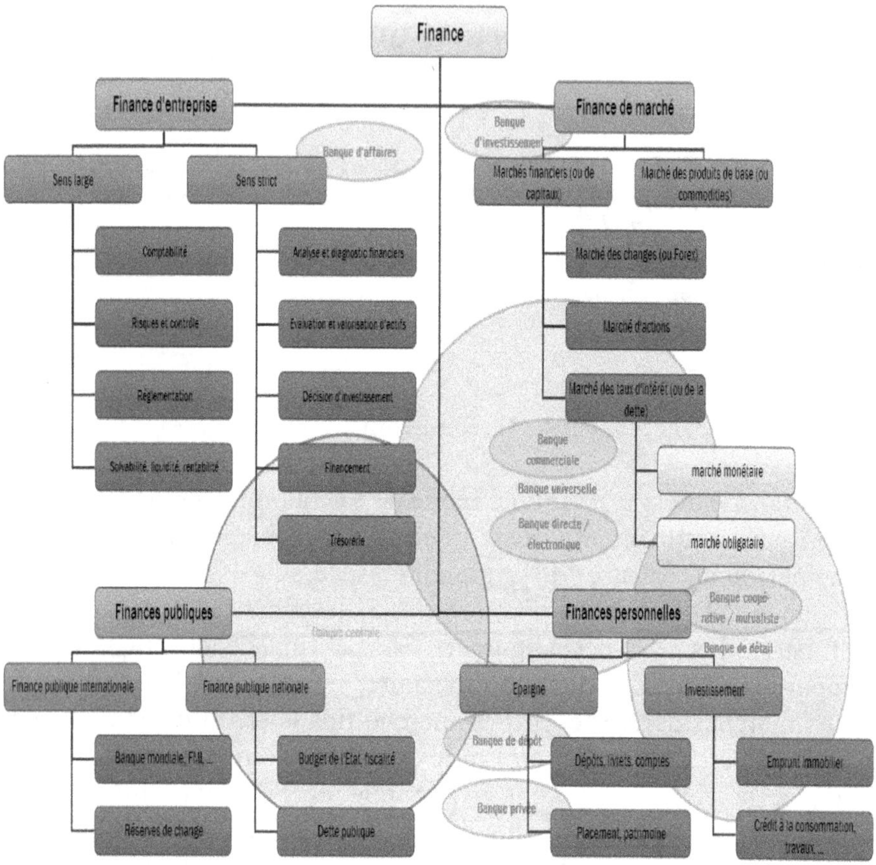

Source : Wikimedia Commons, Own work Author Nicourse

La recherche des sources de financement dont a besoin l'économie pour le financement des investissements face à la dégradation de la situation économique et financière à travers les différentes crises économiques, monétaires et financières est perpétuelle et soutenue. On peut citer à ce titre des crises à travers le monde et en Afrique qui ont suscité des réactions communes, parfois singulières favorables à une prise de conscience déterminante des nouvelles sources de financement et des produits financiers innovants.

Krash (2015) en Chine, suite à la chute du tiers de la valeur des titres de la bourse de Shanghai en l'espace d'un mois, plombant ainsi la capacité des entreprises à emprunter, ce qui réduira la croissance et affectera par ricochet les bourses américaines ;

Crise espagnole (2010) suite à la bulle immobilière (1999-2008). Elle commença par la forte dégradation de la notation de la dette espagnole par des agences de notation, puis suivront une fuite des capitaux et une crise drastique du secteur touristique moteur de l'économie espagnole ;

Crise grecque (2009) résultant à la fois de la crise économique et des facteurs propres à la Grèce (fort taux d'endettement, environ 120 % du PIB et un déficit budgétaire oscillant entre 6 % et 12,7 % du PIB), conséquence du manque de transparence dans la présentation de la dette et de son déficit ;

Crise financière dite aussi crise des subprimes (2007) provoquée par la titrisation des créances douteuses issues de la bulle immobilière américaine des années 2000. Par effet *domino,* elle entraînera l'effondrement des grandes banques dans le monde et une baisse des bourses d'actions ainsi que la paralysie du marché interbancaire ;

En zone CFA (Afrique de l'Ouest et Afrique du Centre), la dévaluation du franc CFA par rapport au franc français (FF, 1999) a dupliqué la dette extérieure des États et des entreprises. Il s'en suivra les privatisations tous azimuts des entreprises étatiques et paraétatiques en Afrique centrale avec des résultats mitigés.

Les différents Plans d'Ajustement Structurel (PAS) initiés par les pays de la région Afrique centrale sous l'impulsion des partenaires financiers internationaux tels que le FMI et de la BM et bien d'autres conjonctures posent le problème de la relance de l'économie. Les pays en voie de développement (PED) appelés encore pays à revenus intermédiaires (PRI) ne sont pas en reste, donc ceux de l'Afrique centrale. Appartenant à un même espace plus ou moins intégré, les effets aux plans sectoriel, temporel et géographique ne sont pas limités.

Le marché financier se trouve être le lieu par excellence où la libéralisation financière se manifeste et joue pleinement et amplement son rôle sous certaines conditions. Car il permet et facilite une réallocation des ressources financières vers des secteurs productifs à long terme et le placement de l'épargne des ménages et autres fonds des investisseurs institutionnels (les banques, les assurances, les SICAV, les OPCVM, etc.) afin que ce capital se perpétue dans le circuit économique, comme dans un système de vases communicants.

Dans l'économie actuelle gouvernée par les exigences de la globalisation, de la mondialisation, de nouvelles technologies, des délocalisations et des relocalisations, plusieurs facteurs ont favorisé l'apparition des modes de gestion plus collectifs et intégrés pour tenter de trouver des solutions communes face à des défis communs. La problématique du financement de l'économie de la CEMAC[10] est l'un des défis de l'heure face auxquels les États membres ont proposé et soutenu la création de la BVMAC[11] comme solution alternative.

Aujourd'hui plus qu'hier, les marchés de capitaux constituent un complément essentiel du dispositif du système financier moderne. Dans cet espace planétaire, les regroupements politique, économique, financier ou monétaire sont légion et s'imposent en fonction des critères de convergences économique, linguistique, historique, financière, monétaire (zone monétaire optimale, Mundell, 1961)

---

[10] Instituée par le traité du 16 mars 1994, la CEMAC a pour vocation de compléter l'union monétaire préexistante par la constitution d'un espace économique unifié, fondé sur la construction progressive d'un marché unique, la convergence graduelle des politiques économiques et l'harmonisation de l'environnement juridique.

[11] L'Acte Additionnel n° 11/00-CEMAC-CCE-02, en date du 14 décembre 2000, fixe le siège de la BVMAC à Libreville.

régionale ou continentale. Des exemples illustratifs des rapprochements à ce propos sont nombreux, en Afrique et ailleurs.
Le tableau ci-après présente une vue panoramique de ces rapprochements monétaires en Afrique (Tableau n° 2)

Tableau n° 2 : Les principales intégrations monétaires en Afrique[12]

Intégration Monétaire	Monnaie	Description	Pays membres
Caisse d'émission d'Afrique de l'Ouest	Sterling d'Afrique de L'Ouest	MC, UM, Caisse d'émission (Livre sterling)	Gambie (1913-1968), Ghana (1913-1958) Sierra L. (1913-1964)
Caisse d'émission d'Afrique de l'Est	Shilling d'Afrique de l'Est	MC, UM, Caisse d'émission (Livre sterling)	Kenya (1919-1977) Tanzanie (1919-1977) Ouganda (1919-1977)
Caisse d'émission d'Afrique centrale	Sterling de la fédération de la Rhodésie et du Nyassaland	MC, UM, Caisse d'émission (Livre sterling)	Malawi (1956-1964) Zambie (1956-1964) Zimbabwe (1956-1964)
Zone Escudo	Escudo Angolais, Escudo Capverdien Escudo mozambicain Escudo de la Guinée Portugaise, EscudoSaotoméen	Zone monétaire (Escudo Portugaise)	Angola (1914-1977) Cap-Vert (1914- - Mozambique (1914-1980), Guinée-Bissau (1914-1976), Sao Tomé et Principe (1914-1977)
Common Monetry Area (Zone Rand)	Rand sud-africain, Loti, Lesoland, Dollar namibien, Liliangeni, swazi	Zone (monétaire (Rand sud-Africain)	Botswana (1961-1975) Lesotho (1961---), Namibie (1961 --), Afrique du Sud (1961 --) Swaziland (1961 --)
Zone Franc Afrique centrale (CEMAC)	Franc CFA d'Afrique centrale	MC, UM, Change fixe (Franc français et Euro après 1999)	Cameroun (1961 --), Congo (1958 --), Gabon (1958 --), RCA (1958--), Tchad (1958 --), Guinée-Equat. (1985 --)
Zone Franc Afrique de l'Ouest (UEMOA)	Franc CFA d'Afrique de l'Ouest	MC, UM, Change fixe (Franc français et Euro après 1999)	Benin (1958--), Burkina Faso (1958 --), Côte d'Ivoire (1958 --), Guinée-Bissau (1997 --), Mali (1958-1962), puis 1967 dans la zone franc et 1984 dans (l'UEMOA), Mauritanie (1958-1973) Niger (1958 --), Sénégal (1958 --), Togo (1963 --)

Source : Compilation de l'auteur Sampawende Jules-Armand TAPSOBA, sur les différents sites internet des institutions régionales et divers dictionnaires historiques.

[12] Université d'Auvergne Clermont-Ferrand I, Sampawende Jules-Armand TAPSOBA, Thèse de Doctorat en sciences économiques, p.21, 3 mars 2009.

Les lignes grises indiquent les intégrations monétaires en cours.

À l'observation, l'histoire économique nous rappelle que les regroupements que l'on observe ici et là ont commencé par des unions. D'abord une union politique et institutionnelle qui marque la volonté des États et des peuples de partager en commun ce qui leur est l'essentiel.
Ensuite une union économique, par les accords bilatéraux et multilatéraux basés sur le commerce parfois sectoriel, les mouvements des biens et services ainsi que des personnes.

Enfin une union financière et/ou monétaire, dans la mesure où l'on n'échange plus selon le modèle du troc, mais sur la base d'un système financier fondé sur la monnaie en tant qu'instrument d'échange (comme moyen de paiement) et de change (comme moyen de convertibilité) afin d'assurer et de garantir le transfert de propriété.

Pour ce qui est des États de l'Afrique Centrale, cette trilogie calquée sur le modèle organisationnel des pays développés ou alors des pays colonisateurs auprès desquels les pays de l'Afrique Centrale ont hérité la langue, le savoir cartésien et des manières de faire qui impactent leurs organisations. Sur cette base procédurale, la Communauté Economique et Monétaire des États de l'Afrique Centrale (CEMAC) a vu le jour après avoir connu des vicissitudes liées aux intérêts divergents des parties prenantes, aux objectifs du processus d'élargissement et d'intégration, au rythme de la matérialisation des objectifs communs. Néanmoins son existence est réelle, avec un fondement juridique, structurellement vérifiable. Même si l'on peut s'interroger sur l'efficacité de son opérationnalité dans les faits.

L'intérêt de sa prééminence est qu'elle fait le lit des connexions multiformes entre les États parties s'agissant de l'intégration bancaire et financière en vue de la construction d'un environnement économico-financier et la mise en place d'outils modernes propices aux échanges commerciaux et aux investissements. L'architecture de l'intégration monétaire en Afrique centrale est étroitement liée à celle de l'intégration économique.

Parallèlement au développement monétaire et de l'intégration en Afrique centrale, les États parties participent aussi à des intégrations économiques. En Afrique comme ailleurs, il existe plusieurs communautés économiques régionales, parmi lesquelles la Communauté Economique et Monétaire des États de l'Afrique Centrale (CEMAC). Le tableau ci-après indique les principales communautés selon des critères géographique et économique (Tableau n° 3).

Tableau n° 3 : Les principales Communautés Economiques Régionales (CER) en Afrique[13]

Groupements régionaux	**Membres**	**Arrangements**
Communauté Économique des États de l'Afrique Centrale (CEEAC)	Angola, Burundi, Cameroun, Congo, Gabon, Guinée Équatoriale, Rwanda, Sao Tomé et Principe, République Centrafricaine, République Démographique du Congo, Tchad.	CER
Communauté Économique et Monétaire de l'Afrique Centrale (CEMAC)	Cameroun, Congo, Gabon, Guinée Équatoriale, République Centrafricaine, Tchad.	CER, UM, CFA
Marché Commun d'Afrique Orientale et Australe (COMESA) (a)	Burundi, Comores, Djibouti, Égypte, Érythrée, Éthiopie, Kenya, Lybie, Madagascar, Mali, Ile Maurice, Ouganda, République Démocratique du Congo, Rwanda, Seychelles, Soudan, Swaziland, Zambie, Zimbabwe.	CER

[13] Université d'Auvergne Clermont-Ferrand I, Sampawende Jules-Armand TAPSOBA, Thèse de Doctorat en sciences économiques, p.23, 3 mars 2009.

Communauté des États de l'Afrique de l'Est (AEC) (c)	Burundi, Kenya, Ouganda, Rwanda, Tanzanie.	CER, UM, (Objectif)
Communauté de Développement d'Afrique Australe (SADEC) (b)	Afrique du Sud, Angola, Botswana, Lesotho, Madagascar, Malawi, Mozambique, Ile Maurice, Namibie, République Démocratique du Congo, Seychelles, Swaziland, Tanzanie, Zambie, Zimbabwe.	CER, UM, (Objectif)
Zone Rand	Afrique du Sud, Lesotho, Namibie, Swaziland.	CER, Zone Monétaire
Communauté Économique des États de l'Afrique de l'Ouest (CEDEAO)	Bénin, Burkina Faso, Cap-Vert, Côte d'Ivoire, Gambie, Ghana, Guinée, Guinée-Bissau, Libéria, Mali, Niger, Nigeria, Sénégal, Sierra Leone, Togo.	CER, Zone Monétaire
Zone Monétaire de l'Afrique de l'Ouest (ZMAO)	Ghana, Guinée, Gambie, Nigeria, Sierra Leone.	UM (Objectif)
Union Economique et Monétaire ouest-africaine (UEMOA)	Bénin, Burkina Faso, Côte d'Ivoire, Guinée-Bissau, Mali, Niger, Sénégal, Togo.	CER, UM, CFA
Union du Maghreb Arabe (UMA)	Algérie, Lybie, Mauritanie, Maroc, Tunisie.	CER

Source : compilation de l'auteur Sampawende Jules-Armand TAPSOBA

Les marchés financiers concernent les individus ainsi que les activités publiques ou privées et les États. Les marchés financiers de l'Afrique centrale sont immatures car de création récente. La faiblesse de leurs activités, la domination du secteur bancaire et les investissements directs étrangers (IDE) encore significatifs sont des obstacles au développement des marchés financiers de la CEMAC. Même si les parties prenantes à l'animation de ces marchés financiers peuvent en être aussi responsables, même si la taille des marchés financiers est proportionnelle à celle de leurs économies, il est possible de dépasser les contraintes d'échelle en favorisant l'intégration financière communautaire.

Pour cela, il faut faire des réformes profondes et immédiates afin qu'elles aboutissent à la construction d'un marché financier régional intégré. La CEMAC est un ensemble d'États de territoires indépendants, différents des uns des autres du fait des mutations de l'ancien empire colonial français en Afrique Centrale (le Cameroun, la Centrafrique, le Congo, le Gabon et le Tchad) d'une part, et d'autre part en raison de la présence d'un État qui n'était pas à l'origine une colonie française, la Guinée Équatoriale. Pour cerner les contours économiques et financiers de cette communauté, la connaissance et la compréhension des caractéristiques économiques de chacun des pays membres en fiche signalétique individualisée s'avèrent nécessaires. C'est un espace économique et monétaire (CEMAC) composé à l'origine de deux organisations principales que sont l'UEAC et l'UMAC. Elles constituent des déterminants favorables à la conceptualisation et à la matérialisation d'un tel marché financier pouvant s'appuyer sur ces deux piliers majeurs de l'architecture de la CEMAC.

CHAPITRE I

L'UNION ÉCONOMIQUE DE L'AFRIQUE CENTRALE : L'UEAC

« Les économies africaines, en particulier celles de la Zone franc sont de petites dimensions, voire pour certaines de très petites dimensions. C'est ce qui fonde pour ces économies l'intérêt des regroupements régionaux »[14].

Introduction

Le contexte économique mondial actuel se trouve à la croisée des chemins. Il oscille entre deux mouvements dynamiques, mais complémentaires d'intégration, c'est-à-dire d'une part la mondialisation comme processus global de production et des échanges internationaux, et d'autre part la régionalisation comme processus graduel localisé dans une zone géographique ou institutionnelle avec un accent sur une coopération bilatérale ou multilatérale dans les échanges économiques et commerciaux.

Phénomène empirique et mondialement identifié, l'intégration est un processus séquentiel de coopération, d'abord politique et/ou géographique à travers des regroupements continentaux et illustratifs. À ce propos, l'on peut citer[15] :

- L'Union Européenne (UE) ;
- L'Accord de Libre-échange Nord-Américain (ALENA) en Amérique du Nord ;

---

[14] « L'intégration régionale pour le développement en Zone franc », P.2 ECONOMICA, sous la direction de : Anne-Marie GEOURJON, Samuel GUERINEAU, Patrick GUILLAUMONT, Sylvie GUILLAUMONT JEANNENEY

[15] Les grandes questions de l'économie Ed. ARMAN COLIN

- L'Association des Nations d'Asie du Sud-Est (ASEAN) ;
- L'Association pour la Coopération régionale en Asie du Sud (SAARC) ;
- Le Forum de Coopération Economique de l'Asie-Pacifique (APEC) ;
- L'Union du Maghreb Arabe (UMA) ;
- Le Conseil de Coopération du Golfe (CCG) ;

C'est ensuite un concept qui remonte dans le temps grâce à une volonté politique des pays de mutualiser leurs moyens vers un idéal commun de croissance et de développement. Cette volonté politique de passer à l'intégration est considérée comme la condition *sine qua non* pour une intégration monétaire avec une monnaie unique (Mintz, M.M., 1970).

L'Afrique a fait le choix de la régionalisation comme tremplin vers la mondialisation. C'est ainsi que depuis les indépendances, c'est-à-dire à partir des années 1960, une volonté manifeste de coopération est constatée à travers des accords, des traités et bien d'autres formes d'alliances. Ce vaste mouvement d'intégration régionale s'est développé dans les années 1970 pour connaître une certaine accélération dans les années 1990 et sa vitesse de croisière dans les années 2000 par la création de plusieurs communautés économiques régionales, parmi lesquelles l'Union Économique de l'Afrique centrale (UEAC).

La présente réflexion, à partir de ce premier chapitre donne une opportunité de mettre en évidence les avantages réels en termes d'atouts à explorer et à exploiter en tant que déterminants favorables à la construction d'un marché financier régional intégré.

Phénomène complexe et ambigu, le concept d'intégration a un sens générique et englobant qu'il convient de préciser. (Fortin, 2000 ; Cohen-Emerique, 2011). Dans le domaine des sciences sociales, le concept d'intégration peut être attribué à Émile Durkheim (1858-

1917), un des fondateurs de la sociologie moderne[16]. Le concept a pris diverses significations en s'adaptant aux contextes historiques, politiques, et dans la sphère scientifique. Le concept aujourd'hui [17] peut se rapporter à l'économie, aux relations entre groupes d'individus sur le plan macro-économique.

La nécessité de la coopération et de l'intégration économiques comme facteurs accélérateurs et de renforcement du développement économique devient un objectif primordial pour la promotion de la croissance économique de l'Afrique Centrale.

Et cela pour trois raisons majeures :

Premièrement, sa structure de coopération internationale ayant évolué vers une multitude de partenariats exogènes (bilatéraux, régionaux ou multilatéraux) du fait de la grande libéralisation des échanges, avec des risques que cela induit, elle peut s'offrir plusieurs opportunités sur le continent afin de faire des choix judicieux pour son développement avec des taux de croissance plus élevés et moins risqués ;

Deuxièmement, les différentes crises financières et économiques (dévaluation du franc CFA par rapport au franc français en 1999, l'échec des privatisations, les PAS et aujourd'hui les PRE) ont

---

[16] Pour lui l'intégration et la société sont deux faces d'une même pièce, sans quoi la société ne pourrait être cohérente. L'intégration serait donc une caractéristique même de la société qui lui permettrait de fonctionner malgré les différences qui y règnent. La société doit cependant s'investir auprès des individus afin de créer une interdépendance et une complémentarité entre les individus et les groupes (Durkheim, 1960 *in* Fortin, 2000). Geneviève Grégoire Labrecque, 2014. Formation en interculturalité. « La complexité du concept de l'intégration »

[17] Il apparaît nécessaire de souligner que le concept d'intégration est perçu de nos jours comme s'inscrivant dans une dynamique relationnelle entre les individus, des groupes ou des collectivités. Les relations instaurées ne sont plus dénuées de rapports de pouvoir. En effet, la littérature scientifique perçoit actuellement le concept d'intégration comme relevant vraisemblablement d'un rapport social inégal entre l'individu ou le groupe, l'un devant intégrer un groupe encore plus grand. (De Rudder, 1994 in Fortin, 2000 : 6)

fragilisé l'aide publique au développement et ont contraint les pays africains en général et ceux de l'Afrique centrale en particulier à renforcer la régionalisation pour trouver des sources de financement capable de booster leurs économies.

Troisièmement, l'intégration régionale comme alternative peut, à travers la mise en commun des ressources des pays membres de l'UEAC et le développement des marchés régionaux (sous plusieurs formes) stimuler la production, le commerce, l'investissement et contribuer favorablement et durablement à la réduction du chômage et de la pauvreté. À la faveur de cette intégration régionale, il s'agit de construire des spécialisations entre les pays membres en fonction de leurs spécificités et de leurs avantages comparatifs.

C'est partant de ces trois raisons que la mutualisation des moyens dans un environnement économique régional peut être déterminante pour le renforcement et l'amélioration de la performance du marché financier régional. L'intégration économique régionale devient plus qu'une nécessité permettant de faire face aux nombreux défis, notamment celui de savoir *« Comment l'union économique de l'Afrique centrale (UEAC) peut-elle servir de fondement à la réalisation du marché financier régional intégré ? »* Pour apporter des éléments de réponse à cette interrogation préliminaire, ce chapitre est composé de trois (3) sections.

La première section est consacrée à l'approche théorique de l'intégration économique de l'Afrique centrale, justifiant le fondement scientifique de notre démarche en deux (2) sous-sections : (i) L'intégration économique, ses modalités et ses avantages, et (ii) la flexibilité des échanges commerciaux ;

La deuxième section porte sur l'historique de l'intégration en Afrique Centrale afin d'identifier et de cerner sa genèse, le corpus structurel de son évolution ainsi que son organigramme. Elle est composée de trois (3) sous-sections : (i) ses objectifs (ii) son organisation et (iii) son fonctionnement ;

La troisième section est intitulée état de l'intégration économique en Afrique Centrale. Elle est composée de trois (3) sous-sections relatives au bilan (i) de l'intégration (ii) les enjeux de l'intégration et (iii) les perspectives de l'intégration.

SECTION I : APPROCHE THÉORIQUE DE L'INTÉGRATION ÉCONOMIQUE DE L'AFRIQUE CENTRALE

Le concept d'IER peut se justifier en raison d'un processus progressif et dynamique d'évènements et de niveaux de coopération qui sont fonction d'une démarche politique, économique et sociale. Considéré comme tel, il correspond à la manifestation d'une volonté d'intégration dont la démarche a pour objectif une coopération politique ou géopolitique. Les facteurs d'influence qui militent pour une telle initiative sont d'ordre historique, culturel, géographique et tiennent aussi aux enjeux du commerce extérieur. Les deux principales considérations théoriques justifiant la formation de blocs commerciaux sont l'effet d'allocations et d'accumulations résultant du libre-échange à l'intérieur d'un groupement régional (Baldwin, 1997).

Il s'agit du postulat de la théorie libérale classique de l'intégration qui s'appuie sur le marché. Or le marché n'est pas le seul vecteur essentiel dans le processus de l'intégration, car d'autres agents sont à considérer de par leur rôle prépondérant dans les mécanismes de gouvernance, de normalisation et de régulation du système libéral tels que l'État et les organismes internationaux (OMC, FMI, BM, ACP, APE, etc.). C'est donc dire que les organisations régionales n'évoluent pas en vase clos dans un protectionnisme régional. Le processus d'intégration régionale se réalise dans un mouvement global de l'économie mondiale en un système de vases communicants. C'est le cas du processus d'intégration régionale des pays de la CEMAC. Car ses pays membres sont tous signataires de conventions internationales qu'ils se doivent de respecter.

Une autre considération conceptuelle explicative de l'intégration économique est le principe de la théorie des *« 3 I »*. La décision d'appartenir à une communauté est une décision souveraine des États. Elle est motivée par la théorie des *« 3 I »* (Peter A. Hall, 1986), c'est-à-dire : Les Idées, les Intérêts et les Institutions. À ce triptyque, ne faudrait-il pas ajouter un quatrième « I », les idéologies ?

« I » Idée

Conception et représentation intellectuelle, vue comme une reproduction élaborée par la pensée, l'idée est « comme l'image des choses », affirme Descartes. C'est l'idée-force capable d'influencer et d'entraîner l'évolution d'un groupe d'individus, d'une organisation ou des organisations dans toute forme d'alliance partageant des intérêts convergents. L'intégration est l'idée maîtresse qui motive et suscite la réflexion et/ou l'adhésion des États à une communauté ou à une union. En tant que stimulus, c'est elle qui incarne la vision dans une démarche prospective en fonction des intérêts qu'elles suscitent.

« I » Intérêt

L'acceptation d'une idée dont d'une conception implique la recherche d'un avantage explorable et exploitable. Il peut s'agir d'un avantage à acquérir ou d'un avantage à confirmer.

Cet avantage permet d'accorder à l'intégration communautaire une attention particulière dans son élaboration à travers un cadre propice à sa réalisation pour le compte de l'État et sa population. L'intérêt est donc le facteur déclencheur de l'adhésion à une communauté. Il s'agit ici de l'intégration par le marché financier régional. De ce point de vue, la recherche d'avantages en termes de plus-value significative par l'effet de groupe et du quantum conduit les parties prenantes à concevoir et à mettre en place des institutions aux fins de représentation et capables de structurer, de réguler et de veiller à l'application des dispositions communautaires. Ces avantages sont à la fois divergents et complémentaires, donc en corrélation. Au regard de la dynamique de la géopolitique internationale, un partenariat économique, commercial ou monétaire, qu'il soit latéral ou multilatéral est basé sur le jeu des intérêts que les uns et les autres se doivent d'observer et de respecter. Il n'y a pas d'autres liens entre les peuples que ceux des intérêts qu'ils mettent en commun (Napoléon Bonaparte, 1821).

<u>« I » Institution</u>

Une idée pensée avec un intérêt perceptible nécessite des institutions en amont et en aval pour la valider sur le plan national afin de l'instituer sur le plan régional. Cette organisation (CEMAC) permet d'incarner la volonté des États de partager des valeurs et des risques pour l'intérêt supérieur des États et de leurs populations.

L'institution se veut donc l'épine dorsale de l'intégration communautaire. Elle symbolise l'incarnation de la volonté de toute une communauté. Son organisation dynamique dans son fonctionnement opérationnel impactera forcément la réalisation des résultats permettant d'atteindre des objectifs d'intégration. Mais l'adhésion à un groupe correspond à une démarche réflexive et procédurale, preuve de la manifestation d'une volonté dans le but à atteindre. Quels en sont les modalités et les avantages ?

<u>« I » Idéologie</u>

Ensemble d'idées et de pensées pouvant revêtir un caractère philosophique, politique, social, économique propre à un groupe ou à une époque, l'idéologie est un système d'idées, d'opinions et de croyances, une doctrine pouvant influencer les comportements individuels et collectifs.

Il peut s'agir de l'idéologie régionaliste avec une vision de l'intégration régionale qui consiste à traduire l'esprit de corps et de solidarité dans les faits.

La solidarité se définit alors comme une communauté de responsabilités et d'intérêts et traduit un sentiment qui pousse les économies des pays de la CEMAC à se porter assistance. Elle se mesure à l'aptitude d'un pays à accepter le coût de la gestion d'un autre et/ou des autres ; le meilleur exemple de solidarité étant celui qui existe entre deux régions d'un même pays.

Tout pays membre d'une zone solidaire est redevable des actes posés par les autres membres, autrement dit de leurs excédents et de leurs déficits. Ainsi, pour qu'il y ait monnaie unique entre deux pays (ou pour que le taux de change de leurs monnaies ne se modifie pas), il faut que le déficit de l'un puisse être compensé par l'excédent de l'autre. Et pour ce faire, les deux pays doivent convenir des politiques et d'un mode de gestion de leurs avoirs extérieurs capables de restaurer l'équilibre de leurs balances des paiements. La zone monétaire optimale implique donc nécessairement des stabilisateurs, sinon des transferts compensateurs permettant de rééquilibrer les balances de paiements des régions/nations concernées (BOURGUINAT 1992). Colonne vertébrale qui sous-tend toute démarche d'intégration, elle est l'ensemble des idées sur la structure d'une société, d'un groupe ou d'une organisation. Elle est l'émanation de cette organisation relativement à sa vision. C'est donc une doctrine qui permet de diriger des actions et qui construit des façons de faire et d'agir dans l'intérêt de la communauté. Système de pensée admis et défendu par les adhérents et sympathisants du modèle conceptuel, qui à travers un corpus organisationnel et la ressource humaine, conduit à la réalisation des résultats qui justifient l'atteinte des objectifs intégrateurs.

L'on peut dire que *le régionalisme est une idéologie à trois (3) dimensions.*

Loin d'être dogmatique, il se veut pragmatique, c'est-à-dire adapté, efficace et fonctionnel. Le régionalisme, une idéologie d'intégration en trois (3) dimensions (3D) : *3D=PEMOF*

1) Dimension politique (1D) ;

2) Dimension économique (2D) ;

3) Dimension monétaire et financière (3D).

1) *Première dimension (1D) :* POLITIQUE

Elle constitue l'élément déclencheur qui sur la base de la convergence des idées et des intérêts permet de mettre en place des institutions à travers lesquelles la technostructure s'exprime en fonction des orientations et des directives de la superstructure. Le corpus institutionnel étant la clé de voûte qui incarne au quotidien l'idéologie régionaliste et communautaire. C'est le politique qui pose le problème de l'intégration, élabore un plan et structure le programme d'action. Le régionalisme doit être compris comme un futur désiré et commun qui exige un projet.

2) *Deuxième dimension (2D) :* ÉCONOMIQUE

Elle tient compte de l'ensemble des acteurs économiques qui participent à l'animation de l'activité économique dans ses volets de production des biens et services, de distribution et de consommation. Cette seconde dimension est aussi composite que la première et est au centre du modèle PEMOF par la nature des activités et leur organisation ainsi que leur articulation par des éléments matériels et immatériels. Les activités économiques dans le monde se structurent à travers les organisations dont le centre d'intérêt est la création des richesses en qualité et en quantité afin de satisfaire les besoins des consommateurs d'une région et en tirer profit par le biais des entreprises. Elle leur permet de créer des pôles de compétitivité économique en fonction des avantages naturels et culturels spécifiques à chaque pays et de générer des métropoles économiques.

3) *Troisième dimension (3D) :* MONÉTAIRE/FINANCIÈRE

Elle constitue le système monétaire et financier regroupant d'une part, les banques et les microfinances (i) et d'autre part les marchés financiers (ii) ayant pour objectif le financement des activités économiques. C'est le lieu et le moyen de mettre en rapport ceux qui disposent d'excédents de financements et ceux qui expriment le besoin en financements. Ces deux aspects de la finance s'expriment en contrainte de complémentarité indissociable dans l'intérêt général de l'économie par la fluidité des capitaux de l'économie de la zone CEMAC.

i) Les banques et les microfinances : chacune en fonction de sa nature et de son niveau catégoriel participe aux opérations de collecte de l'épargne et de dépôt des agents économiques et procède à sa distribution par l'octroi des crédits et la mise à disposition de leurs clientèles respectives de tous les moyens de paiement dont ils ont besoin dans la gestion de leurs activités. Et pour des raisons idéologiques, afin de réduire l'influence dominatrice des banques, on assiste à leur éclatement en trois (3) catégories : les banques de dépôt, les banques d'affaires et les banques de crédit à moyen et long termes.

ii) Les marchés financiers : L'évolution des mécanismes de financement de l'économie résultant de l'internationalisation des échanges par le commerce mondial a suscité l'internationalisation des moyens de paiement, dont un flux de capitaux importants rapides et à moindre coût. Dans l'intérêt d'une satisfaction accrue, efficace avec une triple rentabilité (État, entreprises et bailleurs de fonds) des besoins de financement. (Figure n° 4) : Le PEMOF

Figure n° 4 : Le régionalisme, une idéologie d'intégration en trois (3) dimensions :

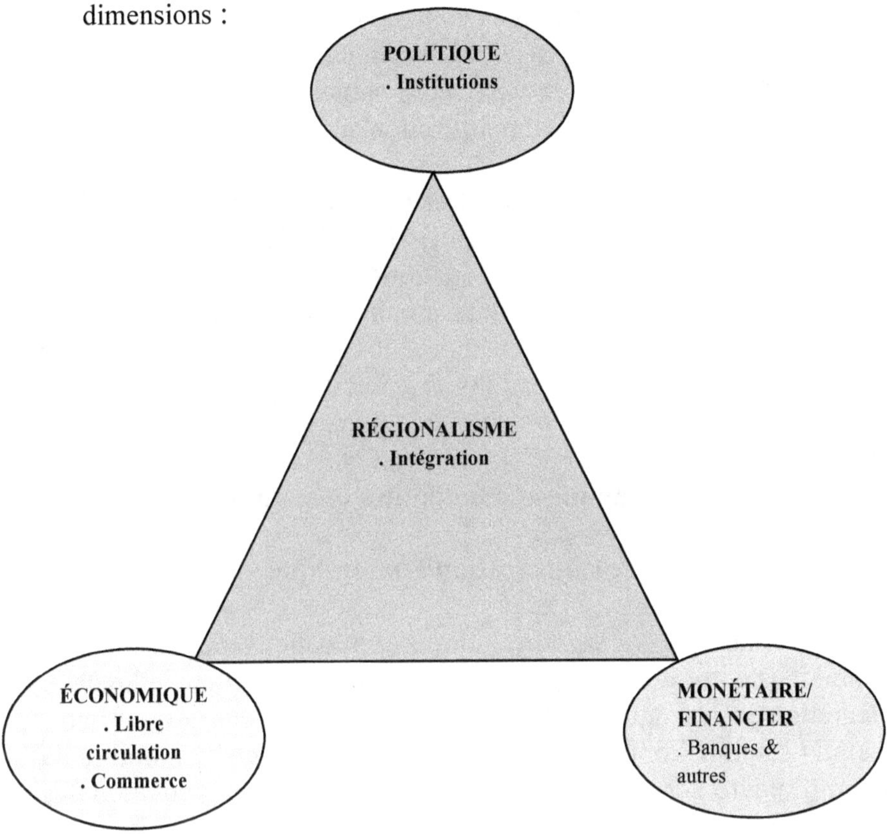

Source : Paul BABAGNACK

Néanmoins, le régionalisme doit obéir à un certain nombre de principes pour assurer de manière efficiente les objectifs de croissance et de développement équilibré d'une CER. La région correspond donc à une certaine taille et à une certaine diversité dans la façon d'opérer une articulation entre les ressources et les potentialités. Elle est une combinaison des actions multiformes et transversales qui favorisent l'intégration économique et spatiale. Il s'agit donc de créer et d'articuler les différents avantages comparatifs, comme la plus-value communautaire à capitaliser dans des territoires marginaux, à travers des canaux de transmission en vases communicants qui trouvent leurs sources dans le système de l'économie circulaire.

Il s'agit de faire en sorte que les centres relaient leur productivité dans les périphéries au même moment qu'ils font l'objet d'attractivité du fait de leurs activités de production, de distribution et de consommation. Constitués en foyers urbains du fait de l'importance incontournable des avantages de commodités en transports, en moyens de communication, en mouvements financiers et autres, ils sont le reflet de l'émergence et de la prospérité régionales.

I.1 Intégration économique : modalités et avantages

I.1.1 Les modalités de l'intégration économique

Définie comme la possibilité de l'élimination des frontières économiques entre deux ou plusieurs économies (Jacques Pelkmans), l'intégration économique implique le retrait des obstacles aux activités économiques transfrontalières concernant le commerce, la mobilité de la main-d'œuvre, les mouvements de capitaux, la libre circulation des biens et des personnes, la libre transférabilité des capitaux et l'avantage des marchés financiers.

En effet, plusieurs facteurs concourent à expliciter les différents objectifs poursuivis par le processus d'intégration économique. Le passé de l'intégration économique en Afrique n'est pas satisfaisant au regard de certaines problématiques (crise économique, privatisation, plans d'ajustement structurel, le poids de la dette, le climat des affaires, etc.) qui se posent avec des conséquences déplorables sur le plan de la dynamique économique et des répercussions sociales peu reluisantes et affectent dangereusement le quotidien des populations.

-

L'échec palpable des différents regroupements régionaux dans le respect des engagements pris après de multiples concertations est tel que très peu d'entre eux fonctionnent efficacement. Les différents rapports des institutions spécialisées de l'UA (BAD), des Nations Unies (FMI, BM) et autres organisations de la société civile (Amnesty International, le magazine Doing Business, etc.) font état de réussites d'intégrations régionales disparates avec des écarts considérables.

Les dysfonctionnements sont légion (non-respect des dispositions communautaires, des directives et des règlements) dans les domaines du commerce, de la législation du travail, du code fiscal et de la mobilité des personnes, etc.) au point de confirmer a priori l'impossibilité d'un regroupement intégral en un marché global d'ici 2027 comme l'ambitionne l'UA. Il en est de même pour l'Afrique centrale où la CEMAC connaît des retards considérables dans les domaines précités et bien d'autres qui entravent l'atteinte des objectifs communautaires d'intégration, comme celui de l'intégration des marchés financiers.

Face à l'internationalisation de plus en plus accentuée du commerce dans le monde, les différents États quelle que soit leur taille, sont engagés dans un processus de compétitivité de leurs économies. À cet effet, ils multiplient des actions et prennent des initiatives d'intégration afin de ne pas s'exclure du commerce international.

L'Afrique a emboîté le pas à ce vaste processus dès les indépendances de certains de ses pays et surtout ceux constituant la CEMAC autour des années 60. Facteur de croissance économique et de développement, l'intégration se veut aujourd'hui plus qu'hier une contrainte plus qu'une nécessité pour un objectif de développement.

Pour répondre à cette exigence de développement, plusieurs théories sous-tendent le concept de l'intégration. Qu'il s'agisse de Viner (1950) ou de Meade (1955), ils démontrent qu'une zone de libre-échange participe à l'augmentation du bien-être des pays lorsque la demande d'importation est élastique, et lorsque la différence entre les coûts de production du partenaire et du reste du monde est faible. Dans la même logique de Meade (1955), ses prédécesseurs ont élaboré des modèles économiques basés sur les avantages comparatifs. Et Paul Krugman (2008) et Richard Baldwin (1997) utilisent les théories de l'économie géographique pour justifier l'importance de l'intégration économique.

Mais la théorie de l'intégration économique remonte très loin dans le temps grâce à l'école des classiques (1776-1870), avec particulièrement la théorie des avantages comparatifs de David Ricardo qui montre que la spécialisation et le libre-échange constituent des avantages pour tous les pays membres d'une communauté économique. Car le régionalisme permet l'expansion des échanges dans un marché plus vaste (Vinner, 1950), avec des effets favorables à l'intérieur de la région et des effets d'entraînement pour l'intégration à l'économie mondiale (Baldwin, 1997). De ce fait, la production augmentant au vu de la demande existante et croissante de la consommation, conséquence de l'ouverture des marchés, elle permet une organisation plus rationnelle des entreprises de la région, donc du secteur privé pour pouvoir répondre à la demande des consommateurs.

Lorsque Jacques Tenier (2003) définit l'intégration économique comme un « vaste mouvement de rapprochement qui mobilise avec plus ou moins une grande intensité les co-partageants de l'espace et du temps que sont l'économie, la politique, la culture et la société », dans une approche institutionnelle, elle s'entend comme la mise en place d'un système commun de règles par les pouvoirs publics en concertation avec les autres acteurs privés.

L'intégration est donc une réponse commune au développement des pays membres, car ils agissent dans le but de mettre en commun leurs marchés, leurs politiques économiques afin de pouvoir mieux intégrer le commerce international et faire face aux grandes puissances économiques mondiales en rangs groupés, avec un secteur privé fort et un partenariat public-privé très compétitif, au risque de disparaître. Il en découle que l'intégration régionale est le résultat des accords de plusieurs pays et ceux de plusieurs acteurs du public et du privé. Aujourd'hui, elle devient un instrument de promotion des investissements publics et privés au service du développement. L'effet de taille des économies des pays de la CEMAC pris individuellement constitue un handicap majeur dans leurs processus de production, de distribution et de consommation des biens et des services.

I.1.2 Les avantages de l'intégration économique en Afrique centrale

Comme tous les phénomènes économiques, l'intégration économique régionale a des impacts tant positifs que négatifs. Mais attardons-nous sur les aspects attractifs d'une intégration économique. L'intégration économique présente plusieurs avantages. Ces avantages sont basés sur l'élargissement des frontières géographiques des États membres à des frontières économiques permettant la libre circulation des personnes et des biens ainsi que des capitaux. L'intégration économique implique donc la suppression des obstacles relatifs aux activités économiques transfrontalières, liées au commerce, à la mobilité de la main-d'œuvre, à des services et à des flux de capitaux.

L'objectif premier de l'IE est d'augmenter le volume des échanges commerciaux à travers le monde, c'est-à-dire le resserrement des liens commerciaux afin de surmonter les difficultés liées à l'étroitesse du marché national et réaliser des économies d'échelle. L'IE permet également de développer les infrastructures communautaires (routes, barrages, électricité) et en exploiter, conséquence de la création d'un marché unique. Ce marché régional implique de *facto* la restructuration du système bancaire et financier afin qu'il s'adapte à la nouvelle configuration du marché et favorise son intégration.

Quel que soit le modèle de l'intégration, régionale, continentale ou mondiale, cet objectif est justifié. La théorie classique du commerce international indique que la réussite d'une convention d'intégration est sous-jacente à une certaine complémentarité des économies des pays concernés. Cette hypothèse ayant servi de base de travail dans l'évaluation des sources de potentialités d'échanges entre les pays nord-africains. (Michaely, 1996) a confirmé l'importance de la complémentarité dans l'intégration régionale des économies en élaborant un indice de complémentarité commerciale, lequel est défini comme l'écart des structures d'exportation et d'importation de deux pays ou groupes de pays (Hugon, 2001).

Ces complémentarités existent en zone CEMAC. Koffi Ehoussou (2005) a analysé les potentialités d'échanges commerciaux sur la base des indices de complémentarité, a démontré que les indices entre les pays africains sont faibles, traduisant ainsi la faible probabilité de succès de la mise en œuvre des accords commerciaux bilatéraux. Les mêmes indices calculés au niveau de la région nord-africaine reflètent une nette augmentation comparativement aux indices bilatéraux. Il conclut de ce fait que la libéralisation commerciale doit se faire dans un cadre régional afin d'avoir une chance d'améliorer le commerce intra-zone. Les potentialités de complémentarité existent pour développer le commerce intra-CEMAC. Les conditions doivent être créées pour mieux cerner ces complémentarités et les valoriser sur la base d'une étroite collaboration et surtout l'exécution des projets communautaires relatifs aux différentes infrastructures transnationales mises en place par les États membres. Il faut d'abord souligner la portée historique, scientifique et structurelle de ces avantages. Plusieurs économistes confirment que l'IE est un processus caractérisé par des étapes harmonisées et complexes étalées dans le temps. Elle correspond de ce fait à une vision ayant un objectif, une stratégie, une méthode et des moyens. L'un d'entre eux est Béla Balassa, (1961) dont les travaux très illustratifs sur la question relative aux modalités et aux avantages d'IE peuvent être cités en référence. Et l'autre est Walt Whitman Rostow (1960) pour ses travaux relatifs au développement. La similitude de ces deux apports scientifiques est la planification conditionnée par le respect des conditionnalités [18] permettant le franchissement d'une étape à l'autre. Cette démarche séquentielle porte les germes d'une intégration planifiée. Et par conséquent d'une volonté d'un changement structurel selon Kurt

[18] Contraintes qui ne signifient pas des obstacles, des barrières ou des entraves, mais des difficultés à surmonter, donc à solutionner

Lewin (1940), par étape et dynamique, émanant de la prise de conscience d'une vision collective.

I.1.2.1 Intégration planifiée et conditionnée : Organisation structurelle

D'après ce dernier, l'IE correspondrait à cinq (5) étapes[19] :

- *La première étape :* La zone de libre-échange.

Les tarifs et les restrictions quantitatives sont éliminés dans le commerce entre les pays membres de la zone, mais chacun garde ses structures tarifaires et ses quotas nationaux par rapport aux pays non participants. Exemples : ASEAN et NAFTA.

- *Deuxième étape :* L'union douanière

Elle ajoute à la zone de libre-échange, l'égalisation des tarifs par les pays membres vis-à-vis des importations en provenance des États non membres (c'est-à-dire la mise en œuvre du Tarif Extérieur Commun). À l'exemple de la Communauté Européenne depuis 1968 et l'Union Douanière Equatoriale (UDE) en juin 1959 mutée en l'Union

[19] B. Balassa, La théorie de l'Intégration Economique (Londres : Allen et Unwin, 1962). Balassa décrit les phases comme suit : dans une zone de libre-échange, les tarifs (et les restrictions quantitatives) entre les pays membres sont abolis, mais chaque pays garde ses propres tarifs imposés aux non-membres. La mise en place d'une union douanière implique, en plus de la suppression de la discrimination dans le domaine de la circulation des biens au sein de l'union, l'égalisation des tarifs dans le commerce avec des pays non membres. Un niveau plus élevé d'intégration économique est réalisé dans le marché commun dans lequel non seulement les restrictions au commerce mais aussi les restrictions à la circulation des facteurs de productions sont abolies. L'union économique, qui est différente du marché commun combine la suppression des restrictions imposées à la circulation des biens et des facteurs de production avec un certain niveau d'harmonisation des politiques économiques nationales, en vue de supprimer toute discrimination due aux disparités dans ces politiques. Enfin, l'intégration économique totale suppose préalablement l'unification des politiques monétaires, fiscales, sociales et contre-cycliques, et demande la mise en place d'une autorisation supranationale dont les décisions ont force obligatoire sur les États membres.

Douanière et Economique de l'Afrique Centrale le 8 décembre 1964 et en Communauté Economique et Monétaire de l'Afrique Centrale (CEMAC) le 16 mars 1994. Ces changements institutionnels et structurels se font dans une démarche procédurale des États membres d'une part volontaire, et contraignante d'autre part dans l'optique d'une adaptation des instruments d'intégration aux enjeux du développement communautaire.

➢ *Troisième étape :* Le marché commun

Il implique le libre-échange des produits/marchandises/services entre les pays participants (c'est-à-dire faisant la promotion de l'intégration des marchés), un TEC et élimine des restrictions sur la libre circulation des facteurs de production (c'est-à-dire faisant la promotion de l'intégration de la main-d'œuvre et des marchés de capitaux) entre les États membres.

À l'exemple de la Communauté Andine et de la Communauté Européenne depuis 1963 ainsi que l'Union Douanière et Economique de l'Afrique Centrale avec l'introduction par acte additionnel N° 03/00-CEMAC 045-CM-05 du 14 décembre 2000 de la TCI en matière d'importation des pays membres, de manière à ce que toute marchandise ayant fait l'objet d'une taxation douanière à l'entrée de celle-ci, dans l'un des pays membres, soit libérée de toute autre à l'intérieur de l'union.

Mais la diversité des taux d'intérêts bancaires dans les différentes banques commerciales dans les pays de la CEMAC ainsi que la rigidité dans le mouvement des flux financiers plombent les transactions commerciales et leur transparence en faveur des circuits parallèles. Même au niveau du droit du travail, la diversité des codes de travail remarquable entre ces pays constitue un frein à la mobilité professionnelle, en attendant la ratification du projet de droit du travail communautaire à l'image de celui du droit des affaires (OHADA) en gestation depuis de nombreuses années.

Les préférences nationales restant encore très significatives ne favorisent pas la compétitivité et le renforcement des capacités avec un ancrage sur le partage des expériences professionnelles. L'objectif principal de ces trois premiers types d'intégration est la constitution d'un vaste marché dans lequel les différentes barrières relatives aux échanges entre les pays membres sont supprimées. Leur réussite sert de tremplin à la formation d'une union économique. C'est ainsi qu'en Afrique centrale, la mutation sera faite entre la défunte UDEAC et la création de l'actuelle CEMAC (traité du 16/03/1994) afin de traduire de façon structurelle et opérationnelle le franchissement des trois premières étapes de la trajectoire de l'intégration. Le changement est donc un concept présent dans l'évolution organisationnelle des institutions et devient un postulat pour les animateurs des organisations, comme le catalyseur de la dynamique institutionnelle.

Cette transformation institutionnelle témoigne-t-elle de la réussite d'une évolution ayant rempli les conditionnalités préalables y relatives qui garantissent le succès du marché commun ? L'analyse de l'état de l'intégration économique en Afrique Centrale permettra d'en juger des effets sur le commerce intra-zone, tremplin de l'union économique.

- *Quatrième étape :* L'union économique

Elle ajoute au cadre du marché commun, un certain niveau d'harmonisation des politiques économiques nationales en vue de la suppression de la discrimination qui était due aux disparités antérieures entre les pays membres à cause de ces politiques nationales différentes. Elle permet d'allier l'élimination des obstacles à la libre circulation des marchandises et des facteurs de production à l'atteinte d'un certain niveau d'harmonisation des politiques publiques nationales des États membres de la zone, afin de réduire voire de supprimer les discriminations imputables aux disparités entre ces politiques.

Exemple de l'Union Européenne malgré la sortie de la Grande-Bretagne en juin 2016 qui démontre la fragilité des CER lorsqu'elles ne sont pas faites sur des bases solides avec une idéologie communautaire claire, forte et rencontrant l'acceptation et l'adhésion de tous les pays membres voire contraignante afin d'éviter un éventuel séparatisme qui plomberait les intérêts communautaires de l'union en prélude à une intégration économique totale. Les disparités existent encore à titre de référence sur le plan fiscal, le taux de la TVA. C'est un impôt indirect sur la consommation, dont son principe est qu'il est généralement intégré dans le prix de vente des biens et des prestations de services et payé par les consommateurs. Il peut faire l'objet d'exonérations légales totale, partielle, voire compartimentée.

Cet impôt varie en fonction des produits ou des services et des secteurs d'activités, répondant ainsi à la politique fiscale incitative et attractive.

On distingue en général trois (3) types de TVA :

- La TVA à taux normal ;
- La TVA à taux réduit ;
- La TVA intermédiaire.

Mais aussi dans le cadre communautaire, il est donné de constater cette variation d'un pays à l'autre sur des marchandises et produits similaires de l'union, malgré le seuil communautaire de dix-huit pour cent (18 %) directive n° 1/99/CEMAC-028-CM-03 du 17 décembre 1999 (Tableau n° 4).

Tableau n° 4 : Taux de taxe sur la valeur ajoutée dans la CEMAC

PAYS	TAUX DE TVA
CAMEROUN	**0 à 19,25**
R.C.A	**0 à 5 et 19**
CONGO	**0 à 5 et 18**
GABON	**0 à 10 et 18**
GUINÉE ÉQUATORIALE	**0 à 6 à 15**
TCHAD	**0 à 18**

Source : Lois de finances et code général des impôts des pays de la CEMAC

Sa conception théorique est l'œuvre de Georg Wilhelm von Siemens (1919) sous le nom de *« Veredelte Umstazsteuer »* (taxe sur le chiffre d'affaires perfectionné)[20]. Elle est mise en application en France sous l'impulsion du Français Maurice Lauré (1954). Elle est collectée par les entreprises qui participent à des opérations de production et de commercialisation.

Son objectif est de permettre ainsi aux États de renflouer leurs caisses par un prélèvement indirect et anticipé par l'intermédiaire des entreprises et de maximiser les recettes fiscales. Outil de politique fiscale des États, elle répond à une critique faite sur l'imposition en cascades du chiffre d'affaires des entreprises en remplacement d'un

[20] L'ouvrage de ce dernier publié en 1921 est toutefois attribué à son frère Carl Friedrich Siemens

impôt unique moderne. A tort ou à raison son impact sur l'économie comme sur les finances publiques des États de la CEMAC en termes de coût de production/d'achat et du soutien des recettes publiques est significatif.

Elle a démontré son efficacité dans les pays qui l'ont adopté et a connu un franc succès en France et ailleurs, au-delà des pays de l'Union Européenne[21] pour être généralisée. Elle est donc effective en Afrique Centrale avec des taux variables et des avis divergents quant à son efficacité.

- *Cinquième étape :* L'intégration économique totale.

Elle présuppose un marché unique dans lequel les personnes, les biens, les services et les capitaux peuvent circuler librement. L'unification des politiques en matière monétaire (monnaie unique, le franc CFA), financière (loi bancaire uniforme), du climat des affaires (droit des affaires uniforme l'OHADA, 1997), fiscale, sociale, demande la mise en œuvre d'une autorité supranationale (CEMAC) ou des institutions régionales spécialisées (BEAC, COBAC, COSUMAF, etc.), dont les décisions ont force obligatoire sur les États membres (c'est-à-dire en fait l'établissement d'une fédération politique). Elles permettront de veiller au respect des intérêts des pays membres de la région et faire implémenter l'idéologie institutionnelle. Exemple de la zone euro (depuis 2008, 15 des 27 États membres de l'Union européenne).

Dans cette démarche, Balassa estime que les marchés supranationaux avec leur libre circulation des facteurs de production à travers les différentes frontières nationales génèrent naturellement une demande pour plus d'intégration, non seulement économiquement, financièrement mais aussi politiquement. Et ainsi, les communautés économiques deviendront naturellement, avec le temps, des unions

---

[21] Adoptée par la Commission de l'Union Européenne le 17 mai 1977, la directive 77/388/CEE (6e directive TVA)

politiques. Dans le cas de la CEMAC, l'on peut s'interroger sur le respect de cette démarche linéaire et conditionnée de l'intégration. Le passage d'une étape à une autre ne saurait être un formalisme qui garantirait un optimisme béat dans l'objectif d'une vision intégrationniste. Les exigences d'un changement de paradigme relatif à l'idéologie s'imposent fondamentalement afin d'identifier et de corriger les points d'inflexion. Parmi lesquels, le respect et l'actualisation du cadre institutionnel et règlementaire conforme aux réalités du moment.

Ce changement implique la prise en compte des enjeux du commerce international et la nécessité de la libéralisation financière. Comme processus, cette démarche reste une orientation vers l'idéal d'une union économique avec des exigences certes justifiées et réalistes, mais il n'en demeure pas moins que ces étapes peuvent être écourtées ou prorogées en fonction du niveau de maturation des critères de développement de chaque entité (pays). L'autre économiste est Walt Whitman Rostow (1960), sur la description des étapes du développement économique. Pour ce dernier, le développement est un processus historique linéaire passant par des étapes définies par opposition à la vision dialectique des théories marxistes. « À considérer le degré de développement de l'économie, on peut dire de toutes les sociétés qu'elles passent par l'une des cinq phases suivantes : la société traditionnelle, les conditions préalables au démarrage (ou décollage), le démarrage (ou décollage), le progrès vers la maturité et l'ère de la consommation » (1963, p.13)

- *Première étape : la société traditionnelle*

Immobile et hiérarchisée, la terre est la seule source de richesse et les perspectives de changement sont nulles. Cette situation correspond à un monde antérieur à la révolution scientifique. Ce schéma caractériserait ce qu'on appelle aujourd'hui les « pays les moins avancés ». L'agriculture est l'activité dominante et est caractérisée par le fait que « le rendement potentiel par individu ne peut dépasser un niveau maximum » (1963, p.14). Le pouvoir politique se trouve entre les mains des propriétaires fonciers à l'intérieur des régions dans lesquelles les liens de famille et de clans jouent un rôle primordial dans l'émancipation individuelle.

➢ *Deuxième phase : les conditions préalables*

Cette seconde étape permet de passer de l'immobilisme au mouvement par la création des conditions nécessaires au démarrage, à travers l'amélioration de sa productivité grâce à la diffusion du progrès technologique. L'investissement productif permet une augmentation plus rapide que la croissance démographique. Le développement devient donc possible grâce à l'apparition des banques et des institutions financières favorables aux financements de l'économie.

Ce financement est remarquable dans les secteurs-clés de l'activité économique tels que les transports, les communications et les matières premières. La qualité de la ressource humaine s'améliore par la formation et l'apprentissage, favorisée par l'amélioration des conditions de vie. Ce qui correspondrait au schéma des « pays développés ». Le facteur décisif de cette étape a été l'ordre politique, « l'édification d'un État national centralisé et efficace qui s'appuie sur des coalitions teintées d'un nationalisme nouveau en opposition avec les intérêts régionaux traditionnels, avec le pouvoir colonial, ou avec l'un et l'autre ensemble — a joué un rôle déterminant pendant la période préalable au démarrage ; et presque partout, elle a été une condition nécessaire au démarrage » (1963, p.18).

➢ *Troisième phase : le décollage (take off)*

Cette troisième phase représente l'étape indispensable. C'est donc une étape de transition décisive au cours de laquelle les obstacles économiques, sociaux, culturels et politiques qui s'opposaient à son émancipation tombent avec l'émergence des branches motrices. Dès lors, la croissance devient « une fonction normale de l'économie » (1963, p.19). De façon générale, la cause du décollage aura été essentiellement d'ordre technologique. Elle aura été à la base de la réussite de cette phase de décollage par l'augmentation des rendements de l'agriculture.

➢ *Quatrième phase : la maturité*

C'est la phase du progrès soutenu par l'augmentation des investissements. Tous les secteurs de l'économie se développent à un rythme très significatif. L'industrie se perfectionne et augmente le volume de production. Le commerce international se structure autour des spécialisations et de la division internationale du travail. Rostow considère qu'il faut une soixantaine d'années pour que l'économie atteigne sa maturité : « D'un point de vue formel, on peut définir la maturité comme l'étape au cours de laquelle l'économie prouve qu'elle est à même d'aller au-delà des industries qui l'ont fait démarrer à l'origine et d'assimiler et d'appliquer efficacement à toute une gamme de ressources — sinon à la totalité d'entre elles — les découvertes qui étaient à la pointe de la technologie de l'époque. C'est la phase ou l'économie montre qu'elle possède des ressources techniques et l'esprit d'initiative nécessaires pour produire, sinon tout ce dont l'industrie est capable, du moins tout ce qu'elle décide de produire » (1963, p.22)

➢ *Cinquième phase : la consommation de masse*

Durant cette phase, la production des biens de consommation durables (appareils, etc.) et de services constitue l'essence du capitalisme, celui du symbole du consommateur souverain. Car l'industrie étant florissante, l'augmentation du revenu réel par habitant est à un niveau tel que les individus peuvent satisfaire leurs besoins élémentaires (se nourrir, se loger et se vêtir) et consacrer une part importante de leur budget à d'autres fins.

La composition de la main-d'œuvre s'est modifiée sous l'effet conjugué d'une montée de la population urbaine et d'un accroissement de la population d'ouvriers qualifiés et d'employés. Le progrès technologique n'étant plus une fin en soi, une partie des ressources est en effet destinée à la prévoyance et à la sécurité sociale. (C'est l'ère de la providence).

Quant au modèle de Kurt Lewin (1940), il s'attarde sur le changement organisationnel en soutenant que le changement est le passage d'un état actuel à un état désiré, d'une situation originale actuelle jugée inadéquate. Il le définit en trois phases :

- *Première phase : Décristallisation (Unfreeze)*

C'est une situation de dégel, c'est-à-dire de déséquilibre dont la prise de conscience du changement en mettant l'accent sur des aspects négatifs actuels.

- *Deuxième phase : Déplacement (Change)*

C'est la transition, c'est-à-dire le passage d'un état A à un état B. Elle doit être bien gérée, bien structurée avec une bonne communication.

- *Troisième phase : Cristallisation (Refreeze)*

De ces travaux, il ressort clairement une dualité entre le sous-développement et le développement. Chacune des dimensions de cette dualité a des caractéristiques propres. La corrélation entre elles existe du fait que le sous-développement constitue la base à partir de laquelle se construit le développement, c'est-à-dire la production et la consommation de masse.

Le parallélisme entre les deux économistes est convergent et complémentaire. L'un planche les étapes de l'intégration économique (B. Balassa, 1961) et l'autre sur les étapes de la croissance économique (W. W. Rostow, 1960). Ils démontrent tous les deux que la résolution des deux problématiques économiques passe par un processus graduel, planifié et conditionné. Mais ce processus peut connaître des rythmes différents en fonction des potentialités organisationnelles et de gouvernance pour atteindre les objectifs d'intégration et de croissance. Et les indicateurs à prendre en compte doivent être identifiés et évalués de façon périodique, afin de mesurer le degré d'avancement et d'apporter des correctifs de complémentarité, d'accélération et de réorientation de la démarche vers le développement.

De façon illustrative, plusieurs avantages concourent à la réalisation de cet objectif. L'on peut les définir en trois catégories : 1) les avantages économiques, 2) les avantages sociopolitiques et 3) les avantages financiers.

I.1.2.2 les avantages économiques

I.1.2.2.1) Les opportunités commerciales

L'appartenance à un espace économique intégré facilite la création des opportunités en matière commerciale. C'est ainsi que tous les pays qui en font partie ont la possibilité de choix au sein d'une large variété de produits et de biens. Par conséquent, l'intégration économique permet au regard d'une multitude de biens et de services et par le jeu de la concurrence relative au principe de l'offre et de la demande de trouver les prix réels sur le marché. Grâce à la suppression des barrières tarifaires, à la réduction des taxes et des prix, les agents économiques peuvent faire des économies et les réorienter vers l'acquisition de nouveaux biens et services. Ainsi donc, les États membres trouvent là un environnement ou abondent de nouveaux biens et services. L'intégration économique est favorable à la circulation des biens, donc à la production et la consommation. Conséquence, l'accroissement du volume des échanges implique une complémentarité des économies des pays membres de l'union ou de la communauté. Il s'agit de deux formes de complémentarités :

1) La complémentarité commerciale qui est fonction des exportations et des importations ;

2) La complémentarité productive qui résulte de la production des excédents de production d'un pays ou d'une région.

Les travaux de certains chercheurs (Hammouda et al.2006) ont montré que les échanges commerciaux entre les PED ont un potentiel d'extension et d'expansion constituant ainsi une base pertinente pour instituer durablement une coopération économique basée sur des potentialités de commerce mutuellement bénéfiques.

I.1.2.2.2) Les complémentarités

1) La complémentarité commerciale

La complémentarité commerciale s'explique par le fait qu'un pays d'une union ou d'une communauté est le principal fournisseur des biens importés du pays partenaire et son principal client pour les biens exportés par ce dernier (Meade, 1955). Dans son modèle d'équilibre partiel, il a démontré que la similitude des économies partenaires d'une union douanière, si elle se combine avec la complémentarité potentielle, représente la meilleure disposition à l'intégration régionale (Tableau n° 5).

À la lecture de ce tableau, il est remarquable de constater que le pétrole concerne cinq (5) pays sur six (6) et le bois quatre (4) pays sur six (6). Les deux ressources (pétrole et bois) sont essentiellement destinées à l'exportation en dehors de la CEMAC. Le reste des ressources représente pour chacun de ces pays une spécialité à faire valoir et à développer à l'intérieur de la CEMAC comme à l'extérieur de celle-ci. Donc c'est un atout bidimensionnel pour l'économie régionale et nationale.

Tableau n° 5 : Les principales ressources naturelles des pays de la CEMAC

PAYS	RESSOURCES NATURELLES
Cameroun	Pétrole, cacao, café, huile de palme, hévéa, bois, cultures vivrières et élevage.
R.C.A	Or, diamant, cobalt et bois
Congo	Pétrole et bois
Gabon	Pétrole et bois
Guinée Équatoriale	Pétrole et bois
Tchad	Pétrole, coton et élevage

Source : Compilation de l'auteur Paul BABAGNACK à partir des données de la CEMAC

2) la complémentarité productive

La complémentarité productive signifiant la capacité d'une production, d'un secteur donné à générer des excédents susceptibles d'être exportés dans un autre pays de la CEMAC, elle contribue à l'émergence d'un courant d'échanges intrarégionaux. Elle peut concerner autant les produits de consommation courante que l'approvisionnement en services, en produits semi-finis ou en matières premières des industries des différents pays.

L'essentiel des structures de production des pays de la CEMAC est caractérisé par la prépondérance de la monoculture fortement concentrée dans le secteur pétrolier et la faiblesse des dotations, à l'exception du Cameroun qui a un tissu économique un peu plus diversifié malgré la prédominance du secteur informel. La conséquence en est la faiblesse des complémentarités des échanges entre les pays membres. L'approche complémentaire de la production montre que l'intégration régionale est appelée à réaliser des actions de complémentarité en visant l'établissement de toutes les relations économiques possibles pour les échanges de produits (Erbes, 1966). Cette complémentarité productive constitue un des atouts déterminants du renforcement de l'intégration régionale (Bye et Bernis, 1977), car elle favorise la spécialisation de la production et des échanges des biens et services des partenaires d'une même zone communautaire. (Tableau n° 6)

Tableau n° 6 : Les excédents des produits exportables intra-CEMAC

PAYS	EXCÉDENTS DES PRODUITS EXPORTABLES
Cameroun	Cultures vivrières, élevage, coton et les produits manufacturés (boissons, produits alimentaires, mobiliers, matériaux de construction, etc.)
RCA	-
Congo	-
Gabon	Cultures vivrières et produits manufacturés, alimentaires (sucre, huile, savon, etc.)
Guinée Équatoriale	-
Tchad	Coton et élevage

Source : Compilation de l'auteur à partir des données de la CEMAC

3) La diversification de la production et de la consommation

La diversification de la production et de la consommation procure des avantages à des pays ayant réalisé cette diversification. Elles exigent une demande massive pour la consommation des facteurs de production en termes de matières premières, enregistrent une baisse des coûts de ces *« input »*. On assiste donc à des économies d'échelle tant des produits que des marchandises et des services, à une augmentation de la productivité suite à la baisse des coûts de ces facteurs. Une économie est dite diversifiée lorsque l'architecture organisationnelle et fonctionnelle des structures de production existe et est dispersée en grand nombre d'activités différentes par la nature des biens et services produits, mais complémentaires et concurrentiels.

À la suite des indépendances dans les années 60, la plupart des pays de la CEMAC ont entamé un programme de diversification de leurs économies respectives. Mais handicapées par leurs tailles, avec pour investisseur majeur l'État, elles n'ont pas pu prospérer par manque de rentabilité et de graves fautes de gestion du fait de l'essence même des missions d'un État.

C'est ainsi que sont survenues les privatisations et les liquidations massives de ces structures de production à partir des années 90. Pour accélérer le processus de diversification des économies des pays de la CEMAC, il faudrait réunir des conditions préalables capables d'intégrer une politique de diversification optimale intracommunautaire dans la dynamique de l'intégration et créer un véritable marché régional.

4) La libre circulation des personnes et des biens

La circulation des biens s'accompagne de la circulation des personnes. Ce sont deux paramètres du marché en corrélation qui fondent l'existence d'une intégration économique. La suppression des tracasseries administratives (visas et autres) qui constituent souvent des barrières à l'entrée d'un espace frontalier comme dans un autre est un atout pour l'intégration économique. Le mouvement des populations d'un pays à un autre de l'espace économique s'accompagne d'un transport et d'un transfert de culture. De ce déplacement des individus il en résulte la possibilité d'intégration dans un corpus économique mais aussi social avec la création des liens et leur entretien. Il n'est pas exclu dans un tel contexte des occasions d'installation et de sédentarisation des personnes hors de leur environnement initial. Ce phénomène de la liberté de mouvement participe du brassage des populations dans une mouvance interculturelle, en l'occurrence une culture professionnelle.

5) La mobilité géographique de la main-d'œuvre

Dans la réalisation de son objectif de favoriser et d'accroître les échanges commerciaux, le processus de l'intégration économique entraîne la circulation des personnes et par la même occasion offre des possibilités d'emplois à des ressortissants des pays des États membres. L'intégration économique est favorable à la création des bassins d'emplois en fonction des spécificités et des potentialités de chaque pays membre et des particularités de leurs régions.

La main-d'œuvre communautaire qualifiée trouve là des raisons substantielles pour justifier sa mobilité d'un pays à un autre. La mobilité de la main-d'œuvre conduit à un échange d'expériences et surtout à plus de compétitivité du marché de l'emploi. Il en découle un besoin de formation au regard de la capacité d'absorption du marché de l'emploi. Il s'agit notamment des plans de formation en entreprise, dans des organisations de formations spécialisées telles que les centres de formation, des universités ou des centres universitaires dans un environnement multiculturel. Le management interculturel justifie sa raison d'être dans le pilotage des organisations et des institutions privées comme publiques.

Cette mobilité de la main-d'œuvre qualifiée et bon marché vient ainsi résoudre deux problèmes majeurs qui affectent les investissements : **(i)** le problème de l'inadéquation des offres de formation aux besoins du marché de l'emploi. Car ces offres de formation connaissent des variations différentes en fonction des pays. Or le niveau et la qualité de la formation sont déterminants pour l'employabilité, gage des performances individuelles et collectives dans les entreprises. L'un des pays les plus avancés dans ce domaine est le Cameroun, avec une carte universitaire et de formation professionnelle plus élaborée, étoffée et diversifiée et repartie sur le triangle national en fonction des caractéristiques propres à chaque région. Le surplus de cette main — d'œuvre trouve dans l'espace communautaire une facilité de mobilité dans les bassins de production en besoin de main-d'œuvre.

(ii) Celui de la maîtrise des coûts et des facteurs de production par l'absence des compétences locales ou communautaires qui obligent les investisseurs ou les entreprises à recourir à la main-d'œuvre extracommunautaire coûteuse. Ce deuxième problème ayant pour conséquence malheureuse de se répercuter directement sur les prix des produits fabriqués qui coûteraient parfois plus chers que les produits importés de même nature.

Il convient donc de faire un diagnostic de l'état des lieux propre à chaque pays membre dans le cadre d'un projet communautaire en fonction de leurs potentialités spécifiques, afin de mener une concertation analytique permettant de gommer les doublons, de réduire les écarts et de renforcer les atouts.

Cette démarche n'altère en rien la souveraineté des États dans leur rôle régalien de promouvoir et d'assurer la formation de leurs ressortissants en interne. Mais elle est plutôt salutaire dans le renforcement de la crédibilité et de l'harmonisation des offres de formation standardisées et reconnues à l'échelle régionale à l'instar du CAMES ; et la possibilité de signature de conventions intracommunautaires dans l'objectif du partage d'expériences des offres de formation et de reconnaissance des parchemins. Mais la problématique majeure à résoudre reste l'harmonisation de la règlementation en matière d'emplois qui est d'un protectionnisme variable dans toute la région Afrique centrale.

6) La libération du commerce et l'accroissement de la mobilité

La libération du commerce et l'accroissement de la mobilité des facteurs de production entre les pays membres contribuent à la suppression des monopoles locaux et font évoluer les structures jusque-là imparfaites de la concurrence vers un idéal de la concurrence parfaite. Les marchés plus compétitifs font gagner en efficacité en termes d'amélioration de l'allocation des ressources, de l'abaissement des coûts de production et pour une productivité accrue et diversifiée.

L'IER peut être favorable à une réelle convergence économique entre les pays membres à travers l'ouverture des marchés à la concurrence étrangère, résultant du démantèlement des barrières bureaucratique et stratégique à l'entrée et du retrait des contraintes à la libre circulation des capitaux, de la main-d'œuvre et d'autres ressources. La levée de ces contraintes se justifie par rapport à l'indice de liberté économique (Economic Freedom Index, 2011)[22]. En effet, l'indice de liberté économique de Heritage Foundation mesure la liberté économique (un score élevé signifie plus de liberté).

L'indice de liberté économique offre une description empirique du degré de liberté économique d'un pays selon une optique de responsabilité personnelle, de non-discrimination et de promotion de la concurrence. L'indice classe les nations sur dix (10) critères généraux de liberté économique en se basant sur les statistiques de la Banque Mondiale, du FMI et de l'Economist intelligence Unit : *liberté d'entreprendre ; liberté des échanges ; poids des taxes et impôts ; dépenses du gouvernement ; stabilité monétaire ; liberté d'investissement ; dérégulation financière ; protection de la propriété privée ; lutte contre la corruption et liberté du travail.* (Graphique n° 1).

[22] Heritage Foundation, qui mesure la liberté économique. BAD, Working paper n°138 November 2011

Graphique n° 1 : Classement des pays en fonction de l'indice de liberté économique

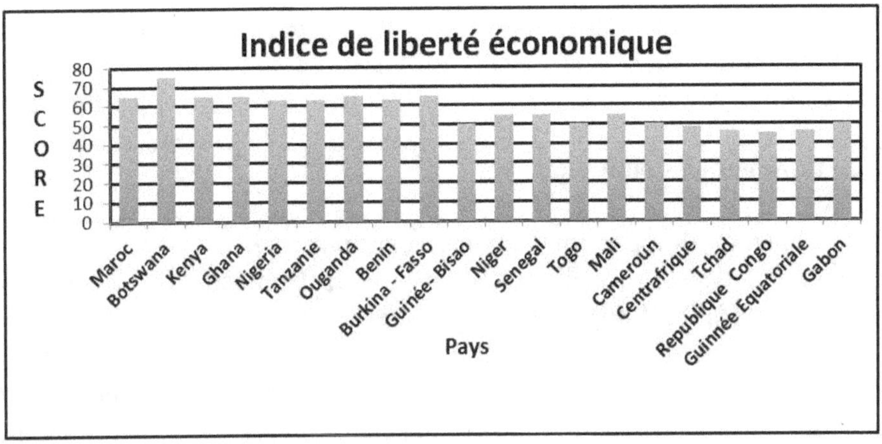

Source : Elaboré par l'auteur et Cédric Achille MBENG MEZUI avec les données de Heritage Foundation 2011

Les pays de la zone CFA réalisent en moyenne des performances inférieures aux autres pays au niveau de la liberté économique. Le Maroc a un score de (59,6), les autres pays ont des scores compris entre (57) et (68) ; tandis que les pays de la zone CFA ont des scores inférieurs à (57) à l'exception du Burkina Faso (60,6). Et les pays de la CEMAC réalisent des scores inférieurs à (50). Toute chose qui traduit la faible liberté économique dans ces pays.

Sur la base de cet indice de liberté économique, les pays de la zone CFA réalisent en moyenne des performances (50) inférieures aux autres pays. Tant dans l'espace national que dans l'espace communautaire, la liberté économique est un atout indispensable à l'investissement et à l'attrait des investisseurs.

I.2. Les avantages sociopolitiques

Les aspects non économiques ne doivent pas être écartés du processus d'intégration. Ils influencent positivement l'intégration dans son ensemble et permettent le renforcement des liens. L'intégration avant d'être économique est politique, sociale et culturelle, donc sociopolitique.

I.2.1) Avantages politiques

La décision d'appartenir à une communauté est une décision souveraine des États. Elle est motivée par la théorie des « trois **I** » (Peter A. Hall, 1986), c'est-à-dire : Les Idées, les Intérêts et les Institutions. À l'observation, l'état des lieux de cette intégration politique par la théorie des trois « I » est incomplet. L'échelle de maturité de la construction de la vision intégrationniste devrait s'approprier un quatrième « I » correspondant à l'idéologie institutionnelle comme « leitmotiv » de la démarche. Épine dorsale de l'intégration, elle faciliterait l'adhésion des États membres à la solidarité des décisions communautaires ainsi que la réalisation des projets intégrateurs comme celui du marché financier intégré de l'Afrique Centrale. Elle traduit le rôle significatif des institutions par l'existence, la cohérence et la cohésion des facteurs institutionnels. Les facteurs institutionnels (North, 1990) désignent l'ensemble des règles formelles (constitution, lois et règlements, système politique, le droit, de propriété, etc.) et informelles (système de valeurs et croyances, les coutumes, les représentations et les normes sociales, etc.) qui régissent les comportements des individus et des organisations, c'est-à-dire des entités regroupant des individus qui poursuivent des buts communs tels que les syndicats, les entreprises, etc.

Mais le préalable à cette intégration communautaire des États est tributaire de la vision de chacun d'eux dans une démarche prospective, conséquence d'une stabilité politique interne à chaque État d'abord et d'une stabilité politique régionale ensuite. Un indice de fragilité des États et la matrice 2008[23] répertorient tous les États indépendants dans le monde avec une population supérieure à cinq cent mille habitants (162 pays). La matrice de fragilité classe chaque pays en fonction à la fois de l'efficacité et de la légitimité selon quatre dimensions de la performance des États : *sécurité, politique, économique et social.* Chacun de ces sous-indicateurs est évalué d'une échelle en quatre points : **0** « aucune fragilité, **1** « fragilité faible », **2** « fragilité moyenne », **3** « grande fragilité », seul le sous-indicateur économique est évalué sur une échelle de fragilité en cinq points (dont 4 « extrême fragilité »).

Graphique n° 2 : Classement des pays selon l'indice de fragilité[24]

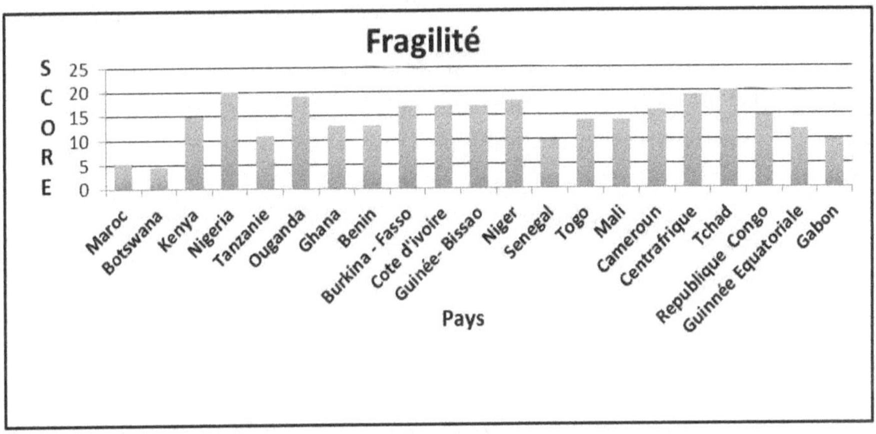

Source : Elaboré par Cédric Achille MBENG MEZUI avec les données de Polity IV, de l'Université du Maryland

Cet indice indique que la fragilité d'un pays est étroitement associée à la capacité des États à gérer les conflits ; à formuler et à appliquer les politiques publiques, à fournir les services essentiels et sa résistance

[23] Rapport 2009, *Polity IV,* de l'Université du Maryland BAD, *Cédric Achille MBENG MEZUI* Working paper n° 138 novembre 2011

[24] Rapport 2009, *Policy IV,* de l'Université du Maryland BAD, *Cédric Achilles MBENG MEZUI* Working paper n° 138 November 2011

systémique dans le maintien de la cohérence du système, la cohésion, et la qualité de vie et à répondre efficacement aux défis et aux crises, tout en continuant à se développer (Graphique n° 2).

Le Botswana et le Maroc sont les pays les moins fragiles. Huit pays de la zone CFA sur quatorze ainsi que le Nigeria et l'Ouganda ont des niveaux de fragilité les plus élevés. De cette année à ce jour, l'Afrique centrale fait l'objet des mouvements sociaux, notamment au Cameroun avec les mouvements sécessionnistes du Nord-Ouest et du Sud-Ouest anglophones, sans ignorer la guerre contre Boko Haram au Nord du Cameroun. Au Nord du Cameroun, le Tchad est un foyer de tensions latent et imprévisible. Et à l'Est du Cameroun, la RCA vient noircir le tableau de l'instabilité dans la CEMAC avec des violences politiques à répétition des Balaka et des anti-Balaka.

Cette conclusion fait dire qu'un accent particulier doit être mis dans chaque État et dans la communauté tout entière pour les hisser au même niveau de stabilité politique avec des institutions fortes qui garantissent les fondamentaux juridiques afin de sécuriser les investissements et les investisseurs.

I.2.2) Avantages sociaux

Après la formalisation des accords, conventions ou traités politiques et commerciaux dans les relations bilatérales, multilatérales ou régionales ou encore communautaires, les individus ou groupes d'individus, dont les populations des pays partenaires, doivent s'approprier les objectifs desdits protocoles ainsi que leurs mécanismes d'implémentation. L'objectif de cette démarche est l'opérationnalisation et l'expression d'une appartenance à un groupe, à une entité et bénéficier ainsi des privilèges qui en découlent et faciliter l'intégration régionale. L'objectif social majeur qui sous-tend le régionalisme est la paix et d'éviter la guerre : « *Nous sommes arrivés à l'époque du commerce, époque qui doit nécessairement remplacer celle de la guerre, comme celle de la guerre a dû la précéder* » (Benjamin Constant, 1813)[25], nécessaire pour toute activité qu'elle soit politique, sociale ou économique.

C'est donc dire que la recherche de la paix est au centre des préoccupations dans une démarche de régionalisation ou d'intégration. La vision est de réunir les conditions d'une paix durable et stable entre les États parties et par conséquent leurs populations respectives par le développement économique, comme le disait Jean Monnet : « *l'on ne peut pas faire la guerre à notre client* ». Les institutions régionales garantissent de ce fait l'équilibre entre la paix et l'économie. C'est seulement dans un environnement de stabilité politique et sociale que les investisseurs prennent moins de risques pour investir dans de grands projets dont la rentabilité est fonction des coûts élevés de ceux-ci dans la durée. Le temps aidant, la croissance économique est envisageable et le fruit de celle-ci peut être perceptible dans le bien-être des populations. À travers les infrastructures socio-éducatives, de santé et routières, etc.

I.2.3 Avantages financiers

Les aspects financiers constituent l'épine dorsale de l'intégration économique. Dans ce sens ils influencent de manière considérable les activités économiques, tant dans le processus de production, de distribution que dans celui de la consommation. L'intégration économique est très favorable à l'intégration financière, car elle implique des actions visant à l'élargissement et au renforcement des différents circuits financiers dans la région, pour une meilleure captation et fluidité des capitaux (libéralisation financière). Elle permet d'élargir les opportunités dans la diversification des risques et encourage la concurrence et l'innovation. Elle réduit les barrières à l'entrée aux investisseurs transfrontaliers et au traitement indifférencié des investisseurs étrangers (non nationaux) de la région par l'harmonisation des législations, des politiques et des institutions

[25] Benjamin Constant, « De l'esprit de conquête et de l'usurpation dans leurs rapports avec la civilisation européenne », 1913

financières et connexes. À l'instar du marché financier régional (BVMAC), du contrôle bancaire (COBAC), de la banque centrale (BEAC) pour l'émission de la monnaie.

L'intégration financière régionale peut jouer un rôle considérable dans le développement du marché financier domestique de l'Afrique centrale. Conséquence résultant de l'avantage relatif à la stabilité monétaire. Car une zone économique et monétaire à monnaie unique met fin à l'instabilité monétaire dans les pays membres (taux change fixe) et la réduit vis-à-vis de l'extérieur. La stabilité monétaire est un gage de sécurisation des investisseurs pour les exportations et favorise le commerce intra-CEMAC.

Donc, c'est aussi un avantage financier s'agissant de la suppression des frais de change. Les consommateurs n'ayant plus besoin à l'intérieur de la CEMAC de changer de devises, ou en cas de transfert des montants importants en dehors des frontières nationales, ils bénéficient d'une simplification des procédures administratives de justification et autres. Aussi, pour les entreprises, la contrainte du paiement des frais de couverture pour se prémunir de tout désagrément contre la menace des fluctuations des devises est levée du fait de l'appartenance à un même espace économique et monétaire à monnaie unique. Ce qui implique des taux d'intérêt plus bas que ceux pratiqués dans les pays autres que ceux de la CEMAC du fait de la stabilité et de la crédibilité monétaires garanties par la banque centrale unique, la BEAC.

I.2 4 L'intégration régionale : tremplin vers l'économie mondiale

L'Union Européenne depuis les années cinquante doit son succès aux avantages de l'intégration régionale. Preuve que l'intégration économique dans la CEMAC si elle est établie sur des fondations solides avec une idéologie communautaire réelle constitue un vecteur d'intégration dans l'économie mondiale. C'est en ce sens que l'intégration se veut institutionnelle, économique et régionale, correspondant à un contexte précis à un moment donné. L'intégration répondra alors à des problématiques diverses et variées pour des intérêts partagés et divergents mais complémentaires en fonction du niveau de développement des parties prenantes.

Loin d'être un repli, le régionalisme prépare le lit à la mondialisation. Les adeptes de l'intégration régionale les plus connus dans le monde sont nombreux comme les regroupements régionaux. Ils ont pour certains pensé l'intégration régionale et d'autres l'ont construit et animé. Pour la construction européenne, il s'agit de Jean Monet, Maurice Schuman et de Robert Marjolin. Les États-Unis ont d'abord longtemps été opposés au régionalisme à l'aube de la constitution de ce pays et ont ensuite formé en externe avec le Canada et le Mexique l'Association Nord-Américaine de Libre Échange (ALENA). L'Amérique du Sud avec le COMESUR (Marché Commun du Sud) dont la création est boostée par le Forum Économique Mondial, ainsi que l'APAC (Asia Pacific Economic Cooperation) dans la région sud du Pacifique. Inspiré de l'extérieur, le régionalisme en Afrique est à géométrie variable. Impulsé d'abord par les anciennes puissances colonisatrices, relayé ensuite par les experts citoyens de ces puissances métropolitaines[26] soutenus par des experts coopérants et enfin par les nationalistes. Avec l'ouverture au monde des économies à travers le commerce international, la dématérialisation et la dérèglementation financière ainsi que la virtualité des frontières nationales, la disparition ou l'affaiblissement des économies nationales sont inéluctables. Seul le regroupement en IER permet de pallier ce grand risque et permettra à ces pays de faire leur entrée dans l'économie mondiale en bloc homogène. Un défi à relever pour les pays de la CEMAC.

I.3 La flexibilité dans les échanges commerciaux

Suivant la théorie économique, les accords commerciaux ont pour but d'établir un équilibre entre la flexibilité et les engagements. Car trop

[26] Le traité de la CEAO de 1973 par exemple avait été rédigé par le français Jacques David, ancien inspecteur des Douanes en Afrique Centrale où il avait été aussi très actif dans l'UDEAC. Mondialisme et Régionalisme Le « nouveau régionalisme » en Afrique. Par Makhtar Diouf 2002, p.3

de flexibilité entraîne la baisse du niveau des engagements et s'il n'y a pas assez de flexibilité les pays ne peuvent pas prendre des engagements. C'est pourquoi l'intégration économique est favorable à la souplesse des échanges commerciaux entre les pays membres à condition de respecter les critères de convergences[27] (Tableau n° 7) nécessaires, retenus et exigibles pour faire partie d'une communauté économique régionale. Ils ne sont pas restés figés mais dynamiques en fonction des évènements majeurs ayant influencé l'environnement politico-économique de la zone franc avec des effets significatifs dans la CEMAC. Dans l'objectif de la recherche du bien-être de leurs populations, les États privilégient le libre-échange fondé sur l'efficience économique. Dans cette optique, ils nouent des partenariats économiques et commerciaux sous plusieurs formes (bilatérales, multilatérales, régionales ou intrarégionales) en fonction des intérêts recherchés. Les accords commerciaux selon la théorie économique présentent une double approche.

Une première dimension relative à l'absence d'accords commerciaux permet de manipuler les termes de l'échange (variation des prix à l'export comparativement à ceux de l'import) afin de renforcer le revenu national au détriment des partenaires commerciaux. La deuxième approche tient compte des difficultés économiques que rencontrent les États dans l'élaboration des politiques commerciales. Car les accords commerciaux, outre la flexibilité dans les échanges permettent d'éviter les conflits et d'échapper aux groupes de pression du secteur privé comme aux groupes financiers et autres. La flexibilité peut alors jouer un rôle de soupape de sécurité (Bagwell & Staiger, 1990) pour se prémunir des dégréements éventuels de leurs engagements en matière de libéralisation et être utilisée comme variable d'ajustement (Jackson, 1997) dans la réduction des coûts de l'économie nationale.

[27] La CEMAC (prévoit quatre critères de convergence à l'origine : 1) le taux de couverture extérieure de la monnaie supérieur ou égal à 20 %, 2) le solde budgétaire primaire positif ou nul, 3) la non-accumulation des arriérés intérieurs et extérieurs, 4) une croissance de la masse salariale de la fonction publique inférieure ou égale à celle des recettes budgétaires.

Anciens critères et indicateurs (de 1994 à 2002)

- ✓ Le taux de couverture extérieure de la monnaie supérieur ou égal à 20 % ;
- ✓ Le solde budgétaire primaire positif ou nul ;
- ✓ La non-accumulation des arriérés intérieurs et extérieurs ;
- ✓ Une croissance de la masse salariale de la fonction publique inférieure ou égale à celle des recettes budgétaires.

Nouveaux critères et indicateurs (depuis janvier 2002)

- **Critères de premier rang :**
- ✓ Un solde budgétaire de base (hors dons) rapporté au PIB nominal ou nul ;
- ✓ Un taux d'inflation annuel moyen inférieur ou égal à 3 % ;
- ✓ Un taux d'endettement public (intérieur et extérieur) inférieur à 70 % du PIB ;
- ✓ La non-accumulation d'arriérés intérieur et extérieur sur la gestion de la période courante.
- **Indicateurs de second rang**

Des indicateurs généraux de performance :

- ✓ Taux de croissance du PIB réel, taux de couverture extérieure de la monnaie supérieur ou égal à 20 %, solde de compte extérieur courant rapporté au PIB, avoirs extérieurs bruts (en mois d'importation).

Des indicateurs analytiques :

- ✓ Taux d'investissement par rapport au PIB (Total, public, privé), ratio de la masse salariale rapporté aux recettes budgétaires totales, hors dons : suivi de la compétitivité extérieure (indice de taux de change effectif réel), suivi des performances extérieures (exportations des biens et services non facteurs sur le PIB, importations de biens et services non facturés sur le PIB).

Source : N'Kodia Claude, « les pactes de convergences en zone franc : quels critères et quels objectifs en zone CEMAC ? », Revue française d'économie, 2/2011 (volume XXVI, p.115-148

En conséquence, les pays de la CEMAC essentiellement exportateurs de matières premières ont vu une détérioration des termes de l'échange et la perte de compétitivité externe de leurs économies qui ont plombé fortement les recettes budgétaires. Ce qui a engendré de graves déficits budgétaires durables du fait de la forte appréciation de l'euro, limitant ainsi des possibilités de croissance à l'intérieur de la zone et ayant pour conséquence un surendettement extérieur sur le niveau de la croissance [Patillo, Poirson et Ricci, 2002-2004] et par [Clémens, Bhattacharya et Nguyen, 2005].

Cette situation, dans ce contexte de morosité des pays de la CEMAC dans le commerce extérieur, peut constituer un facteur stimulant pour encourager et créer les conditions favorables au commerce intrarégional, par le biais d'harmonisation de la fiscalité, de la libre circulation des biens et des personnes entraînant par la même occasion le mouvement des flux financiers.

Le recours aux différentes sources de financement extérieur devient à cause de ces deux chocs plus contraignants et coûteux. C'est l'opportunité et une raison supplémentaire convaincante d'innover et de rechercher d'autres sources de financements internes susceptibles de donner une bouffée d'oxygène à des déficits budgétaires chroniques des États de la CEMAC.

Encourager le commerce intra régional en stimulant le recours à des fonds de financement en monnaie locale dans les banques commerciales mais aussi par le biais du marché financier local. La levée des fonds dans ce marché permettra de répartir les risques et de réduire les coûts de transaction par le principe de la concurrence [banque/marché financier] et de l'intégration financière.

La construction d'un espace commercial plus large au-delà des frontières nationales dans un élan d'idéologie communautaire peut faciliter l'implantation des entreprises étrangères. Selon les nouvelles thèses de la géographie économique, les trois variables clés en matière d'implantation sont en effet[28] : a) la taille du marché, b) le coût de production et la disponibilité des facteurs de production pertinents ; c) l'accès au marché (Krugman, 1991).

---

[28] « Le développement économique en Afrique, rapport 2009, Renforcer l'intégration économique régionale pour le développement de l'Afrique, publication des nations unies, Numéro de vente F.09.II.D.7, ISBN 978-92-1-212365-3, ISSN 1990-5092

Même si les États restent souverains dans le choix de leur politique commerciale leur permettant de maximiser leur revenu national, les caractéristiques principales du GATT hier et de l'OMC aujourd'hui permettant d'assurer un certain équilibre sont de deux ordres : **(i)** le principe de réciprocité et **(ii)** celui de la non-discrimination. Ces critères pour certains tiennent compte de la théorie de la zone monétaire optimale (Mundel, 1961). Ce dernier et bien d'autres rappellent que plusieurs pays peuvent adopter une monnaie unique à condition de respecter cinq critères contraignants d'optimalité :

La mobilité des travailleurs
Ils doivent être prêts à travailler dans n'importe quel pays de la zone et cette mobilité doit être plus grande à l'intérieur de la zone qu'à l'extérieur ;

Un mouvement libre des flux de capitaux
Conséquence de la libéralisation financière, la circulation transparente, rapide, avec des coûts de transfert compétitifs des ressources financières à l'intérieur de la zone. Et aussi un système fiscal favorable à la libre transférabilité des capitaux d'un pays à l'autre ;

La diversification de l'économie (Kenen, 1969)
Le niveau de diversification du dispositif de production est important pour des pays qui envisagent de créer une zone de change fixe ;

Le degré d'ouverture (McKinnon, 1963)
Pour lui, l'optimalité d'une zone monétaire dépend également du degré d'ouverture des pays membres de la zone[29]. *Plus précisément, Mc Kinnon, considère que plus les pays sont ouverts sur l'extérieur et moins ils ont à perdre à adopter un système de change fixe.*

[29] Le degré d'ouverture d'une économie est mesuré par la production des biens dits interchangeables dans la production totale de cette économie. Les biens interchangeables sont à la fois des biens exportés et les biens importés.

L'intégration budgétaire (Johnson, 1970)
Une zone monétaire optimale doit reposer sur une forte intégration budgétaire. Son principe réside dans le fait que les jeux de transfert et des impôts entre les pays constitutifs de l'union et le budget de la zone devraient permettre de lisser les effets d'un choc asymétrique frappant un pays ou un groupe de pays.

Le modèle de Ricardo, relatif aux avantages de l'intégration économique indique la supériorité du libre-échange sur l'autarcie, base principielle des avantages comparatifs et conclut que « les pays sont gagnants à l'échange s'ils se spécialisent dans la production du ou des biens qui supportent le ou les coûts de production relatifs les plus faibles ». C'est donc sur ce modèle que l'on peut s'inspirer pour encourager la spécialisation des pays entrant dans les accords ou conventions d'intégration économique.
Et les effets attendus rentrant dans cette vision sont de deux ordres. D'une part, l'analyse des effets de création de commerce issus des accords d'intégration régionale (AIR), (Viner, 1950) est mise en évidence par l'intensification des échanges au profit des producteurs et des consommateurs. D'autre part les économies d'échelle et l'intensification de la concurrence, conduisent à un accroissement du volume des facteurs de production utilisés, provoquant une augmentation plus élevée de la production.

Dans les pays d'Afrique centrale (CEMAC), les économies sont de faible proportion pour rentabiliser et développer la production des biens et des services. L'intégration économique est donc une opportunité pour lever les inconvénients de l'étroitesse de marché en privilégiant et en facilitant la mutualisation. L'intégration économique élargit les marchés et la taille des entreprises et les rend de plus en plus compétitives et concurrentielles (Smith et Venables, 1988), elle rend les échanges commerciaux de plus en plus flexibles. Sur ce point, deux critères d'optimalité peuvent être cités en référence à la flexibilité des échanges commerciaux. Il s'agit de la flexibilité des salaires au regard de la mobilité des facteurs de production tels que la main-d'œuvre dans les différents bassins d'emplois d'une part, et de la flexibilité des prix des produits des biens et services d'autre part.

I.3.1 La flexibilité des salaires

La flexibilité des salaires dans un espace régional commun utilisant la même monnaie (monnaie unique) peut être harmonisée et ajustée malgré la disparité des revenus et du niveau de vie des pays membres. Les facteurs démographique, structurel et organisationnel et optionnel formatent les mentalités et les aptitudes à la production et la consommation des biens et des services. Il en découle que certains de ces pays sont plus dynamiques à la production que d'autres, et certains plus aptes ou contraints à une consommation supérieure à leur production.

Ces deux phénomènes sont asymétriques mais complémentaires par le mécanisme de l'ajustement structurel de plusieurs facteurs résultant de la mobilité de la main-d'œuvre à l'intérieur d'une communauté économique régionale telle que la CEMAC. Les organisations et les entreprises adaptent les salaires à l'environnement et aux évolutions de la demande.

Mobilité de la main-d'œuvre comme facteur d'ajustement des salaires

Le mouvement des populations à main-d'œuvre dans les zones à fort niveau de vie et par conséquent de forts revenus facilite l'ajustement des salaires vers le haut, tant pour les nouveaux arrivants que pour les populations autochtones.

Mobilité de la main-d'œuvre comme facteur de plein emploi

Le déplacement et l'installation des salariés dans les bassins d'emplois viennent combler l'absence ou le déficit de la main-d'œuvre dans ces zones pour atteindre le plein emploi et résorber le chômage.

Mobilité de la main-d'œuvre comme facteur de nivellement des offres de formation

Le besoin de main-d'œuvre en quantité et en qualité du fait de la mobilité des employés suscite des vocations et permet de revoir les offres de formation ou de les améliorer, car il apparaît de nouveaux métiers et de nouveaux emplois.

Mobilité de la main-d'œuvre comme facteur d'échange d'expérience

Les mouvements des populations avec leur dimension professionnelle (savoir-faire), avec leur dimension humaine (savoir-être), avec leur dimension de communication (faire-savoir) favorisent l'échange d'expérience dans les nouveaux territoires d'installation.

Mobilité de la main-d'œuvre comme facteur d'accroissement de la consommation.

Le nivellement des salaires procure des ressources financières importantes en termes de masse salariale, encourage la consommation tant dans le pays d'accueil qu'à l'intérieur de la communauté ainsi que dans le pays d'origine par le transfert d'argent (surplus de revenus).

Paradoxalement, en dépit de ces avantages indéniables relatifs à la mobilité de la main-d'œuvre comme variables d'ajustement de l'intégration économique, l'Afrique centrale (CEMAC) souffre d'une insuffisante mobilité de la main-d'œuvre salariale comme de la main-d'œuvre libérale. Néanmoins, il est observable une forte mobilité asymétrique de cette main-d'œuvre vers les pays membres moins peuplés (Gabon, Guinée Équatoriale, Congo) donc à faible population active et contrainte à l'accueil de la main-d'œuvre environnante. Outre cette faible densité de peuplement qui se pose aux pays d'accueil, il y a le problème de la maîtrise et de la gestion de cette main-d'œuvre qu'il faut juguler à moyen terme et à long terme pour éviter le phénomène de dépassement du seuil de tolérance et une crise sociale.

L'absence d'harmonisation de la règlementation en matière d'emploi (code du travail) et des organisations de sécurité sociale (en gestation depuis des années) favorise le travail au *black* (illégal) avec des conséquences néfastes relatives à la santé des travailleurs et à l'opacité (fiabilité) des statistiques en matière d'emploi. Même pour les pays développés où l'intégration économique est mieux structurée et plus avancée, en l'occurrence en Europe (UE), la faible mobilité de la main-d'œuvre (asymétrique) se pose et contredit les critères habituels d'une ZMO (Artus, 1997).

I.3.2 La flexibilité des prix

Dans le domaine monétaire et financier, les prix des biens et des services sont connus et identifiés et peuvent faire l'objet d'un contrôle régulier ou permanent, permettant d'apprécier de façon précise et transparente leur variation à travers l'indice des prix à la consommation. Ces variations peuvent être en étroite relation avec des paramètres liés au niveau de vie et au bien-être des populations concernées. Cette plasticité des prix est relative à la mobilité et à l'extensibilité des facteurs de production (main-d'œuvre et des *inputs*), influence les prix à la consommation. Mais aussi, au niveau du volume des transactions économiques et commerciales dans un environnement à l'intérieur des CER. Leur impact est perceptible à plusieurs niveaux dans les échanges qui structurent les activités économiques de la CEMAC. Et leur prise en compte est un enjeu stratégique de la vision de l'intégration régionale relatif à l'accroissement de la production, l'augmentation de la production et du pouvoir d'achat, ainsi que des investissements.

Flexibilité des prix comme facteur d'accroissement de la production des biens et services

Par le biais des économies d'échelle, on assiste à une forte consommation des facteurs de production (matières premières) relative à la production des biens et services. Conséquence de la mobilité de ces facteurs de production à l'intérieur des CER à des prix compétitifs.

Flexibilité des prix comme facteur d'augmentation de la consommation des biens et services
Les effets induits de la mobilité des *inputs* et de leur compétitivité augmentent le volume de la production des biens et services ; conjugués à l'effet de taille du marché et du niveau de revenus des consommateurs et de leur nombre, ils encouragent la consommation.

Flexibilité des prix comme facteur de l'augmentation du pouvoir d'achat
Les coûts de production relativement bas rendent les prix des produits et services compétitifs. Couplés à un ajustement des salaires vers le haut, conséquence de la mobilité de la main-d'œuvre, il s'en suit une augmentation du pouvoir d'achat des populations.

Flexibilité des prix comme facteur d'augmentation des investissements
Grâce à la mobilité et à la compétitivité des facteurs de production, les besoins d'investissement se font ressentir. La taille du marché dans les CER et le niveau du pouvoir d'achat justifient l'existence d'un marché et conditionnent de ce fait l'augmentation des investissements.

I.3.3 Avantages de la flexibilité dans les échanges commerciaux

Les avantages liés à la flexibilité des échanges intracommunautaires selon la théorie économique tiennent compte de la suppression des barrières tarifaires et non tarifaires ainsi que de l'harmonisation de la fiscalité.

On peut relever entre autres que la flexibilité peut servir de **(i)** soupape de sécurité **(ii)** de mécanisme d'assurance **(ii)** d'outil d'ajustement **(iii)** de mécanisme de compensation **(iiii)** de moyen de dissuasion **(iiiii)** de libéralisation du commerce ou d'amélioration du climat des affaires.

1) La suppression des barrières tarifaires et non tarifaires

Les barrières tarifaires et non tarifaires sont liées aux échanges de marchandises dans le commerce transfrontalier, régional, international ou mondial. Dans une démarche intégrationniste des économies des pays de l'Afrique Centrale, il serait intéressant de questionner ces barrières afin d'appréhender leurs enjeux et de mieux les adapter dans un souci de favoriser le commerce intrarégional.

Le commerce international, voire mondial, se caractérise par une faible tarification de l'ordre de 5 % et les mesures non tarifaires de 30 %. Qu'en est-il en Afrique Centrale ? Les barrières tarifaires comme les barrières non tarifaires, si elles ne sont pas harmonisées pour la région Afrique Centrale de façon attractive peuvent constituer un frein à l'intégration régionale.

2) Les barrières tarifaires

Les barrières tarifaires sont celles qui sont liées essentiellement aux droits de douane imposés à l'entrée des marchandises dans un pays ou dans une région. Dans un cadre communautaire, la suppression progressive, partielle ou totale de celles-ci s'impose comme un véritable levier de croissance, si l'on veut véritablement relancer et encourager le commerce régional. Dans une économie régionale et libérale, dans une zone monétaire optimale, une forte pression douanière est perçue comme une incohérence.

Pour avancer dans le chemin de l'intégration, les pays membres se doivent d'accepter de perdre une partie de leur souveraineté en matière de recettes douanières pour apporter individuellement leur contribution à l'effort de l'intégration régionale. C'est ainsi que dans cet élan de solidarité régionale, une directive de la CEMAC relative à la tarification douanière des produits entrant par l'un des pays membres paierait une seule fois les droits de douane au premier pays de l'entrée des marchandises, en instaurant la taxe communautaire d'intégration (TCI) comprise dans le paiement de ces droits de douane. Ces marchandises circuleraient ainsi dans l'espace CEMAC sans un droit de douane supplémentaire. La TCI résulterait d'une forme de péréquation de ces droits de douane au profit des autres pays de la communauté.

3) Les barrières non tarifaires

Les barrières non tarifaires sont celles qui sont relatives à tout autre obstacle concernant l'entrée des marchandises dans un pays étranger. Elles peuvent être relatives à des contraintes techniques liées aux exigences de la qualité des produits qui doivent correspondre aux standards internationaux ou simplement au respect des normes exigées pour l'entrée des produits dans un marché quelconque. Elles sont aussi d'ordre sanitaire ou phytosanitaire pour éviter par exemple la propagation d'une épidémie, comme tout simplement des mesures de contrôle coercitives qui peuvent être perçues comme des barrières discriminatoires pour éliminer les possibilités de concurrence et de compétitivité dans un marché d'une économie de la région Afrique centrale de nature libérale.

Il peut également s'agir des mesures de contingentements ou de quotas ou encore des mesures administratives complexifiées permettant de décourager ou de limiter les importations. Dans un espace communautaire, doit-on parler d'importation ou d'exportation à l'intérieur de la communauté ?

Au regard des enjeux de ces barrières tarifaires comme non tarifaires, les égos de souveraineté nationale doivent tomber au profit de la souveraineté communautaire. Et pour cela, il faudrait procéder à une harmonisation de ces tarifs pour libérer les énergies communautaires afin que le processus d'intégration économique avance.

4) L'harmonisation de la fiscalité

L'harmonisation de la fiscalité concerne tant les barrières tarifaires relatives aux droits de douane que les barrières non tarifaires.

Seulement les barrières tarifaires (tarifs douaniers) disposent d'un indicateur qui est le niveau de droit de douane imposé aux produits importés, exprimé en pourcentage qui est le taux de droit de douane. Or les barrières non tarifaires ne disposant pas d'indicateur quantifiable posent un problème d'identification et de classification constituant ainsi une nébuleuse pour l'harmonisation des taxes et autres droits qui impactent la circulation des marchandises dans l'espace CEMAC. *i.e.* La communauté économique européenne en 1957 s'est accordée sur l'abaissement des droits de douane entre les pays signataires du Traité de Rome et une disparition progressive de ceux-ci.

Cette harmonisation de la législation en matière de fiscalité dans l'espace CEMAC est profitable à la communauté tout entière par le système des vases communicants et l'effet multiplicateur pour la circulation des marchandises entraîne incontestablement le mouvement des capitaux et des personnes et fait partie des conditions pour l'amélioration du climat des affaires dans la région Afrique centrale.

5) L'amélioration du climat des affaires

Le climat des affaires fait référence à l'environnement institutionnel des affaires dans un pays comme dans une région ou dans un continent. Or l'insertion de l'Afrique Centrale institutionnelle dans une économie mondiale et mondialisée nécessite une compétitivité et un dynamisme du secteur privé tant national que régional. Et cette compétitivité passe par l'amélioration du climat des affaires non seulement pour les investissements directs étrangers (IDE) mais aussi pour les entreprises locales.

Il s'agit de l'environnement politique, économique, institutionnel et comportemental, présent et futur, qui peut affecter la rentabilité des entreprises et les risques liés aux investissements. En général il s'agit des facteurs qui créent les conditions favorables à l'implémentation des entreprises et à leur pérennité, permettant la libre circulation des marchandises à faibles tarifs douaniers et non tarifaires, donc attractifs pour les investisseurs et la création des emplois durables au niveau national comme au niveau régional.

Ainsi, le climat des affaires regroupe trois (3) niveaux d'indicateurs susceptibles de permettre une appréciation théorique et empirique de l'environnement des affaires.

1) *Indicateur macro-économique* relatif à la stabilité du cadre macro-économique avec une capacité de résilience aux chocs endogènes et exogènes ;

2) *Indicateur institutionnel* et de gouvernance qui est lié à l'existence des lois et règlements qui favorisent la protection des droits de propriété indispensable pour booster le développement d'un secteur privé dynamique ;

3) *Indicateur infrastructurel* qui inclut l'accès aux infrastructures physiques de base (l'électricité, l'eau, la route, les nouvelles technologies de l'information et de la communication), l'accès aux finances et l'accès aux technologies.

La mise à disposition de ces indicateurs et leur analyse permettent aux organismes spécialisés en matière de climat des affaires de classer les régions ou les pays les plus attractifs, les moins attractifs ou pas attractifs du tout, pour les investisseurs de toute origine. Le regard sur l'environnement des affaires en Afrique centrale vise pour l'essentiel deux niveaux de réflexion : le plan national et le plan régional.

Sur le plan national :

(i) Analyser le climat général des affaires en prenant en compte la base des rapports du « Doing Business » de 2014-2017

Dans la majorité des pays de la CEMAC, un dispositif institutionnel a été mis en place sous l'égide des bailleurs de fonds étrangers, en l'occurrence la BM et le FMI, pour faciliter les formalités administratives dans la création des entreprises, avec des guichets uniques qui regroupent tous les services intervenant dans ce processus.

Le partenariat public-privé n'est pas en reste dans cette démarche de dynamisation du climat des affaires. Les PPP prennent une place prépondérante dans les activités économiques et influencent plus qu'hier par leur participation aux orientations économiques des pays respectifs.

Les agences de promotion des investissements et les codes des investissements ont vu le jour sous des appellations différentes mais avec des objectifs identiques dont l'objectif principal est de promouvoir les investissements tant locaux qu'étrangers avec un code des investissements attractif.

Dans les rapports du *Doing Business* de 2014-2017, aucun pays d'Afrique Centrale n'occupe une place de choix dans le classement mondial. Au moins deux d'entre eux occupent la queue du tableau à l'image de la République Centrafricaine 188e et de la République du Tchad 189e sur 189 en 2014. Le rapport de 2015 montre une amélioration globale de la situation, seul le Gabon affiche la première place en Afrique centrale, soit 144e rang mondial avec à la traîne toujours le Tchad 185e et la RCA 187e au bas du classement. En 2016 tous les pays de la CEMAC ont chuté dans leur classement, c'est-à-dire le Cameroun 172e perdant quatre places et le Gabon 162e perdant six places, idem pour le Congo 172e que pour la Guinée Équatoriale 180e perdant chacun deux places sur 189. Le Tchad reculant d'une place (183e) et la RCA restée scotchée à la dernière place c'est-à-dire à la 189e place.

(ii) Identifier les difficultés des opérateurs économiques privés dans l'exercice de leurs activités

Les difficultés rencontrées sont du reste relatives à l'implémentation des mesures prises sur le terrain. Il s'agit plus dans ce cas de l'attitude comportementale des agents administratifs en charge du service public.

Pour les agents administratifs du service public, l'on note ici et là une bureaucratie lente et lourde, et un rapport au temps qui n'est guère encourageant, laissant transparaître des élans de corruption qui varient d'un pays à un autre dans la CEMAC. Transparency International évoque la question de la corruption dans ses différents rapports annuels. Et certains pays membres de la CEMAC sont souvent cités comme les mauvais élèves en matière de corruption en occupant le haut du classement.

Pour les usagers du service public, ils contribuent indirectement à encourager les diverses pratiques de corruption par des réseaux d'influence en passant par une corruption passive. Toutes choses qui ne garantissent pas la célérité dans le traitement des dossiers.

Le traitement des dossiers est encore manuel dans le processus, malgré une dématérialisation encore en gestation qui tarde à rentrer dans les habitudes et les mauvaises pratiques sont encore légion dans ces administrations. L'internet comme outil de traitement efficace et de célérité des dossiers peine à jouer ce rôle tant le déficit en énergie électrique demeure important et plombe les connexions.

La fiscalité et la parafiscalité restent des enjeux majeurs dans l'assainissement du climat des affaires dans les pays de l'Afrique centrale. La pression fiscale et sociale variant d'un pays à un autre produit le même impact dans le ralentissement des activités économiques. La moyenne de l'impôt sur les sociétés (IS) est encadrée dans un intervalle compris entre [35 %-40 %] et la taxe sur la valeur ajoutée (TVA) oscille entre [0 %-19,25 %] malgré un seuil de 18 % (directive CEMAC, 1999) dans une région où le tissu économique est constitué des opérateurs économiques informels et de petites et moyennes entreprises (PME), de petites et moyennes industries (PMI).

Sur le plan régional

(i) Identifier les politiques et programmes sous-régionaux afin d'analyser leur impact dans l'opérationnalisation des activités du secteur privé

Dans le but d'améliorer l'environnement des affaires, les pays de la CEMAC ont mis en place un observatoire du climat des affaires (OCA-CEMAC) chargé de faire l'état des lieux de la règlementation et de la législation et proposer un dispositif d'indicateurs permettant d'élaborer un rapport-bilan.

Sur le plan régional, quatre types d'institutions permettent de garantir un bon climat des affaires :

Les institutions du cadre macro-économique, les institutions d'harmonisation du cadre des affaires, les institutions judiciaires et les institutions de stabilité politique.

1) Les institutions du cadre macro-économique

Afin de garantir une stabilité macro-économique favorable dans l'espace CEMAC, les États membres ont adopté au début des années 2000 des critères de convergence et des critères de surveillance multilatérale. Les critères de convergence ont évolué au fil du temps afin de s'adapter aux nouvelles exigences de l'environnement global des affaires en perpétuelle mutation. Ils sont au nombre de quatre :

Le solde budgétaire de base (recettes totales hors dons moins dépenses totales plus investissements financés sur ressources extérieures), positif ou nul ;

Le taux d'inflation annuel, inférieur à 3 % ;

Le taux d'endettement public (intérieur et extérieur), inférieur ou égal à 70 % du PIB ;

Non-accumulation par l'État d'arriérés intérieurs et extérieurs sur la gestion courante

2) Les institutions d'harmonisation du cadre des affaires

Les institutions d'harmonisation des affaires sont encadrées par l'Organisation pour l'Harmonisation en Afrique du Droit des Affaires (OHADA), dont le traité fut signé le 17 octobre 1993 à Port-Louis au Sénégal et révisé à Québec au Canada, le 17 octobre 2008. Lequel traité a été révisé le 30 juin 2014 et complété plus tard par l'acte uniforme relatif au droit comptable et à l'information financière et système comptable OHADA (SYSCOHADA) entré en application le 1er janvier 2018 pour une période transitoire, en attendant la migration vers les IFRS. L'objectif étant à terme d'harmoniser le droit des affaires à l'international.

Il a pour objectif de corriger l'insécurité juridique et judiciaire existant dans les États parties, au regard de la vétusté des textes juridiques en vigueur. En même temps l'OHADA prépare à l'intégration régionale des pays signataires du traité (17 États membres) par la mise en œuvre des mécanismes de règlement des conflits commerciaux modernes et rapides, communs et simples pour une facilitation des échanges entre les États membres.

3) Les institutions judiciaires

Il s'agit de la Cour de Justice de la CEMAC chargée du contrôle juridictionnel des activités et de l'exécution budgétaire des institutions de la CEMAC. Elle est composée de deux chambres, une chambre judiciaire et une chambre des comptes. Ayant opté pour l'unicité des cours, elle a pour rôle de veiller au respect des dispositions et traités de la CEMAC et des conventions subséquentes par les États membres, les institutions et les organes de la communauté, d'assurer le contrôle des comptes de la CEMAC.

4) Les institutions de stabilité politique

Du conseil de paix et de sécurité en Afrique centrale (COPAX) en passant par la commission de défense et de sécurité (CDS), à la force multinationale de l'Afrique centrale (FOMAC) et du mécanisme d'alerte rapide de l'Afrique centrale (MARAC), toutes ces organisations contribuant au maintien de la paix participent à l'amélioration du climat des affaires en Afrique centrale. La stabilité politique est un gage certain de sécurité pour les investisseurs, en les rassurant par la capacité à prévenir et à gérer les conflits socio-politiques.

(ii) Faire une comparaison entre les normes régionales et les standards internationaux pour apprécier le glissement du climat des affaires en Afrique centrale vers la tendance mondiale

Malgré ces dispositions institutionnelles d'amélioration du climat des affaires, hormis les critères de convergence, l'on peut noter une absence d'indicateurs quantifiables permettant d'apprécier le climat des affaires en Afrique Centrale. Or, les institutions internationales et autres adoptent une autre démarche complémentaire dans l'analyse du climat des affaires basée sur l'analyse des données quantitatives pour évaluer le climat des affaires dans le monde.

Qu'il s'agisse du *Doing Business*, de l'indice de perception de la corruption de *Transparency International*, de l'indice de liberté économique de l'Institut Fraser, de l'indice de liberté économique de *Heritage Foundation*, ou du *Business monitor index* (BMI) et autres, l'analyse du climat des affaires dans une approche comparative et dans un échantillon plus grand, les normes régionales sont éloignées de ces organisations spécialisées dans l'élaboration des indicateurs. Il y a lieu de s'en inspirer pour améliorer notre grille d'analyse avec des indicateurs peu aléatoires, voire moins controversés, qui pourraient remettre en cause les conclusions d'une démarche irrationnelle.

I.4 Les avantages comparatifs : gage de compétitivité

Le contexte économique de tout temps est caractérisé par un dynamisme permanent et est aujourd'hui plus qu'hier au confluent de deux idéologies. D'une part la mondialisation, définie comme un mouvement d'ouverture globale des économies dans les échanges internationaux des biens et des services, des délocalisations et des relocalisations des systèmes de production. Accompagnée d'un vaste mouvement des flux des capitaux, elle impose une redéfinition des systèmes économiques et un changement de paradigme stratégique sur le plan économique.

D'autre part, le régionalisme, défini comme un mouvement régional à caractère géographique, voire historique et culturel, il constitue un palier de l'intégration dans l'économie mondiale et semble être une logique empruntée par les grandes puissances aujourd'hui telles que les USA, la Chine ou le Japon.

Dans cette mouvance irréversible, la CEMAC par l'un de ses bras séculiers qu'est l'UEAC avait pris en son temps l'option de suivre la tendance au regroupement des économies régionales pour faire bloc dans la défense de ses intérêts de développement. La régionalisation est donc une précondition déterminante pour les pays de la CEMAC d'intégrer l'économie mondiale (Robson, 1993, P.34 ; Hufbauer et Kotschwar 1998). Les caractéristiques économiques individuelles de ces pays plaident en faveur d'un regroupement. La faiblesse de leur population comme la faiblesse de leurs revenus avec une économie de rente (vente exclusive des matières premières) ne favorisent pas une croissance forte.

Il en est de même de leur croissance démographique plus forte que le produit intérieur brut (PIB) qui est largement à l'opposé des critères théoriques, voire empiriques, du développement.

Ce préalable de régionalisation des économies des pays de la CEMAC offre des avantages à multiples facettes permettant avec le démantèlement des barrières tarifaires et non tarifaires de favoriser le mouvement géographique des facteurs de production (travail et capital) en réduisant leurs coûts par des économies d'échelle. La conséquence logique est l'intensification du commerce intracommunautaire entraînant au regard de l'homogénéité de leurs économies, le développement des complémentarités favorables à la spécialisation pour une compétitivité à dimension interne et à dimension externe.

I.4.1 La spécialisation : un atout à deux dimensions

Le choix de la spécialisation comme mode de production implique une polarisation qui offre aux pays membres de la CEMAC, une occasion d'attirer les investissements dans des secteurs à forte valeur ajoutée et pour lesquels les taux de rentabilité sont plus rassurants. Du fait de la baisse tendancielle des coûts de facteurs de production ainsi que la suppression des barrières tarifaires et non tarifaires, la libéralisation des échanges est avantageuse à deux titres.

I.4.1.1 La dimension interne à la région

Cette dimension tient compte des effets induits de la suppression des barrières pour augmenter le volume des échanges à l'intérieur de la région. Cette croissance du niveau des échanges est relative à la hausse de la demande des produits du fait de la création des emplois et du niveau des revenus et participe à la création des courants additionnels du commerce (Viner, 1958). La garantie des emplois et leur sécurisation assurent une rentabilité optimale des investissements du fait de la consommation des biens et produits issus de la spécialisation. Et le surplus de la production trouve des débouchés au-delà de la région.

I.4.1.2 La dimension externe à la région

Les exportations sont rendues possibles du fait de la compétitivité de la production régionale. La spécialisation des pays de la région en fonction des avantages comparatifs (Torrens, 1815 ; Ricardo, 1817) des uns et des autres permet la construction d'une plateforme régionale en prélude à leur entrée dans le commerce international (Nicita et *al.*, 2000). Or le commerce international est un facteur de croissance, car il permet de recevoir des devises susceptibles d'être constituées en réserves. Les réserves en devises constituent « des gilets de sauvetage » en cas d'instabilité de la monnaie domestique (dévaluation, etc.…). D'où l'intérêt des pays de la CEMAC de se regrouper et renforcer la dynamique communautaire afin de profiter de leurs avantages comparatifs.

L'intégration économique est un projet porteur au regard de sa vision. Il convient de concevoir une stratégie donc un plan et y mettre de la vitesse et du rythme, c'est-à-dire un programme. On peut de ce fait jeter un regard rétrospectif et analyser l'histoire de l'intégration économique en Afrique centrale.

SECTION II : HISTORIQUE DE L'INTÉGRATION ÉCONOMIQUE EN AFRIQUE CENTRALE

Avant les indépendances, la République centrafricaine, la République du Congo, le Gabon et la République du Tchad constituaient une entité économique géographique intégrée appelée l'Afrique

Equatoriale Française (AEF). Le 29 juin 1959, ils créent l'Union Douanière Equatoriale (UDE). Devenus indépendants dans les années 60, ils optent pour la consolidation de leurs liens hérités de la colonisation et le renforcement de leur union douanière.

La République du Cameroun adhère à l'union et le 8 décembre 1964, les chefs d'État de ces cinq pays signent à Brazzaville le traité instituant l'UDEAC, confirmant ainsi le processus de regroupement entamé sous la période coloniale. Le traité entre en vigueur le 1er janvier 1966. Et un autre pays de l'Afrique lusophone adhère à l'UDEAC en janvier 1984 et rompt avec l'isolement frontalier et augmente les forces de l'union économique sur le plan de l'élargissement du marché en quantum (population) comme en ressources financières (rente pétrolière) et en superficie de la communauté.

Dès leur accession à l'indépendance dans les années 60, la plupart des États d'Afrique francophone ont opté pour le régionalisme dans la vision d'une intégration progressive de tout le continent qui prenait sa source d'inspiration dans le mouvement panafricaniste. Leur motivation réside dans la recherche d'une autonomie collective pour le développement et l'indépendance économique.

Avec la création de l'Organisation de l'Unité Africaine (OUA) en 1963 hier, mutée aujourd'hui en Union Africaine (UA) en 2002, les États membres de ces deux institutions continentales avaient clairement indiqué leur objectif de mettre un accent sur la nécessité de promouvoir une intégration de l'Afrique avec deux approches :

- Une approche économique, avec la création des CER ;

- Une approche monétaire, avec la création des banques centrales régionales et des systèmes financiers régionaux.

C'est ainsi que depuis les années 60 jusqu'aux années 80, plusieurs organisations régionales de coopération technique et économique ont vu le jour. Ces organisations avaient pour objectifs principaux de :

A) Promouvoir la croissance du commerce intrarégional en éliminant les barrières tarifaires et non tarifaires ;

B) Renforcer le développement, à travers la promotion des secteurs économiques, les infrastructures régionales et le lancement des grands projets dans le secteur manufacturier (l'industrialisation) ;

C) Éliminer les obstacles à la libre circulation des facteurs de production (la flexibilité des prix des facteurs de production ainsi que la flexibilité des prix des biens et services) ;

D) Promouvoir la coopération monétaire (la mise en place et la dynamisation du système financier intégré).

Cette volonté manifeste prendra corps et s'accélèrera d'abord dans le Plan d'Action de Lagos (PAL) adopté en avril 1980, face à la détérioration de la situation économique en Afrique, en proposant une stratégie pour engager l'Afrique sur la voie du développement durable qui ramait à contre-courant des politiques suivies depuis les années 60. Ce plan préconisait trois objectifs :

1) Une croissance économique forte et durable ;

2) La transformation des structures économique et sociale ;

3) Une base de ressources durables.

Ensuite vint le Traité d'Abuja signé le 3 juin 1991 au Nigeria et entré en vigueur le 12 mai 1994. Dans la continuité de la défunte OUA, l'UA renforce ses objectifs dans la perspective d'une union économique africaine en deux points majeurs :

1) Le renforcement des CER ;

2) L'assurance de la coordination, l'harmonisation et l'intégration progressive de leurs activités en vue de la réalisation de la CEA.

Ces points devaient être mis progressivement en place durant une période transitoire de trente-quatre ans subdivisée en six étapes de durées variées d'ici 2027. Cette segmentation est motivée par la volonté et la détermination qu'une forte intégration régionale est un premier palier important du renforcement et de la création des CER vers la construction du second palier, l'intégration économique africaine. Les six étapes du Traité d'Abuja instituant la Communauté Economique Africaine (CEA).

Tableau n° 7 : Les étapes de la communauté économique africaine

PHASES	DURÉE	ÉTAPES PRINCIPALES
Première étape	1994-1999	• Renforcement des communautés économiques régionales existantes ; création des nouvelles communautés économiques régionales dans les régions où il n'en existe pas.
Deuxième étape	1999-2007	• Stabilisation des barrières tarifaires et non tarifaires, des droits de douane et des taxes intérieures dans chaque communauté économique régionale. • Calendrier de la suppression des barrières • Harmonisation des droits de douane • Renforcement de l'intégration sectorielle • Coordination et harmonisation des activités des communautés économiques régionales
Troisième Étape	2007-2017	• Création d'une zone de libre-échange et mise en place d'une union douanière dans chaque communauté économique régionale
Quatrième étape	2017-2019	• Coordination et harmonisation des systèmes tarifaires et non tarifaires au sein des communautés économiques régionales pour parvenir à une union douanière continentale
Cinquième étape	2019-2023	• Politiques sectorielles communes • Harmonisation des politiques monétaires, financières et budgétaires, • libre circulation des personnes, des droits de résidence et d'établissement
Sixième étape	2023-2028	• Marché commun africain • Union économique et monétaire panafricaine • Banque centrale africaine • Parlement panafricain • Essor des multinationales africaines

Source : adaptation du traité instituant la communauté économique africaine (juin 1991) par la Communauté Economique pour l'Afrique (CEA)

Pour la réalisation de ces étapes, piliers de l'intégration africaine, huit communautés économiques régionales servent de socle pour l'implémentation des politiques communes d'intégration des pays membres dans la réalisation des objectifs d'intégration. Il s'agit de :

1 L'Autorité Gouvernementale sur le Développement (IGAD) ;
2 La Communauté de l'Afrique de l'Est (CEA) ;
3 La Communauté Economique des États de l'Afrique Centrale (CEEAC) ;
4 La Communauté Economique des États de l'Afrique de l'Ouest (CEDEAO) ;
5 La Communauté des États Sahélo-Sahariens (CEN-SAD) ;
6 La Communauté de Développement d'Afrique australe (SADC) ;
7 Le Marché Commun de l'Afrique Orientale et Australe (COMESA) ;
8 L'Union du Maghreb Arabe (UMA)

L'Afrique centrale dans la configuration d'une Afrique centrale politique (CEMAC) et non d'une Afrique centrale géographique (CEEAC) n'est pas en reste dans cette mouvance, sur la base des différentes mutations qu'elle a connues. De la création de l'UDE le 29 juin 1959 en passant par l'UDEAC créée le 8 décembre 1964, l'UEAC créée en 2002 rentre dans cette optique. Elle est créée sur les cendres de la défunte UDEAC et tient compte des acquis de celle-ci, soulignant la manifestation d'une volonté politique de consolidation des liens historiques mais surtout économiques pour répondre aux préoccupations du moment.

Cette démarche du processus d'intégration est également une réponse prémonitoire à la nouvelle architecture du monde qui se dessine par des regroupements et des alliances multiformes dans la perspective d'un monde global. À l'instar d'autres ensembles à travers le monde, de façon empirique l'UEAC adopte les objectifs traditionnels d'une CER avec une adaptation relative à son histoire, à son environnement géographique et à ses ambitions de développement et à ses aspirations à la modernité.

II.1 Les objectifs de l'union économique en Afrique centrale

II.1.1 Les fondements d'une union économique régionale

La pluralité conceptuelle d'une union économique fait apparaître des fondements d'ordre politique donc juridiques et institutionnels, des fondements d'ordre économique qui permettent à une union économique d'avoir une assise théorique et empirique pour sa pérennité et sa consolidation. Plusieurs auteurs, chacun avec sa spécificité en s'appuyant sur des indicateurs variables mais complémentaires, ont apporté une réflexion pour justifier et confirmer l'opportunité de la création des unions économiques à travers le monde, là où elles n'existent pas encore, et leur renforcement là où elles existent déjà. D'Adam Smith à Ricardo, en passant par J-B Say, Thomas Malthus et bien d'autres.

Selon Adam Smith (1776) qui théorise le principe de la « main invisible » comme mécanisme de croissance indirecte des richesses dans une économie de marché et de libre-échange, chaque personne, acteur économique en agissant pour son compte et dans son intérêt contribue indirectement à la croissance de la richesse des autres opérateurs économiques. Les acteurs dans un marché de libre-échange sont appelés à échanger des produits pas contre des produits, mais des produits contre la valeur monétaire. Les détenteurs de ces encaisses de monnaies issues de la vente de leurs marchandises vont à leur tour acquérir des biens en contrepartie de l'argent. Comme à l'échelle des individus, cette théorie reproductible à l'échelle d'une nation est valable à l'échelle d'une région.

De l'individu à la région en passant par la nation, la fonction de production prend de la valeur. La production des biens et services a pour objectif premier la satisfaction des besoins des consommateurs réels ou potentiels. Car l'augmentation des besoins croit plus vite que le nombre de la population. Et la population d'une région étant logiquement supérieure à celle d'une nation, il va de soi que les besoins de cette population augmentent à taille proportionnelle au moins sinon à un niveau supérieur. Dans cette hypothèse, il faut produire plus pour le plus grand nombre. Selon la loi des débouchés (J-B Say, 1803) : « C'est la production qui ouvre des débouchés aux produits ».

L'achat d'un produit ne se faisant qu'avec la valeur d'un autre, implique d'accentuer la production dans un espace économique plus grand avec une population plus grande. Il s'agit par conséquent de la primauté de la production sur la consommation et du renforcement du rôle de l'entrepreneur.

L'entreprise est donc au centre des préoccupations dans le cadre d'une intégration régionale, voire l'élément moteur de la croissance économique. C'est le lieu où l'entrepreneur dans le cadre de ses activités de production et de distribution pose des actes de création de richesses. Une place de choix doit lui être accordée afin qu'elle bénéficie d'un environnement des affaires favorable à la production et la commercialisation des marchandises. L'amélioration du climat des affaires renvoie dans le cadre d'une intégration régionale comme celle de la CEMAC, à faire tomber les barrières tarifaires et non tarifaires qui créent un goulot d'étranglement dans la circulation des biens et services à l'intérieur de la région. Mais aussi et surtout le libre mouvement des facteurs de production en l'occurrence la ressource humaine (les travailleurs) et les flux financiers (capitaux).

Cette libre circulation des biens, des personnes et des capitaux permettrait la flexibilité des prix des matières premières ou « inputs » et celle des produits semi-finis ou produits intermédiaires et des produits finis encore appelés « outputs ». L'entrepreneur entreprend de produire au vu d'une expansion démographique en lien avec la consommation, donc l'existence des débouchés constitue un stimulant pour l'entreprise. Laquelle flexibilité n'est possible que par la loi du marché, c'est-à-dire le libre-échange (Ricardo, 1817).

Cette théorie trouve son prolongement ou sa complémentarité dans le principe de la population (Thomas Malthus, 1798). L'expansion démographique étant inéluctable dans une intégration économique, les moyens de production ne suivent pas toujours cette croissance de la population en même temps, ce qui a pour conséquence le décalage entre le niveau de la production et le nombre de la population. Par conséquent, la surpopulation ainsi née nécessite de produire plus pour satisfaire une population nombreuse. D'une union économique disposant d'un espace plus grand, un nombre important de consommateurs (débouchés) et un environnement favorable permettent d'écouler les marchandises.

La libre circulation des matières premières, des produits semi-finis et des produits fabriqués de chaque État à l'intérieur de l'union par la suppression des barrières tarifaires et non tarifaires demeure l'objectif d'une union économique malgré l'homogénéité de leur économie.

II.1.1.1 L'homogénéité d'une union économique : un passé commun

La culture et l'histoire rapprochent et rassemblent les peuples qui quelquefois ont eu des évolutions sociologique et historique similaires. Ce passé commun crée des complémentarités tant productives et commerciales que des similarités.

Ces complémentarités tant productives que commerciales permettent dans une économie d'intégration régionale de favoriser la spécialisation. Sur la base du principe des avantages comparatifs (Torres, 1815, Ricardo, 1817), chaque pays dans un marché de libre-échange se spécialise dans la production qui lui procure une productivité plus forte ou moins faible par rapport à ses partenaires afin d'accroître la richesse nationale. Une spécialisation productive et commerciale implique une spécialisation géographique ou territoriale ou les acteurs locaux se spécialisent dans un domaine ou secteur d'activité précis et font d'une localité une identité par ses activités agricoles ou industrielles et autres.

Ces deux facteurs de l'intégration régionale créent un double effet : (i) un effet d'entraînement et (ii) un effet d'impulsion.

(i) Un effet d'entraînement

Cet effet s'explique par le fait que les pays riches (leaders) servent de locomotives pour entraîner les pays pauvres ou de niveau de développement inférieur vers le niveau supérieur qui est le leur. Il se manifeste par le transfert de pression pour ces derniers d'atteindre le niveau des leaders et de réduire l'écart de développement. Cet effet d'entraînement produit auprès des PED un double effet leur permettant de sortir de l'état inférieur (sous-équipement) pour passer à l'état supérieur (équipement) : il s'agit de l'effet pygmalion et de l'effet galatée. Dans un cas comme dans l'autre, le changement s'impose par la manifestation d'un effort, c'est-à-dire par l'action consécutive au désir de changement.

(ii) Un effet d'impulsion

Cet effet se justifie par le fait que les pays pauvres ou moins développés d'une union économique font des efforts pour atteindre les économies des pays riches. Cet effet d'impulsion impose à ces pays pauvres des réformes institutionnelles, des mécanismes de surveillance et des règles contraignantes à respecter à l'entrée (barrières à l'entrée) comme à l'intérieur (critères de convergence) d'une union économique.

Les similarités quant à elles renvoient au niveau de ressemblance et de conformité entre deux éléments. S'agissant des pays de la CEMAC, l'on parlerait de similarité de leurs structures des produits à l'exportation (pétrole, bois, etc.) quasi identique. Loin d'être un handicap, l'indice de similarité des produits exportés construit et proposé par Van Beers et Linnenmann (1988) et Yeats (1997) permet d'apprécier le degré de similarité entre deux pays. La mesure de cet indice de similarité des produits à l'export s'interprète comme reflétant l'intensité des flux commerciaux entre deux pays. Une augmentation des gammes de produits à l'export se traduit par une baisse de l'indice et s'explique par le fait que quand la gamme de produits échangés augmente, les chances pour que les pays exportent les mêmes produits s'amenuisent. Il convient donc dans l'espace CEMAC de limiter le nombre de produits exportables par pays à l'intérieur de la région.

II.1.1.2 La fonctionnalité d'une union économique : objectif commun de développement

Le développement est un processus qui associe plusieurs facteurs déterminants à la fois de croissance quantitative et des progrès qualitatifs ; ceux-ci aboutissent à des transformations sociales pour l'intérêt majeur des ressortissants de la communauté, de la région, sans distinction de leur appartenance nationale. Donc la satisfaction du bien-être matériel et économique est au centre des préoccupations des détenteurs du pouvoir décisionnel pour un meilleur ancrage communautaire, car si l'assiette matérielle est assurée, le bonheur reste à faire. L'aspiration à la modernité passe par le développement qui est une association adéquate entre la croissance et les besoins sociaux. L'UER étant le niveau supérieur de l'échelle nationale relative à la recherche du développement en prélude à l'échelle mondiale. Pour cela, une conception programmatique et prospective s'avère nécessaire.

II.1.1.3 Le projet d'une union économique : un plan, un programme

Sur les cendres de l'UDEAC et les acquis de celle-ci, l'article 3 de la convention régissant l'UEAC définit clairement les objectifs. La construction de celle-ci sera entreprise au cours d'un processus périodique en trois étapes de cinq années chacune soit un délai de quinze années à compter de l'entrée en vigueur du traité instituant la CEMAC et les conventions subséquentes.

Les trois étapes sont les suivantes :

1) La première étape (25 juin 1999-24 juin 2004)

Comme dans toute organisation, le rôle de cette évaluation est double. Elle doit permettre de mesurer jusqu'à quel point et avec quelle efficacité les programmes et les activités opérationnelles produisent les résultats recherchés d'une part, facilitent la réutilisation des informations obtenues dans la formulation des nouvelles orientations politiques et procédures d'autre part. Cette évaluation constitue donc un instrument essentiel à l'appui d'une gestion fondée sur les résultats et qui a pour objectif de fournir un cadre à une planification stratégique, reposant sur les principes d'amélioration des connaissances et du partage des responsabilités.

Le présent rapport d'étape a pour objet fondamental de rendre compte aux instances de la communauté, des résultats enregistrés dans ses domaines de compétence précisés par les textes organiques, d'une part, de relever objectivement et sans complaisance les dysfonctionnements et distorsions rencontrés d'autre part, afin de proposer *in fine* des mesures correctrices appropriées pour mieux ajuster le tir et accélérer la marche en avant du processus d'intégration économique et sociale en Afrique Centrale. Sans doute, serait-il judicieux de rappeler, pour un meilleur éclairage synoptique, les missions à réaliser pendant la première étape quinquennale, avant d'aborder l'examen des activités accomplies et du chemin parcouru pendant la première étape. En termes globaux, il faut retenir que les principaux objectifs poursuivis pour la période sous revue sont :

- L'harmonisation, pour le besoin du fonctionnement du marché commun, des règles régissant les activités économiques et financières et l'élaboration à cet effet des règlementations communes ;

- L'engagement d'un processus de coordination des politiques nationales dans les secteurs de l'agriculture, de l'élevage, de la pêche, de l'industrie, du commerce, du tourisme, des transports et des télécommunications ;

- L'initiation du processus de mise en place des instruments de libre circulation des biens, des services, des capitaux et des personnes, notamment par une harmonisation de la fiscalité des activités productives et de la fiscalité de l'épargne ;

- Le développement de la coordination des politiques commerciales et des relations économiques avec les autres régions ;

- La préparation des actions communes dans les domaines de l'enseignement, de la formation professionnelle et de la recherche, précisée par ailleurs dans ladite convention ;

- La convergence des performances des politiques économiques et budgétaires en vue de la réalisation, de la cohérence de celles-ci avec la politique monétaire commune, au moyen du dispositif de surveillance multilatérale.

À l'observation des faits et des objectifs précités, l'on peut se rendre compte que ceux-ci n'ont pas été atteints. Le troisième d'entre eux semble le plus marquant au regard de notre problématique et de son périmètre de réflexion, dans une union économique régionale, dans laquelle il est observable que le mouvement des facteurs de production est un défi majeur à relever. Qu'il s'agisse d'abord du déplacement des biens, il reste encore subordonné à des contraintes fiscales réciproques et à des perturbations de la parafiscalité de chaque pays membre qui plombent les échanges intrarégionaux. Qu'il s'agisse ensuite de la libre circulation des personnes, elle est toujours soumise à l'obtention des visas d'entrée dans certains pays de la communauté tels que le Gabon et la Guinée Équatoriale encore réticents aux mouvements des populations dans la communauté.

Qu'il s'agisse enfin des mouvements des capitaux, il y a une absence réelle de coordination des politiques de transfert de fonds entre les pays membres. Cette première étape fera le lit de l'étape suivante. Malgré ces insuffisances, le temps ne s'arrêtant pas pour autant, l'on rentre forcément dans la période suivante.

2) La seconde étape (25 juin 2004-24 juin 2009)

Au cours de cette étape intermédiaire, l'union économique régionale s'attèlera dans la continuité de la période précédente à atteindre quatre objectifs :

- Établir la libre circulation des biens, des services, des capitaux et des personnes ;

- Mettre en œuvre des actions communes dans les secteurs de l'agriculture, de l'élevage, de la pêche, de l'industrie, du commerce, du tourisme, du transport et des télécommunications ;

- Engager un processus de coordination des politiques nationales en matière d'environnement ;

  Renforcer et améliorer les infrastructures nationales de transports et de télécommunications en vue de leur interconnexion.

Jusqu'à cette date (au terme de cette période), la circulation des biens, des personnes et des capitaux reste toujours contrainte à un protectionnisme national dans certains pays membres. Il en va de l'obtention des visas pour limiter le déplacement des populations au sein de la communauté, de la fiscalité et de la parafiscalité qui limitent et empêchent le transport des biens. Cette intégration à pas de tortue est un frein au développement intégré de la région qui renforce le sentiment nationaliste, et donc contraire à l'idéologie communautaire.

3) La troisième étape (2009-2015)

Les actions à mener dans cette dernière étape programmatique sont fonction du niveau d'avancement des actions initiées au cours des deux étapes précédentes. L'union disposant d'un certain nombre d'institutions spécialisées devrait envisager des politiques sectorielles communes dans les domaines faisant partie intégrante d'une communauté économique. Il s'agit entre autres de l'instauration d'un document unique d'identification en matière de transport dit « Passeport CEMAC » permettant la facilitation de la circulation des personnes, de l'harmonisation de la fiscalité, principalement en matière de TVA, du plafonnement de l'impôt sur les sociétés et de la réforme fiscalo-douanière avec l'instauration de la TIC ayant une clé de répartition permettant à chaque État de bénéficier des retombées des recettes douanières de toute la communauté.

C'est donc dire que cette dernière étape est considérée comme l'aboutissement des prérequis à une intégration économique par des effets positifs impactant de manière significative l'existence d'une intégration économique dans les faits. Une série d'indicateurs à ce propos devrait s'illustrer par :

Le renforcement de la compétitivité des activités économiques et financières :

Les activités économiques en zone CEMAC restent très peu compétitives. Le protectionnisme économique et financier est encore marqué dans les comportements nationalistes des uns et des autres.

L'assurance de la convergence des performances économiques :

Les performances économiques de chacun des pays membres ne sont pas reluisantes, le taux de croissance communautaire avoisine à peine les 5 %.

La mise en cohérence des politiques budgétaires nationales :

Les politiques budgétaires nationales ne sont toujours pas harmonisées et restent confinées dans leur carcan sectoriel sans réel impact du point de vue macro-économique de leurs agrégats.

La coordination des politiques sectorielles nationales :

Cette coordination reste institutionnelle donc bureaucratique sans une réelle implémentation à la base afin que les populations et les entreprises puissent en bénéficier.

À la suite de ce survol historique essentiel à la compréhension de l'intégration économique en Afrique Centrale, quel est l'état actuel de cette intégration ?

SECTION III : ÉTAT DE L'INTÉGRATION ÉCONOMIQUE EN AFRIQUE CENTRALE

L'historique de l'intégration économique nous a permis de comprendre qu'elle est un processus séquentiel. Pour cela, elle est d'abord l'émanation de la volonté politique des États en fonction des intérêts actuels et futurs, c'est-à-dire qu'elle est une intégration planifiée par les États, donc institutionnelle. Elle s'entend comme bouclier pour la protection des intérêts légitimes des populations de chaque pays membre, en même temps une coalition des objectifs communs de développement en cherchant des mécanismes d'équilibre, c'est-à-dire de péréquation. Ce qui traduit la gestion des contradictions (Guillaumont, 1994), car les visions partagées des leaders ne sont pas l'émanation des aspirations des populations qui ne sont pas souvent consultées par une expression universelle directe.

Ensuite, l'intégration économique permet la création des mécanismes de marché. Les institutions permettent aux acteurs des rencontres programmatiques pour échanger et débattre des questions y relatives dans une perspective dynamique. Ces lieux et ces rencontres sont favorables à la conception et à l'aménagement des règles pouvant régir les rapports entre les États avec un impact réel sur les populations concernées qui constituent la cible définitive. Le dynamisme révèle que les besoins devenant de plus en plus croissants au regard de l'évolution démographique et l'aspiration à la modernité du fait de l'évolution technique et technologique, de l'évolution du monde en général, il se crée des besoins nouveaux auxquels il faut apporter des solutions. Ces besoins devenant des exigences, ils nécessitent une adaptation permanente, voire anticipatrice, des solutions aux normes et aux standards de la modernité. L'objectif majeur de l'intégration économique étant la recherche du bien-être des populations.

Enfin, une fois que l'on a les institutions basées sur une idéologie communautaire et la technostructure fondée sur les organismes spécialisés, c'est-à-dire sectoriels, l'on doit pouvoir passer à l'étape de la libéralisation des échanges et faire émerger les avantages comparatifs propres à chaque pays membre et accroître le volume des échanges. Cette démarche permet à ce niveau de développer des spécialisations à la fois endogènes à la communauté économique régionale pour des échanges intracommunautaires et des spécialisations exogènes pour les échanges hors région permettant l'obtention des devises par le principe des complémentarités productives et commerciales, afin d'espérer des taux de croissance plus forts pour assurer son développement.

Si l'intégration économique est un niveau supérieur à la nation dans la recherche du développement, il est opportun à un moment donné de marquer un temps d'arrêt pour faire un bilan de l'état des lieux et entrevoir des perspectives nouvelles. Qu'en est-il de l'état de l'intégration économique des pays de l'Afrique Centrale ? Comme toute œuvre humaine, le chemin parcouru n'est certainement pas un long fleuve tranquille. Entre la bureaucratie avec ses lourdeurs et ses lenteurs, l'implémentation des décisions prises, l'adhésion et l'appropriation voire la participation des populations, on peut aussi s'interroger sur la vitesse et le rythme de cette intégration économique, donc de la gouvernance. Le chemin emprunté et parcouru du développement par l'intégration peut présenter des forces (acquis) donc des avantages à consolider et à améliorer, et des faiblesses (manquements), voire des imperfections à corriger pour des avancées prometteuses.

III.1 Les forces et les faiblesses de l'intégration économique de l'UEAC

III.1.1 Les forces de l'intégration économique

Les conditions de réussite d'une intégration économique sont nombreuses et peuvent être regroupées en trois facteurs clés de succès. Il s'agit de l'élargissement de la taille du marché, des complémentarités et les partenariats publics-privés.

1) Élargissement de la taille du marché

L'élargissement du marché intérieur est considéré comme l'élément moteur d'une intégration économique régionale, étant donné l'étroitesse des marchés nationaux des pays membres. Cet élargissement influence incontestablement de manière quantitative et qualitative la production (maîtrise des processus de production et d'organisation) et la consommation (marché de consommation de 46 645 650 habitants, 2015-2017).

Cette augmentation de la taille du marché permet d'accélérer les économies d'échelle qui réduisent les coûts (diminution des coûts fixes unitaires par rapport à l'augmentation du volume de la production). Elle a des effets sur une augmentation du chiffre d'affaires et par ricochet la marge bénéficiaire des entreprises. Elle favorise également les effets d'apprentissage et de transmission d'expérience.

Le capital spatial (Akanni-Honvo et Léon, 1995), défini comme la somme des capacités productives localisées qui concourent à accroître la productivité des autres facteurs de production (Beaumont, 1998). *i.e.* les infrastructures routières régionales, favorise les échanges socio-économiques et commerciaux entre les pays.

L'élargissement du marché implique la suppression des barrières douanières (institutionnelles, informelles) favorisant les échanges dans la région et leur développement. La libéralisation des échanges trouve alors sa raison d'être (Hugon, 1991) : « la libéralisation des échanges ou le jeu des avantages comparatifs, permettant les mouvements de marchandises et/ou des facteurs et accroissant le bien-être dans un espace régional ».

2) Favoriser les complémentarités (production et commerciale)

Avoir un marché plus grand expose les entreprises nationales à affronter la concurrence entre les entreprises de la région. Ce qui est un stimulant pour améliorer la qualité de la production, la réduction des coûts de facteurs de production et permet d'accroître la productivité. L'amélioration de la qualité de la production passe par l'amélioration des techniques de production. Donc l'intégration économique entraîne des retombées technologiques impliquant des gains de productivité et l'accumulation des facteurs.

En termes d'efficience et d'accumulation, l'intégration économique régionale est un facteur d'intégration dans l'économie mondiale par deux (2) options.

a- L'option multilatérale qui est la voie directe par laquelle un pays opte pour les accords de partenariats avec plusieurs partenaires (pays) proches ou lointains.

b- L'option régionaliste qui est une forme indirecte moins protectionniste et plus ouverte à l'extérieur (hors région). Elle fait de l'espace communautaire régional une construction institutionnelle intermédiaire, servant de tremplin à l'intégration dans l'économie mondiale.

Ces diverses complémentarités conduisent à constituer des spécialisations dans les pays membres de la région et avoir des productions spécifiques et originales qui singularisent les uns et les autres.

3) Créer des partenariats publics-privés (PPP) régionaux.

L'intégration économique étant le niveau supérieur du développement régional par rapport à un pays, la conséquence de l'élargissement de la taille du marché favorise aussi l'élargissement du niveau des partenariats publics-privés au niveau régional. Les acteurs économiques établis dans une localité de la région permettent d'avoir une assise et une emprise sur l'économie locale et un rayonnement local avec une envergure internationale.

III.1.2 Les faiblesses de l'intégration économique

Malgré sa forte institutionnalisation multiforme par les organismes spécialisés, la première faiblesse de l'intégration reste celle relative à toute organisation, contrainte d'avoir des bureaucrates pour son fonctionnement, une bureaucratie lourde et lente qui ne facilite pas toujours l'implémentation, l'application et le suivi des directives communautaires par des actes concrets. Ce qui conduit à l'inertie des mécanismes de surveillance et de contrôle spécifiques ; même si cette bureaucratie est nécessaire pour le fonctionnement de nos organisations.

La seconde faiblesse est liée à l'absence d'idéologie communautaire qui doit être le *leitmotiv* permettant de comprendre l'intérêt majeur d'une intégration économique dans les enjeux de croissance et de développement intégrés. Mais aussi et surtout d'admettre qu'une appartenance à une communauté régionale est révélatrice de l'existence des complémentarités de production et de commercialisation entre les pays membres et au-delà des frontières nationales.

La troisième faiblesse concerne la lente adaptation de ces organismes à leur environnement qui ne cesse de se transformer, mais alors très vite, pour répondre à des besoins nouveaux et croissants de développement tels que les nouvelles technologies de l'information et de la communication, donc leur préparation à l'ouverture de la mondialisation.

La quatrième faiblesse est relative à l'absence remarquable d'une réelle mutualisation des politiques publiques de développement et l'harmonisation de politiques économiques qui demeure limitée, comme le recommande les différents accords y relatifs entre les États membres qui se contentent d'un saupoudrage fragmenté de bonnes intentions sans effectivité.

Or les objectifs du développement régional reposent sur l'équilibre et l'équité, l'efficacité et la solidarité : espace territorial des parties communautaires et appropriation spatiale, appropriation de l'espace communautaire dans son organisation et la participation de tous. Processus irréversible auquel devraient s'arrimer nos organisations régionales au risque d'une obsolescence anticipée. Pour cela, il faudra travailler dans la prospective et renforcer la mutualisation des politiques publiques de développement dans le cadre régional.

III.1.3 L'intégration : Problème-Plan-Programme, les trois P pour le futur

L'intégration économique est un problème de développement à résoudre qui est un tout. Mais pour aborder cette problématique, il faut la comprendre et la maîtriser au sens microéconomique (restreint) et sur le plan macro-économique (large) pour l'intérêt de toutes les parties prenantes.

La comprendre, c'est cerner sur le plan théorique et sur le plan empirique les enjeux de sa mise en forme après des échanges multiples et intégrés de concertations stratifiées dans le but de créer une dynamique de développement et de formatage de l'esprit du citoyen communautaire. La maîtriser, c'est la conduire comme une « voiture » dans la direction souhaitée, c'est-à-dire posséder les outils et avoir la vision nécessaire pour atteindre des objectifs de développement et réaliser des performances (résultats) satisfaisantes, et entrevoir le futur avec optimisme, car la vision sera claire, perceptible et encourageante.

L'intégration économique est un plan, c'est-à-dire un canevas avec des séquences et des objectifs spécifiques à évaluer périodiquement. Pour passer d'une étape à une autre, l'on devrait s'assurer du respect des délais et l'atteinte des objectifs afin d'éviter de cumuler des reports de délais et des objectifs qui pourraient compromettre non seulement le déclenchement de l'étape suivante, mais la réussite de cette dernière.

Les étapes d'un processus étant constituées comme les maillons d'une chaîne solidaire, doivent s'entendre comme tels, indissociables pour être une garantie du succès de l'intégration. Donc le plan est un schéma à respecter à l'image de l'architecture d'un édifice, pour ne pas fragiliser sa stabilité et sa pérennité, atout pour des générations actuelles et futures, donc sa prospérité.

L'intégration est un programme, c'est-à-dire une chronologie des évènements ou des actions à mener après concertation. D'un commun accord et de manière synchrone, le programme arrêté doit être appliqué, c'est-à-dire reproduit comme tel dans le respect non seulement des objectifs mais de l'agenda. Le programme devient ainsi une contrainte objective qui impose la reddition des comptes à chaque échéance échue. Le programme commande aux acteurs décisionnels à travers les *« reportings »* d'être au fait du déroulement des procédures et des mécanismes mis en place, et aux exécutants d'accomplir leurs tâches et missions conformément à leurs cahiers de charges.

III.2 Les conséquences de l'intégration économique

Le chemin parcouru dans le processus de l'intégration au regard de son programme triennal n'est pas satisfaisant comparativement aux résultats obtenus. Le régionalisme comme idéologie communautaire dans la CEMAC applique une logique d'un régionalisme fermé contrairement à une logique de régionalisme ouvert qui est le modèle de régionalisation de l'ASEAN ou de l'UE.

Les différentes organisations régionales qui se sont succédé en Afrique Centrale ont eu le mérite de leur existence institutionnelle et organique à partir desquelles, l'on peut à ce jour les considérer comme le socle du chemin irréversible de l'intégration. Comme toute organisation humaine et organisationnelle, elles ont légué à la postérité des acquis relevant de la volonté manifeste des Chefs d'État des pays de la CEMAC de construire une union économique susceptible de booster le développement et de créer des pôles de compétitivité solidaires en vue de l'intégration des économies nationales dans une certaine harmonie.

En dépit de cet acquis fondamental, il y a aussi des manquements pour son comblement. Entre les objectifs assignés et les réalisations effectives, l'on peut faire un état des lieux et tirer des conséquences. Loin de faire une litanie de ces conséquences, le dénominateur commun de celles-ci est l'absence d'une « agence de restriction », qu'elle soit interne et externe ou même hybride (Collier et Gunning, 1996). L'agence de restriction renvoie à la notion de contrainte et de sanction. Elle s'entend donc comme un organe qui a la charge de veiller au respect scrupuleux des engagements pris par les parties prenantes mais aussi de garantir aux autres parties la crédibilité des engagements. La notion d'institution au sens large est considérée comme une organisation, une règle, une norme ou une convention qui pourraient contraindre, en d'autres termes c'est l'absence du respect du référentiel normatif conclu d'un commun accord entre les pays membres d'un IR.

L'existence d'un tel référentiel pourrait constituer une barrière à l'entrée pour les potentiels pays candidats à une IR. Ce premier filtre serait alors considéré comme sélectif pour dissuader ceux d'entre eux qui croiraient à l'IR comme à une aventure, c'est-à-dire une formalité de mode ou du nombre, et persuader certains pays candidats à une démarche supérieure de développement ; même si l'on peut noter l'existence de quelques organismes spécialisés régionaux tels que la COBAC dans le secteur de la finance, ou encore la CIMA dans le secteur des assurances pour ne citer que ceux-là, leurs impacts restent moins significatifs par rapport aux résultats obtenus, car en matière de finance, les institutions de microfinance connaissent des faillites retentissantes avec des effets collatéraux dévastateurs. D'autre part, en matière d'assurance, il faut relever l'absence d'application stricte des dispositions communautaires en matière du code CIMA, du fait de l'existence des assureurs non spécialistes du domaine.

III.2.1 Les agences de restriction interne

Il n'existe pas une seule agence de restriction interne à la région, c'est-à-dire une institution en charge de veiller au respect des engagements. En interne à la CER de l'Afrique Centrale, il n'existe pas à ce jour des sanctions prévues pour le non-respect des engagements dans le cadre principalement de l'UEAC ni aucun moyen de coercition pour contraindre les pays à respecter leurs engagements. Les exemples sont nombreux, et les plus illustratifs dans cette réflexion sont les suivants :

1) La libre circulation des personnes et des biens

Les accords de libre circulation des personnes sans obtention de visa dans l'espace CEMAC signés en juin 2013 ne viennent d'être communiqués par chacun des États parties que récemment en octobre 2017, soit quatre ans plus tard. Aucun des États n'a fait l'objet d'une sanction quelconque, tous libres de les respecter ou pas sous le couvert du principe de souveraineté, de la protection de leurs territoires et de leurs citoyens. Deux autres exemples typiques de cette situation concernent les critères de convergence économique et les accords de partenariats économiques.

2) Les critères de convergence économique de la CEMAC

Les critères de convergence établis par les pays de la CEMAC constituent un bouclier et une orientation des équilibres macro-économiques et monétaires des pays membres et ne sont pas respectés par tous. Ils demeurent de bonnes intentions sans effets réels sur leurs économies respectives ni même sans conséquences (sanctions) sur les pays « dissidents ».

Ces critères sont aussi valables pour l'entrée des candidats dans l'union économique et pendant la période de leur appartenance à l'union. Il s'agit des convergences des politiques économiques comme des politiques monétaires. Ces cas d'insoumission aux règles établies, très courants dans les organisations sectorielles, constituent des freins à l'intégration qui ralentissent la vitesse et le rythme de l'intégration régionale. Le non-respect de celles-ci conduit à des représailles graduelles allant de l'avertissement à des sanctions. C'est le cas par exemple de l'Union Européenne avec les critères de convergence dits de « Maastricht » signés par les États membres le 7 février 1992, dans le cadre de la mise en place de l'union économique et monétaire européenne.

C'est l'une des pannes de notre somnolence institutionnelle qu'il convient de corriger au plus vite. L'inefficacité du dispositif du système de contrôle cause un déficit de crédibilité et de confiance dans les règles ou de l'existence de « bonnes règles » (Créel, 2003).

3) Les accords de partenariats économiques entre la CEMAC/UE

Un exemple récent qui peut paraître alarmant aux yeux de certains concerne les accords de partenariats économiques (APE) censés être négociés en blocs régionaux, c'est-à-dire entre la CEMAC et l'UE il n'en fut pas le cas. Nonobstant le temps de concertation consacré à l'adoption du projet entre les pays de la CEMAC et des réunions qui s'en sont suivies à la veille de l'entrée en vigueur de ces accords, aucun consensus ne s'est dégagé entre ces derniers pour l'adoption d'une position commune dans les échanges entre la CEMAC et l'UE. Le Cameroun, pays membre ayant constaté le manque de célérité dans les négociations entre les pays d'Afrique et sans attendre la veille de la période d'observation, a négocié et signé les APE (accord intérimaire), probablement dans la défense de ses intérêts, arguant certainement du principe de la souveraineté des États. Imaginons le poids économique du Cameroun dans la catégorie des « poids mouches » face à la catégorie économique de l'UE des « poids lourds », voire un pays face à un continent.

III.2.2 Les agences de restriction externe

Il s'agit des agences de restriction hors de la région ou des organismes de niveau continental ou mondial qui influenceraient (contrainte) de par les conditionnalités à l'obtention d'une quelconque assistance, par exemple le respect des droits de l'homme, ou de la démocratie. Les organisations spécialisées des Nations Unies en faisant référence à la BM ou au FM et bien d'autres peuvent avoir un impact direct ou indirect sur les décisions d'intégration en Afrique Centrale.

III.2.3 Les agences de restriction hybride

Les agences de restriction hybride sont à la fois internes et externes. Il peut s'agir à la fois des organismes internationaux comme l'OMC, le FMI et la BM qui peuvent avoir un impact moins critique que les agences externes, afin d'éviter d'être accusées d'ingérence dans les affaires économiques et politiques d'un pays. Afin de ne pas être taxées de néocolonialistes, elles peuvent être mieux comprises par les pays concernés. Les crises économiques de la fin des années 1970 et du début des années 1980 ont sapé les efforts d'intégration économique de l'Afrique Centrale.

Ce qui a permis aux institutions financières infranationales (FMI, BM) de préconiser des réformes des politiques économiques à certains pays de la région Afrique Centrale. C'est ainsi que les programmes d'ajustements structurels (PAS), adoptés sous pression, ont abouti à des privatisations des entreprises publiques et parapubliques et à une généralisation du commerce et de la contraction des activités des secteurs publics au profit des activités du secteur privé. Les raisons de l'absence des agences de restriction peuvent être d'ordre historique ou liées à la mauvaise gouvernance.

III.2.4 Faiblesse de la mobilité interne de la main-d'œuvre

Les mouvements migratoires ont été de tout temps un phénomène international, voire mondial, surtout ceux relatifs à la main-d'œuvre. Phénomène qui s'exprime à travers les déplacements des populations des régions ou des pays peu développés, vers les régions ou pays nantis reconnus comme riches. Ces pays constituent des bassins d'emplois en même temps qu'ils sont en manque et à la recherche de cette main-d'œuvre. Les enjeux de ce phénomène migratoire sont nombreux et variés et peuvent être analysés sous deux angles diamétralement opposés : d'une part le dépeuplement des pays de départ et d'autre part le peuplement des pays d'arrivée. Dans un sens comme dans l'autre, le phénomène reste complexe.

(i) Dépeuplement des pays de départ : Pays sous-développés

Plusieurs motifs peuvent justifier les mouvements de départ, mais la principale raison est purement économique. Généralement pauvres, ces pays n'ont pas d'emplois à offrir à une population de plus en plus jeune, instruite et formée, donc disposant d'un savoir-faire qui échappe à l'économie locale ou régionale. Une fuite des cerveaux qui profite au pays d'accueil. Toutes choses qui accentuent l'appauvrissement de ces pays ou de ces régions. Ces mouvements concernent généralement les ressortissants des pays du sud vers les pays du nord, ou du moins des pays sous-développés vers des pays développés ; même si leur contribution est palpable au niveau du transfert des revenus et du transfert des ressources immatérielles (intellectuelle, etc.). Mais les données éparses ne permettent toujours pas d'apprécier l'impact de ces apports, tant le phénomène de l'immigration s'explique de manière différente d'un pays de la région à un autre.

(ii) Peuplement des pays de destination

Les pays d'accueil offrant des conditions d'emploi et un cadre de vie décents sont davantage attractifs pour les potentiels chercheurs d'emplois et en quête des lendemains meilleurs. Toutes choses qui paraissent compréhensibles partant du principe que l'homme est toujours à la recherche d'un environnement favorable à la satisfaction de ses besoins, donc d'un bien-être. Cette population immigrante contribue à la construction de l'économie du pays d'accueil dans lequel elle finit par s'installer durablement, devenant ainsi des modèles d'éventuels candidats à la migration. La transition démographique fait en sorte que tous les pays ou régions n'évoluant pas au même rythme, les pays développés (Europe) connaissent un vieillissement de la population avec une faible natalité. L'exode des compétences impacte considérablement le développement de ces pays d'accueil. C'est pourquoi une attention particulière leur est accordée afin de réduire ou de minimiser les impacts négatifs et d'optimiser les impacts positifs.

Les pays de l'Afrique Centrale devraient favoriser la mobilité géographique des populations à l'intérieur de la communauté et profiter du dividende démographique dans le dispositif de production, mais aussi dans l'accroissement de la consommation. Cette population jeune est productrice et consommatrice. Ce qui permettrait de réduire considérablement le dépeuplement des pays de la région Afrique Centrale. Il serait donc temps de placer la mobilité au centre des préoccupations du processus d'intégration régionale, avec une règlementation harmonisée d'identification et de contrôle des flux migratoires à l'intérieur de la CEMAC. Les migrations régionales (sud-sud) permettront ainsi de nouer des partenariats stratégiques pour son développement.

A ces conséquences transversales, l'on peut adjoindre les prérequis théoriques exigibles pour la création d'une intégration régionale. Il peut s'agir de la différence significative des facteurs de production et des complémentarités dans la demande des candidats à l'IR, comme le niveau des droits de douane très élevés et un commerce intrarégional consistant avant l'IR. Ce qui n'était pas le cas des pays membres de l'Afrique Centrale institutionnelle (Srinivasan, 1993). Loin d'être exhaustif, l'état des lieux du processus d'intégration en Afrique centrale fait ressortir quelques aspects illustratifs du chemin parcouru et leurs conséquences.

Tableau n° 8 : Bilan synthétique de l'état de l'UEAC

TEXTES ET DÉCISIONS	**ÉTAT D'APPLICATIO N**	**CONSÉQUENCES**
*Règlement n° 1/00 CEMAC-042-CM du 21/07/2000, portant et instituant les conditions d'attribution du passeport communautaire ;	– Démarches entreprises par la commission de la CEMAC ; – Potentiels demandeurs clivés ; – Démarches trop longues et conditionnelles ; – Non mise en œuvre par les États.	– Persistance des besoins de visas entre les États membres ; – Difficultés de libre circulation ; – Retard dans la construction du marché commun.
*Air CEMAC, acte additionnel n° 02/01-CEMAC-066-CE-03 portant création d'une compagnie communautaire de transport aérien en zone CEMAC.	– Nombreuses démarches entreprises ; – Non mise en œuvre du fait des discussions entre les États de la forme juridique du partenariat privé de la constitution du capital.	– Difficultés de transport entre les États freinant les relations commerciales intracommunautair es ; – Mauvaises performances des compagnies aériennes nationales (Ecaire Congo, Camair-co) ; – Fermeture de certaines compagnies aériennes nationales (Air Gabon, Camair)
*Règlement n° 7/00/CEMAC-062CM-04 adoptant l'accord intergouvernemental	– Non encore opérationnel ; – Coût de maintenance des équipements de	– Difficultés de formation du personnel à la maintenance ; – Difficultés de communication entre les pays membres de la CEMAC

portant création du centre régional des télécommunications des pays de l'Afrique centrale	télécommunications ; – Coûts de communication élevés entre les pays membres de la CEMAC ;	
Acte additionnel n° 3/00-CEMAC-046-CM05, instituant un mécanisme autonome de financement de la communauté. *Acte additionnel n° 01/01-CEMAC-046-CE-03 portant modification de l'acte.	– Mise en œuvre tardive au niveau des États (2002) ; – Respect partiel des engagements et exécution très différenciée dans le reversement de la Taxe Communautaire d'Intégration (TCI). – Non-respect des règlements tarifaires et non tarifaires	Difficultés de fonctionnement du secrétariat exécutif de la CEMAC ; Difficultés de financement des projets de communications dues à la faiblesse du FODEC. – Difficultés de la circulation des biens/services ; – Impacts sur les coûts de transport des marchandises ; – Impacts sur les coûts/production des biens/services ; – Impacts sur les prix des biens/services.
*Acte...................... .... Portant création de la bourse des valeurs mobilières de l'Afrique centrale (BVMAC)	– Création tardive de la BVMAC, créée le 27/06/2003 ; Démarrage tardif des activités et autres organismes annexes ; – Création parallèle/anticipée du DSX, le 01/12/2001 ; – Démarrage tardif de ses activités et inaugurée le 23/04/2005 ;	– Impact de l'idéologie communautaire ; – Absence de solidarité organique ; – Absence de solidarité communautaire ; – Concurrence des deux bourses ; – Duplication des coûts de transaction ; Faiblesse de la performance des deux bourses :
*Projet d'unification des deux bourses issu du sommet des chefs d'État de janvier 2010 ;	– Attente permanente de la décision actant le projet ;	– Coexistence continuelle des deux bourses (BVMAC, DSX) ; – Coexistence de deux régulateurs (COSUMAF, CMF) ;

	– Attente des modalités pratiques ;	– Coexistence de deux dépositaires centraux (BVMA, CAAC) ; – Coexistence de deux banques de règlement (BEAC, SGBC)
*Société Equatoriale de Raffinage (SER), convention signée le 30/11/1965 au Gabon ;	– Non-application de cette convention ; – Sortie du Cameroun et du Congo ;	– Chacun des pays membres de la CEMAC, producteurs de pétrole crée sa propre raffinerie ;
*Accord de partenariat (APE) avec l'Union Européenne (UE) ;	– Négociation solitaire et signature individuelle par le Cameroun de l'accord d'étape en 12/2007 ; – Mise en place d'une plateforme commune de renégociation ;	– Absence d'idéologie communautaire ; – Absence de solidarité organique ; – Absence de solidarité communautaire ; – Mise en application décalée des APE ; – Mise en application en dents de scie des APE ; – Déséquilibre de la balance commerciale des pays membres du fait des produits APE ; – Déséquilibre de la balance des paiements des pays membres relatif aux produits APE ;

Source : Compilation de l'auteur Paul BABAGNACK à Secrétariat exécutif de la CEMAC

L'intégration économique bien pensée et appliquée avec une feuille de route calendaire, peut dans un programme de développement plus large, dans la perspective de la diversification économique, des mutations structurelles et de développement technologique renforcer les capacités productives, élargir la taille des marchés et favoriser les économies d'échelle, améliorer la compétitivité des marchandises aux services des pays de l'Afrique Centrale.

L'intégration économique qu'elle soit de conception libérale (Adam Smith, 1776), volontaire ou dirigiste (Perroux 1959, 1968 ; Moussavou, 1988) ou organisationnelle (Hugon, 1991 ; Balassa, 1962), s'impose comme un déterminant favorable à la construction du marché financier intégré de l'Afrique Centrale pour trois raisons au moins :

1) Sa structure de coopération internationale évolue avec plusieurs partenariats externes (bilatéraux, régionaux ou/et multilatéraux) et met à profit les différentes opportunités qui augmentent au niveau du continent et qui peuvent l'aider à parvenir à des taux de croissance élevés et réaliser des objectifs de développement ;

2) Les différentes crises économiques affectent les économies des pays de la CEMAC, avec le recul de l'aide publique au développement (APD), le ralentissement des IDE, le commerce intrarégional constitue une stratégie de développement et de diversification commerciale par l'effet de la taille du marché ;

3) L'intégration économique régionale, à travers la mise en commun des ressources et le développement des marchés locaux, stimule la production, le commerce et l'investissement. Ces possibilités n'étant pas pleinement explorées et exploitées expliquent la faible proportion des échanges intracommunautaires et intra-africains, qui méritent d'être renforcés.

Les complémentarités tant productives que commerciales ainsi que les similarités loin d'être des handicaps à l'intégration économique peuvent par contre être des facteurs de croissance et d'activation du développement communautaire. Par la théorie des avantages comparatifs (Torrens, 1815 ; Ricardo 1817), dans une économie de libre-échange, le commerce intrarégional pourrait en être favorisé par la spécialisation. Mais vu l'augmentation de la population issue de cette intégration régionale, il s'agirait de créer un marché, donc des débouchés pour la production régionale. Laquelle production interpelle le rôle fondamental que doivent jouer les entreprises dans l'amélioration quantitative et qualitative de leur production.

Les entreprises étant le creuset où se construisent les richesses, elles méritent d'évoluer dans un environnement favorable et digne de l'intérêt que les pouvoirs publics régionaux veulent bien leur accorder au regard des défis de production et de commercialisation qu'elles doivent relever. Pour cela, elles ont des appuis financiers multiformes qui leur donnent la possibilité d'avoir un accès rapide au financement long et à moindre coût.

Le besoin d'investissement implique la multiplication des sources de financements intrarégionaux. L'intégration économique régionale considérée comme vecteur de compétitivité et de croissance permet de :

- Combler le déficit de compétitivité ;
- Faciliter les échanges ;
- Mettre en place des infrastructures intégratrices ;
- Faciliter le partenariat public/privé ;
- Mobiliser des acteurs régionaux ;
- Investir dans les secteurs de croissance.

Cette analyse justifie l'opportunité de la création de l'Union Économique de l'Afrique Centrale (UEAC) et la nécessité de la création des dynamiques de développement régionales par la promotion des mécanismes de financements innovants, correspondant aux standards internationaux pour leur entrée soutenue dans l'économie mondiale à laquelle elle appartient déjà. Vue sous cet angle, l'intégration économique régionale pour être réelle, efficace, et complète passe en outre par le déterminant de l'UEAC mais également par son déterminant jumeau qu'est l'Union Monétaire de l'Afrique Centrale (UMAC).

- Et pour sortir édifié des enjeux de l'intégration économique dans la région Afrique Centrale institutionnelle, une analyse matricielle du processus d'intégration par la méthode SWOT s'avère nécessaire. Un survol de cette méthode permet de comprendre sa pertinence relative à notre démarche dans le cadre de cette réflexion liée à la performance des marchés financiers de l'Afrique Centrale dans le financement des entreprises, donc de l'économie régionale. La méthode SWOT est un outil de gestion qui a l'avantage d'être transversal, pour être utilisée par n'importe quelle organisation. Elle est de ce fait indispensable dans une démarche stratégique afin de faciliter toute réflexion organisationnelle, comme celle relative à la consolidation des marchés financiers de l'Afrique Centrale. À l'origine, l'outil fut utilisé dans le milieu des entreprises des pays développés jusque dans les années 1970 avant d'être vulgarisé. Malgré les innovations, elle reste toujours un outil fiable et d'actualité.

Tableau n° 10 Analyse matricielle de l'intégration économique en Afrique centrale (SWOT)

Strenghs (Forces)	**Weaknesses (Faiblesses)**
• Élargir de la taille du marché ; • Favoriser les complémentarités ; (productives et commerciales) ; • Spécialisation productive et commerciale ; • Faciliter le commerce interne ; • Être une référence (label) régionale dans le commerce international ;	• Bureaucratie lourde et lente ; • Absence d'idéologie communautaire ; • Obsolescence institutionnelle ; • Absence de mutualisation des politiques publiques, des politiques économiques, et de coordination budgétaire des États parties ; • Non-respect des critères de convergence économiques ; • Absence d'une agence de restriction.
Opportunities (Opportunités)	**Threats (Menaces)**
• L'ouverture hors région ; • Spécialisation dans le commerce hors région et dans le commerce international ; • Symétrie des chocs externes ; • Entrée des devises dans la région.	• Retard de développement ; • Envahissement économique et financier ; • Envahissement commercial et de production ; • Peuplement (émigration) hors région.

CHAPITRE II

L'UNION MONÉTAIRE DE L'AFRIQUE CENTRALE : L'UMAC

« Monetary stability is not everting, but, without it, the rest is nothing. Monetary integration can produce better organization in the economic sphere and be a catalyst for integration in the political sphere. The new African Union opens the door to some exciting new possibilities and may find in monetary integration the new wedge it needs to introduce some degree of political centralization in Africa » (Mundell, 2002, 57)[30]

L'idée de création d'une union monétaire ne date pas d'aujourd'hui. Napoléon Bonaparte (1769-1821) disait : *« Je veux que l'Europe tout entière ait une seule monnaie, cela faciliterait le commerce ».* Cette idée demeure une question de plus en plus d'actualité dans les débats de politique économique et la théorie la plus connue est celle relative à la Zone Monétaire Optimale (Mundell, ZMO, 1961). Une ZMO désigne une réunion dans un espace économique qui est soit soumis à une souveraineté monétaire et à un régime de monnaie unique, soit caractérisé par l'existence d'une structure de parité fixe et irrévocable entre les différentes monnaies. Les changes sont fixes à l'intérieur de cette zone et flottants à l'extérieur. Le cas le plus illustratif et le mieux abouti est celui de l'UE avec l'adoption de l'euro comme monnaie unique décidé au sommet de Maastricht des 9 et 10 décembre 1991 avec son entrée en vigueur le 1er janvier 1999. Sur le continent africain, il y a eu plusieurs initiatives d'intégration monétaire, et la réalisation d'une union monétaire pour l'Afrique tout entière à l'horizon 2021 a été annoncée par l'Association des Gouverneurs des Banques Centrales Africaines en 2003. La stratégie de l'Union Africaine repose sur la création préalable d'unions monétaires dans les

30 Mundell, R.A. (2002) "Does Africa Need a common currency?" in Defining Priorities for Regional Integration Vol.3 of African Development Forum. Economic Commission for Africa (ECA) Ababa, pp.45-57

communautés économiques régionales existantes. Ces unions constitueraient alors une étape intermédiaire vers la mise en place d'une banque centrale et d'une monnaie africaine (Masson & Patillo, 2004)[31].

Toute analyse, quel que soit le domaine nécessite une définition a priori de son objet consistant à sérier les critères qui permettent son identification par rapport à d'autres objets.

C'est quoi une union monétaire ? Répondre à cette question de façon générale et homogène n'est pas aisée, tant les contours y relatifs sont sujets à controverse, car ayant plusieurs approches, *« Various types of monetary union are possibble, from loose cooperation among separate currency Systems to a single currency System for the region managed by a central authority ».*

Ainsi, attardons-nous sur deux significations qui correspondraient à la compréhension de ce travail de réflexion relatif à la problématique de notre sujet, car non seulement la notion d'union monétaire *« apparaît imprécise, ses contours évanescents et son socle mouvant, mais, en plus, elle a eu vocation à caractériser des expériences diverses, variées et assez dissemblables, parce que fortement parées de spécificités et d'originalités »*[32]

Au sens strict du terme, elle se définit comme une zone monétaire au sein de laquelle les taux de change sont caractérisés par une relation

---

[31]Impact des Unions Monétaires sur les échanges commerciaux : Cas de l'UEMOA, juillet 2013, p.1.

[32]« De prime abord, la consistance de la notion (d'Union monétaire) apparaît imprécise, ses contours évanescents et son socle mouvant. Ce qui rend quelque peu malaisée la définition. S'imposant généralement dans le langage courant comme une évidence, elle est pourtant imprégnée de complexités et riche de déclinaisons. Car elle a eu vocation à caractériser des expériences diverses, variées et assez dissemblables, parce que fortement parées de conceptions élastiques, de confusions et d'amalgames ». (MOUELLE KOMBI, N., « Les aspects juridiques d'une union monétaire : l'exemple de l'Union Monétaire de l'Afrique Centrale ». RGDIP, t. 105, 2001-3. p.521

fixe et permanente et dans laquelle prévaut, en l'absence de contrôle de capitaux, une politique monétaire unique (Masson et Taylor, 1992). Cela revient à dire que dans un marché commun où coexistent plusieurs monnaies, la stabilité monétaire est une condition essentielle pour que la libre circulation et donc les effets attendus en termes de dynamisme économique, s'exercent le plus facilement possible.

Mais dans un sens plus large et en termes courants, c'est une zone monétaire qui regroupe plusieurs pays sous l'égide d'une seule monnaie d'échange qui forme une zone de libre-échange grâce à l'ouverture de leurs marchés économiques. Il transparaît dans ces deux définitions, deux critères distinctifs, le taux de change et la monnaie unique (cas de la CEMAC). C'est-à-dire les États ayant des liens commerciaux forts et qui ont intérêt à conserver des changes fixes sans fluctuation, soit parce que leur niveau de prospérité est identique, soit parce qu'il existe des mécanismes de rééquilibrage permettant de compenser les disparités. Ces mécanismes sont :

1) La mobilité des facteurs de productions

Le travail (Mundell, 1963), déplacement de la main-d'œuvre de l'économie en récession vers celle en expansion permettrait de résoudre le problème du chômage dans la première et de pression à la hausse des salaires dans la seconde.

Le déséquilibre commercial (en diminuant la demande dans le premier pays et l'augmentant dans le second), permets de changer d'état si la situation économique y est meilleure.

2) Le capital (Ingram, 1969 et Johnson), le degré d'intégration financière par la mobilité des capitaux et la fiscalité budgétaire centralisée.

Une politique budgétaire et fiscale permettant à un État de redistribuer par des investissements ou des transferts publics vers les États dont les performances économiques sont faibles, et ainsi réduire les écarts de niveau de vie ;

3) Une forte ouverture des économies (McKinnon, 1963) permet une réduction des déficits commerciaux par la politique budgétaire.

Néanmoins, il est important de faire remarquer que les implications macro-économiques d'une union monétaire à taux de change fixe ne sont pas identiques à celles d'une monnaie unique. Certains auteurs (de Grauwe, 1994) soutiennent que les gains directs qui résulteraient de l'élimination des coûts de transaction n'apparaissent qu'avec une monnaie unique. Déjà les classiques estimaient que le régime le moins coûteux en termes de bien-être était celui d'une seule et même monnaie circulant dans le monde entier. Ne pourrait-on pas réduire l'esprit de cette réflexion à l'UMAC et attendre les effets à la lettre dans le cadre de son marché financier régional intégré ?

C'est donc dire que l'union monétaire avec une monnaie unique est un atout favorable à l'implémentation d'un marché financier dans une zone avec une stabilité monétaire et compléterait ainsi l'œuvre d'intégration économique (B. Balassa, 1961). L'UMAC[33], l'Union Monétaire de l'Afrique Centrale n'est pas en marge de ces initiatives. C'est une organisation intergouvernementale des États de l'Afrique centrale, ayant en commun l'usage d'une monnaie unique, le franc

[33] L'Union Monétaire de l'Afrique Centrale est composée de six (6) pays : République du Cameroun, République du Gabon, République de la Guinée Équatoriale, République du Congo, République Centrafricaine, République du Tchad

CFA[34]. De façon générale, la mise en place d'une union monétaire a pour objectif de renforcer la solidarité entre les États, c'est-à-dire elle témoigne d'une solidarité organique (Émile Durkheim, 1893) entre des peuples afin de favoriser le commerce intracommunautaire (Masson & Patillo, 2004).

D'une manière générale, on peut définir la zone monétaire comme étant *« un ensemble constitué, à la suite d'un accord formel ou en conséquence d'un état de fait, par un groupe d'États ou de territoires observant des règles particulières dans leurs relations monétaires et confiant à la monnaie du principal d'entre eux un rôle essentiel dans les règlements internes à la zone et avec le reste du monde »*[35]

Si l'objectif de l'union monétaire avec une monnaie unique semble fondé et atteint, la principale question qu'on est en droit de se poser dans ce chapitre est celle de savoir : *« quel est l'impact de l'union monétaire de l'Afrique centrale, dans la mise sur pied du marché financier régional intégré ? »* Répondre à cette question complémentaire revient à faire une analyse descriptive et exploratoire de cette union monétaire à monnaie unique en faisant une immersion permettant de rentrer au cœur du système en trois sections.

La première section analyse les fondements théoriques d'une union monétaire dans le processus de construction du marché monétaire régional intégré et sera déclinée en trois sous-sections : (i) l'intégration monétaire (ii) les enjeux financiers et (iii) l'intégration financière.

---

[34] L'article 9 de la convention de coopération monétaire entre les États de l'Afrique centrale en 1972 prévoit que « L'unité monétaire légale des États de l'Afrique membres est le franc de la coopération financière en Afrique centrale (FCFA). » Cette disposition est reprise par l'article 6 de la nouvelle Convention régissant l'Union monétaire de l'Afrique Centrale (UMAC).

[35] BERNARD, Y., COLLI, J. C. LEWANDOWSKI, D., Dictionnaire économique et financier, Paris, Seuil, 1975, p.1162

La deuxième section porte sur la valeur déterminante de l'UMAC afin d'identifier et de cerner le corpus structurel de son architecture organisationnelle et fonctionnelle, composée de trois sous-sections : (i) Histoire de l'union monétaire régionale (ii) son organisation et (iii) son fonctionnement.

La troisième section évoque le modèle de consolidation du marché financier régional intégré (MFRI) dans un espace économique et monétaire tel que la CEMAC et sera déclinée en trois sous-sections : (i) le processus de consolidation du marché financier régional intégré (ii) les contraintes de consolidation et (iii) la consolidation du MFRI.

SECTION I : FONDEMENTS THÉORIQUES DE L'UNION MONÉTAIRE DE L'AFRIQUE CENTRALE

L'approche théorique d'une union monétaire trouve son fondement scientifique dans une démarche d'adhésion ou de création comme étant l'un des meilleurs moyens pour atteindre des objectifs de développement. Donc les intérêts sont des enjeux économiques qui se situent d'une part à trois niveaux essentiels[36] à savoir : la stabilité monétaire, la théorie de « zone monétaire optimale » et le seigneuriage. Et des enjeux politiques d'autre part qui se déclinent en deux volets principaux à savoir : la puissance monétaire et l'union politique entre autres, car *« L'internationalisation accélérée de l'économie au cours des deux dernières décennies n'a fait que renforcer l'intérêt porté à la concertation monétaire et à l'exercice en commun des compétences monétaires, sur la base d'accords internationaux »*[37].

Pour le premier niveau des enjeux économiques, c'est-à-dire la stabilité monétaire ; elle tient compte de deux volets à savoir, le volet

[36] Moustapha LÖ DIATTA, les Unions monétaires en droit international, Presse universitaire de France, p.11-27

[37] BUREAU G., « l'exercice des compétences monétaires par les États » RCADI, t. 212, 1988-V. p.231

interne et le volet externe. Le volet interne permet de mesurer le niveau général des prix et des échanges, c'est-à-dire la maîtrise de l'inflation. Étant donné que l'un des objectifs d'une union monétaire est de faciliter la libre circulation des capitaux et leur transfert dans l'espace communautaire d'une part, et d'autre part d'augmenter le volume des échanges intracommunautaires par une large ouverture des économies (McKinnon, 1963), un contrôle et une évaluation de l'indice des prix s'avèrent nécessaires. C'est d'ailleurs l'un des quatre critères de convergence de premier rang entré en vigueur en janvier 2002 au sein de l'union monétaire de l'Afrique Centrale dont le curseur du taux annuel moyen se situe à 3 %[38] ou nul (Ireland, 1993). Parmi les six pays membres de la CEMAC, seuls le Cameroun et le Gabon respectent ce critère de convergence.

Le volet externe quant à lui tient compte des devises étrangères, c'est-à-dire la convertibilité de la monnaie locale (le franc CFA) par rapport aux monnaies étrangères. Sur ce volet, les accords de coopération monétaire avec la France (arrimage du franc CFA au franc français) et aujourd'hui avec l'Union européenne via la France (arrimage du franc CFA avec l'euro) garantissent la fixité de cette convertibilité avec les monnaies étrangères. En même temps, ces accords participent également à la maîtrise de l'inflation, servent d'amortisseurs à la volatilité des prix des exportations des pays membres de la CEMAC sur le marché international. Dans un environnement financier global et bouleversé, ces deux volets de la stabilité monétaire de la zone CEMAC constituent dans une certaine mesure des soupapes de sécurité de son environnement économique.

Le second niveau est relatif à la théorie de la « zone monétaire optimale ». Qu'est-ce qu'une ZMO ? Répondre à cette question revient d'abord à définir une ZMO, pour ensuite déterminer ses caractéristiques et enfin évaluer l'optimalité de la zone franc. De manière traditionnelle, la ZMO se définit comme étant un domaine

[38] N'Kodia Claude, « Les pactes de convergences en zone franc : quels critères et quels objectifs en zone CEMAC ? », Revue française d'économie, 2/2011 (volume XXVI, p.115-148

d'application géographique optimal d'une monnaie ou de plusieurs monnaies dont les taux de change sont irrévocablement fixes. Elle définit donc le périmètre de souveraineté sur la base des textes règlementaires ou conventionnels. De ce fait, l'optimalité est définie via un certain nombre de critères. Ils sont au nombre de cinq selon les travaux de Mundel (1961), McKinnon (1963), Kenen (1969) et Johnson (1970) :

1) Une mobilité géographique des facteurs de production entre les régions, le travail et le capital (Mundel, 1961) ;

2) Une forte intégration commerciale et une forte ouverture à l'extérieur (Mc Kinnon, 1963) ;

3) La prédominance des chocs symétriques *versus* chocs asymétriques ;

4) Le degré de diversification du tissu productif (Kenen, 1969) ;

5) Une forte intégration budgétaire (sorte de fédéralisme budgétaire), impliquant l'existence des mécanismes d'ajustement face aux chocs asymétriques (Johnson, 1970).

Sur la base des critères d'optimalité ci-dessus, l'on peut se demander si la zone CEMAC est une zone monétaire optimale (ZMO) pour prétendre jouir des avantages y relatifs. Le premier critère est relatif à la flexibilité du marché du travail, à la libre circulation et au transfert des capitaux. À l'observation, le marché du travail est confronté à une règlementation rigoureuse qui reste encore la souveraineté de certains États de la CEMAC comme le Cameroun où les emplois inférieurs, c'est-à-dire jusqu'aux agents de maîtrise sont réservés exclusivement aux nationaux. De même au Gabon où les emplois sont soumis à l'obtention d'une autorisation d'emploi délivrée par le ministère de travail, ce qui constitue un parcours du combattant. Sans oublier de citer la Guinée Équatoriale qui fait une entrave totale à l'entrée des ressortissants des autres pays de la communauté. De *facto,* la libre circulation des capitaux issus des revenus salariaux est quasi inexistante, sauf à favoriser indirectement les revenus informels qui échappent à tout circuit formel de bancarisation.

Le second critère qui fait référence au volume des échanges intracommunautaires reste critiquable dans l'exécution des textes communautaires avec la suppression des taxes douanières nationales et l'instauration de la taxe commune d'intégration (TCI), afin de limiter la double taxation des produits circulant à l'intérieur de la zone. Le faible taux du commerce intérieur qui culmine à 3 %[39] vient contester par la réalité des faits, l'inobservation de cette règlementation en plus des tracasseries et autres taxes de complaisance qui jalonnent le parcours du commerce intérieur des échanges, limitant ainsi l'intensité des échanges (Kindleberger, 1986).

Le troisième critère fait allusion à la nature des chocs subis par les différents pays de la communauté qui peuvent être, soit symétriques, tel que le choc pétrolier (baisse du prix du baril dans le marché mondial) qui touche et frappe la quasi-totalité des pays de la CEMAC, car exportateurs des produits pétroliers ; soit asymétrique, tels que la baisse du prix de la banane à l'export qui toucherait le Cameroun contrairement aux autres pays membres qui n'exportent pas la banane, ou alors la baisse du prix coton qui aurait un impact sur le Cameroun et le Tchad et épargnerait les autres pays membres constituant ainsi un double choc, asymétrique et symétrique. L'on citerait également le cheptel qui a une importance économique significative davantage pour le Tchad et dans une moindre mesure le Cameroun ainsi que les autres États de la zone.

Le quatrième critère est relatif à la capacité de production des pays de la CEMAC. Au regard de leurs différentes économies, seul le

[39] Rapport CEMAC 2016

Cameroun détient un tissu économique varié et diversifié. Ce qui fait de lui la locomotive de l'Afrique centrale.

Pour le reste, leurs économies sont essentiellement pétrolières. Même s'il faut noter une certaine prise de conscience du retard constaté par ces derniers, le chemin à faire reste encore long sur le plan structurel et sur le plan comportemental, s'agissant notamment de l'adhésion des populations à un paradigme nouveau.

Le cinquième critère qui tient compte du « fédéralisme budgétaire » reste encore un levier de souveraineté tant il est usité par chacun des États pour juguler les différents chocs (asymétrique et/ou symétrique) de leurs économies ; il s'agit d'une autre illusion qui éloigne davantage la zone franc d'une ZMO au regard des critères classiques d'optimalité.

À l'opposé des critères d'une zone monétaire optimale tels qu'énoncés par ses précurseurs (Mundel, 1961), la zone franc ne peut être considérée comme une ZMO que par sa finalité (Bayoumi, 1994). Laquelle finalité est construite et entretenue sur une base essentiellement historique et politique voire hégémonique.

Néanmoins, cette base permet encore d'une manière ou d'une autre de stabiliser les taux de change extérieurs et de maîtriser d'une certaine manière l'inflation. Même si à l'observation l'on note une absence caractérisée de solidarité organique des pays membres de la CEMAC dans la défense des intérêts et la prise de responsabilité qui leur incombent. La coexistence de deux marchés financiers dans la communauté en est une parfaite illustration.

I.1 L'intégration monétaire en Afrique centrale

I.1.1 La monnaie

« La monnaie est à la base de toute évolution économique, sociale et culturelle dans un pays ».[40] Elle demeure une condition essentielle de l'activité économique. Elle a des usages et des formes variées, mais pour les économistes et les gestionnaires, elle revêt un sens précis. Ces derniers définissent la monnaie (offre de monnaie) comme tout ce qui est généralement accepté en paiement de biens ou de services ou pour le remboursement des dettes. Elle est donc un instrument économique ayant plusieurs fonctions, dont la plus importante est de servir de moyen de paiement, afin de faciliter les échanges.

Elle peut aussi représenter plusieurs formes, en numéraire encore appelée monnaie liquide, ou en monnaie papier encore appelée monnaie fiduciaire (billets, chèques, etc..) ou monnaie scripturale (virement, lettre de change, etc.), la monnaie électronique (carte bancaire). Ce sont les formes de monnaie les plus récentes et les plus usuelles.

Quelle que soit sa matière, en coquillage, en cailloux, en or ou en monnaie papier, etc., elle remplit des fonctions autour desquelles les États fondent leur confiance et la légalité qui est requise pour exister et circuler. La monnaie a longtemps été un instrument de conquête des territoires et de domination des peuples de ces territoires, avant d'être une unité de compte, de réserve de valeurs et un moyen de paiement au sens où l'entendait Aristote[41] c'est-à-dire au service de l'économie. L'origine de la monnaie est préhistorique et remonte à la division du travail au sein des premiers groupements humains.

---

[40] Nicolas AGBOHOU, 2012, « le franc CFA et l'Euro contre l'Afrique », Groupe Horizon, p.20

[41] Aristote, Éthique à Nicomaque, GF Flammarion, p.246-252, on peut voir aussi dans le livre Politique du même auteur (cité in Rumy, 2003, p.19)

D'abord comme un objet étalon à partir duquel tous les biens pouvaient être évalués afin de les rendre facilement échangeables. D'où sa première caractéristique : unité de compte ou de calcul économique. Ensuite son expression matérielle n'est apparue qu'au IIIe millénaire avant l'ère chrétienne, lorsque le besoin de se prémunir contre les aléas de l'avenir a été pressenti.

Jusque-là, la monnaie ne constituait pas un intermédiaire d'échanges en tant que moyen de paiement à caractère fiduciaire. Pour cela, il a fallu attendre CRÉSUS[42], au Vème siècle avant l'ère chrétienne pour voir les premières pièces métalliques estampillées et garanties par le sceau d'une autorité juridico-politique.

C'est donc progressivement au fil du temps que la monnaie a pu remplir les trois fonctions décrites plus haut. Il y a donc lieu de comprendre à travers le processus d'évolution de la monnaie, des usages qui relèvent des sciences sociales et humaines et évoluent avec selon les besoins des hommes à un moment donné.

Les différentes fonctions de la monnaie sont indissociables, donc interdépendantes et permettent à la monnaie de remplir un autre rôle subséquent qui est celui de l'arbitrage[43].

Le concept d'arbitrage monétaire est une opération qui implique l'achat ou la vente d'un bien, en général une valeur mobilière, sur un marché où son cours est le plus faible (ou le plus élevé) pour le revendre (ou le racheter) immédiatement sur un autre marché à un cours différent de façon à réaliser une plus-value financière.

---

[42] Dernier roi de Lydie

[43] Walras, ne considère pas la monnaie comme réserve de valeur, mais une valeur de placement en termes d'actifs financiers, un capital. C'est un bien comme un autre qui fait l'objet d'une demande et son placement peut produire un bénéfice dans le temps.

Mais cette opération d'arbitrage peut s'appliquer à tous les biens, en tant qu'activité réelle à la portée des agents économiques en quête de profits.

On distingue à cet égard deux grands types d'opérations :

- Les opérations d'arbitrage au comptant ;
- Les opérations d'arbitrage à terme.

Outre cette définition fonctionnelle de la monnaie et de son rôle usuel dans la sphère circonscrite d'abord par l'État, ensuite par la région du fait de son intégration monétaire et enfin par l'internationalisation au regard des échanges relatifs au commerce extérieur, elle a une autre caractéristique spécifique. Dans son utilisation endogène, la monnaie a la caractéristique d'être fongible, voire volatile, par rapport aux autres monnaies. Cette particularité couplée à celle de réserve de valeur impose à la société et aux utilisateurs un traitement particulier dans son emploi.

Le commerce international est assez distinctif du fait qu'il est lié à la distance et à l'éloignement. De ce fait, il y a lieu de trouver des mécanismes de conservation, de transfert et de règlement des échanges sécurisés, fiables et rapides tant pour les vendeurs que pour les acheteurs, garantissant le paiement des dettes et l'encaissement des créances. Le caractère fractal de nos sociétés conduit à la répartition des rôles et à des spécialisations favorables à des interconnexions cohérentes et efficaces pour un meilleur fonctionnement du commerce et des échanges. D'où l'existence des intermédiaires de la monnaie et de la finance constitués d'abord en agents de change, ensuite en système bancaire et financier et enfin au système des marchés financiers.

À cet effet, il en résulte des effets économiques issus de l'arbitrage conduisant en l'absence des coûts de transaction à l'égalité des biens, c'est-à-dire la cohérence entre les prix relatifs des marchandises et produits issus des différents marchés. La monnaie trouve là dans son prolongement, un caractère dynamique et innovant dont l'intérêt est de s'adapter à son temps et à son environnement, lui conférant ainsi la capacité de répondre à des besoins contraignants de la société nouvelle. Sous cet angle qu'est-ce que la monnaie ? « La monnaie, c'est une créance à vue sur le système bancaire. »[44] Le système bancaire au fil du temps se positionne comme le garant des transactions ayant un lien avec des flux financiers. De ce point de vue la monnaie devient une marchandise, un produit cessible comme un autre dans les marchés qui lui sont spécifique, que sont le marché bancaire et le marché financier ou bourse.

Les possibilités offertes par la monnaie sont indispensables à l'existence et au développement d'une zone économique régionale. Le troc ayant disparu, naturellement et par nécessité pour répondre à la problématique des échanges modernes afin de s'arrimer au monde postmoderne de l'économie, la monnaie a fait son apparition sous différentes formes. Elle facilite les échanges entre les opérateurs économiques proches ou lointains. Tout en sachant que la convertibilité des monnaies n'est pas sans risque, d'où la maîtrise des taux de change entre les différentes monnaies qui pourraient exister dans un marché communautaire. Mais l'Afrique Centrale dispose d'une monnaie unique (franc CFA) ce qui est un atout majeur dans les échanges à l'intérieur de la communauté.

I.1.2 Le franc CFA en Afrique Centrale

La monnaie est un symbole du pouvoir politique. Elle est une source de revenus de l'État à travers le concept de « seigneuriage » qui consiste à reverser à l'État la différence de monnaie lorsque le coût de transaction de la monnaie est moindre que sa valeur nominale. De cette relation monnaie-État est née la normalisation, afin de garantir la confiance et d'en déterminer le poids et la mesure. La normalisation

---

[44]Joseph Tchuindjang Pouemi, 2e Ed.2000, « Monnaie, Servitude et Liberté, la répression monétaire de l'Afrique », Ed. Menaibuc, p. 34

va attribuer le droit à l'État de battre monnaie pour devenir un pouvoir régalien. Et son influence dans la sphère financière va se développer et prendre de l'ampleur lentement et progressivement au fil du temps en tant qu'agent économique, mais aussi en tant que régulateur à travers son pouvoir législatif et judiciaire. À travers les lois, les règlements, les directives et les conventions. L'État autorise les échanges commerciaux à l'intérieur de son territoire et à l'extérieur de celui-ci.

État régulateur

C'est cette relation monnaie État qui facilite la mise en place par l'État de sa politique économique qui s'appuie sur le « triangle » [45] : croissance, stabilité des prix, équilibre extérieur. La création de monnaie est d'un poids certain dans le développement d'une économie : en créant de la monnaie pour la prêter à l'État, aux particuliers et aux entreprises, la banque centrale et/ou l'État suscitent le développement économique par la consommation et l'investissement. Trois raisons concourent à un contrôle étatique de l'émission de la monnaie. Il s'agit de :

L'intervention régulatrice de l'État afin de réduire, voire éviter les risques de fraude et de falsification ;

L'effet de réseau, car la production de la monnaie est une activité à rendement d'échelle croissant. En tant que bien, la monnaie constitue pour les usagers dans leur plus grand nombre, la possibilité d'en amasser avec des risques de monopolisation. Ce qui contraint l'État à intervenir pour unifier monétairement son territoire.

---

[45] Joseph Tchuindjang Pouemi, 2e Ed.2000, « Monnaie, Servitude et Liberté, la répression monétaire de
L'Afrique », Ed. Menaibuc

La matière imposable, car l'État dans sa recherche des ressources trouve là une opportunité qui lui servira de base imposable à travers le concept de « seigneuriage »[46].

Le dynamisme d'une économie a besoin d'un système financier capable de transférer les fonds des épargnants vers des agents qui offrent des opportunités d'investissement productif, dans un espace plus large. L'adhésion à une union monétaire n'est pas fortuite. Les États qui décident d'en faire partie, c'est parce qu'ils en ont le pouvoir et y trouvent un intérêt, d'abord national et collectif ensuite, à travers deux (2) approches : la puissance monétaire et/ou l'unification politique des États membres dans la perspective du renforcement ou de création d'une intégration économique. Sur cette base, l'union économique et l'unité des pays de l'Afrique Centrale passent d'abord par l'intégration monétaire qui se trouve en être la condition première.

État agent économique

Outre le fait que l'État dans son rôle régalien a la responsabilité et l'autorité de battre monnaie pour marquer son territoire et exercer son autorité à travers la banque centrale ou le transfert de cette compétence à un tiers, l'État est un agent économique. Afin de remplir sa mission de service public, il a besoin des fonds en termes de recettes[47]. À cet effet, il met en place des mécanismes pour collecter des fonds à travers l'impôt d'une part, et à travers la mise en exploitation et en commercialisation de son potentiel de biens et de produits transformables en liquidités. D'autre part, l'État à travers les barrières tarifaires (tarifs douaniers) et non tarifaires (règlementation

[46] Privilège par lequel l'émetteur de la monnaie peut capter une partie de la richesse de manière invisible. Il constituait un privilège féodal que les grands vassaux ont cherché à préserver de l'autorité royale à travers le Moyen-âge.

[47] Parmi les différentes sources de revenus de l'État, il y a les impôts. L'impôt constitue ainsi un prélèvement fait auprès des agents économiques potentiels sur le territoire par les administrations spécialisées de l'État, c'est-à-dire, les entreprises et les ménages, au titre de leur contribution à la réalisation des missions de service public à la charge de l'État.

administrative) collecte des taxes diverses pour ses intérêts et ceux de sa population.

Dans ses relations avec d'autres pays, soit avec ceux de sa communauté économique régionale ou avec d'autres et les organismes internationaux, l'État signe des conventions de partenariats économiques multiformes, de libre-échange et contracte des emprunts pour financer les investissements d'intérêt public.

En interne, l'État signe des contrats adjudicataires ou de prestations dans le cadre de ses consommations courantes comme tout autre agent économique dans le cadre du fonctionnement normal de ses activités et de la satisfaction des besoins de ses populations. Mais aussi, l'État a un statut d'employeur du fait de la présence dans les différentes administrations qui constituent ses différents démembrements pour son fonctionnement, emploie des agents et autres cadres administratifs afin d'assurer pour son compte le service public et pour d'autres d'exercer son autorité. Il procède de ce fait à la distribution des revenus en termes de salaires à ces derniers et subventionne d'autres besoins d'utilité publique.

C'est donc à double titre que l'État a un intérêt majeur voire une contrainte d'entretenir avec la monnaie une relation étroite, de maîtrise et de confiance au risque d'un dérapage aux « effets boomerang ». Mais avec la stagnation du développement des pays industrialisés (PD) suite à des crises successives, à des délocalisations et des relocalisations, l'émergence de nouvelles économies bouleverse le traditionnel ordre économique mondial. Et pour remédier à ce phénomène de basculement, de changement de paradigme hégémonique et surtout de la division des risques afin d'exister et de se redéployer, on assiste dans le monde entier à des regroupements de formes diverses dans tous les domaines. Face à ce phénomène irréversible, l'intégration monétaire et financière apparaît comme une solution efficace dans un espace plus large, comme celui de la CEMAC.

Notre attention reste focalisée sur ce dernier aspect, déterminant pour justifier son apport à la consolidation des unions monétaires, par la stabilité monétaire et la théorie des zones monétaires optimales. C'est de là qu'intervient la politique monétaire nationale et/ou régionale dans le cadre d'une intégration monétaire à monnaie unique, comme c'est le cas de la région Afrique Centrale institutionnelle (CEMAC) par la banque centrale. À travers elle la stabilité monétaire régionale représente un enjeu majeur dans la valorisation des prix des actifs.

I.1.3 La stabilité monétaire en Afrique centrale

La volatilité et la politique monétaire en Afrique centrale

En finance, la volatilité désigne la variation du cours d'un actif financier. Elle est nécessaire dans l'appréciation du niveau de cette variation, permettant de mesurer le risque de rendement des actifs financiers. En période de variation, c'est-à-dire à la hausse (bulle) ou à la baisse (krach) des marchés d'actions, la réaction des banques centrales dans la valorisation des prix d'actifs s'impose comme amortisseur dans la stabilité du système financier, fonction principale des banques centrales. Ce qui justifie la corrélation qui existe entre les banques centrales et les marchés financiers

La politique monétaire quant à elle est perçue comme un outil plus utile à la croissance durable et à la stabilité des prix, car plus flexible que la politique budgétaire et fiscale.

La politique budgétaire en tant qu'instrument de stabilisation de l'économie peut dans un double effet être gangrénée par des déficits cumulés des États d'une part (cas des pays membres de la CEMAC), peut remettre en cause le niveau de stabilisation des prix souhaités (maîtrise de l'inflation) ; et d'autre part, par l'absence marquée d'une politique budgétaire et fiscale commune des États partenaires (principe de souveraineté des États encore valable) dans une zone économique et monétaire commune à monnaie unique.

Or dans le cas de cette réflexion relative à la restructuration de l'architecture des marchés financiers de la CEMAC, il existe une monnaie unique (franc CFA) et une banque centrale (BEAC) commune aux six États membres, permettant la maîtrise de la volatilité de la monnaie qui influencerait les prix des actifs. Cette monnaie domestique est garantie pour sa convertibilité en dehors de la zone CFA par l'euro, assurant ainsi au marché financier local par rapport à la volatilité des prix, des actifs avec effet d'attractivité et de confiance auprès des potentiels investisseurs tant nationaux qu'expatriés, privés ou institutionnels (zinzins), tels la banque, les assurances, et les fonds de pension, etc.

Si le cours boursier constitue la cause et la conséquence de la politique monétaire, ceci témoigne de la relation étroite qui existe entre la variation des prix d'actifs (bulle ou krach) et la politique monétaire ; il s'agit certainement de l'un des critères du choix de la banque centrale (BEAC) comme banque de règlement du marché financier unique (centralisé) de la CEMAC. Décision prise lors du sommet des Chefs d'État à N'Djamena au Tchad, tenu le 30 octobre 2017 dans le cadre du rapprochement des deux marchés financiers de l'Afrique centrale (marché financier fragmenté) en un marché financier unique (marché financier centralisé). De manière empirique les cours boursiers ont influencé sporadiquement la politique monétaire dans plusieurs cas :

« Le déclin des fonds fédéraux américains de 100 pdb entre septembre 1987 et décembre de la même année puis de nouveau de 50 pdb à la mi-février de l'année suivante à la chute de 20,4 % du Dow Jones le 17 octobre 1987 ;

La hausse du taux d'escompte de 175 pdb au Japon entre décembre 1988 et décembre 1989 pour enrayer la bulle sur l'indice Nikkei et les prix immobiliers ;

Plus récemment, on peut rajouter l'intervention orale (et l'argumentaire) d'A. Greenspan le 5 décembre 2000 suivie de la baisse de 50 pdb du taux des fonds fédéraux le 3 janvier. »[48]

Le risque de change en Afrique Centrale

Le risque de change se caractérise par l'incertitude du taux de change d'une monnaie par rapport à une autre monnaie à temps court ou à temps mixte. Cette incertitude si elle n'est pas maîtrisée peut impacter la compétitivité des produits et des biens, mais aussi affecter les prix de ceux-ci dès lors qu'il y aurait un décalage des délais de paiement. Donc le risque de la perte de compétitivité d'une part, par rapport à l'extérieur et le risque de transaction à l'intérieur d'autre part restent contenus par la monnaie unique et par la parité fixe avec l'euro.

Néanmoins, outre la maîtrise du taux de change, d'autres mécanismes existent pour sécuriser la fluctuation de ce taux, comme les assurances. Et la COFACE qui excelle dans ce domaine à travers ses représentations dans le monde avec son système d'affacturage peut être citée en référence, comme une soupape de sécurité.

La monnaie unique est le prolongement de l'intégration économique[49]. Les objectifs principaux d'une union monétaire concernent la stabilité monétaire favorable au développement des échanges commerciaux entre les États et avec les États membres, grâce à la suppression ou à la diminution du risque de change et des coûts de transaction ainsi que des barrières douanières. La stabilité monétaire reste un enjeu majeur dans le renforcement des échanges intracommunautaires et participe ou favorise le renforcement de l'intégration économique. En Afrique Centrale, la stabilité monétaire est assurée et garantie par la BEAC,

---

[48] Ludovic Aubert, « La politique monétaire : éléments de théorie et pratiques des banques centrales », recherche effectuée dans le cadre d'une convention conclue entre l'Institut de Recherches Economiques et Sociales (IRES) et la C.F.E.-CGC, p.33

[49]EMERSON, M. et autres Marchés uniques Monnaie unique, Paris, Economica, Commission des Communautés européennes, 1990

mais aussi par son arrimage à l'euro sur le plan international pour sa convertibilité par rapport à d'autres monnaies.

Cet ancrage à l'euro longtemps apprécié comme base de croissance et du développement des économies de la CEMAC est décrié aujourd'hui comme étant une relation continue et maintenue par le colonisateur de façon paternaliste ; elle est considérée comme un facteur bloquant pour l'éclosion économique et le développement des investissements. Néanmoins, cet état de fait exonère les pays de la CEMAC de la fluctuation du taux de change en interne pour booster les échanges intra-CEMAC, comme en externe pour garantir les exportations de ceux-ci dans le commerce international. Ce d'autant plus que tous autant qu'ils sont, leurs économies sont essentiellement tournées vers l'exportation des matières premières dont les recettes contribuent largement à leurs budgets respectifs.

Les coûts de transaction en Afrique Centrale

La libre circulation des capitaux et leur recyclage dans les différents circuits financiers (banques, marchés financiers) de l'économie sont des enjeux majeurs de la réelle intégration financière. Considéré théoriquement comme le facteur de production le plus mobile, son mouvement entraîne des coûts divers et variés.

Il peut s'agir du taux d'intérêt lorsqu'il est relatif à l'emprunt, du coût de transfert lorsqu'il est relatif à une transaction commerciale et du coût de transaction lorsqu'il est relatif au marché financier. Dans ces cas comme dans d'autres, l'argent a un impact direct sur l'économie en général et sur l'économie de marché boursier en particulier.

Comme toute activité économique implique des coûts en amont comme aval, les opérations de bourse entraînent également des coûts, connus sous l'appellation *coût de transaction*. Un coût de transaction est un coût lié à une transaction économique réalisée dans un marché (Roland Coasse, 1937)[50].

On en distingue alors trois types de coûts (Carl J. Dahlman, 1979)[51].

1) Les coûts liés à la recherche d'information (temps passé à découvrir les bons, les prix, etc.) ;
2) Les coûts qui sont propres au contrat faisant référence aux coûts explicites (commissions et taxes) et aux implicites (l'écart de valeur entre le prix de la meilleure offre et le coût de la meilleure demande, coûts de négociation, de conclusion, etc.) ;
3) Les coûts liés à l'incertitude (coûts liés à des transactions difficiles à spécifier, recherche et développement [R&D], conseil, etc.).

Les coûts de transaction ont été théorisés par Olivier Williamson (1975) [52] à partir de deux considérations avec des caractéristiques propres à chacune : (Tableau n° 11)

1) Le comportement des agents ;
2) L'environnement de la transaction.

---

[50] L'idée d'un coût du système de prix a été évoquée pour la première fois par l'économiste Roland Coase dans son article « The nature of the Firm » Economica, 1937

[51] Carl Dahlman, « The problem of externality », The journal of law and economics, vol.22, Avril 17979

[52] Olivier Williamson « Markets and Hierarchies : Analysis and Antitrust Implications », 1975

Tableau n° 11 Caractéristiques spécifiques du comportement des agents

Comportement des agents	Environnement de la transaction
Rationalité, rationalité limitée	Complexe, incertain, conflictuel
Opportuniste	Importance de la transaction
Réservé	Risqué

Source : Paul BABAGNACK

I.2 Les enjeux financiers de l'union monétaire en Afrique Centrale

I.2.1 La puissance des institutions

La puissance des institutions financières est fondamentale dans la perception des enjeux financiers et tient compte de la dominance du modèle du système financier. Il peut être un modèle financier à dominance bancaire ou un modèle financier à dominance marché financier ou encore un modèle hybride.

C'est à travers ces différents modèles de système financier servant de canaux de distribution ou de circulation de la monnaie en termes de flux financiers que les États implémentent leur politique monétaire par le biais de l'institution monétaire supérieure qu'est la banque centrale.

Dans le cadre de l'union monétaire de l'Afrique centrale, c'est la banque centrale (BEAC) qui en a la responsabilité. En tout état de cause, l'autorité monétaire a un triple objectif :

1) Stabilité des taux d'intérêt

Elle est relative à la politique des taux d'intérêt sur les instruments directs et dans la sélection des choix de crédit. Elle permet la stabilité monétaire interne avec pour conséquence la faiblesse de l'inflation, donc sa maîtrise par rapport aux critères de convergence situés à 3 %. Le financement de l'économie se fait par plusieurs canaux par lesquels la monnaie transite pour affecter les prix et la production, tels que les taux d'intérêt, les crédits, le cours des actions, etc.

2) Stabilité des taux de change

Celle-ci tient compte de la convertibilité de la monnaie locale (le franc CFA) par rapport aux autres monnaies étrangères. Sur la base du choix de taux de change fixe, comme c'est le cas du franc CFA par rapport à l'euro (1 €=655 957), elle représente un double avantage. D'abord pour un contrôle des capitaux étrangers (devises) avec pour effet d'évitement de la dépendance externe aux IDE et ensuite une sécurisation de la monnaie locale (le franc CFA) dans l'espace CEMAC avec pour effet l'endogénéisation du financement de l'économie locale.

3) Stabilité des taux des prix

Elle est relative à la maîtrise de l'inflation dans l'ensemble des pays de la région Afrique Centrale. Une trop grande flexibilité dans la variation des prix peut perturber les accords commerciaux relatifs au commerce international selon les accords de l'OMC. Dans cette optique l'on peut faire une distinction entre deux approches. La première approche postule qu'en cas d'absence d'accord commercial, un pays peut être amené à manipuler les termes de l'échange (c'est-à-dire les prix de ses exportations par rapport à ceux de ses importations) dans le but d'accroître son revenu national au détriment de ses partenaires commerciaux. La deuxième approche indique porte sur les difficultés politiques et économiques que rencontrent les gouvernements dans l'élaboration de leurs politiques commerciales. Les accords commerciaux permettent aux États d'éviter les conflits commerciaux relatifs aux termes de l'échange et/ou de résister aux pressions du secteur privé. La stabilité des taux des prix est nécessaire pour réduire les restrictions commerciales au moyen d'accords contraignants.

I.2.2 L'idéologie financière institutionnelle

Le courant de pensée relatif à la finance dans son organisation tutélaire (banque centrale) est de réguler et de nouer les complémentarités entre les institutions financières et les canaux de transmission des flux financiers dans le financement de l'économie. Ces complémentarités se font entre l'institution monétaire supérieure (Banque centrale), les banques commerciales et les marchés financiers.

Afin d'éviter une trop grande circulation de la masse monétaire dans l'économie, sa fonction de régulation lui permet à travers des mécanismes d'orientation et de veille de contrôler le financement de l'économie nationale et régionale. Elle bat la monnaie dans son rôle régalien, la prête aux États en fonction de leurs besoins selon une clé (avance aux États) de répartition et refinance les banques commerciales à travers le marché monétaire.

Le caractère supranational de ses compétences lui donne le statut d'une banque de règlement du marché financier régional selon la nouvelle configuration organisationnelle du marché financier centralisé de la CEMAC au détriment de l'ex-marché financier fragmenté (BVMAC et DSX). Quel que soit le mode de financement de l'économie, il pose la problématique de l'accès au capital financier. L'ensemble des pays de la CEMAC ont une économie hétérogène.

I.2.3 L'accès au capital financier

La problématique de l'accès au capital financier est davantage d'actualité plus qu'hier dans la mesure où les mécanismes d'accès à ce capital financier ont évolué en se complexifiant et le coût pour y accéder en fonction du mode de financement choisi peut être un facteur décourageant (bloquant). Sans ignorer d'autres conditionnalités d'ordres administratif et règlementaire que doivent remplir les entreprises. Du coup, ce coût d'accès au capital financier peut constituer une barrière à l'entrée pour certains acteurs économiques (PMI et PME) et une opportunité pour d'autres (la grande entreprise) dans une moindre mesure. L'indice d'accès au capital est révélateur du degré d'accessibilité au capital financier et varie selon les pays en fonction du mode de financement dominant. Dans le cadre des pays de la CEMAC, les graphiques ci-après donnent un aperçu de cet indice.

Graphique n° 3 : Classement des pays selon l'indice d'accès au capital 2010

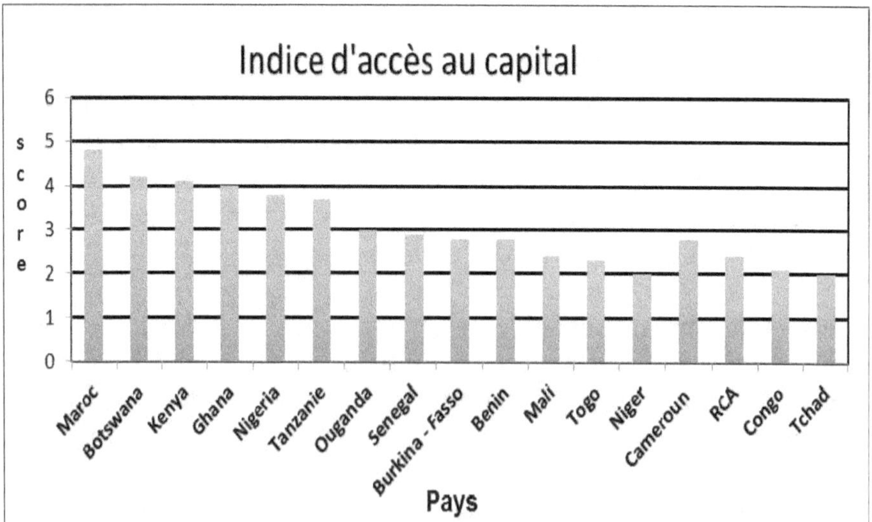

Source : Elaboré suite aux données de l'Institut Milken dans le rapport 2010

L'indice d'accès au capital, *Capital Acces Index* 2010 (Bart et al, 2004) que publie l'Institut Mlken[53] est composé de sept indicateurs : l'environnement macro-économique (EM), l'environnement institutionnel (EI), les institutions financières et bancaires (IF), le développement du marché des actions (MA), le développement du marché obligataire (MO), les sources alternatives de financement (AF), et les financements internationaux (FI). Cet indice mesure le niveau d'accès au capital des entrepreneurs dans le pays. Les sous-composantes EM et EI représentent 25 % chacune, les autres représentent 10 % chacune. On peut ainsi les regrouper comme suit :

- Environnement des affaires (EM, EI) : 50 %
- Option de financement (FI, EM, MO, AF, FI) : 50 %

Il ressort que dix pays de la zone CFA réalisent des performances inférieures à celles du Maroc et du groupe des six (6), c'est-à-dire : (Botswana, Kenya, Ghana, Nigeria, Tanzanie, Ouganda), en ce qui concerne l'accès au capital des entrepreneurs.

[53] C'est un institut de recherche indépendant qui produit des rapports sur différents domaines d'activité, tels que la santé l'énergie, le marché des capitaux et les innovations financières

Graphique n° 4 : Classement des pays selon les sous-indicateurs d'accès au capital 2010

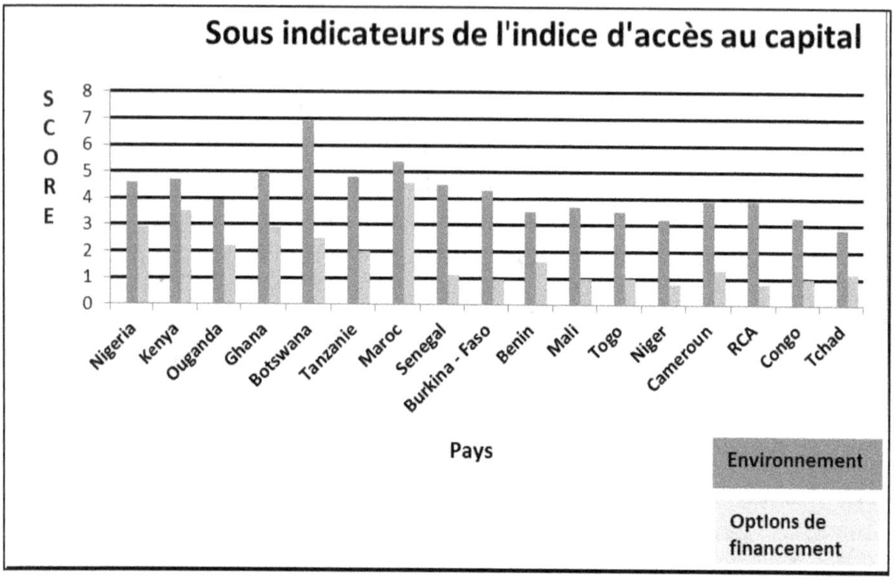

Source : Elaboré à partir des données de l'Institut Milken dans le rapport 2010

Ce graphique des sous-indicateurs est complémentaire à celui de l'indice d'accès au capital. Il permet de coupler l'environnement des affaires indispensable à la croissance économique avec l'option de financement dominant. Il prend en compte un ensemble de pays hors CFA sous l'influence des marchés financiers et ceux des pays CFA des deux zones monétaires à savoir l'Afrique de l'Ouest et l'Afrique Centrale toutes deux institutionnelles et non géographiques.

À la lecture de ce graphique, l'on constate que les quelques pays de la CEMAC qui y figurent ont une certaine financiarisation de leurs économies tout en étant à la traîne par rapport à ceux de l'Afrique de l'Ouest ainsi que les autres pays de référence retenus. Et comme les marchés financiers de la CEMAC sont des créations récentes avec les États comme investisseurs de référence, les moyens de financement moderne de leurs économies dépendent d'une part de la forte concentration de l'intermédiation bancaire et d'autre part des emprunts obligataires des États.

L'indice de facilité à faire des affaires (Doing Business) publié par la Banque Mondiale fait un classement de 183 pays selon les règlementations qui renforcent ou entravent l'activité commerciale. Le rapport présente des indicateurs quantitatifs sur la règlementation des affaires et sur la protection des droits de la propriété. Il porte sur onze **(11)** thèmes : *la création d'entreprises, l'obtention des permis de construire, le transfert de propriété, l'accès au crédit, la protection des investisseurs, le paiement des taxes et impôts, le commerce transfrontalier, l'exécution des contrats, la fermeture d'entreprise, l'accès à l'électricité et l'embauche des travailleurs.* Un score élevé signifie moins de facilité.

Graphique n° 5 : Classement des pays selon l'indice de facilitation des affaires 2011

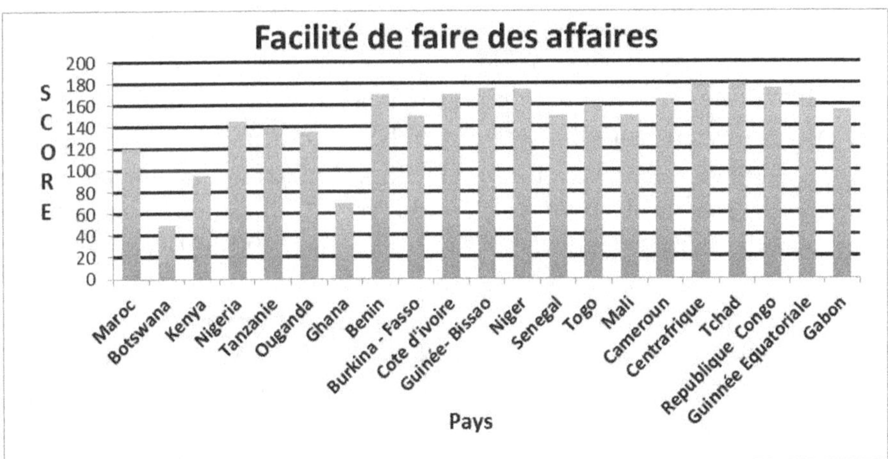

Source : Elaboré suite aux données de Doing Business 2011

Les pays de la zone CFA réalisent des performances inférieures aux sept autres pays. Le Maroc est au 114e rang, les six pays entre le 52e rang et le 137e rang, les pays de l'UMOA sont entre le 151e rang et le 176e rang, et les six pays de la CEMAC sont entre le 156e rang et le dernier rang du classement.

Au regard de l'accroissement des besoins de financement, tous les secteurs de l'économie sont concernés, même le secteur public a recours au marché financier pour financer ses projets de politique publique de développement. Ils ont besoin des financements à temps long pour assurer leur équilibre financier. Mais le recours au marché financier est plus pressant pour le secteur privé.

Les entreprises pour financer leurs investissements ont besoin du capital financier quels que soient le type d'investissement et sa durée. Pour ce faire, elles ont recours aux modes de financement dont les plus modernes reposent sur le système bancaire et le système de marché financier. Dans l'un ou l'autre cas, l'accès au marché du capital financier est toujours assujetti à des conditionnalités peu ou très contraignantes que doivent remplir les potentiels postulants à ce précieux produit incontournable pour le financement des entreprises et de l'économie. L'offre du capital financier n'est donc pas à la portée de tous et devient dans ce cas un marché sélectif, ailleurs comme dans les pays de la CEMAC et son industrie financière est en transition après avoir connu de longues périodes monolithiques (1960-2000) et une période de perturbation et d'affrontement (2000-2016).

Si la région est perçue comme une construction socio-spatiale, l'espace étant à la fois matériel et idéel (Lussault M, 2002), le capital fixe (infrastructures, facteurs de production) attire le capital mobile ou libre (capital financier) pour une meilleure réallocation dans les espaces à fort rythme d'accumulation de richesses et dans les secteurs à forte croissance économique (Santos M, 1975, p .70). Le capital mobile d'où qu'il vienne suit la productivité, et de ce fait il se trouve au cœur des préoccupations de sa captation ou de sa distribution à travers des circuits modernes, fluides et sécurisés, mais surtout rapides et à moindre coût quel que soit le système de financement. La région Afrique Centrale est constituée de deux modèles de systèmes financiers, l'un sur le modèle bancaire et l'autre sur le modèle du marché financier.

I.2.3.1 Modèle financier à dominance bancaire

C'est le système qui a longtemps prévalu dans l'espace CEMAC, depuis l'avènement des indépendances de la majorité des pays membres. Malgré l'apport des IDE dans le financement de l'économie de cette CER, ce système reste toujours dominant à ce jour. Dans un tel système, l'on note une présence dominante des banques dans le tissu économique, avec la particularité caractéristique du long terme dans la relation banque-entreprise. Il a longtemps été considéré comme un facteur de stabilité économique en faveur de la croissance des entreprises en leur offrant des alternatives au financement bancaire. Mais les différentes crises financières successives (2008) ainsi que la dévaluation du franc CFA et bien d'autres ont permis la nécessité d'explorer d'autres systèmes comme celui du marché financier.

Cette relation procure des avantages relatifs à la réduction des coûts liés à l'obtention de l'information (Beck, 2010) ainsi que la réduction du risque de liquidités par la concentration de l'épargne. La banque joue un rôle moteur dans le processus du financement de l'économie dans le monde comme en Afrique Centrale, car elle participe à la collecte des dépôts des fonds des ménages et des entreprises et à l'affectation de ces fonds dans le circuit économique par l'octroi des crédits à la clientèle ainsi qu'au placement de ceux-ci.

Malgré la mutation des années 1980, impactée par l'émergence des établissements de microfinance, le degré de pénétration du système bancaire en Afrique Centrale à travers son taux de bancarisation demeure important. Et la densité de ses agences dans les grandes métropoles et la concentration des activités économiques en disent long. Dans la majorité des cas, ces banques représentent des filiales des grands groupes bancaires à travers le monde, trouvent un capital de confiance et de crédibilité auprès des opérateurs économiques dans les CER ou elles s'installent pour dominer les autres acteurs de l'activité bancaire ou connexe, d'où son caractère universel dans sa capacité à couvrir les risques tant de liquidités, que du crédit ou de taux.

I.2.3.2 Modèle financier à dominance marché financier

C'est un modèle financier qui a une présence plus significative dans les pays occidentaux contrairement aux pays en voie de développement. Même dans ces pays développés, une différence nette est faite entre les pays européens et les États-Unis d'Amérique. En Europe où l'économie reste encore très bancarisée, on remarque que la baisse du crédit a montré les limites du système bancaire dans le financement de l'économie au point où la Commission Européenne a lancé en 2014 « une nouvelle initiative destinée à mettre en place une union des marchés de capitaux qui vise à développer les marchés européens et à les intégrer »[54]. L'économie américaine est a contrario orientée vers les marchés financiers, d'où la bonne santé de celle-ci comparativement à l'économie européenne. Cela signifie pour l'Europe un changement de paradigme financier pour une incitation à un retour de la croissance par un financement de l'économie par le marché financier, compris comme un vecteur essentiel de la politique monétaire européenne.

Le marché financier présente des avantages aussi importants pour être considéré comme la panacée de sortie de crise financière, mais est un enjeu majeur des économies africaines et principalement celle de l'Afrique Centrale. Il est très utile aussi bien dans le partage des risques que dans la diffusion de l'information et l'amélioration de la gouvernance (Lévine & Zervos, 1998). Il est également d'un apport significatif dans le paysage financier du fait qu'il participe au

[54] Revue d'économie financière « La recomposition des systèmes financiers », n° 123, p.125

développement du système financier surtout dans les pays en voie de développement (CEMAC) qui ne devraient pas rester en marge de l'évolution du monde de la finance. L'économie de cette région est en panne de financement du fait des crédits bancaires et du coût des fonds des bailleurs étrangers.

L'existence d'un marché financier en Afrique Centrale est donc d'abord un problème d'équilibre entre les instruments de crédit dans son paysage économique, mais une opportunité relative en vue de l'endogénéisation des financements domestiques de son économique afin de sortir ou de s'éloigner de la dépendance exogène de son financement ; en tenant compte des caractéristiques propres des économies des pays de la CEMAC (taille faible, marché étroit, pouvoir d'achat faible, autofinancement faible, etc..), et de la théorie de la ZMO pour reconstruire un marché financier centralisé.

Le tissu économique de l'Afrique Centrale est composé en majeure partie des informels, de PME et PMI, souffrant d'un déficit important de fonds propres. Ils ont du mal à recourir au marché du capital financier. Avec le marché financier du Cameroun (DSX) qui avait déjà intégré un compartiment de son marché financier réservé aux PME et PMI, sa jonction avec le marché financier de l' Afrique centrale (BVMAC) augure des lendemains meilleurs pour cette catégorie d'acteurs économiques en panne de financement.

L'incompréhensible situation de surliquidité des institutions financières de la CEMAC et un besoin de financement réel et important de son économie posent le problème de l'accès à la liquidité et sa disponibilité. Cette difficulté se justifie par la disparité qui existe entre les États dans l'utilisation de cette liquidité, traduisant les difficultés inhérentes à la libre circulation des capitaux dans l'espace CEMAC. Cette utilisation de la liquidité variant d'un pays à l'autre de la région, seuls le Cameroun et le Gabon font bonne figure dans l'utilisation de celle-ci, alors que le Congo et la Guinée Équatoriale présentent des taux d'utilisation très bas, preuve de la faible capacité des pays de la CEMAC à absorber cette liquidité disponible.

Pour faire face à cette problématique de financement des économies de la CEMAC, la levée d'un certain nombre de contraintes s'impose tant au niveau des États qu'au niveau des acteurs bénéficiaires de crédit, en passant par les organismes de financement ainsi que l'organe monétaire centrale (BEAC) chargé de l'implémentation de la politique monétaire régionale à travers les différents canaux de circulation des capitaux ; sont concernés :

1) Les États

Améliorer le climat des affaires ;
Favoriser le partenariat public/privé (PPP) ;
Solliciter le marché financier pour financer les entreprises publiques et parapubliques ;

2) Les organismes de financement

Faciliter l'accès au crédit à moyen et long termes ;
Proposer des produits innovants et diversifiés ;
Assouplir les conditionnalités ;
Émergence du marché financier centralisé dans la CEMAC ;
L'urgence et l'exigence d'intégrer l'accès au crédit des PME et PMI.

3) La Banque des États de l'Afrique Centrale (BEAC)

Veiller au respect de l'équilibre monétaire et à la stabilité financière ;
Renforcer la qualité de l'information comptable et financière ;
Instruire la création des centrales de bilans dans les pays membres ;
Instruire une publication périodique et régulière de ces informations financières ;
Encourager la notation des banques afin de les rendre plus transparentes et crédibles.

4) Les organismes de contrôle et de veille (COBAC, COSUMAF)

Garantir la protection de l'épargne publique ;
Faire respecter le respect des normes prudentielles et autres ;

I.3 L'intégration financière en Afrique Centrale

I.3.1 La libéralisation financière

Les politiques africaines de développement des investissements doivent reposer sur un secteur financier solide, stable et dynamique, ce qui traduit la présence en Afrique de plusieurs banques et à travers elles, la libéralisation financière comme facteur favorable à la promotion des investissements, du commerce et des flux financiers. La libéralisation financière est caractérisée par la libéralisation des taux et la libéralisation du secteur financier. La suppression du contrôle des taux d'intérêt est un fait marquant, car n'étant plus déterminée administrativement (Fisher et Smaoui, 1997). Les changements intervenus dans le système financier international du fait de la globalisation des échanges sont matérialisés par le système des « 3D » (Henri Bourguinat, 1980).

Désintermédiation
Elle permet de passer d'une économie d'endettement au profit d'une économie de marché financier par le financement des agents économiques directement sur le marché financier en émettant des obligations, des actions et bien d'autres produits financiers.

Décloisonnement
Il consiste en l'ouverture des marchés nationaux, c'est-à-dire à la suppression des barrières des différents marchés nationaux de capitaux à d'autres marchés à long terme (bourse) et des marchés à court terme (marché monétaire).

Dérèglementation
Elle permet de limiter le contrôle du système financier par les États en permettant la canalisation des ressources financières vers des secteurs productifs à forte valeur ajoutée. Mais elle vise essentiellement des coûts de transactions, l'ouverture des marchés nationaux et le développement d'une économie financière parallèle internationale et non règlementée.

Au fond, la libéralisation financière se matérialise par l'ouverture à la concurrence et la mise en place d'un système de régulation du système financier au détriment du dirigisme des pouvoirs publics et des États.

Dématérialisation
Dans les années 1980, la libéralisation financière conduit incontestablement vers l'intégration financière nécessaire à la croissance et au développement. Le processus d'intégration financière consiste à un renforcement des rapports étroits entre les systèmes financiers nationaux en vue d'un espace financier plus élargi dans un espace économique et financier offrant des avantages et des opportunités de financements et de placements. Il en va du système bancaire comme des marchés financiers. La libéralisation financière faisant le lit de l'intégration financière lui offre des avantages considérables en complément à une épargne locale insuffisante ou mal orientée, à un accroissement de la concurrence dans l'acquisition des capitaux (frais bancaires *versus* coût de transaction).

I.3.2 Les atouts de l'intégration financière

Le mouvement des capitaux

Le capital est un facteur de production incontournable dans le financement des investissements, donc de l'économie. Mais ce facteur ne peut jouer ce rôle que s'il circule librement dans un espace territorial national, communautaire ou international. Dans une entité économique comme la CEMAC, le mouvement des capitaux s'accompagne en théorie de la libre circulation des biens et des personnes pour une meilleure intégration économique et financière. Donc une intégration économique n'est réussie que si elle facilite le libre transfert des capitaux, en supprimant ou en allégeant les modalités de transfert surtout dans un espace économique commun à monnaie unique. Aussi cette libre circulation des capitaux doit s'accompagner d'une harmonisation des politiques économiques régionales.

Avec l'augmentation de la taille du marché et du volume des transactions issues de la croissance variable des biens et des services, de la mobilité des personnes et de leur savoir-faire, il en résulte naturellement un mouvement excédentaire des capitaux en termes de chiffres d'affaires et de salaires.

Comme les hommes et les biens dans un espace de taille amplifié, les capitaux sont également en mouvement (Ingram, 1969 & Johnson), d'où la nécessité de l'existence d'un système bancaire permettant de canaliser et d'orienter cette masse monétaire dans des projets rentables et à forte valeur ajoutée. Ainsi, ceux-ci faciliteront un recyclage et une alimentation de l'économie en fonds d'investissement. Mais avec quel système bancaire ?

Le renforcement du système bancaire

Un système bancaire renforcé a évidemment un impact non négligeable sur le fonctionnement et la performance des marchés financiers. Le niveau de développement économique d'un pays ou d'une région et plus particulièrement ses taux d'épargne et ses taux d'investissements constituent le ressort de l'activité bancaire. Et les marchés financiers se développent grâce à la croissance économique (Robinson, 1952, p.86). Le dividende démographique influence le niveau des dépôts qui à son tour conditionne le niveau d'activité de la banque. Il existe de ce fait une relation étroite entre la banque et son environnement. Elle mérite d'être renforcée par la capacité d'innovation de la banque relative à ses produits et à l'écoute de la clientèle. C'est pourquoi les banques doivent se départir de leur posture d'assurance et de garantie pour radicalement changer de paradigme et s'adapter à leur environnement globalisé et en profonde mutation. *« Les banques ont développé une culture de garantie. C'est mauvais. Elles doivent s'adapter à l'environnement. Le mot d'ordre doit être la proximité »*[55]. Cet environnement peut être composé de quatre indicateurs représentant les variables de cet environnement bancaire à savoir (Figure n° 5) :

1) *L'environnement économique* : il s'agit du dynamisme économique, taux réel ou nominal, la croissance du PIB, qualité du potentiel du tissu productif ;

2) *L'environnement démographique* : le nombre élevé de la population urbaine ayant le potentiel d'affecter le taux de bancarisation, le niveau de revenu supérieur à celui de la périphérie ainsi que son niveau d'ouverture et de culture ;

3) *L'environnement bancaire* : la garantie de l'État, le réseau bancaire, son organisation, le climat de confiance et de sécurité ;
4) *La structure du marché* : le ratio de concentration, la taille du marché. L'essentiel des activités économiques se développe en fonction de la démographie.

[55] Mohamed Bennani, PDG de Bank of Africa, Jeune Afrique, 55è année, n° 2828, du 22 au 28 mars 2015, p.23 Africa CEO Forum Genève 2015.

Figure n° 5 : Système bancaire renforcé

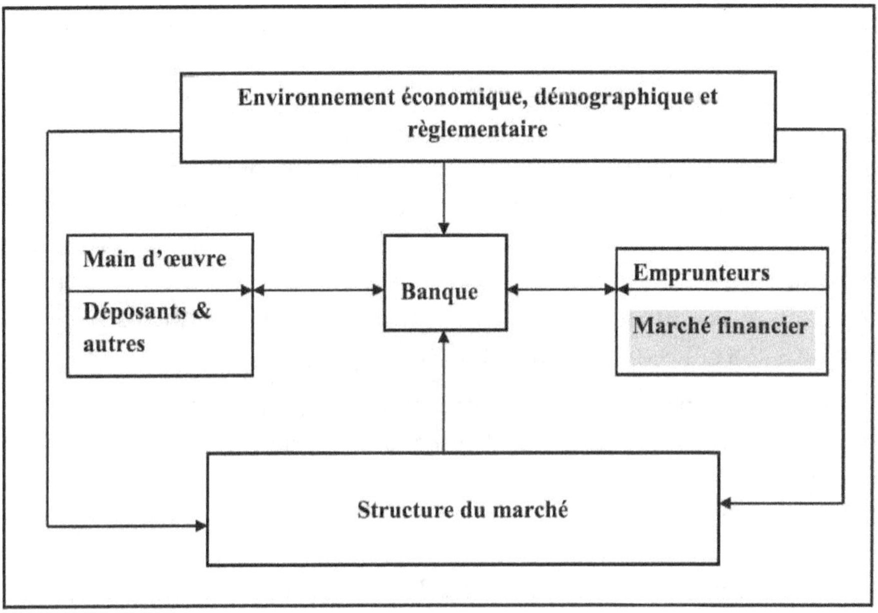

Source : d'après Capet, Causse et Meunier (1986, p : 47), complété par l'auteur Paul BABAGNACK

La manipulation des fonds et des capitaux, conséquence logique de l'accroissement des affaires impose l'existence d'un système financier solide et renforcé, transparent et sécurisé, capable de soutenir et d'accompagner les investisseurs. Le transport et la gestion de la liquidité posent le problème de l'insécurité financière. Aujourd'hui, les mécanismes de transport ou de transfert de fonds modernes, innovants et rapides se mettent en place pour répondre efficacement à cette insécurité et à une fluidité certaine dans le règlement des créances diverses et multiples au regard de la distance et de l'éloignement des acteurs.

La gestion de cette masse financière en mouvement dans l'espace communautaire s'impose afin de l'identifier, de la sécuriser et de l'orienter dans un système financier moderne et confiant. Le système de thésaurisation est à proscrire et celui de la bancarisation à développer. Pour cela, une sensibilisation et une vulgarisation des circuits de collecte est un impératif majeur afin que les investisseurs surtout privés s'approprient les mécanismes bancaires et augmentent le taux de bancarisation qui reste un handicap dans l'espace CEMAC. Sur ces différents aspects et bien d'autres à développer, l'environnement bancaire en zone CEMAC a connu de profondes mutations, avec l'apparition de grands groupes bancaires à caractère régional ou continental au détriment des banques françaises et des banques étatiques qui avaient pignon sur rue.

Pour cela, les progrès technologiques réalisés dans le domaine de la transmission instantanée de l'information facilitent amplement la circulation des capitaux. Et le rôle des banques s'en trouve renforcé. Par elles, les zinzins[56], les spéculateurs ou les épargnants peuvent placer, vendre ou acheter à travers les différentes places financières afin de réduire les distances entre les intervenants et rapprocher les investisseurs des capitaux. Il se trouve que ce vaste mouvement de capitaux n'est possible que si les mécanismes de contrôle des opérations bancaires s'exécutent conformément au droit bancaire, au droit cambiaire, dans le respect des normes prudentielles et de solvabilité (Bâle I, 1988 & Bâle II, 2004) que les banques elles-mêmes ont mises en place. Ces mécanismes de contrôle permettent de sécuriser les épargnants (déposants) et d'assurer la fiabilité du système bancaire (Diamond et Dybvig, 2002). Leur crédibilité se trouve consolidée par leur capacité à mettre à la disposition des investisseurs à la recherche des ressources disponibles et nécessaires, la liquidité dont ils ont besoin pour leurs investissements et pour la qualité des services proposés aux usagers (Diamond et Dybvig, 2002).

[56] Les zinzins constituent l'ensemble des investisseurs institutionnels qui interviennent dans la marché boursier, ex. les banques, les compagnies d'assurance, les fonds de pension, etc.

La bancarisation : un enjeu stratégique

Processus consistant pour les banques et autres institutions financières à ouvrir un compte bancaire à l'ensemble de la population (ménages, entreprises), la bancarisation a pour objectif de permettre aux banques de se procurer les ressources financières indispensables au développement du secteur bancaire (collecte et crédit), et à celui des autorités publiques et monétaires qui est de contrôler la création de la monnaie et de différents flux monétaires.

Il est remarquable de constater sur ce point stratégique, un développement rapide des banques panafricaines, en particulier des banques d'origine africaine, nationale ou régionale. Ce processus en amont implique de mesurer en aval l'importance de cette population ayant un compte bancaire, c'est ce que l'on appelle le taux de bancarisation. Exprimé en pourcentage, le taux de bancarisation est un indicateur permettant d'apprécier le niveau de pénétration des services bancaires dans un pays ou une région, c'est-à-dire son appropriation et son utilisation des services bancaires. Ce taux est fonction de différents critères, dont les plus distinctifs sont :

Le niveau de développement économique (activité formelle) ;
La densité démographique du réseau bancaire (urbanisé et péri urbanisé) ;
La thésaurisation qui peut être un réflexe culturel, et de discrétion ;
La règlementation bancaire (niveau de garantie accordé par l'État) ;
Les taux d'intérêt ;
L'absence de confiance des tiers aux banques ;
L'ignorance et/ou l'analphabétisme ;
Le coût élevé des services bancaires ;
Etc.

Dans un contexte de morosité économique relatif à l'instabilité des prix à l'export, et principalement du pétrole (la plupart des pays membres de la CEMAC sont producteurs de pétrole qui représentent en moyenne 60 % de leur budget) les pays de l'Afrique Centrale doivent renforcer et sécuriser la source de financement bancaire, dans le sens de l'amélioration de l'autofinancement de son économie. L'Afrique Centrale doit assurer sa stabilité macro-économique, entreprendre des réformes institutionnelles et remettre à niveau ses infrastructures.

Le niveau de bancarisation : un critère d'analyse

Le niveau de bancarisation[57] est une information brute qui renseigne sur le nombre d'individus possédant une identification bancaire. Mais, quel que soit l'usage qu'ils en font, la valeur ajoutée de la connaissance et de la prise en compte de ce taux de bancarisation comme critère d'analyse est qu'elle constitue la porte d'entrée de tout service bancaire et financier « moderne ». Afin de mieux apprécier ce taux de bancarisation, une distinction doit être apportée quant à la compréhension et à la définition du réseau bancaire variable en PD (PI).

Or la part du crédit octroyé (Hugon, 2006) dépend du taux de bancarisation qui est fonction du niveau de développement économique. Plus un pays est développé, plus son niveau de bancarisation est élevé et vice-versa. À titre d'exemple, au regard de leur niveau de développement, la France, l'Allemagne, et les États-Unis ont des taux de bancarisation de plus de 90 %[58]. Ceci peut se justifier du fait que l'environnement du système bancaire dans les pays industrialisés (PI) répond mieux aux besoins de financement de l'économie par rapport au PED ou des pans entiers du tissu économique sont exclus du système bancaire et financier « moderne », de leur propre fait ; car moins sécurisés du fait de leur caractère

[57] « Comparaison des niveaux de bancarisation dans le monde : situation de l'UEMOA et de la CEMAC. Agossou Jacques Gansinhoundé, Cotonou, juillet 2008. Dans ce document, le terme "niveau de bancarisation" est utilisé pour désigner globalement la situation de la bancarisation sans préciser l'indicateur de mesure, p. 5

[58] « Comparaison des niveaux de bancarisation dans le monde : situation de l'UEMOA et de la CEMAC.
Agossou Jacques Gansinhoundé, Cotonou, juillet 2008, p.1

« informel », mais aussi du fait de la prise en compte des indicateurs d'identification et de développement plus sélectifs[59].

Dans l'optique d'un accroissement du taux de bancarisation dans l'espace CEMAC, les campagnes de sensibilisation et de promotion des services bancaires doivent être menées auprès de la population cible. Une gestion discrète et sécurisée de leurs avoirs est surtout une opportunité pour celle-ci afin de bénéficier des différents services bancaires en termes de placement à temps court, à temps mixte et à temps long.

Dans cette opération de séduction gagnant-gagnant, les banques canalisent les revenus des ménages et des entreprises, en leur donnant une identification bancaire nécessaire à des conditions d'épargne et de placement pour une meilleure inclusion financière stratégique pour le secteur bancaire, les marchés financiers, voire le système économico-financier tout entier. Les taux de bancarisation sont variables dans l'espace communautaire.

Leur évaluation et leur évolution tiennent compte de trois indicateurs à savoir : le niveau de culture bancaire et financière de chaque pays de la CEMAC ou taux d'utilisation des systèmes de paiement scripturaux, la densité du réseau bancaire ou disponibilité des agences et bureaux de banque par rapport à la taille de la population et le niveau de développement économique de chaque pays de la communauté.

Le taux moyen de bancarisation en zone CEMAC en 2011 était de 7 % rapporte ECOFIN selon une étude réalisée par la Banque des États de l'Afrique Centrale, avec une perspective de le porter à 20 % en 2020, soit une augmentation de 13 % en 9 ans pour une évolution de 1,44 % par an. Au regard des indicateurs macro-économiques

---

[59] World Developement Indicator (WDI) La part du secteur bancaire dans le crédit domestique à l'économie est un indicateur produit par la Banque Mondiale. « Comparaison des niveaux de bancarisation dans le monde : situation de l'UEMOA et de la CEMAC. Agossou Jacques Gansinhoundé, Cotonou, juillet 2008, p.4

régionaux, des trois autres indicateurs précités et des différentes crises économiques ayant frappé la CEMAC (financière, des matières premières, sociales), cet objectif est difficilement atteignable. Cette faiblesse de l'inclusion financière en Afrique Centrale s'explique par plusieurs obstacles synthétisés en quatre grands facteurs :

1) La concentration des réseaux bancaires en zones urbaines et périurbaines conjuguée à l'absence de culture bancaire ;

2) Le réflexe de thésaurisation et les rapports financiers sans intermédiaires suscitent un climat de méfiance du système bancaire ;

3) Le coût élevé des services bancaires par rapport au niveau des revenus moyens couplé à la faiblesse des taux d'intérêt ;

4) L'instabilité politique met les investisseurs dans un environnement d'incertitude qu'ils soient étrangers ou nationaux.

Ces déterminants bloquants posent le problème de l'accès aux services financiers connexes tels que l'accès au marché financier. Ce dernier est un maillon essentiel à l'intégration financière dans une économie moderne, car il contribue au développement du système financier de l'Afrique Centrale et présente des avantages indéniables.

I.3.3 L'avantage des marchés financiers

On peut alors dresser d'ores et déjà quelques points forts dont peut se prévaloir le marché financier de la zone CEMAC[60].

[60]« Comment développer le marché financier en Afrique centrale ? Septembre 2009, p.10

- ✓ La mobilisation des ressources financières ;
- ✓ Une meilleure allocation des ressources ;
- ✓ La baisse des coûts de transaction ;
- ✓ La création d'émissions obligataires d'États ;
- ✓ La bourse électronique et le système automatisé de règlement/livraison ;
- ✓ Le développement et l'éclosion de nouveaux métiers ;
- ✓ La promotion du marché financier et éducation des épargnants

La démonstration est faite que le marché financier, notamment son compartiment du marché primaire est le lieu idéal où les entreprises ou les États peuvent lever les fonds pour financer leurs investissements. À la faveur de la disponibilité financière dans cet espace économique communautaire, il convient de rester confiant dans la capacité du marché financier régional à servir d'outil moderne de mobilisation de l'épargne au profit de la croissance économique. C'est ainsi que le marché sera en mesure de répondre aux objectifs qui lui étaient assignés au moment de sa création à savoir :

Le relèvement du taux d'épargne financière et l'accroissement de l'offre de capitaux à long terme ;
La diversification et le renforcement des moyens de financement des entreprises ;
La réduction des coûts d'intermédiation.

Une meilleure allocation des ressources

Le marché financier est un lieu de placement de ces capitaux. L'intégration économique peut s'appuyer sur une intégration financière pour réduire le besoin d'ajustement du taux de change (Ingram, J.1962). La canalisation de ces flux financiers dans les axes de placement et de financement de l'économie via le marché financier constitue un vecteur des moyens de financement de l'économie. Les marchés financiers par le biais de l'intégration économique de la CEMAC sont bénéfiques pour les différents opérateurs économiques, car ils donnent aux entreprises et aux États l'opportunité d'emprunter des capitaux pour des financements à long terme des projets viables et rentables à des taux d'intérêt concessionnels.

La baisse du coût des capitaux

Un des facteurs les plus déterminants du développement d'un marché financier réside dans sa capacité à drainer des ressources longues au profit des entreprises à un coût compétitif comparé à celui du financement bancaire et à assurer une rémunération plus élevée de l'épargne par rapport aux autres circuits de placement. En examinant les premières opérations d'emprunts obligataires d'une maturité de cinq ans, les taux d'intérêt proposés par les émetteurs se situent dans une fourchette de 5,25 % à 7 %.

Les émissions obligataires par les États

Avec l'avènement du marché de la dette publique, les États membres de la CEMAC ont fait le choix d'abandonner le mode de financement monétaire, c'est-à-dire le recours aux avances en compte courant auprès de l'institut d'émission (BEAC). À la planche à billets, se substituera un mode de financement plus moderne qui est l'émission de titres publics à souscription libre. Par ce moyen, les États pourront se financer en mobilisant l'épargne intérieure en contrepartie de titres publics placés auprès des banques agissant en qualité de « Spécialistes en Valeurs du Trésor (SVT) ».

La bourse électronique et les systèmes automatisés de règlement/livraison

Enfin, parmi les points forts, il y a l'acquisition par les marchés financiers de la CEMAC de plateformes automatisées de cotation et de Règlement/livraison des titres **(NSC V900 et SEMS).** Ces infrastructures techniques constituent un gage réel de sécurité des transactions sur tout le circuit de traitement des opérations boursières.

Le développement et l'éclosion de nouveaux métiers

Un renforcement des qualifications des professionnels de la bourse est nécessaire à la réussite de cette stratégie de développement du marché financier régional. Il importe de mettre en place un programme de formation dédié à certains métiers tels que le négociateur, le contrôleur interne, la gestion de portefeuille et le démarchage dont l'accréditation dépendra de l'autorité de régulation. Cette formation unique par spécialité induira une harmonisation des compétences de l'ensemble des intervenants commerciaux.

Or les différents programmes de formation initiés par la BVMAC restent à ce jour coûteux, irréguliers tout en restant méconnus du grand public. Seules quelques visites d'étudiants organisées conjointement par quelques établissements privés de la place de Libreville par intermittence en font écho, une situation qui est loin de susciter des vocations. À la fin de chaque cycle de formation, un examen devra être passé et l'accréditation ne sera délivrée qu'après l'obtention du diplôme. Il faut par ailleurs encourager la présence d'opérateurs étrangers sur la bourse régionale afin que leur apport en termes d'expertise, de transfert de technologies et de professionnalisme soit bénéfique aux structures et aux acteurs du marché régional. Ces sociétés pourront développer de nouveaux produits, stimuler l'innovation, structurer des émissions de grande taille et attirer des capitaux étrangers.

Enfin, une certaine catégorie de professionnels manque sur ce marché financier. En plus de l'absence des teneurs de marchés s'ajoute le faible développement des professions d'analyse de l'information financière. Aucune agence de notation de renom n'est véritablement active dans la zone CEMAC. L'émergence de ces structures favoriserait la levée de contraintes telles que l'obligation de présenter des garanties financières ainsi que la formation d'une structure des taux adaptée à la qualité des signatures.

La promotion du marché financier et l'éducation des épargnants

L'éducation des épargnants et la promotion de la Bourse constituent un axe incontournable pour développer le marché financier. C'est un travail de longue haleine qui occupera en permanence tous les acteurs du marché financier. Il s'agira chaque année de mener à l'échelle de la région et donc de tous les pays, des compagnes de sensibilisation et de vulgarisation de la bourse des valeurs mobilières à travers :

L'organisation d'une campagne promotionnelle à l'échelle régionale

Le développement d'un marché financier passe obligatoirement par la compréhension par les investisseurs et les émetteurs de l'ensemble de ses mécanismes et avantages. Cette campagne aura pour mission d'améliorer et de développer les connaissances des épargnants en matière financière et devra organiser les actions et manifestations suivantes :

Institutionnalisation de la semaine du marché financier de la CEMAC.

Au cours de cette semaine, dans chaque capitale, convier tous les acteurs du marché financier afin de développer une forte action de sensibilisation. Le but est de rendre le marché financier visible grâce au message ciblé du régulateur, de l'entreprise de marché et des sociétés de bourse.

Journées portes ouvertes

Pour permettre au public de visiter les locaux de la Bourse et de comprendre son fonctionnement, une compagne publicitaire nationale utilisant les médias populaires (TV, radio, journaux à grand tirage) pour parler de la bourse devrait voir le jour, relayée par une présence sur le terrain de formateurs dans toutes les capitales des pays de la CEMAC.

Édition des outils pédagogiques

Ils auraient pour objectifs d'expliquer les mécanismes boursiers mis à la disposition du public et diffusés gratuitement, notamment à travers les sites des Bourses et des autorités de régulations. Les thèmes abordés pourront comprendre la règlementation du marché financier, les notions de rentabilité, de risque, de diversification, de gestion de portefeuille, de catégories de valeurs mobilières, de fiscalité.

Un travail de coopération avec les milieux scolaire et universitaire
Il s'agira d'initier les élèves et étudiants aux concepts de la bourse à travers notamment les jeux de stimulation ou la gestion d'un portefeuille virtuel.

Le développement de Clubs d'Investissement
Développer les clubs d'investissement auprès des étudiants ou toute autre association de personnes (famille, amis, collègues de travail). Au sein de ces organisations, les membres les moins bien informés auront l'opportunité d'améliorer leur culture boursière au contact d'autres partenaires mieux initiés. Ces clubs permettent également de réunir des membres incapables d'investir individuellement en raison de l'insuffisance de leurs ressources financières et imaginer des scénarii possibles de mutualisation.

Les liquidités importantes issues des marchés financiers impulsent la diversification de l'économie et réduisent à l'occasion les risques pour les investissements intensifs, à partir de l'analyse du rôle de l'intégration financière (McKinnon R. 2004) sous forme d'actifs détenus par l'ensemble des pays en vue du partage régional et international des risques. D'où l'intérêt de trouver un modèle de convergence permettant de fusionner les deux marchés financiers qui composent l'espace CEMAC afin de renforcer leur volume de captation de l'épargne régionale et de procéder à leur réaffectation régionale optimale. Sous cet angle, quelle est la valeur déterminante de l'union monétaire de l'Afrique Centrale ?

SECTION II : VALEUR DÉTERMINANTE DE L'UNION MONÉTAIRE DE L'AFRIQUE CENTRALE

« Conscients des avantages que les Etats membres tirent de leur appartenance à la même Communauté monétaire, et désireux de la renforcer ;……………Convaincus qu'il est de l'intérêt propre de leurs pays et de leur intérêt commun d'intégrer leur coopération monétaire au sein d'une Union monétaire articulée autour d'un Institut d'Émission commun…………Soucieux de la nécessité de consolider la communauté de monnaie et les interdépendances qu'elle entraîne par la mise en cohérence de leurs politiques économiques et un développement harmonisé de leurs économies nationales ; »[61].

Cet extrait du préambule de la convention régissant l'Union Monétaire de l'Afrique Centrale (UMAC) indique à suffisance la manifestation d'une volonté de sauvegarder les acquis de la communauté mais également la détermination à les développer afin d'en tirer le mieux possible les effets positifs et indéniables d'une union monétaire. Mais cette volonté et cette détermination doivent se matérialiser dans les faits concrets allant dans le sens de ses objectifs principaux. L'Union Monétaire de l'Afrique Centrale est une union monétaire qui fait partie d'une zone monétaire, appelée la zone franc, composée de deux (2) unions avec deux (2) monnaies.

L'union monétaire de l'Afrique de l'Ouest avec sa monnaie unique le FCFA et l'union monétaire de l'Afrique centrale ayant les mêmes caractéristiques principales, une monnaie unique, le FCFA. Les deux (2) unions monétaires de la zone franc ayant une convertibilité à parité fixe, hier avec le FF aujourd'hui avec l'Euro c'est-à-dire, *1CFA=655.957 €.* Quelles peuvent être les enjeux d'une appartenance à une union monétaire ?

Au regard de l'intérêt qu'elles suscitent avec le soutien des bailleurs de fonds des institutions spécialisées de l'ONU que sont le FMI et la

[61] CEMAC, Convention régissant l'Union Monétaire de l'Afrique Centrale, préambule, p. 1

BM et bien d'autres comme la BAD et les marchés financiers, les unions qui se forment en Afrique, qu'elles soient politiques, économiques et/ou monétaires correspondent au PAL[62] des années 80, au lendemain des crises économiques et de la hausse de l'endettement des pays de l'Afrique subsaharienne. Une solution endogène s'imposait pour sortir de cette impasse et réduire une dépendance à l'extérieur pour son développement et sa croissance. La monnaie unique est le prolongement de l'intégration économique[63]. Les objectifs principaux d'une union monétaire concernent la stabilité monétaire favorable au développement des échanges commerciaux entre les États et avec les États membres grâce à la suppression ou à la diminution du risque de change et des coûts de transaction ainsi que des barrières douanières. La stabilité monétaire reste un enjeu majeur dans le renforcement des échanges intracommunautaires et participe ou favorise le renforcement de l'intégration économique.

L'intégration monétaire

L'intégration est une notion très ancienne et très variable selon les contextes. Elle correspond à un processus qui peut être factuel, conceptuel et/ou structurel et entendue comme un processus de combinaison d'éléments qui au départ peuvent être incompatibles, mais après analyse s'avèrent complémentaires. En même temps, c'est un concept complexe et dynamique dans le temps.

Le concept d'intégration fait allusion à une coopération économique entre au moins deux pays. Dans le cas de notre réflexion, il s'agit d'une coopération entre six pays qui utilisent le franc CFA comme monnaie unique. Cette coopération est d'une part institutionnelle, dans la mise en place des institutions et des arrangements formels de

[62] Le Plan d'Action de Lagos prévoyait pour la période de 1980 à 2000, des regroupements économiques régionaux afin de sortir de la dépendance par rapport à l'extérieur pour ensuite évoluer vers la création d'un vaste ensemble de regroupements économiques pour l'Afriquc.

[63] EMERSON, M. et autres Marchés uniques Monnaie unique, Paris, Economica, Commission des Communautés européennes, 1990

coopération ou effective si les institutions établies fonctionnent correctement dans les faits.

L'Union Monétaire de l'Afrique Centrale est une organisation intergouvernementale issue d'un consensus interétatique. C'est un traité qui correspond à un acte écrit, né de la volonté de six États souverains, et engendrant ainsi des effets juridiques obligatoires en vers lesdits États. La (BEAC) en constitue la pierre angulaire. Elle est en charge de la politique monétaire des États membres et se caractérise par l'adoption d'une unité monétaire légale, le franc CFA[64]. L'UMAC est l'organisme par lequel transitent les décisions de politique monétaire de la BEAC pour affecter l'activité économique et l'inflation des pays membres de la CEMAC.

Elle a la particularité d'opter pour l'adhésion d'un nouvel État à l'acte constitutif de l'UMAC, à travers l'admission au sein de la CEMAC avec l'accord unanime des États membres, et la possibilité pour tout État membre de soumettre à la conférence des Chefs d'État des projets de révision ou amendement de la convention régissant l'UMAC. L'adoption de cette règle de l'unanimité, de préférence à celle de la majorité justifie la nature spécifique de l'union et les objectifs de l'intégration qui s'en dégagent. Cet objectif d'intégration impose la solidarité et la communion de tous les États membres dans leurs intérêts individuels et collectifs indissociables.

II.1 Organisation de l'union monétaire régionale en Afrique Centrale

II.1.1 Les objectifs l'union monétaire régionale en Afrique centrale

Les organisations et/ou les institutions, lorsqu'elles sont créées ont une raison d'être et se fixent des objectifs. Et ces objectifs sont en

[64] Franc de la coopération financière d'Afrique, CEMAC, Convention régissant l'Union Monétaire de l'Afrique Centrale, titre 1, chapitre 1, article 6, p.2

relation avec les finalités de ces organisations. C'est le cas de l'union monétaire de l'Afrique centrale.

« L'Union Monétaire, a entre autres, pour objectifs d'adopter une règlementation bancaire et de la microfinance harmonisée, de renforcer la règlementation commune existante en matière bancaire, monétaire et financière et d'en assurer le contrôle. Cette règlementation et ce contrôle concernent notamment :

Les règles d'exercice de la profession bancaire et des activités s'y rattachant ainsi que le contrôle de l'application desdites règles ;
La répression de la falsification des signes monétaires et de l'usage des signes falsifiés ;
Les règles concernant la collecte et l'affectation de l'épargne financière ;
Le régime de change et les systèmes de paiement ;
Les règles relatives aux activités des institutions de microfinance ;
Les règles relatives à la lutte contre le blanchiment des capitaux et le financement du terrorisme ;
Les règles relatives aux mécanismes de garantie des dépôts bancaires... ».[65]

De manière générique, une union monétaire permet le renforcement et la diversification du système financier pour remédier à l'insuffisance des ressources de financement longues et adaptées aux grands projets. Spécifiquement, pour les États membres de l'Afrique Centrale, l'existence de l'UMAC est une opportunité à capitaliser[66] afin de réduire l'endettement public, créer des sources de financement alternatives permettant la levée des fonds à longue durée. Elle a aussi

[65] CEMAC, Convention régissant l'Union Monétaire de l'Afrique, titre 3, article 29, p.7

[66] Capitaliser en finance signifie renoncer à percevoir un revenu, afin qu'il devienne alors un capital productif et génère à son tour des revenus pour les périodes suivantes (futures). Ici, il signifie une occasion pertinente à saisir pour un enjeu majeur dans l'assainissement des finances publiques d'une part, et celles des finances privées d'autre part, avec des périodes élastiques.

pour objectif la réduction des risques et des coûts de transaction issus des places financières internationales.

De ce fait, elle fonde sa puissance sur la crédibilité et la transparence de sa banque centrale (BEAC), avec un impact tant sur le système bancaire que sur le système de marché financier dans l'implémentation de sa politique monétaire. Et de façon empirique, au regard du processus évolutif de l'UE relative à son intégration monétaire, cette crédibilité et cette transparence sont mises en exergue par M. Duisenberg qui affirme le 19 novembre 1999 que « la communication de la BCE vise à être aussi crédible et transparente que possible pour rendre ses décisions de politique monétaire prévisibles par les marchés financiers ».[67]

II.1.1.1 La crédibilité de la banque centrale

La crédibilité d'une banque centrale dépend essentiellement de l'ensemble des institutions spécialisées qui la composent et des agents dont elle fait partie intégrante ainsi que de la nature des règles qui organisent leurs relations, étant donné que cette crédibilité constitue une évaluation collective de son mode d'action. Que doit-on entendre par crédibilité ? Compte tenu de l'importance majeure qu'elle représente sur le plan sociologique parce qu'elle transforme les habitudes et les croyances, régule les comportements des individus et sur le plan financier parce qu'elle influence l'activité économique dans son rôle de transmission des flux financiers (Blind, 2000, p.1430) quatre raisons qui fonde son importance : « (…) la crédibilité rend la désinflation moins coûteuse, aide à maintenir l'inflation à un niveau faible, rend plus aisée la défense d'une partie quand c'est nécessaire, et augmente le soutien du public en faveur de l'indépendance de la banque centrale ». En d'autres termes, la crédibilité rassure sur les vertus de stabilité de l'action de la banque centrale.

[67] Jérôme Creel & Jacquy Fayolle « la banque centrale et l'union monétaire européennes : les tribulations de la crédibilité » p.6

Les premières utilisations « économique » de la notion de crédibilité trouvent leur origine dans les travaux de Kydland et Prescott (1977) et Calvo (1978). Dans ces modèles canoniques, la confrontation entre le « biais inflationniste » qui désigne l'écart entre le niveau d'activité jugé optimal par les autorités et le niveau « naturel » correspondant à l'équilibre des marchés, et le degré d'aversion de ces mêmes autorités pour l'inflation décide de l'équilibre rationnellement anticipé par les agents, aux chocs aléatoires qui suscitent des déviations et des corrections transitoires. Alors que Barro et Gordon (1983a et 1938 b) privilégient plutôt la notion de règle qu'ils opposent aux décisions discrétionnaires.

Mais Agliettta (2000) propose une définition élargie de la crédibilité qui prend en compte ces difficultés : « la crédibilité est l'aptitude de la banque centrale à faire reconnaître sa détermination de préserver le régime monétaire sur lequel elle a engagé sa stratégie, en dépit des déviations qu'elle consent pour aborder les chocs dans les meilleures conditions possibles »

C'est la revendication d'une complémentarité entre la règle et les décisions discrétionnaires pour une meilleure transparence.

II.1.1.2 La transparence de la banque centrale

La transparence est une notion très voisine à celle de la crédibilité. Dans un article conjoint, Faust et Svensson (2000, p.5) font le lien entre les deux notions, en définissant la transparence de la manière suivante : « Elle est liée à la facilité avec laquelle le public peut déduire les objectifs et les intentions des banques centrales d'éléments observables ». C'est-à-dire que l'extraction de l'information est plus facile lorsque la transparence est plus forte. Cependant pour Geraats (2001, p.7), il estime que « la transparence économique correspond à la publication de prévisions d'inflation et de croissance du PIB par la banque centrale ». Cette officialisation des prévisions par la banque centrale est la matérialisation de ses décisions de politique monétaire, mais des informations complémentaires permettant de se prémunir des chocs exogènes.

Donc dans un contexte normal ou encore idéal, la banque centrale est claire, franche et efficace pour éviter toute confusion dans l'appropriation des informations disponibles en interne ou en externe par rapport à la région (CEMAC). Il est donc clair que la communication et le respect des règles ou des normes permettent le renforcement de la crédibilité de la banque centrale.

II.1.2 L'organisation de l'union monétaire de l'Afrique Centrale

Les objectifs de l'union monétaire de l'Afrique Centrale sont légitimes et constituent le *leitmotiv* qui guide ses actions. À cet effet, elle structure son organisation en se dotant des organes capables de réguler, de contrôler, de faire des propositions afin de garantir l'atteinte de ces objectifs et de pérenniser l'union monétaire en se modernisant, en s'adaptant et en tenant compte des contraintes liées à son environnement proche et lointain.

Pour cela elle doit correspondre à deux approches qui ne sont pas antagonistes mais complémentaires, donc en corrélation pour son efficacité. Car l'intérêt de l'organisation tant dans sa conception que dans sa gestion, tient à un arbitrage voire à une harmonisation contraignante entre d'une part les finalités choisies, et de l'autre les moyens disponibles ou à réunir pour y parvenir.

II.1.2.1 Une approche structurelle

L'organisation est un organigramme constituant le corpus architectural définissant le mouvement des flux ou *flow chart* lui permettant d'atteindre ses objectifs définis préalablement. Il peut s'agir des procédures, de la gestion des bases de données et/ou des systèmes de contrôle endogènes pour une meilleure coordination de ses actions en interne ou exogènes parce qu'en relation avec des tiers. L'organisation permet d'avoir le *feed-back* sur la perception de son rôle dans l'atteinte de ses objectifs et de son impact dans le champ de ses opérations (effectivité). C'est sur cette structure organisationnelle sous une forme pyramidale que l'Union Monétaire va asseoir sa stratégie. (Figure n° 6)

Figure n° 6 : Organisation hiérarchique et pyramidale de l'UMAC

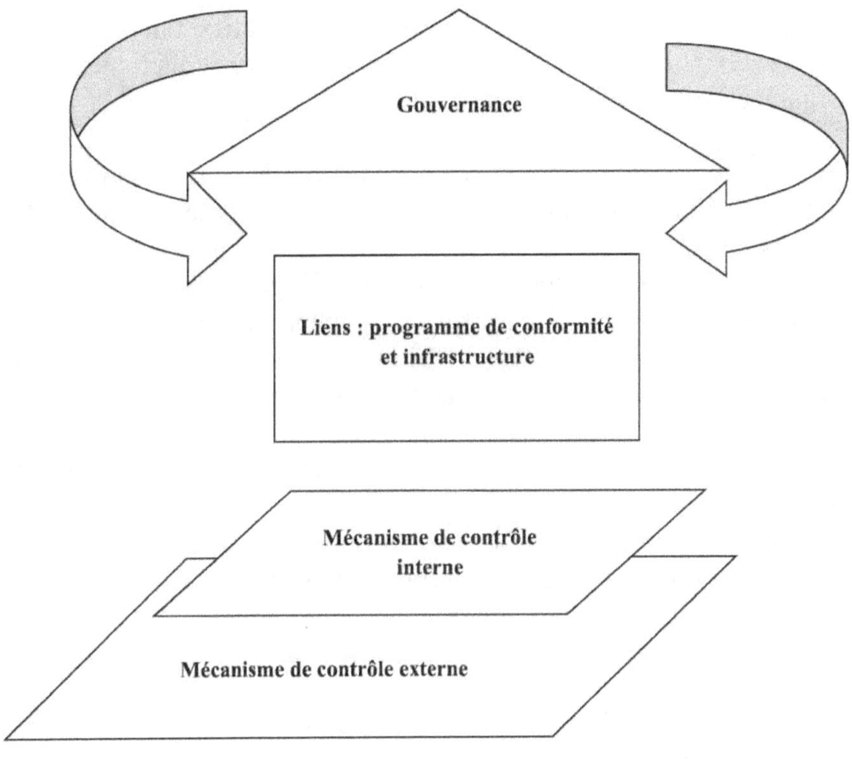

Source : Compilation de l'auteur Paul BABAGNACK

II.1.2.2 Une approche managériale

La valeur d'une organisation dépend outre de sa structure organisationnelle, mais également de son aspect managérial. L'organisation se définissant comme « un ensemble de responsabilités, pouvoirs et relations entre les personnes, lequel permet d'établir une politique et des objectifs et d'atteindre ces objectifs »[68]. Il s'agit d'une part d'optimiser ses processus transversaux par rapport à l'organisation, et d'autre part de mobiliser la ressource humaine adéquate, afin de partager la vision d'ensemble pour susciter l'adhésion de tous. L'union monétaire est de ce fait une organisation fractale avec une définition des objectifs, une répartition des rôles clairement établis et une hiérarchisation cohérente. C'est « l'organisation-processus »[69].

La perspective d'appréciation de la qualité d'une organisation tient compte de plusieurs indicateurs. Il en va des méthodes et des processus en passant par le choix des individus en tant qu'animateurs du système. Il se pose alors un problème de gouvernance, propre à toutes les organisations. À cet effet, en s'inspirant des six (6) parties de base à l'organisation de (Henry Mintzberg, 1982), la configuration organisationnelle de l'union monétaire correspond à ceci :

1) le sommet stratégique, représenté par la conférence des Chefs d'État ;
2) la ligne hiérarchique, représentée par le Comité Ministériel ;
3) le centre opérationnel, représenté par l'Institut d'Émission, la BEAC ;
4) la technostructure, représentée par la commission la COBAC, la COSUMAF, et la GABAC ;
5) la logistique, représentée par les différentes installations physiques des sièges des institutions, leurs antennes nationales et leur contenu en termes de matériel ;
6) l'idéologie, représentée par le respect des lois et règlements qui structurent la vision stratégique de l'UMAC par tous les pays de la CEMAC, il s'agit du corpus législatif et règlementaire.

---

[68] Selon la norme internationale ISO 9000 version 2005
[69] Selon d'Yves-Frédéric Livian

II.1.3 Le fonctionnement de l'union monétaire de l'Afrique Centrale

Le fonctionnement d'une organisation est librement défini par les fondateurs. Et les principes y relatifs sont déterminés par les organes en charge à travers des documents tenant lieu de contrats. Il peut s'agir de traités, de statuts, de conventions selon les cas. Il tient compte des objectifs, de l'environnement et de la vision stratégique. L'union monétaire de l'Afrique Centrale s'est dotée d'un système de fonctionnement sur la base d'une conception théorique et empirique et qui correspond au fonctionnement des unions monétaires dans le monde.

II.1.3.1 Le sommet stratégique : la conférence des Chefs d'État

La conférence des Chefs d'État est la superstructure décisionnelle au sommet de l'organisation pyramidale de l'union monétaire. Elle a la charge de la définition de la mission de l'UMAC et de ces modalités stratégiques de mise en pratique. C'est donc l'organe conceptuel qui indique la vision stratégique de l'UMAC.

« La Conférence des Chefs d'État, instituée par le traité de la Communauté Economique et Monétaire de l'Afrique Centrale (CEMAC), est l'autorité suprême de l'Union Monétaire. À ce titre, elle :

a) décide de l'adhésion de tout nouveau membre ;
b) prend acte du retrait d'un membre de l'Union Monétaire ;
c) fixe le siège des Organes et des Institutions Spécialisées de l'Union Monétaire ;
d) nomme et révoque les responsables des Organes et des Institutions Spécialisées de l'UMAC sur proposition du Comité Ministériel dans

les conditions prévues par les Conventions, Statuts et textes spécifiques qui les régissent. »[70]

II.1.3.2 La ligne hiérarchique : le Comité Ministériel

Le comité ministériel est l'organe technique de l'union monétaire en charge de la surveillance et du contrôle des organisations spécialisées de l'union monétaire. Ses missions sont les suivantes :

a) veille à l'application des dispositions de la présente convention et fait toute recommandation utile à la Conférence des Chefs d'État tendant à l'adapter à l'évolution économique et monétaire de l'Union ;

b) décide sur proposition du Conseil d'Administration de toute augmentation ou réduction du capital de la BEAC ;

c) donne un avis conforme sur les propositions de modification des statuts de la BEAC soumises par le Conseil d'Administration ;

d) ratifie les comptes annuels de la BEAC approuvés par le Conseil d'Administration et décide, sur proposition de celui-ci, de l'affectation des résultats ;

e) propose à la Conférence des Chefs d'État, dans les conditions prévues par leurs textes spécifiques respectifs, la nomination et la révocation des principaux responsables des organes et des Institutions spécialisés de l'UMAC ;

f) nomme et révoque les responsables des autres organes et des institutions spécialisées de l'UMAC dont la compétence lui est reconnue par leurs textes organiques respectifs ;

---

[70] CEMAC, Convention régissant l'Union Monétaire de l'Afrique Centrale, Titre 1 Chapitre 2, section 1, article 11, p.3

g) fixe, après avis de leurs instances de décisions respectives, la rémunération, les indemnités, et les avantages accordés aux principaux responsables des organes et des institutions spécialisés de l'UMAC nommés par la Conférence des Chefs d'État ;

h) approuve le budget des autres organes et institutions Spécialisés de l'UMAC ;

e) examine le rapport annuel de chaque organe et Institution spécialisés de l'UMAC avant sa présentation à la Conférence des Chefs d'État. »[71]

« Le Comité Ministériel statue, sur proposition du Conseil d'Administration de la BEAC, sur :

a) la création et l'émission des billets de banque et des monnaies métalliques ainsi que leur retrait et leur annulation ;

b) la valeur faciale et la forme des coupures, les signatures dont elles doivent être revêtues ainsi que les modalités de leur identification par l'État ;

c) les caractéristiques des monnaies métalliques ;

d) le délai pendant lequel les billets et monnaies retirés de la circulation doivent impérativement être présentés à la BEAC sous peine de perdre leur pouvoir libératoire ;

e) l'affectation de la contre-valeur du solde des billets et monnaies retirés de la circulation non présentés aux guichets de la BEAC »[72].

---

[71] CEMAC, Convention régissant l'Union Monétaire de l'Afrique Centrale, Titre 1 Chapitre 2, section 2, article 14, p.4

[72] CEMAC, Convention régissant l'Union Monétaire de l'Afrique Centrale, Titre 1 Chapitre 2, section 2, article 14, p.4

Les autres aspects du fonctionnement de l'UMAC indiquent la représentativité de chaque État membre au Comité Ministériel au nombre de deux Ministres par pays dont celui en charge des finances avec une voix de vote exprimée par ce dernier. Sa présidence est rotative dans le respect du principe de l'ordre alphabétique pour une année civile par le ministre des finances de l'État membre. Le Comité Ministériel, se réunit deux fois par an, dont une fois pour la ratification des comptes annuels de la BEAC. Ces décisions sont prises à l'unanimité ou, à défaut, à la majorité des cinq sixièmes. Et en ce qui concerne les décisions prises en application des dispositions des articles 13, 14 et 15 de la convention régissant l'union monétaire, l'unanimité est impérative.

II.1.3.3 Le centre opérationnel : la BEAC

C'est la cheville ouvrière de l'UMAC en charge de l'exécution des opérations venant du sommet stratégique, c'est-à-dire la conférence des Chefs d'État. Dans un contexte environnemental dynamique, la BEAC doit faire sa mue pour correspondre à une organisation moderne afin que sa structure fonctionnelle change de support logistique et procédural pour devenir une organisation de type visionnaire donc proactive.

II.1.3.4 La technostructure : les organes spécialisés

La technostructure est composée des organes spécialisés, chacun dans son domaine d'activité en fonction des missions qui leur sont confiées avec les moyens techniques, humains, logistiques pour que chacun joue sa partition de manière rationnelle. Dans ce prolongement et selon E.H. Schein 1970, « une organisation est une coordination rationnelle des activités pour l'atteinte d'un but explicite commun, via une division du travail et une hiérarchie de l'autorité et des responsabilités ».

La Commission de Surveillance du Marché Financier de l'Afrique Centrale (COSUMAF)

La COSUMAF est une organisation publique donc les missions consistent à réguler, informer et protéger les acteurs et les produits de toute la place financière de l'Afrique Centrale. Comme partout ailleurs où il existe un marché, il y a un régulateur qui veille au bon fonctionnement de son marché territorialement compétent et assure la protection des actifs financiers. De façon empirique, en France il y a l'Autorité des Marchés Financiers (AMF), aux États-Unis il y a la U.S. Securities and Exchange Commission (SEC), en Grande-Bretagne il y'a la Financial Services Authority (FSA).

Selon le Dictionnaire Larousse 2017, la régulation est l'« Action de régler un appareil, d'en corriger le fonctionnement ; le fait d'être réglé. Fait d'assurer un fonctionnement correct, un rythme régulier. Processus complexe par lequel un système économique et social parvient à se reproduire dans le temps en conservant l'essentiel de ses caractéristiques structurelles. »

Dans la théorie économique, la notion de régulation est davantage plus complexe aujourd'hui qu'hier. Loin des principes classiques relatifs aux analyses libérales du marché, certains économistes comme Michel Aglietta Robert Boyer et d'autres remettent en cause cette théorie. Au lendemain des chocs pétroliers, ils estiment que la crise n'est pas uniquement la conséquence d'une hausse des prix du pétrole mais aussi le signe de la fin d'un régime d'accumulation qui reposait sur une organisation de la production et de la consommation inspirée du fordisme. Cette théorie de la régulation pose les nouveaux principes. Admettant que les théories libérales affirment qu'une libéralisation financière assurerait l'allocation des ressources, les tenants de la régulation proposent de corriger les dysfonctionnements du marché par un encadrement institutionnel de ses principaux acteurs. Il s'agit donc de justifier le fonctionnement du marché par une interdépendance entre les institutions politiques et le marché. Dans cette approche, la régulation financière trouve toute sa raison d'être. Il existe de ce fait deux formes de régulation :

La régulation des marchés financiers : c'est l'ensemble des règles, des pratiques et de l'encadrement des activités financières dont les objectifs prioritaires se résument au bon fonctionnement du marché (transparence et intégrité), la protection des épargnants, la stabilité du système financier.

La régulation micro ou macro prudentielle :
C'est une démarche visant à surveiller le marché et des intermédiaires sur l'aspect quantification du risque et la mise en place d'une règlementation destinée à minimiser les risques de faillite ou de dysfonctionnement du secteur financier. Tant est-il est vrai que le marché financier constitue un vecteur important de transmission des flux financiers correspondant à la mise en application de la politique monétaire d'un pays ou d'une région, dans le cas d'espèce la CEMAC.

Il s'agit donc d'un recours récurrent plus qu'hier dans divers domaines d'activités et surtout de la finance qui est une activité de plus en plus règlementée, ayant un impact majeur dans la vie des entreprises en particulier et celle de l'économie en général. L'absence de régulation ou une régulation « légère » a des conséquences scandaleuses tant sur le plan bancaire (renforcement des accords de Bâle I et Bâle II) que sur le plan financier avec la crise des surprimes.

La Commission Bancaire de l'Afrique Centrale (COBAC)

Bras séculier de l'architecture organisationnelle de l'activité bancaire au sein de la CEMAC, la COBAC tient lieu de gendarme ayant le pouvoir règlementaire, celui de contrôle et de sanction avec compétence sur l'espace territoriale communautaire. Dans le souci de sécuriser l'épargne et de garantir sa libre transférabilité (affectation) dans le circuit économique pour une meilleure rentabilité, dans un environnement financier favorable, les mécanismes de contrôle tant internes (Contrôle interne) qu'externes (Audit légal, l'audit interne, cadre légal et règlementaire, etc..) sont devenus des exigences. Mais notre attention reste focalisée sur le regard externe qui vient en appui comme une mission de surveillance de toute disposition du contrôle interne. Il existe plusieurs mécanismes de contrôle externe.

L'environnement légal et règlementaire

Le cadre légal peut constituer un moyen de contrôle efficace dans la mesure où il permet aux responsables dirigeants (les managers, administrateurs) en charge des institutions bancaires et financières (banques et microfinance) de se conformer dans leur gestion au respect des lois, normes et règlements édictés par les autorités tutélaires régionales, entre autres la COBAC. Il pose de ce fait un regard sur le système de gouvernance de ces institutions permettant de prévenir d'éventuels « dérapages » dans la gestion et d'éviter des faillites qui auraient des conséquences fâcheuses sur l'économie monétaire et financière en particulier et sur l'économie globale en général.

De façon empirique et dans notre contexte, les différentes crises financières qui se sont succédé dans le système bancaire régional avec la mise récente sous administration de la représentation bancaire de la BGD (Banque Gabonaise de Développement, DGD, 2016) au Gabon et de la Commercial Bank of Africa (CBC) au Cameroun, et dans le système des établissements des microfinances avec des faillites retentissantes de la Compagnie Financière de l'Estuaire (COFINEX) au Cameroun et de sa consœur Bâtisseurs Des Richesses (BDR, 2016) au Gabon la rendent plus que jamais indispensable. Dans un cas comme dans l'autre, c'est une parfaite illustration d'un problème de légalité et de règlementation d'abord, car certaines institutions n'auraient pas vu le jour du fait du non-respect des lois et règlements en matière d'ouverture et de gestion, et d'un problème de gouvernance qui ont conduit à ce désastre, les mécanismes de contrôle n'ayant pas été déclenchés à temps pour les prévenir, engendrant des pertes sociales sévères (Aglietta et Moulot, 1993, p.23). L'échec de ces institutions (les banques et établissements de microfinance) qui se situe dans ces pays (Cameroun et Gabon) de l'Afrique centrale a été la conséquence de ce manque de vigilance. Ceci n'est pas un fait du hasard dans la mesure où ces deux pays constituent les locomotives de la région Afrique Centrale sur le plan économique (au regard du volume des échanges infrarégionaux) et sur le plan financier, ils représentent à eux deux l'essentiel des transactions financières dans la région et comptent la majorité des représentations bancaires de la région, à savoir le Cameroun (14) et le Gabon (9)[73].

En même temps ces faillites démontrent l'inefficacité de ces mécanismes légaux et règlementaires. Il convient de ce fait de les appliquer dans un premier temps, de les toiletter dans un second temps afin de les renforcer pour une adaptation réelle à leur environnement technologique et technique, et de les extraire des influences politiques pour qu'ils soient appliqués avec rigueur et servent de révélateurs. Si l'on s'en tient à la définition de la banque selon le dictionnaire de la banque et de la bourse « la banque est définie comme étant toute institution financière qui assure l'émission de la monnaie fiduciaire ou qui reçoit du public des fonds qu'elle utilise en opération d'escompte, de crédit, de change ou en opération financière »[74], la banque joue un rôle déterminant dans la vie économique et sociale dans tous les pays ou une région pour que son contrôle soit pris très au sérieux par les dirigeants nationaux comme régionaux. Elle n'est donc pas une entreprise comme les autres au regard de sa position au centre des activités économiques.

En France, il existe une organisation nationale en charge de cette problématique relative au contrôle bancaire. Il s'agit de l'Autorité de Contrôle Prudentiel et de Résolution (ACPR) qui assure la mission de supervision et de protection de la clientèle des banques. Elle le fait dans le cadre européen de l'Union Bancaire et du Mécanisme de supervision Unique (MSU) relativement avec ses missions nationales.

---

[73] Rapport de la Commission Bancaire de l'Afrique Centrale (COBAC) 2013

[74] Armand COLIN, Dictionnaire des Banques et bourses, Paris, éd. Bordas, p.459, 1990.

Il s'agit également de comprendre que le contrôle des banques ne s'effectue pas seulement au niveau d'un pays au regard du principe de la libéralisation financière. Les flux financiers sont devenus plus nombreux et plus importants en même temps qu'ils vont d'un lieu à un autre au-delà du territoire d'origine (pays et/ou région) et à une vitesse défiant celle du son. Cela montre bien que les risques d'une banque font « effet boule de neige » grâce à l'avènement des nouvelles technologies de l'information et de la communication (NTIC) (Plihon, 1999, p.81).

Le marché financier

Le marché financier de par son organisation et son fonctionnement appelle à une vigilance accrue par niveau, donc stratifiée sous la forme de filtre relatif à la mise à disposition du public d'une information comptable et financière juste et transparente, périodique et permanente. De ce fait, le marché financier constitue un moyen de contrôle tant des banques et autres institutions financières et non financières que des intermédiaires qui interviennent dans le marché financier, y compris pour le compte des tiers. Ces acteurs du marché financier doivent se conformer à un certain nombre de règles pour être éligibles aux opérations boursières.

La pression exercée sur les acteurs du marché financier est une incitation à la performance, mais aussi une incitation à la transparence de leurs opérations dans l'intérêt majeur d'abord du marché pour assurer la profondeur de sa liquidité et justifier de son dynamisme et de son attractivité, ensuite dans l'intérêt des entreprises cotées et de leurs actionnaires, et enfin dans l'intérêt du système économico-financier. Certes la régulation du marché financier est assurée par son autorité de tutelle, mais il n'en demeure pas moins qu'entre le système bancaire et le marché financier, il n'y a qu'un pas. Ce sont des domaines d'activités complémentaires qui se partagent des informations et leur bonne gouvernance va dans l'intérêt de la dynamique et du développement du système financier.

La gouvernance est donc un enjeu majeur et la régulation un axe prioritaire des autorités tant nationales que régionales. Il y va de l'intérêt de toutes les parties prenantes et principalement des entreprises dans la recherche des sources de financement évidentes et du marché financier. L'organisation commune du marché financier est composée du marché primaire et du marché secondaire. Et les produits (titres) qui y sont essentiellement échangés sont les actions et les obligations.

L'action est la part représentative d'une fraction unitaire du capital social d'une société.
Les actions constituent donc la classe d'actifs financiers la plus importante pour deux raisons fondamentales. Elles sont la source primordiale du financement des entreprises et représentent la part la plus grande dans le portefeuille des investisseurs. C'est donc faire remarquer le poids significatif qu'elles symbolisent dans le dynamisme des marchés financiers. L'absence de l'animation de ce compartiment est une variable déterminante dans l'élaboration des critères de la performance des marchés financiers, car elles permettent de définir le niveau du financement des entreprises par les marchés financiers. Les entreprises étant le moteur de l'animation du système économique par la production des richesses.
Et l'obligation quant à elle est un titre financier représentatif d'une dette. Ce titre matérialise l'engagement d'un emprunteur à rembourser, selon des conditions préétablies, un montant d'un capital mis à sa disposition par un prêteur, et de payer des intérêts sur ce montant emprunté. Il s'agit donc d'un titre de dette pour l'emprunteur et d'un titre de créance pour le prêteur. Ce titre fait partie d'un emprunt dit obligataire, composé de plusieurs prêteurs contrairement à un emprunt bancaire caractérisé par un prêteur unique. En effet, l'emprunt obligataire est négociable sur les marchés financiers contrairement aux emprunts bancaires.
La pertinence et la qualité de l'organisation de la bourse de valeurs déterminent, son fonctionnement quotidien et ses performances en tant qu'infrastructure financière. La crédibilité et la cohérence, bref l'animation dans les choix organisationnels et fonctionnels de la bourse de valeurs conditionnent aussi notablement les performances du marché financier dans l'ensemble, par rapport à sa capacité de contribution au développement économique par la mobilisation des capitaux à longue durée et le financement de l'investissement.

C'est donc dire que le marché financier constitue un lieu de collecte de différentes sources de fonds afin de les mettre à la disposition des investisseurs, c'est-à-dire :

- Permettre de capter l'épargne individuelle ;
- Collecter les fonds des investisseurs institutionnels (société d'assurance et des fonds de pension, etc.) ;

Derrière le débat sur la problématique de la performance des marchés financiers, se cache celui du financement des investissements et du développement des économies de la CEMAC ainsi que leur intégration dans un espace crédible, d'abord sous-régional, ensuite régional et enfin international. Ce qui implique la construction d'un cadre de référence avec des organisations capables de fédérer et favorables aux objectifs communs de croissance. Quelle est l'histoire des marchés financiers ?

Le crédit à long terme a trouvé deux voies de développement : la première est la participation à l'entreprise, la *commenda* italienne (qui a donné la commandite française, toujours en usage), par laquelle un capitaliste apporte des capitaux à un entrepreneur en assumant une partie des risques et en échange d'une partie des bénéfices ; la seconde est le contrat de rente, qui n'est (spécialement grâce à une déclaration papale de 1251) pas considéré comme un crédit (qui serait usuraire) mais comme l'échange d'un versement immédiat contre un flux de revenus, soit pour la durée de vie du bénéficiaire (rente viagère), soit perpétuellement (rente perpétuelle). Il trouve son origine non dans le droit romain mais dans l'économie des monastères carolingiens, et s'ancre dans la propriété terrienne (la rente foncière) et non dans le commerce.

En matière commerciale, elle fut ainsi l'initiative des opérateurs économiques privés soucieux d'organiser le mode opératoire des règlements des échanges commerciaux sécurisés en mettant en commun leurs capitaux pour tenir compte de la distance qui séparait les commerçants venant de divers horizons et du nombre croissant du volume de ces échanges.

Groupe d'Action contre le Blanchiment d'Argent en Afrique Centrale (GABAC)

La libre circulation des capitaux n'est pas sans conséquence dans le monde comme dans l'espace économique de l'Afrique Centrale. C'est pourquoi une attention particulière lui est accordée afin que ceux qui circulent dans les circuits légaux soient traçables afin que les canaux de distribution de ces capitaux (banques, microfinance et marchés financiers), expression démocratique de la politique monétaire d'un pays ou d'une région ne soient pas entachés d'irrégularités et de blanchiment.

Il faut donc combattre l'opacité de l'information bancaire en général. La banque est au centre des parties prenantes (déposants et emprunteurs), le traitement des informations mérite une transparence qui rassure et assure la confiance dans la transmission des fonds. Le blanchiment d'argent ou des capitaux consiste à dissimuler l'origine des fonds par le biais d'une activité illégale en les réinjectant dans les activités légales à travers des circuits de financement modernes comme les banques, les entreprises et les marchés financiers. Appelée encore la finance noire, « le blanchiment est un élément des techniques de la criminalité financière. C'est l'action de dissimuler la provenance d'argent de manière illégale (spéculation illégale, activités mafieuses, trafic de drogue, d'armes, extorsion, corruption, fraude fiscale, etc.). »[75]

Afin de ne pas infecter l'économie par des fonds de « l'argent sale », les autorités nationales en Afrique Centrale ont créé des agences d'investigation (ANIF) dans chaque pays et sur le plan régional. Au plan mondial, les États mènent une lutte acharnée contre ce fléau qui mine l'économie à travers une batterie de mesures sous l'impulsion d'organismes tels que la GABAC en Afrique Centrale et sur le plan international avec la GAFI (Groupe d'Action Financière). Et pour lutter contre le blanchiment des capitaux deux approches peuvent être retenues, une approche préventive et une approche répressive.

1) Une approche préventive

Cette approche est de nature à permettre aux éventuels contrevenants d'être informés et édifiés sur les risques liés aux initiatives de blanchiment qu'ils pourraient engager. Mais aussi en direction du grand public pour une prise de conscience collective des effets négatifs que ce fléau causerait dans la perte du pouvoir d'achat

[75] Wikipédia

comme dans la déstructuration de la masse monétaire (M2) en circulation dans l'économie. Or la mesure du niveau de la masse monétaire dans une économie est un indicateur de la disponibilité de la liquidité de cette économie en vue du financement des investissements. Le blanchiment risquerait donc de fausser cet agrégat de l'analyse économique si la masse monétaire venait à être infestée par le virus du blanchiment des capitaux. Elle passe alors par la sensibilisation, la mise en place et le renforcement des mécanismes de contrôle interne et la gouvernance. Cette approche s'appuie également sur une batterie de mesures visant à dissuader les potentiels auteurs d'actes répréhensibles.

La responsabilité des professionnels du chiffre s'en trouve également sollicitée et renforcée, en l'occurrence celle des experts-comptables dans leur mission de tenue et de surveillance de la comptabilité ainsi que dans leur mission d'établissement des états financiers, et les commissaires aux comptes dans leur mission de certification des comptes annuels. Tous les acteurs économiques sont interpelés dans la lutte contre le blanchiment d'argent pour aboutir à une prise de conscience collective. Il peut s'agir de la Déclaration de Bâle du 12 décembre 1988, puis de la Convention des Nations Unies du 20 décembre 1988.[76] L'approche préventive de la lutte contre le blanchiment des fonds consiste à la déclaration de tout soupçon de faits délictueux auprès des autorités judiciaires selon un certain nombre de critères, surtout pour les commissaires aux comptes par exemple dans leur mission de certification des comptes annuels (commissariat aux comptes).

[76] Convention des Nations Unies contre le trafic illicite de stupéfiants et des substances psychotropes du 20 décembre 1988, signée à Vienne. Vienne (08.812.121.03) ; Décret n° 91-271 du 08 mars portant publication de la Convention des Nations Unies contre le trafic illicite de stupéfiants et des substances psychotropes.

2) Une approche répressive

L'approche répressive met en avant la notion de sanction dans l'application stricte, voire rigoureuse, des textes règlementaires en la matière. Même s'il reste difficile de mesurer le niveau du blanchiment. Elle consiste donc à incriminer l'acte de blanchiment par la loi et en prévoyant des sanctions pénales. Les justifications de l'acte de blanchiment des capitaux sont nombreuses. Il peut s'agir de fausses factures ou de fausses reconnaissances de dette et bien d'autres moyens comme les sociétés-écrans ou des montages financiers et juridiques complexes sur lesquels un doute peut être émis en attendant que soit apportée la preuve du contraire.

Cette démarche passe par un assainissement du climat des affaires et une justice crédible, efficace et transparente dans le traitement et le rendu de ses décisions de manière équitable, permettant de créer un climat de confiance auprès des opérateurs économiques et autres investisseurs. Dans une économie de plus en plus globalisée du fait des échanges transfrontaliers et du commerce international, de la mobilité des capitaux, le blanchiment des capitaux n'est plus un fléau circonscrit à un territoire. Il a pris une dimension internationale au point d'imposer une coopération internationale. Celle-ci passe par des échanges d'informations même les plus sensibles et protégées telles que le secret bancaire qui peut être levé par le biais des mécanismes juridiques appropriés.

Les effets de blanchiment de capitaux sont si nuisibles à l'économie qu'une vigilance permanente est de mise. Les nouvelles technologies de l'information et de la communication et les technologies nouvelles constituent des outils utiles, nécessaires et efficaces pour la lutte contre le blanchiment d'argent, mais pourraient servir d'outils aux malfaiteurs pour cette activité illégale. On parle alors de piratage informatique, tant la menace est permanente contre les institutions financières, les entreprises, les États et les marchés financiers, menaçant même l'intégrité du système financier et la stabilité de l'économie dans son ensemble. La vigilance est d'autant plus accrue dans notre contexte qu'il constitue la cible privilégiée du fait du caractère récent de nos marchés financiers et de la faiblesse de nos mécanismes de contrôle bancaire, voire de leur lenteur dans le déclenchement de ceux-ci du fait de l'intrusion du politique.

3) La logistique

L'UMAC est une organisation satellite ayant un siège social (Yaoundé au Cameroun) et des antennes dans chacun des pays membres. La logistique répond à des préoccupations organisationnelles et structurelles de par la fonction charnière qu'elle occupe au sein d'une organisation. Ainsi l'on peut définir la logistique comme l'ensemble des méthodes et procédures d'une part, des moyens et des processus d'autre part pour le fonctionnement optimal d'une organisation dans la réalisation de sa finalité. Selon la norme AFNOR (norme X 50-600), la logistique est une fonction « dont la finalité est la satisfaction des besoins exprimés ou latents aux meilleures conditions économiques, pour l'entreprise et pour un niveau de service déterminé. Les besoins sont de nature interne (approvisionnement de biens et services pour assurer le fonctionnement de l'entreprise) ou externe (satisfaction des clients). La logistique fait appel à plusieurs métiers et savoir-faire qui concourent à la gestion et à la maîtrise des flux physiques et d'informations ainsi que les moyens ».

Il ressort de cette définition générique que la logistique est une fonction essentielle dans l'entreprise, donc dans toute organisation et représente deux facettes complémentaires, une facette interne et une facette externe. La première facette est celle relative à la fourniture des facteurs intervenant dans les mécanismes de production de l'objet (finalité) de l'organisation. Elle met en relation la stratégie et les moyens. Et la seconde facette est relative à la mise à disposition du produit final en relation avec la qualité pour une meilleure satisfaction des bénéficiaires (États et populations).

4) L'idéologie

L'idéologie est le « leitmotiv » du développement d'une organisation. C'est elle qui façonne, qui guide et qui fonde la pertinence d'une organisation. Dans cette démarche de construction et de renforcement de l'idéologie financière communautaire, une intrusion politique s'impose à la naissance (décision gouvernementale légitime) pour une croyance d'appartenance à une communauté financière, pour une intégration monétaire et financière. Une idéologie est donc essentielle, car c'est elle qui permet de comprendre le sens et d'en expliquer les effets. Quelle est celle de la CEMAC ?

Celle qui influence les comportements et les croyances, impulse chaque organisation en l'occurrence celle de la BEAC, possède une activité politique et économique stratégique vue comme une force pour reconstruire cette organisation. C'est celle que les marxistes ont appelée « superstructure » qui se développe sur une « infrastructure » (intérêts matériels, rapports de production réels). La finalité apparaît donc comme l'objectif pour lequel l'enjeu requiert une acceptation unanime de chacun des États membres de renoncer à cette partie de sa souveraineté de battre la monnaie pour la déléguer à une organisation commune (BEAC).

L'idéologie monétaire et financière, celle qui caractérise l'Union Monétaire de l'Afrique Centrale est fondée et jugée sur sa finalité relative à la mise en circulation dans un espace commun régional (CEMAC) d'une monnaie commune, le franc CFA. C'est pourquoi malgré les vicissitudes qui ont caractérisé le franc CFA depuis son existence, cette finalité reste inébranlable. Et le corpus législatif et règlementaire qui sous-tend cette finalité a également connu des changements allant dans le sens de l'amélioration et du renforcement de la souveraineté de cette monnaie par rapport, d'abord aux États parties (interne à leur territoire) et ensuite aux partenaires extérieurs (France) et par ricochet l'Union européenne pour arrimer les conditions d'existence, d'émission et légitimité de cette monnaie domestique unique.

Comme valeur déterminante dans le chemin de l'intégration monétaire et financière, l'UMAC vient en complément essentiel à la concrétisation d'un idéal commun de développement dans un espace intégré sur les plans économique, monétaire et financier qu'est la CEMAC. De ce fait, la convergence est effective dans un même espace régional intégré sur le plan économique (UEAC) et sur le plan monétaire (UMAC) de manière institutionnelle et souveraine. Pourquoi ne pas envisager son extension sur le plan financier par la consolidation des marchés financiers de l'Afrique centrale ?

Dans le cadre de cette réflexion, au regard des atouts réels et justifiés, des enjeux de développement et de croissance de tous les pays membres, et surtout de la problématique de la rareté des sources de financement des entreprises et de leur coût dans l'espace CEMAC, le marché financier (bourse) unique devient un impératif. Quel modèle de consolidation du marché financier régional intégré en Afrique centrale (CEMAC) ?

SECTION III : MODÈLE DE CONSOLIDATION DU MARCHÉ FINANCIER RÉGIONAL INTÉGRÉ

L'espace bousier de l'Afrique Centrale est constitué de deux marchés financiers. Cette situation pose un problème de bicéphalisme au sein d'une entité économique qui visiblement possède des atouts favorables à une intégration boursière. Situation confuse et incompréhensible pour certains, à tort ou à raison, l'idéologie communautaire qui contraint à une solidarité organique (Émile Durkheim, 1989) et institutionnelle de la CEMAC est dans l'impasse.

Or les bourses de valeurs constituent les places financières où l'on négocie divers produits financiers tels que les actions, les obligations et des produits dérivés appelés valeurs mobilières. Ce système financier (bourse) a été créé avec pour objectif d'impulser un plus grand dynamisme économique et produire des niveaux plus élevés de richesse en donnant aux investisseurs l'occasion de partager les risques et le profit des entreprises. Il est donc perçu comme un outil de promotion d'abord du secteur financier, ensuite comme un outil de développement de l'épargne privée et enfin comme un outil de financement et de croissance économique. Cette institution qui devrait être un symbole d'achèvement et de confirmation de l'intégration économique et financière est devenue « conflictuelle ». Comment donc comprendre que la coexistence des deux bourses se heurte à cette volonté de constituer un vaste ensemble économique et financier ?

Si les uns et les autres s'interrogent sur les conséquences néfastes de cette situation antagoniste sur le système financier et sur l'économie de la CEMAC, ces interrogations témoignent d'une prise de conscience constante de ce que ce secteur d'activités qu'est la finance des marchés (bourse) est en crise en Afrique Centrale. De cette crise institutionnelle, l'on peut trouver les possibilités de sortie pour relancer l'économie boursière de la CEMAC et booster le financement de son économie par le marché financier. Et pour cela, le processus de consolidation (rapprochement) devrait tenir compte d'un certain nombre de paramètres capables de soutenir cette démarche et proposer un modèle de consolidation.

La modélisation tient compte de deux composantes essentielles à sa construction : d'une part l'analyse, c'est-à-dire l'étendue du problème donc la compréhension de l'objet à modéliser ; et d'autre part sa conception, c'est-à-dire la mise au point de la solution au problème par l'identification et le choix des paramètres de modélisation. Cette double démarche répond ainsi à la mise en œuvre de la rationalité cartésienne et de la méthode scientifique. Vu sous cet angle, ce binôme tient compte de trois raisonnements, les *3R* :

R1) Le raisonnement par l'absurde

Principe de raisonnement logique qui trouve son fondement par l'existence de deux propositions contradictoires. C'est-à-dire que si l'une des propositions est fausse l'autre est vraie et vice-versa.

R2) Le raisonnement rationnel

Principe de raisonnement qui éloigne les contradictions et met en exergue les faits objectifs. C'est-à-dire tient compte de la raison ou de l'analyse pour construire une démarche méthodologique.

R3) Le raisonnement par l'observation

Principe de raisonnement qui renvoie à l'observation des faits, donc à analyse de l'existant basé sur la règlementation (règles, lois, etc.). C'est-à-dire tient compte de la légalité ou des accords pour justifier et opérer ses choix.

Les *3R* constituent ainsi la trame de fond relative au modèle de consolidation du marché financier régional intégré de la CEMAC. Le concept de modélisation pour être construit doit répondre à une série de questions complémentaires (c'est quoi la modélisation, pourquoi modéliser, etc.) avec une méthodologie qui éclaire l'horizon laissant entrevoir sa finalité. Finalité opérationnelle dont les intérêts de simplification, de cohérence et de transparence conduisent à une recherche d'efficacité du système et de ses processus.

La consolidation est l'objectif à atteindre à travers le modèle conçu et retenu pour réunir et mettre ensemble des phénomènes, des processus, des procédures ou des organisations dans l'atteinte d'un but ou de buts précis, en l'occurrence les marchés financiers de l'Afrique centrale. Consolider les marchés financiers de la CEMAC, c'est les fusionner afin de réduire leur nombre dans un même espace économique restreint qui n'en a pas besoin, ensuite de simplifier les procédures afin d'éviter les doublons imposés par l'existence de deux marchés financiers, et enfin les rendre plus efficaces dans le financement des économies des pays membres de la CEMAC par l'effet de taille et de mutualisation.

III.1 Le processus de consolidation du marché financier régional intégré

III.1.1 La démarche de consolidation : la modélisation

Un modèle est la conception imaginaire du monde réel et son fonctionnement répond à un objectif précis ou à une problématique identifiée ; la modélisation est la pensée organisée en vue d'une finalité pratique, donc opérationnelle. Cette démarche de simulation mentale permet d'évaluer les conséquences d'une décision, d'un comportement ou une manière de faire et de fonctionner afin d'opérer des choix dans un ensemble de possibilités classifiées. Un modèle n'est pas figé, il est dynamique parce que susceptible d'ajustement ou d'amélioration afin de s'adapter dans le temps et dans l'espace, et répondre aux préoccupations présentes et futures. La modélisation se conçoit sur la base d'un objet de recherche permettant de définir les idées, de les décrire, ainsi que leurs relations fonctionnelles.

Le marché financier régional intégré étant l'objet de modélisation, il s'agit de définir la démarche qui permet de trouver une réponse à une double préoccupation :

- Une préoccupation intellectuelle ;
- Une préoccupation technique.

Plusieurs possibilités méthodologiques sont disponibles pour aboutir à une solution relative à l'objectif du marché financier régional intégré de la CEMAC.

III.1.1.1 Le raisonnement par l'absurde

Marché financier national *versus* marché financier régional

Le débat sur l'existence de deux marchés financiers en Afrique Centrale se pose et est toujours d'actualité du fait d'une concurrence expresse et/ou tacite entre eux. Le corollaire de cette concurrence est la fragilisation du financement de l'économie de l'Afrique centrale, si tant est que la CEMAC soit considérée comme une entité économique à part entière conformément à la règlementation communautaire qui fonde sa création.

Si l'objectif d'un marché financier, qu'il soit national (DSX) ou régional (BVMAC) est de concourir au financement de l'économie, leur existence et leur opposition dans un même espace économique de surcroît à monnaie unique sont-elles justifiées ? Les indicateurs économiques des pays qui composent cette CER sont-ils favorables à une sorte de « guéguerre » dans l'optique d'une intégration économique ? Au regard de l'état des lieux, cette intégration économique reste plombée par des élans de nationalisme qui ne libèrent pas le dynamisme économique qui devait booster le commerce intracommunautaire.et conduire cette entité économique vers une intégration économique et financière inclusive. Que devient la solidarité organique des États membres contenue dans les textes fondateurs, tant de l'UEAC que de l'UMAC ?

Les critères de convergence économique qui harmonisent cette solidarité organique ne sont pas respectés par tous les pays constituant la CER à l'exception du Cameroun et du Gabon. On peut donc s'interroger sur l'existence même de ces organismes régionaux qui depuis des décennies tardent à atteindre leurs objectifs. Les décisions prises au cours de leurs différentes assises sont pour certaines sans effets. Les résultats auxquels ils sont parvenus restent largement en dessous des minimas pouvant permettre le décollage économique et financier de la CEMAC. Les résultats empiriques et plusieurs études confirment les effets nocifs de cet état de fait.

Si on s'est toujours interrogé sur le moyen de trouver le meilleur mécanisme de consolidation afin de rapprocher les places boursières, c'est reconnaître que ce bicéphalisme est problématique. Et si l'équilibre des rapports entre les États parties à la CER pose problème, il n'en demeure pas moins que la solidarité organique est un outil conçu pour remédier à une insuffisance ou faiblesse d'un État de la

CEMAC en matière financière. Pour ce faire, non seulement le respect de cette règle de solidarité s'impose, tant sur le plan économique que financier, mais aussi sur le respect des décisions issues des organes décisionnaires afin de fluidifier et renforcer l'intégration complète au sein de la CEMAC par un système de vases communicants.

Ce système dont les canaux d'irrigation semblent obstrués provoque des goulots d'étranglement du genre *marché financier national* **versus** *marché financier régional***.** Le regroupement des marchés boursiers se construit dans le monde, dont l'exemple le plus illustratif, car le mieux abouti est celui de la fusion des grandes placières boursières de l'Europe centrale telle celle entre Euronext Paris, le London stock exchange (LES) et la Deutsche Börse. Si cette opposition paraît absurde dans une même entité économique à monnaie unique et contraire à une démarche d'intégration économique et financière, leur jonction est-elle possible ?

Dans un contexte de regroupements multiformes, caractérisé de nos jours par des élans de mouvements nationalistes ici et là à travers le monde dont le cas le plus emblématique est celui de la sortie de la Grande-Bretagne de l'Union Européenne, le *Brexit* voté le 23 juin 2016 par référendum ; l'opposition entre le nationalisme des États et le régionalisme d'un groupement d'États trouve son fondement d'une part dans la crainte d'une perte de souveraineté et d'autre part celle d'une disparition probable par effet d'absorption. Même si cette double inquiétude est une réalité justifiée, car « L'absurde est la notion essentielle et la première vérité » (Albert CAMUS, 1942). Il n'en demeure pas moins que les enjeux d'un regroupement régional des États semblent supérieurs au regard des objectifs et des contraintes de croissance et de développement.

III.1.1.2 Le raisonnement rationnel

Corrélation marché financier national (DSX) et marché financier régional (BRVM)

Pour attcindre une taille critique favorable au décollage du marché financier, l'intégration des marchés financiers de la CEMAC est nécessaire. Au regard de ce qui précède, la corrélation de ces deux places boursières semble trouver sa raison d'être afin de sortir de cette impasse qui ne favorise ni le développement économique ni l'intégration financière.

Le raisonnement rationnel nous conduit à analyser et à comprendre l'existence de ces deux places boursières mais surtout à opérer un choix, et pour cela une option est avantageuse, c'est-à-dire la consolidation des deux places boursières de l'Afrique Centrale.

Pour y parvenir, quels peuvent être les fondements théoriques susceptibles de motiver ce choix et déboucher sur un modèle de consolidation ? À ce sujet, deux théories paraissent pertinentes pour être retenues, il s'agit de :

> La théorie de la centralité, celle du modèle organisationnel ;
> La théorie de mutualisation *pooling*, celle du modèle de management solidaire.

Théorie de la centralité et consolidation des marchés financiers de l'Afrique Centrale

« Le principe de la centralité, développé en géographie urbaine pour décrire la capacité d'une métropole à offrir des biens et services à une population résidante dans une zone périphérique ».[77] Elle est l'œuvre de plusieurs auteurs scientifiques géographes sur la base d'un certain

[77] Étude prospective sur le potentiel du Marché Financier régional de l'Afrique Centrale, rapport proposé aux participants au Forum sur le Développement du Marché Financier de l'Afrique Centrale, Malabo, 24-25 février 2016, p.20

nombre de paramètres afin de déterminer le centre de la ville dans le processus d'urbanisation. Pour certains (Walter Christaller, 1933), elle est relative à la hiérarchie urbaine simplifiée sur une base économique en admettant des paramètres variables qui ont été développés par (Aug.Lösch, 1940). Le modèle Christallerien, théorie spatiale, cherche à expliquer la hiérarchie des villes, selon leur taille, leur localisation et leur fonction, « les lieux centraux au nord de l'Allemagne ».

Le système des lieux centraux tient compte de trois logiques :

1) Le principe de marché, la ville est une création et consommation de riches

Le centre peut représenter un lieu physique ou géographique, un lieu virtuel où se rencontrent l'offre et la demande des biens comme des services. Il est de ce fait un lieu qui est caractérisé par une présence humaine massive en mouvement et en interaction (Trouin, 2000). Un lieu où s'exercent les fonctions économiques majeures qui cristallisent l'attention par son effet d'attractivité (M. Fabries-Verfaillie et P. Stragiotti, 2000, p.3)[78].

Sur la base de ce principe d'attractivité, le centre est donc important par le volume des activités économiques (Huriot et Perreur, 1994 ; Raynaud, 1992) qui s'y déroulent et non par sa symétrie par rapport aux périphéries. Le rassemblement des populations en relation avec les activités économiques mobilise des actions et crée des connexions propices au commerce et aux flux financiers. Cela suppose un lieu de circulation de l'information à l'intérieur du centre mais également en direction des périphéries par différents canaux de communication dont les plus modernes (internet).

---

[78] Quatre facteurs de compétitivité sont à l'origine de la croissance urbaine : la facilité des transports ; les activités porteuses ; la qualification des hommes ; l'image du territoire. Charles-Edouard Houllier-Guibert, « De ville en métropoles, Ville internationale, image internationale : le cas de Montréal » Observatoire SITQ du développement urbain et immobilier, Institut d'urbanisme de l'Université de Montréal, 04/05/2010

2) Le principe de transport, les lieux centraux secondaires autour du lieu central principal

Le centre est un lieu accessible par les différents moyens de transport. (M. Fabries-Verfaillie et P. Stragiotti, 2000, p.3). Cette accessibilité suppose l'existence des infrastructures de transport de qualité permettant de relier le centre et les périphéries, avec un accent particulier sur leur fonctionnalité (opérationnalité). Ces infrastructures, qu'elles soient aériennes terrestres ou maritimes doivent permettre de répondre à deux préoccupations essentielles :

2.1) La réduction des distances (intervalle qui sépare un lieu à un autre) entre le centre et les périphéries afin de gagner en temps ;

2.2) La réduction des coûts de transport permettant de parcourir lesdites distances par le plus grand nombre.

Le respect de ce principe de transport est valable tant pour les personnes que pour les marchandises. Il implique la suppression des barrières en termes de tracasseries diverses susceptibles de fragiliser ce vecteur d'intégration. Il définit alors la centralité comme la capacité pour une ville d'offrir des biens et des services à une population extérieure, mais aussi à l'intérieur.

3) Le principe administratif, organisation spatiale pyramidale de lieux centraux secondaires autour d'un lieu central principal.

3.1) L'administration

La centralité est la combinaison à un moment donné d'activités économiques, de fonctions politiques et administratives, de pratiques sociales et de représentations collectives qui concourent au contrôle et à la régulation de l'ensemble de la structure de la ville (Manuel Castell).

3.2) L'organisation spatiale

Ce principe tient compte de la structure organisationnelle de la ville qui permet de garantir la fluidité des mouvements internes, la disponibilité des informations et leur proximité. L'adressage des services administratifs et leur urbanisation favorisent l'offre des services aux usagers.

La centralité métropolitaine tient compte de la nature des activités économiques mais surtout leur caractère par rapport aux autres activités des centres périurbains. Il s'agit donc des activités supérieures (tertiaires) qui déterminent le dynamisme urbain des métropoles par leurs « fonctions stratégiques » (Jullien, 1996).

Il en résulte un fort intérêt pour la production et la consommation d'informations en masse diversifiées. Moins physique et géographique, la centralité fonctionnelle épouse des formes diverses, linéaire ou cubique ou parallèles (Eliseo Bonetti, 1965) ou l'on tiendrait compte du nombre des consommateurs (démographie), de l'importance du marché (taille) et de la dimension de la localité (envergure).

Dans l'une ou l'autre de ces définitions, les paramètres concourant à la soutenabilité de leur démarche méthodologique convergent tous vers un point focal de la ville (métropole) dans un pays. Si le principe de la hiérarchisation de la taille des villes est un principe qui tient compte de l'organisation structurelle de celles-ci en fonction de leur fonctionnalité, il peut l'être à une échelle supérieure ou plus grande qui peut être la hiérarchisation des pays. Cette conception de l'idée du centre de la ville et de ses périphéries peut être transposée au niveau des États dans une communauté économique prise comme une entité dans sa globalité, en l'occurrence la CEMAC, en vue de la consolidation de son marché financier régional intégré.

Admise comme telle, la question que l'on est en droit de se poser est celle de savoir parmi les pays de la CEMAC, que est le pays qui réunit les critères principiels de la théorie de la centralité et des critères spécifiques identifiés et à même d'abriter le MFRI ? La réponse à cette question nous conduit à établir un critérium de validation afin de motiver un choix.

« La métropolisation répond à un processus de concentration des fonctions (activités économiques, administrations, loisir, culture, etc. : »[79]. De cette définition se dégage une *task force* qui est l'idée de concentration et mérite une attention particulière. Tous les pays qui constituent l'espace CEMAC ont chacun des points de concentration traditionnelle de par leurs constitutions respectives **(i)** leurs capitales politiques **(ii)** leurs capitales économiques, mais aussi des villes cumulant des fonctions politique et économique qui renforcent leur centralité par leur forte démographie. Le dividende démographique est un facteur important et distinctif dans la hiérarchisation des villes et des pays grâce à leur forte concentration des individus.

Le caractère commun à ces points de concentration nationale est qu'ils remplissent tous les mêmes fonctions dans leurs pays respectifs et leur degré de concentration varie d'un pays à un autre et est fonction du niveau de développement de celui-ci.

Plusieurs critères sélectifs peuvent être retenus. Mais sur la base de contraintes objectives, un focus est fait sur les critères de consolidation à deux échelles cumulatives (pays et ville) permettant la construction d'une matrice de consolidation. Les éléments de comparabilité permettant une description et une classification sont simples et entretiennent un lien étroit avec l'objet de cette réflexion.

[79] Étude prospective sur le potentiel du Marché Financier régional de l'Afrique Centrale, rapport proposé aux participants au Forum sur le Développement du Marché Financier de l'Afrique Centrale, Malabo, 24-25 février 2016, p.20

III.1.1.2.1 Critères de consolidation/pays

1) La circulation des personnes et des biens : La fluidité et la mobilité

La circulation des personnes et des biens reste un facteur incontournable dans les échanges intracommunautaires. Mais les pesanteurs administratives et douanières compromettent encore de façon significative la mobilité des personnes et des biens ainsi que l'accroissement du volume et de la qualité des échanges dans la CEMAC.

1.1) La circulation des personnes : un atout de l'intégration

Malgré les mesures encourageantes prises dans les différents sommets des chefs d'État afin de simplifier et de faciliter les conditions d'obtention des visas et de séjour à l'intérieur de la CEMAC, leur opérationnalisation tarde à se matérialiser dans les faits. Même si certains pays membres de la communauté comme le Cameroun, le Congo, la RCA et le Tchad facilitent le déplacement de leurs ressortissants à l'intérieur de la communauté, deux autres pays de la communauté restent encore exigeants sur l'obtention des visas à l'entrée pour les non-résidents et à la sortie pour les résidents, il s'agit du Gabon et de la Guinée Equatoriale. Au-delà de cette exigence de visa, il y a celui de son coût qui est dans certains pays prohibitifs. Ce qui entraîne l'application du principe de réciprocité pour l'obtention des visas des ressortissants de ces deux pays « vedettes » vis-à-vis des autres pays membres.

Cet état de fait n'est guère encourageant pour susciter les déplacements des populations dans la communauté et même leur installation. L'instauration du passeport communautaire (passeport CEMAC) est loin de faciliter les choses, dès lors que son obtention reste le privilège d'une catégorie de citoyens communautaires (hommes d'affaires, enseignants/chercheurs, certaines professions libérales, etc.) et demeure source de frustration. Son obtention aussi reste une gageure, car il est un parcours de combattant.

Un autre pan du problème de la circulation des personnes est celui de l'installation durable des citoyens communautaires dans ces pays « vedettes » de la communauté. En l'absence de l'harmonisation du droit de travail et du droit de la sécurité sociale, on favorise ainsi la politique fiscale et l'accès aux caisses de sécurité sociale des pays à fort besoin de main-d'œuvre et à ceux pourvoyeurs de main-d'œuvre. Les conditionnalités d'obtention du permis de travail restent soumises à une autorisation d'emploi dit « étranger » même pour les ressortissants de la CEMAC, délivrée par le ministère de tutelle. Cette absence de mobilité des travailleurs remet en cause une des conditions de la ZMO (Mundel, 1963) ainsi que les possibilités d'échanges d'expériences et de formation dans les différents corps de métiers.

1.2) La circulation des biens : c'est le transport qui transforme un produit en marchandise

Dans les échanges commerciaux, la circulation des personnes s'accompagne aussi de la circulation des biens. Mais cette circulation reste plombée par les tarifs douaniers aux frontières de chaque pays communautaire. Malgré l'instauration de la taxe communautaire d'intégration (TCI) imposée à l'entrée de toute importation dans l'un des pays de la CEMAC afin de limiter une double taxation douanière aux frontières d'autres pays membres lors de leur circulation, celle-ci est loin d'être une réalité. Car le paiement d'une taxe douanière est exigible, avec des appellations contradictoires comme taxe « extra légale » pour ne pas bénéficier de l'exonération prévue par la règlementation fiscale et douanière communautaire.

Outre ces tracasseries formelles et illégales, il existe des tracasseries informelles avec l'exigence du paiement des taxes et autres amendes diverses tout le long des circuits de transport et de distribution des biens. Il va de soi que ces coûts supplémentaires se trouvent répercutés sur les prix des biens payés par les consommateurs. Cet état de choses engendre la rareté des biens, la réduction de la taille des marchés et la vie chère (flambée des prix). Or le degré d'ouverture (McKinnon, 1963) de l'espace CEMAC par la facilitation de la circulation des personnes et des biens conduit à une augmentation du volume des échanges et par conséquent la taille des marchés. Si cette conception devient une réalité, il suscitera une amplification du mouvement des capitaux pour l'intermédiation des échanges.

2) Le mouvement des capitaux : une exigence économique

La circulation des personnes et des biens s'accompagne nécessairement du mouvement des capitaux (Ingram, 1969). Ces deux paramètres de l'économie permettent de faciliter le mouvement des capitaux dans un espace communautaire et d'apprécier le volume des échanges. Ce volume des échanges quantifié en monnaie est un baromètre permettant d'analyser le niveau d'intégration économique et financière. Le mouvement des capitaux présente des avantages multiples pour des activités diverses. Sur ce critère relatif au volume des flux financiers, le Cameroun, à travers son agence BEAC de Douala représente 60 %[80] de tous les flux financiers de la zone CEMAC.

Et cette appréciation constitue une base d'analyse du volume des transactions commerciales, mais est aussi un indicateur du secteur bancaire et financier. Son évolution offre une grille de lecture de la structuration bancaire et du niveau de la culture bancaire. Cette structuration bancaire varie entre les pays de la CEMAC, par le nombre de l'installation des structures bancaires dans le pays ainsi que par la couverture du territoire national. Mais elle est tributaire du dynamisme économique du pays, de sa proximité avec les usagers (ménages, entreprises, État, etc.) et de la qualité des produits financiers proposés. Ceci se traduit dans le mode d'accompagnement de ces derniers dans les activités de financements des investissements et du choix des investissements à forte valeur de rentabilité à des taux

[80] Source : BEAC

compétitifs. Cet accompagnement trouve un complément important qu'est la microfinance. Étant donné que le tissu économique est constitué en majorité des PME et PMI qui pour la majorité ne bénéficient pas toujours des concours bancaires traditionnels très onéreux pour certains, elles trouvent là une solution alternative à leur besoin de financement. Cette complémentarité est triplement bénéfique pour les banques où sont domiciliés les comptes de ces microfinances, pour ces PME et PMI qui sortent de la difficulté du financement personnel ou familial et se trouvent une identification bancaire. Et pour le paysage économique tout entier, cette solution rend possible une analyse macro-économique avec des données fiables. La libre circulation des personnes et des biens, complétée par le mouvement des capitaux est le gage d'un véritable dynamisme économique.

3) Le dynamisme économique : un enjeu majeur

Le dynamisme économique tient compte du poids économique, c'est-à-dire de la capacité d'un pays ou d'une ville à rassembler, à fournir et à produire l'essentiel des activités économiques d'un pays ou d'une région. Il est la résultante d'un ensemble de fonctions et d'une organisation structurelle attractive pour la réalisation des affaires. Cela suppose donc un environnement des affaires à même de fournir des conditions propices en termes de biens et de services.

Le choix des capitales économiques dans chacun des pays membres de la CEMAC par le pays concerné est en général non constitutionnel et relève de fait de la vitalité et du volume des activités économiques qui s'y déroulent par rapport aux autres villes du pays. Il en est de même pour un pays à une échelle plus grande comme la CEMAC. Il va de soi que le pays présentant un poids économique certain dans l'espace économique CEMAC joue le rôle de locomotive et influence les activités économiques dans cet espace communautaire. Sur cet indicateur, sur les **(100)** premières entreprises camerounaises en termes de chiffres d'affaires, soixante-dix-neuf **(79)**[81] sont basées à Douala, au Cameroun. Mais le leadership économique ne se décrète pas. Il se justifie par le respect d'un certain nombre de paramètres reconnus comme tels pour servir d'élément d'analyse. Il peut s'agir de la population, car le quantum est une variable prise en compte pour apprécier la capacité d'absorption de la production des biens et services.

Sur cette variable, le Cameroun représente un peu plus de la moitié, soit 50 % de la population de la CEMAC (tableau n° 12), c'est-à-dire la capacité de consommation. Un autre élément d'analyse qu'est la diversification du tissu de production (Kenen, 1969) permet d'apprécier le niveau de production et la variété des produits en quantité et en qualité proposés à la consommation. La capitale économique est Douala et revendique 40 % du tissu industriel de la CEMAC, soit 52 % du PIB.

Cette capacité de production permet de prendre en compte un instrument essentiel d'analyse économique qu'est le PIB.

[81] Institut National de la Statistique du Cameroun

Tableau n° 11. Synthèse des caractéristiques des pays de la CEMAC (2015-2017)

	Population		PIB	PIB/hbt	Superficie	
Pays/paramètre	**En millions**	**%CEMAC**	**En $**	**En $**	**En 000 km²**	**%CEM**
Cameroun	23.100	**50**	-8,9	1.235	475.	**16**
Congo	4.400	**9**	-3,0	2.024	342	**11**
Gabon	1.900	**4**	-7,4	7692	268	**9**
Guinée	845	**2**	-10,8	18.181	28	**1**
Rca	4.800	**10**	12,5	332	623	**21**
Tchad	11.600	**25**	9,1	942	1284	**43**
CEMAC	**46.645.650**	**100**			**3020**	**100**

Source : Synthèse des tableaux. Statistiques 2015

4) Les moyens de mobilité : un déterminant essentiel

La production des biens et services et la circulation des personnes ne sont possibles que s'il existe des moyens de transport. Ils sont divers et vont du transport terrestre (routes et rails) en passant par le transport maritime (mers ou fleuves) et le transport aérien. Pour cela, il faut développer et entretenir ces infrastructures qui permettent de transporter les personnes et les biens entre les pays membres, c'est-à-dire les aéroports par rapport à la densité de mouvements des personnes, les ports par rapport au volume des marchandises en relation avec le temps de dédouanement, les routes par rapport au nombre de kilomètres de routes bitumées et leur praticabilité. Ces moyens de transport permettent de relier les périphériques aux points centraux (métropoles).

La métropolisation devient de ce fait une contrainte du développement et de la soutenabilité de l'intégration économique et commerciale. Les moyens de transport sont aussi des moyens de désenclavement par le transport des biens et des marchandises.

5) Les moyens de communication : une exigence technologique

Ils tiennent compte du niveau de développement des infrastructures de communication telles que le téléphone et l'internet ainsi que leur taux de pénétration ou de couverture. Ils permettent et garantissent un échange rapide, fluide et permanent en toute sécurité nécessaire des informations sur les plans national, régional et international. À cet effet, l'élargissement du réseau téléphonique et internet au plus grand nombre, entraînerait ou impacterait par l'effet des utilisateurs et de leur régularité en nombre croissant, l'épineux problème des coûts de communication si souvent décrié du fait de leur coût élevé, outre celui du déficit de communication dû à la faiblesse du taux de couverture du réseau. Celui-ci ainsi que son coût sont variables selon les pays de la communauté. Le tableau ci-après en fait la synthèse. (Tableau n° 12)

Tableau n° 12 : Taux de pénétration d'internet et du téléphone dans la CEMAC

Libellés / Pays	Abonnement Interne %	Abonnement Téléphone mobile % t
Cameroun	**0,01**	**42**
Congo	**0,00**	**94**
Gabon	**0,25**	**107**
RCA	**-**	**23**
Guinée Equatorial	**0,03**	**59**
Tchad	**0,00**	**23**

Source : Rapport sur le développement des télécommunications/TTC dans le monde, base de données de l'union internationale des télécommunications (UIT) et estimation de la Banque Mondiale

6) L'environnement des affaires : un facteur clé de croissance

L'environnement des affaires est constitué d'un ensemble de facteurs clés nécessaires à la facilitation des affaires. Il permet d'établir et de faciliter les complémentarités et les interdépendances entre les différents acteurs économiques, sur les plans règlementaire, administratif et sécuritaire s'agissant des transactions commerciales et autres activités connexes. Ce climat favorable des affaires répond à des préoccupations ponctuelles et structurelles de long terme symbolisant ainsi son caractère évolutif, sa capacité à s'adapter et à innover pour être davantage avant-gardiste et réceptif à la modernité.

Cet environnement des affaires reste caractérisé par une prépondérance du droit dans son ensemble. Qu'il s'agisse du droit des affaires ou du droit contractuel en passant par le droit fiscal, social et environnemental, la justice est le solide paravent de l'environnement des affaires. C'est pourquoi l'on assiste de plus en plus de nos jours à une veille judiciaire permanente afin d'assurer aux investisseurs le règlement d'éventuels conflits avec célérité et efficacité pour l'intérêt majeur des parties et de l'État siège. Il en va de la crédibilité de celui-ci dans une démarche d'attractivité des investisseurs potentiels et de la protection des fonds de commerce. La justice doit être rendue sans distinction de nationalité, de sexe ou de religion ou autre considération afin que seul le droit prévale. L'écho favorable de cette justice sur les plans national, régional et international est un atout indéniable pour son intégration dans le mode de la globalisation économique et financière. C'est le gage d'un État de droit qui rassure et assure une stabilité politique et économique nécessaire à des investissements longs et propices au commerce. Cette sédimentation juridique est une voie vers la convergence des textes, dois et règlements avec des partenaires internationaux de tous horizons et dans des domaines diversifiés et variés.

C'est pourquoi on assiste dans ce vaste marché planétaire, qu'est la globalisation à l'impérieuse nécessité d'une harmonisation du droit des affaires en général et plus particulièrement en Afrique ou l'écart de convergence du droit entre les pays africains est considérable. C'est la raison d'être de l'acte uniforme de l'Organisation pour l'Harmonisation du Droit des affaires en Afrique (OHADA) du 17 avril 1997, relatif au droit des sociétés commerciales et aux groupements d'intérêt économique.

C'est un outil juridique imaginé et réalisé par l'Afrique pour servir l'intégration économique et la croissance (Kéba MBAYE, 2005). Il concerne les pays de l'Afrique de l'Ouest et de l'Afrique Centrale ayant en commun l'expression de la langue française ainsi que la monnaie, le franc CFA et bien d'autres pays en cours d'adhésion, mais principalement les pays de la zone franc (PAZF). (Tableau 13).

Afin de s'arrimer au reste du monde, ces actes ont subi un toilettage le 30 juin 2014 pour ce qui est du droit des sociétés. Le 15 février 2017, un nouvel acte relatif au droit comptable et à l'information financière a été adopté et est entré en vigueur le 1er janvier 2018, à savoir le système comptable pour l'organisation du droit des affaires en Afrique (syscohada). Des actes dynamiques pour une harmonisation dans l'établissement des états financiers annuels des entités économiques pour toute la communauté internationale.

Tableau n° 13 : Les différents Actes de l'OHADA et leur date d'entrée en vigueur

THÉMATIQUES JURIDIQUES	DATES
Droit commercial	1er janvier 1998
Droit des sociétés	1er janvier 1998
Droit des sûretés	1er janvier 1998
Procédures simplifiées de recouvrement et voies d'exécution	10 juillet 1998
Droit d'arbitrage	11 juin 1999
Organisation et harmonisation de la comptabilité des entreprises : ➢ Comptes personnels des entreprises ➢ Comptes consolidés et comptes combinés	1er janvier 2001 1er janvier 2002
Contrat de transport de marchandises par route	1er janvier 2004

Source : Association pour l'Unification du Droit en Afrique (UNIDA)

III.1.2.2 Matrice de consolidation pays/ville

À travers ce principe de centralité urbaine, le développement de ces bourses s'est appuyé sur le développement des métropoles. À l'instar de New York dont la bourse inaugurée en 1792 a accompagné la croissance de la ville. Une réelle métropole comprend les dimensions industrielles et financières. Selon le principe de centralité, les métropoles étendent leur aire d'influence via trois axes donnant lieu à une concentration des fonctions :

- ✓ Le développement des activités économiques (industrielles et de services) ;
- ✓ La mise en place d'un cadre de vie (loisirs, éducation, culture, etc.) ;

- ✓ Le déploiement des infrastructures soutenant la croissance de la métropole et assurant des fonctions efficaces avec les autres grands centres économiques.

Les métropoles comme les bourses atteignent une taille critique en se regroupant et constituent un centre unique d'une aire d'influence. Les difficultés de coexistence de deux « centres » dans une aire homogène rendent pertinents les rapprochements et les partenariats. Le développement des marchés boursiers s'appuie sur le développement des grandes villes. À l'instar de New York, Londres, Paris, Abidjan, etc.

Pourrait-on dire qu'en Afrique Centrale, aucune métropole des pays membres de la CEMAC ne se distingue au point de constituer un « centre d'ancrage » financier pour la bourse régionale, à l'image des « Smartcities [82] » aujourd'hui ? Sur la base des critères de consolidation pays/ville, une intégration et une homogénéisation (Tableau 14) du marché financier de l'Afrique Centrale sont possibles. Elles passent par la réorganisation de l'écosystème du marché financier en vue d'une meilleure attractivité et d'une plus grande visibilité pour l'intérêt de tous les acteurs directs et indirects ainsi que pour tout opérateur économique potentiel.

L'Afrique Centrale a dans son espace communautaire, à travers les différents États qui la composent, des villes qui ont connu une expansion raisonnable pour devenir au fil du temps des métropoles modernes. De ce fait elles remplissent les critères nécessaires pour faire l'objet d'attention et d'attraction afin de constituer des centres

---

[82] Programme européen des « Smartcities » (la traduction par « ville intelligente ») compte en Europe une étude du Parlement européen, près de 250 villes de plus de 100 000 habitants. Selon cette définition et les objectifs du programme, il s'agit de mettre en place des modes innovants d'accompagnement des projets urbains pour transformer la ville, en utilisant tous les moyens disponibles : capteurs, objets connectés afin d'analyser et de gérer plus efficacement l'espace public. L'ère numérique entre ainsi dans notre vie quotidienne. Philippe ARRAOU, « l'expert-comptable et l'économie numérique », p.53

d'intérêts économique, financier et socioculturel. Les plans d'aménagement et de redéfinition des ambitions de celle-ci correspondent à des perspectives d'amélioration et de multiplication des offres de cristallisation. Le développement de ces villes en métropoles se fait à des vitesses variables propres à l'histoire de chacun des pays dans leur itinéraire non linéaire vers la modernité. C'est pourquoi elles se spécialisent du fait de leur histoire mais aussi de leurs potentialités et des fonctions qu'elles remplissent déjà dans leur sphère nationale. Ces potentialités prouvées sur le plan national doivent être prises en compte sur le plan régional dans le choix des missions que les organismes régionaux veulent leur attribuer pour abriter tel un siège. Les critères de sélection objectifs basés sur les atouts réels de chacune d'elle devraient guider le choix des décideurs afin d'éviter d'accuser du retard dans la réalisation des objectifs et de limiter les ajustements en profondeur à des coûts structurels, de procédures et financiers importants.

Tableau n° 14 : Matrice de consolidation combinée (pays/ville)

Critères / Pays	Circulation Personnes+ biens C1	Mouvem capitaux C2	Dynamisme Economique Population C3	Moyens de Communic. Transport C4	Environnem Affaires Infrastruct. C5	Rang Pays
Cameroun (Douala)	+++	+++	++++	++	++	1
RCA (Bangui)	++	+	-	+	-	**4**
Congo (Brazz.)	+	++	++	+	+	3
Gabon (Lbv)	-	++	+	+++	+	2
Guinée E. (Bata)	-	+	+	-	-	**6**
Tchad (N'djamena)	++	+	-	-	-	**5**
Appréciat. Globale	**Fa**	**Mo**	**Fa**	**Fa**	**Fa**	

Source : Compilation faite par l'auteur Paul BABAGNACK sur la base des données de Guide Coface risque pays 2017, ARCEP, BAD N° 138-12/2011, Rapport Doing Business 2017.

De cette matrice de consolidation, l'on peut tirer plusieurs enseignements. Elle laisse apparaître un faible niveau de circulation des personnes et des biens dans l'espace CEMAC, avec de nombreuses conséquences sur un faible niveau du volume des échanges intra-CEMAC, mais aussi sur le transfert des capitaux. Ce bas niveau du commerce régional est un handicap au dynamisme global de son économie, même si le Cameroun présente des avantages comparatifs par rapport à ses voisins. Elle fait aussi ressortir le faible niveau du dynamisme économique de la communauté et un niveau identique des moyens de communication et de transport indispensables à la production et à la distribution de l'information en général et celle relative au marché financier en particulier. Lorsque l'on connaît l'importance des nouvelles technologies de l'information et de la communication (internet) dans les échanges commerciaux, l'on doit s'interroger sur les actions à mener pour résorber ce déficit d'infrastructures de communication.

Dans l'objectif de consolidation des marchés financiers de la CEMAC, une attention toute particulière doit être accordée à cet outil au service de la performance des marchés financiers.

Sa disponibilité ainsi que sa qualité devraient rassurer les acteurs et témoigner ainsi du niveau de technicité des installations en termes d'équipement et autres structures (salle des marchés, méthode de passation des ordres, publication des états financiers via internet, etc.). Le faible niveau du climat des affaires ajouté à ce constat complique davantage le développement des activités économiques.

Le classement rang/pays positionne le Cameroun en tête pour abriter le marché financier régional de l'Afrique Centrale. Le Gabon est en seconde position et le Congo en troisième position. Ces trois pays constituent les acteurs majeurs de l'essor du développement économique de la CEMAC. Même si le poids financier de la Guinée Équatoriale du fait de sa forte contribution financière au sein de la BEAC grâce à sa manne pétrolière en fait une interlocutrice privilégiée dans la prise des décisions qui engagent la communauté.

Théorie de la mutualisation « pooling[83] » et consolidation des marchés financiers de l'Afrique Centrale

La théorie du « pooling » est la mutualisation des moyens, des ressources et des compétences disponibles dans différents domaines en vue d'accroître l'attractivité et la compétitivité qui constituent des valeurs ajoutées. Pourquoi mutualiser ? Le processus de mutualisation est une démarche stratégique volontaire avec une caractéristique essentielle, le regroupement, donc la mise en commun. De ce regroupement se dégage un ferme désir de partager (les gains et les risques), une envie de collaborer, c'est-à-dire de contribuer à un effort collectif en fonction de ses atouts et de son potentiel et de soutenir une œuvre de construction commune.

Les leviers de mutualisation à actionner pour y arriver en ce qui concerne les marchés financiers de l'Afrique centrale peuvent être les suivants :

Typologie de mutualisation relative à la consolidation du MFRI

1) Ressources financières : un impact recherché

La libéralisation financière consiste à permettre aux banques de jouer pleinement leur rôle d'intermédiaire financier pour le développement économique des pays membres de la CEMAC. Les réformes financières engagées dans les années 80-90 allant dans le sens du renforcement de ce rôle n'ont pas eu d'impact réel sur l'économie. Par conséquent, la mutualisation financière dans le cadre de la création du

---

[83] La technique du pooling consiste en un regroupement des actifs de différents fonds d'investissement en vue de cogérer ces actifs comme un seul panier, ce qui présente des avantages en termes d'échelle, de liquidités et d'autres avantages commerciaux. Le regroupement peut prendre plusieurs formes. Il peut prendre la forme d'un regroupement en entités (entitypooling), c'est-à-dire les actifs des fonds participants sont regroupés dans une entité juridique distincte. Il peut aussi être un regroupement virtuel (virtual pooling). Il utilise les technologies de l'information pour regrouper les actifs des fonds participants comme un panier sous-jacent mais sans constituer le panier en entité juridique.

marché financier et du rapprochement des deux bourses (BVMAC et DSX) en constitue un des leviers complémentaires. La mutualisation des ressources financières par le marché financier renforce ainsi l'indispensable rôle des banques et donne à ce marché financier régional intégré (MFRI) un ancrage et une assurance dans l'espace communautaire dans la perspective d'élargissement des sources de financement. Si la libéralisation financière se définit comme un système libéré de l'interventionnisme de l'État (Mckinnon et Shaw, 1973), elle permet de booster la création et le développement du marché des capitaux afin de laisser à ceux-ci le soin des arbitrages.

La mobilité des flux financiers à travers la libéralisation financière, couplée à la consolidation des marchés financiers de la CEMAC, trouve un espace plus grand et flexible pour circuler dans la financiarisation de l'économie de la CEMAC. Caractéristique essentielle de la transmission des facteurs de production aussi importante que sont les capitaux financiers, le mouvement encadré des flux financiers est un signe révélateur de l'inclusion financière potentielle en zone CEMAC.

La baisse des coûts de transfert est une conséquence logique de la libéralisation financière, favorisant le mouvement des capitaux en grande masse. Ces coûts de transfert à la baisse des facteurs encouragent les investissements, mais aussi facilitent les transactions commerciales. Les différents règlements issus des échanges commerciaux via les circuits financiers « modernes » assèchent les circuits informels (tontines, thésaurisation) ;

La collecte de l'épargne locale et sa mise en commun détruisent le secteur financier « informel » au profit du secteur financier « moderne » (Kimberg, 1983). Par le système des vases communicants, l'épargne de placement (EP) régionale trouve des opportunités (circuits) à travers le financement de l'économie par le marché financier régional intégré.

Le renforcement du système bancaire est indispensable à la performance du marché financier régional intégré. La constitution des banques régionales (locales) est aussi une garantie du système financier régional. La banque constitue le grenier des investisseurs et autres acteurs économiques. Son rôle de collecte, de placement et de distribution des ressources financières fait d'elle un intermédiaire privilégié du système financier et de son développement.

L'intérêt principal de la mutualisation des ressources financières est de permettre une captation et une mobilité des flux financiers afin d'alimenter le marché financier régional intégré. La libéralisation financière permet l'élargissement de la surface financière du marché financier local, favorise l'identification bancaire, augmente le taux de bancarisation avec pour conséquence logique la mobilité économique dans la région.

2) Ressources technologiques : les enjeux de l'information et de la communication

La bourse est une activité à fortes ressources technologiques et spécifiques. Elle se caractérise par une forte présence des nouvelles technologies de l'information et de la communication (NTIC). L'usage et la maîtrise de celles-ci constituent un préalable de performance ainsi qu'il suit :

- L'amélioration significative du taux de pénétration de l'internet au niveau national ;

- L'interconnexion et l'harmonisation des systèmes d'information et de communication (NTIC) entre les pays membres de la CEMAC ;

- L'acquisition des technologies de pointe (innovantes, actualisées) correspondantes aux standards internationaux, permettant une facile connexion (échanges d'informations harmonisées) avec les autres places financières pour l'utilisation et la maîtrise des « best practices ».

3) Ressources techniques : un défi à relever

L'objectif est de toiletter et d'actualiser les textes juridiques pour la protection des investisseurs et pour une meilleure régulation des activités du marché financier. Les voies pour y parvenir sont les suivantes :

- Définition du cadre de coopération entre les deux régulateurs (COSUMAF pour BVMAC, CMF pour le DSX) ;
- Généralisation et facilitation d'établissement d'un document d'identification unique comme le passeport CEMAC dans les faits. Il permettra une identification commune des données personnelles en matière d'appel public à l'épargne de nature à favoriser l'élaboration d'un tronc commun d'informations obligatoire au MFRI dans le cadre de l'appel public à l'épargne d'une part ; et d'autre part à améliorer la procédure de reconnaissance mutuelle de façon à uniformiser la nature des documents d'information pour toute émission des ressortissants des pays membres. Ceci au regard de la disparité des pièces d'identification et de l'absence d'une banque de données personnelles commune ;

- L'interconnexion des deux bourses pour la mise en place d'une plateforme unique de cotation d'abord, ensuite la mise en place d'un carnet d'ordre unique pour les inscriptions des entreprises sur un même listing, enfin l'harmonisation des règles de négociations devant aboutir à une banque unique de règlement ;

- Réaliser l'unicité de l'organe de régulation, un des symboles de l'intégration financière d'une part, et d'autre part parachever l'intégration économique et construire l'intégration totale de l'Afrique Centrale par la spécialisation.

4) Ressources humaines : la compétence une priorité

Le recrutement de la ressource humaine est un processus qui répond d'abord à un besoin de main-d'œuvre à satisfaire. Et pour cela, il doit exister un rapport de corrélation entre la fiche du poste et le profil des candidats, c'est-à-dire les aptitudes des postulants et leur capacité à occuper les postes à pourvoir. La qualité de la ressource humaine passe ensuite par le respect du processus de recrutement qui doit être mené en toute objectivité et en toute transparence afin de garantir la sélection des meilleurs postulants possible. La formation de la ressource humaine enfin est un préalable contraignant à l'existence et à l'animation du marché financier régional intégré. Elle passe par la formation initiale et le renforcement des capacités par des formations continues spécialisées (séminaires stages, conférences, ateliers, voyages d'immersion et autres) ;

La gestion de la ressource humaine doit garantir la formation des employés pendant leur cursus professionnel pour une double performance tant pour les employés dans la réalisation de leurs missions avec en filigrane des promotions (horizontale et verticale) que pour la performance du marché financier dans l'atteinte de ses objectifs de collecte, de sécurisation de l'épargne et dans l'allocation des ressources à l'économie. Cette gestion de la ressource humaine passe également par le respect des normes d'hygiène, de sécurité et environnementale (HSE).

La démarche de consolidation des marchés financiers de la CEMAC conduira fatalement à un redéploiement de la main-d'œuvre existante tant dans les bourses elles-mêmes (BVMAC, DSX) que chez les régulateurs (COSUMAF, CMF), au vu des expériences accumulées par les uns et les autres dans ces différentes structures.

La mutualisation des ressources humaines ne consiste pas à un assemblage des différentes entités rapprochées, mais davantage à la recherche rationnelle des compétences indispensables au fonctionnement des nouvelles entités. Et par la même occasion à la réduction des charges salariales afin d'éviter les doublons en poste, en personnel et en coût. La théorie de la mutualisation revêt donc plusieurs formes participant ainsi à plusieurs niveaux d'intégration, allant d'une intégration à dimension financière (libéralisation financière et développement financier), à une intégration à dimension humaine (savoir-être) et une intégration des compétences (savoir-faire), en passant par une intégration technique et technologique à dimension logistique (outils, processus et procédure).

Les avantages liés à la mutualisation : conséquences de la consolidation

La consolidation des marchés financiers de l'Afrique Centrale (BVMAC et DSX) vise l'amélioration de leurs performances, notamment celles du marché financier régional intégré. À cet effet, cette mutualisation des moyens, des ressources et des compétences présente plusieurs avantages qui sont synthétisés en quatre points :

5) Niveau de liquidité élevé : centralisation des fonds dans un même endroit (panier)

La captation et la réallocation des flux financiers issus de la collecte de l'épargne locale régionale constituent une masse monétaire importante pour l'alimentation du marché financier régional. Cette centralisation des fonds facilitera le retour de la confiance et de la solidarité organique régionale. À cet effet, elle contribuera au développement du système financier « moderne » au détriment du système financier « informel » qui prive le système recherché (moderne) de fonds importants.

Cette confiance et cette solidarité régionales retrouvées constitueront des atouts d'attraction d'une partie importante des zinzins (les caisses de sécurité sociale) qui à ce jour restent exclus du circuit des marchés financiers de la CEMAC. Or ce sont des organismes qui détiennent des capitaux importants qui feraient l'objet de placement dans le marché financier régional et augmenteraient sa profondeur.

Dans l'intérêt multiforme tant du marché financier (liquidité, animation du marché régional) que de ces caisses de retraite (intérêt de placement, absorption des déficits garantissant le paiement des retraites, etc.), en passant par la multiplicité des demandeurs de fonds (emprunteurs) du fait de la présence de l'offre, le grenier (panier) plein de ressources financières de divers horizons (épargne de placement, caisse de retraite), ne demande qu'à être mis en valeur (placement, investissement).

6) L'effet de taille : augmentation de l'espace et du volume probable de transaction

La consolidation des marchés financiers de la CEMAC entraîne inéluctablement un accroissement de l'échelle en termes d'espace comme variable essentielle de la pensée économique dans une économie de marché. L'économie géographique en fait une illustration parfaite de sa prise en compte dans les échanges économiques, *la conquête de l'espace est donc stratégique.* Dans le cadre du rapprochement des marchés financiers de l'Afrique Centrale, l'espace devient un produit d'un système des forces, en fonction de l'intensité des forces en jeu, du paysage économico-financier de la CEMAC.

L'échelle de grandeur du marché financier régional intégré ayant évolué, le niveau des transactions s'en suivra du fait de l'importance de sa liquidité, de sa profondeur et débouchera sur une efficience effective. L'efficience étant un critère pertinent dans l'appréciation de la performance d'un marché financier.

7) Animation du marché : nombre important d'intervenants induisant à la baisse les coûts des transactions.

La liquidité couplée à la taille du marché contribue à l'animation du marché financier. Sans distinction de comparaison du mouvement de chaque compartiment du marché, le marché dans sa globalité connaît un frémissement de la part des acteurs directs comme indirects.

En plus de ses acteurs traditionnels (bourses, régulateurs, banques de règlement, des zinzins, etc.) le marché connaît d'autres arrivants, attentistes au départ mais encouragés par la nouvelle configuration organisationnelle, managériale et communicationnelle du marché qui inspire confiance.

Le nombre croissant d'intervenants dans le nouveau marché régional impacte potentiellement les coûts de transactions. Favorisés par la consolidation, les effets induits de l'apport technologique (plateforme) commun des ordres, des frais de recherche des informations et autres intermédiations autrefois dupliqués sont réduits d'emblée de moitié. L'effet de taille et du nombre créé la concurrence entre les acteurs et participe à la baisse des coûts de transaction. Sans ignorer que leurs coûts dupliqués ou élevés dans chacun des marchés financiers (BVMAC, DSX) constituaient une barrière à l'entrée (frein) pour les potentiels intervenants (emprunteurs).

Mais aussi cette importance numérique suscite d'autres convergences en interne permettant d'accroître la rentabilité des titres, c'est-à-dire le regroupement des actifs en cogérance. Ce serait possible par secteur d'activité ou autre intérêt convergent, tel que par entité (*entitypooling*), c'est-à-dire plusieurs fonds en forme juridique (les caisses de retraite).

8) Transfert de technologie et de technicité : exigence de compétence et d'appétence

L'implantation et le fonctionnement des marchés financiers, pour garantir leur performance et leur efficacité, nécessitent l'appropriation d'une technologie et d'une technicité de pointe. La mutualisation dans son objectif d'unicité permettra le choix et l'acquisition d'une technologie capable de répondre à des standards internationaux du secteur du marché financier. La transparence des informations (informations financières et non financières), la rapidité de traitement (ordres et autres) et la réduction des coûts de transaction (intermédiation et autres) conduiront inexorablement à la mise en place d'une plateforme technologique commune (*virtualpooling*).

Secteur règlementé et normé, la finance des marchés, outre des contraintes technologiques, se trouve confrontée à des contraintes techniques qui imposent des compétences appropriées et actualisées. De ce fait, la formation devient une préoccupation permanente pour être capable de relever des défis d'efficacité et de rentabilité.

La recherche de la ressource humaine doit se faire avec impartialité et objectivité, dénuée de toute autre considération relative à l'environnement sociologique de complaisance qui caractérise souvent nos organisations régionales, affectant d'entrée de jeu les résultats attendus.

Dans l'esprit de l'appropriation de la théorie de la mutualisation et de son implémentation dans le processus de consolidation des marchés financiers de la CEMAC, il y a lieu de faire une distinction entre la mutualisation « ascendante » et la mutualisation « descendante ».
Au regard de la sphère territoriale de compétence des deux marchés financiers de l'Afrique Centrale, la BVMAC est à compétence régionale et le DSX est à compétence nationale.

La mutualisation « ascendante »

Principe sous-jacent de la théorie de la mutualisation, elle consiste en l'intégration totale des compétences (acceptation) d'une entité inférieure à une entité supérieure, qu'elle soit territoriale ou organique ; tant dans les règles que dans les principes et méthodes d'organisation et de fonctionnement. Dans le cas de cette réflexion, il ne s'agit pas pour le DSX d'intégrer la BVMAC avec ses structures, son organisation, sa règlementation législative et fiscale. Il n'est donc pas question d'une incorporation totale encore moins partielle (fusion-absorption) ou alors d'une mutualisation verticale pour une quelconque assimilation ou domination hégémonique.

La mutualisation « descendante »

Principe secondaire de la théorie de la mutualisation, par opposition à la mutualisation ascendante, il s'agit d'un transfert total de l'organisation, du mode de fonctionnement et des compétences d'une entité supérieure vers une entité inférieure.

La mutualisation « annexée »

Principe hybride de la théorie de la mutualisation, il s'agit de l'unification de deux ou plusieurs entités liées par un objectif commun, de les harmoniser sur les plans de l'organisation, du mode de fonctionnement, des règles et les principes qui doivent servir de mode de gouvernance.

Figure n° 7 : Matrice croisée des facteurs clés de succès de la consolidation

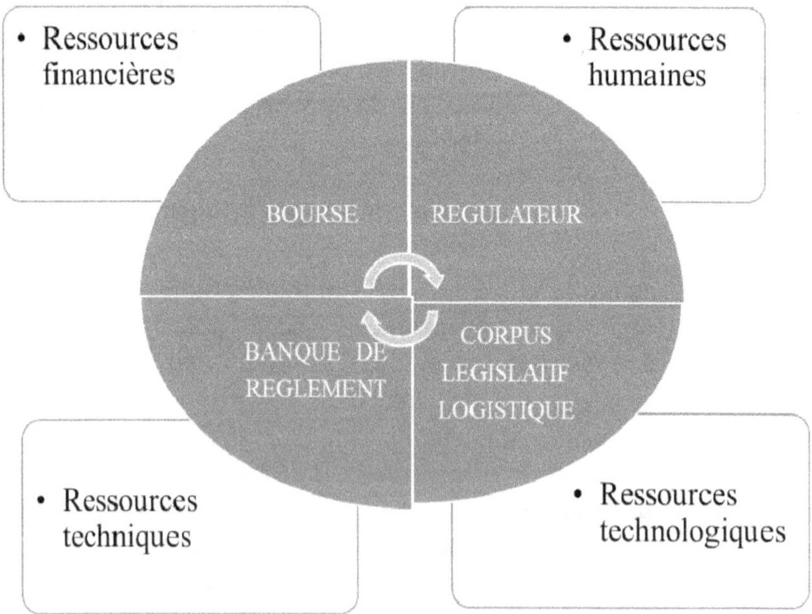

III.1.1.3 Raisonnement par l'observation

III.1.1.3.1 Idéologie du marché financier régional intégré

L'idéologie du marché financier régional intégré correspond à la difficulté de la création et de l'existence de deux centres dans une même aire homogène qui rendent pertinente et opportune la consolidation des deux marchés financiers dans l'espace CEMAC.
« Les bourses comme les métropoles atteignent une taille critique en se regroupant et en constituant le centre unique d'une aire d'influence » [84] . La consolidation est le *leivmotiv* qui garantirait l'atteinte de l'objectif de financement des investissements par le marché financier et susciterait une véritable intégration financière dans la communauté régionale.

Chacun de ces marchés dispose d'une organisation architecturale identique, des objectifs similaires mais des compétences territoriales différentes. La tentative de mettre un terme à cette confusion polémique passe par la prise en compte de deux contraintes :

Des contraintes objectives ;

Des contraintes subjectives.

Toutes liées aux difficultés rencontrées par les acteurs dans les processus ainsi que les lourdeurs administratives, elles sont relatives à l'environnement économique des affaires au regard des caractéristiques économiques propres à chaque État membre.

[84] Étude prospective sur le potentiel du Marché Financier régional de l'Afrique Centrale, rapport proposé aux participants au Forum sur le Développement du Marché Financier de l'Afrique Centrale, Malabo, 24-25 février 2016, p.20

III.2 Contraintes de consolidation du marché financier régional intégré

III.2.1 Les contraintes objectives

Les contraintes objectives à la convergence des marchés financiers de la CEMAC représentent les contraintes essentielles à prendre en considération dans la démarche de consolidation du marché financier régional intégré.

III.2.1.1 Les faiblesses de grandeur

Étroitesse du marché : la taille

Les marchés financiers de l'Afrique Centrale pris individuellement sont étroits et limitent l'aptitude des pays membres détenteurs de la région à attirer les investisseurs locaux ou expatriés. Les performances de ceux-ci et le dynamisme économique de leurs pays membres ne sont guère significatifs, ils ne peuvent donc jouer pleinement leur rôle dans le financement de leurs économies respectives.

Faiblesse des économies : l'exportation des matières premières

L'existence des marchés financiers nationaux et leur maintien sont incertains à long terme à cause de la taille étroite des économies des pays de la CEMAC. Le poids économique des pays de l'Afrique Centrale pris individuellement au regard de leurs caractéristiques économiques (tableau n° 16) justifie largement la faiblesse de leurs économies. Essentiellement tournées vers l'exportation des matières premières, les économies des pays de la zone CEMAC sont faiblement industrialisées. Leurs faibles capacités de transformation locale ne créent pas une valeur ajoutée capable de soutenir l'économie locale et de recycler les revenus obtenus. D'où l'accélération du rythme des investissements attirés par un marché financier plus large et un code communautaire des investissements plus libéral.

III.2.1.2 Les faiblesses structurelles et organisationnelles

La gestion de l'information et la transparence de l'information comptable et financière : la transparence et la disponibilité

Avec les actes uniformes de l'OHADA et les textes subséquents, le respect des codes d'éthique dans la production de ces états financiers permet d'éviter le problème de la fiabilité des états financiers.

L'absence de transparence donc de fiabilité bloquerait ou limiterait le volume des mouvements des capitaux. Le capital flottant qui en découle et qui alimente les flux financiers dans les marchés financiers et conditionne leur attractivité se trouverait ainsi plombé. Par la même occasion, la profondeur des marchés financiers en pâtirait et par l'effet d'entraînement la liquidité des marchés financiers qui exprime le volume réel du capital échangé subirait les conséquences de cette inertie.

C'est pourquoi, « *Aller en bourse est une bonne chose pour les entreprises africaines, car cela permet de les pousser à être plus transparentes* »[85]

D'où l'importance que l'on accorde à l'information comptable et financière des entreprises. La comptabilité est un excellent vecteur informationnel et probablement le meilleur contre-feu à l'efficience des marchés et surtout des marchés financiers. En même temps la comptabilité peut au mieux mesurer le présent sans empiéter sur le futur. Son complément est la valeur boursière, dont la fonction principale est d'exploiter l'utilité des biens dans le futur. « La comptabilité est le passé et la finance est le futur »[86]. Il y a un manque d'information lié au démarchage trop peu fréquent des émetteurs

[85] Diop, Vice-président Afrique de la Banque Mondiale, Jeune Afrique, 55è année, n° 2828, du 22 au 28 mars 2015, p.23 Africa CEO Forum Genève 2015.

[86] Henri Heigbeder, P-DG et président de croissance plus, fondateur de Self-Trade, table ronde diffusée sur le site Net et digest, Finance : manuel et application Dunod 2e Édition p. 82

potentiels par les sociétés de bourses (absence de surveillance par le régulateur de l'activité commerciale des sociétés de bourse)[87].

Le développement de l'économie de marché et principalement celui des marchés boursiers ont contribué au renforcement significatif de l'utilisation des informations comptables et financières. De ce fait, leur production et leur publication doivent garantir leur qualité sous la responsabilité du dirigeant, afin que tous les acteurs concernés dans le processus de prise de décision soient informés. Et ce processus peut concerner aussi bien l'apport de capitaux par les investisseurs sur les marchés financiers que l'octroi de crédits par des institutions financières. Ces informations doivent apporter des précisions sur l'avenir des entreprises qui sollicitent l'épargne publique pour financer leurs projets, pour la continuité de leurs activités.

Et pour cela, il faut aux côtés des entreprises et des agences de régulation ainsi que des sociétés de bourses, des professionnels de la comptabilité (auditeurs externes) capables avec autorité de certifier les états comptables et financiers. Leur présence (figure n° 8) est indispensable au bon fonctionnement des marchés pour apporter la crédibilité aux informations contenues dans les états comptables et financiers avant leur publication.

Le rôle de l'auditeur externe est d'exprimer une opinion sur la sincérité des états comptables et financiers, indispensables au bon fonctionnement des marchés financiers. « *Une mission d'audit des états financiers a pour objectif de permettre à l'auditeur d'exprimer une opinion selon laquelle les états financiers ont été établis, dans tous les aspects significatifs, conformément à un référentiel comptable identifié » (IFAC,* Handbook of International Standard on Auditing *Assurance and Ethics Pronouncements 2008, ISA 200*

[87] Étude prospective sur le potentiel du Marché Financier régional de l'Afrique Centrale, rapport proposé aux participants du Forum sur le Développement du Marché Financier de l'Afrique Centrale, Malabo, 24-25 février 2016, p.21

Figure n° 8 : La présence de l'auditeur externe sur le marché financier

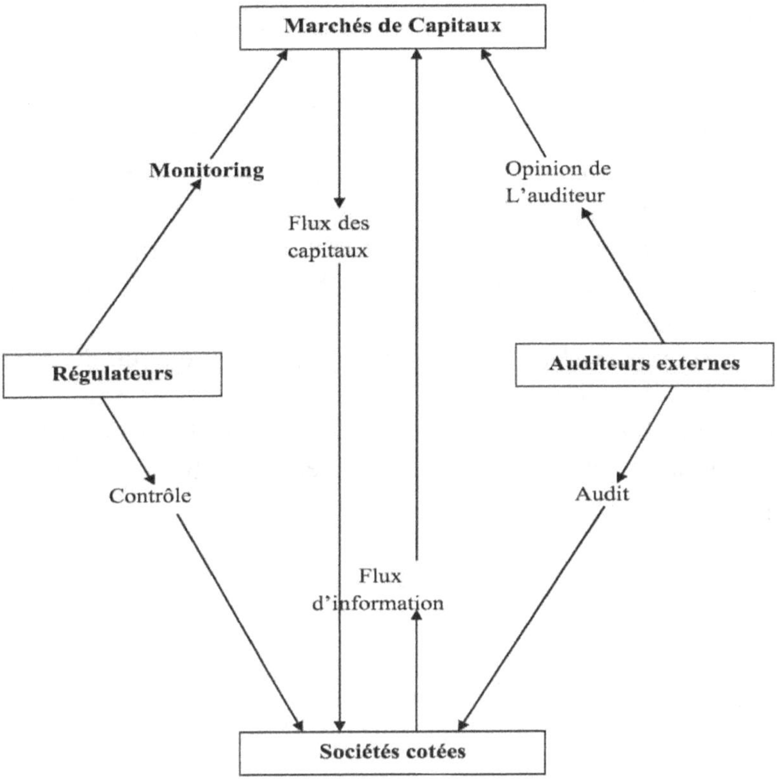

Source : MBA finance « Tout ce qu'il faut savoir sur la finance par les meilleurs professeurs et praticiens » Édition et Organisation EYROLLES p. 629

Même si les états comptables et financiers à eux seuls ne comportent pas l'essentiel de l'information comptable et financière, ils constituent les bases de cette information et donnent l'image de toute entreprise à un moment donné. Ils permettent de faire une lecture a priori de toute entreprise et d'apprécier la capacité financière de celle-ci pour une éventuelle prise de décision. L'information financière la mieux structurée et la plus élaborée permet de faire le lien entre l'efficience des marchés [88] et leurs performances. *« Le marché financier est généralement considéré efficient au sens informationnel (1) lorsque les prix négociés reflètent toutes les informations disponibles (2) les prix réagissent immédiatement à l'annonce de nouvelles informations »* (Dyckman et Morse 1986, p.82). Après avoir indiqué l'importance et la crédibilité de l'information comptable et financière dans le processus de prise de décision sur les marchés financiers, il revient de justifier le rôle des auditeurs externes en charge de l'élaboration (traitement) de ladite information d'une part, et d'autre part ceux en charge de la certifier. Leur rôle (pour les seconds) est éminemment significatif, car il permet de réduire l'asymétrie d'information (figure n° 9) et leur opinion garantit la qualité de cette information. Par conséquent ils doivent être sélectionnés selon des critères fondamentaux de leur profession, à savoir l'indépendance, l'intégrité et la confidentialité, la compétence, l'objectivité, le respect de l'éthique et de la déontologie.

[88] Le concept de marché « efficient » fait son apparition aux États-Unis dans les années soixante. Pour les économistes, un marché idéal est celui où les cours reflètent instantanément les conséquences des évènements passés et les anticipations d'évènements futurs, fournissant aux opérateurs des indications correctes pour leurs décisions d'épargne ou d'investissement.

Figure n° 9 : Rôle de l'auditeur externe dans la réduction de l'asymétrie d'information

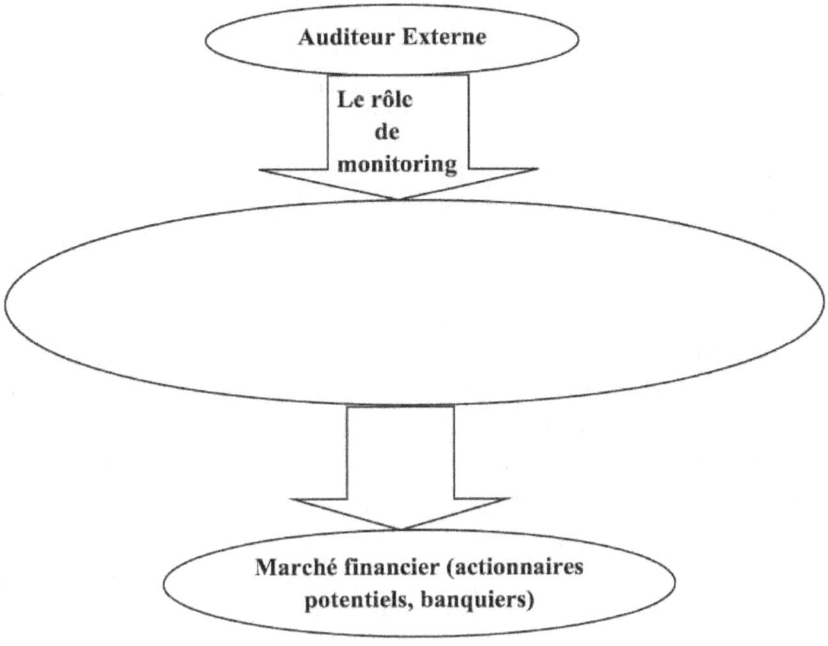

Source : Soltani, Auditing and international Approach 2007, p.58

Cette information devrait être complétée par d'autres documents de gestion tels que les procès-verbaux d'assemblées, les rapports de gestion pour une analyse plus approfondie. Il est néanmoins regrettable de constater qu'à ce jour aucun des pays de l'espace CEMAC ne dispose d'une centrale de bilan, outil indispensable pour la certification de la qualité et de la crédibilité des états comptables et financiers qui sont établis dans ces pays membres. Il reste cependant toujours en projet depuis de nombreuses années, une autre faiblesse structurelle qui freine le développement financier dans la CEMAC.

D'où le risque de produire des états financiers tronqués et qui sont susceptibles de varier selon les besoins des entreprises et en fonction des destinations. Des pratiques contraires à l'exigence de l'établissement d'un seul état financier et comptable par entreprise à une période annuelle conformément à la déontologie professionnelle des experts-comptables. Il est également déplorable de faire remarquer que dans l'espace CEMAC, l'organisation des professionnels libéraux de la comptabilité n'est pas conforme à la règlementation communautaire qui exige à chaque État membre de la CEMAC de constituer un ordre des experts-comptables.

Tous ces pays ne disposent pas des ordres à l'exception de la République du Cameroun qui détient l'Ordre National des Experts-Comptables du Cameroun (ONECCA) le plus ancien avec un nombre important des professionnels libéraux de la comptabilité, environ trois (3) cents membres, et dans une moindre mesure et de très petite taille la République Centrafricaine et tout récemment la République du Congo.

Instabilité conjoncturelle et structurelle

L'importance du risque

L'instabilité conjoncturelle résulterait des différents risques qui pourraient perturber momentanément l'équilibre ou l'ordre des processus, du dysfonctionnement d'une structure des parties prenantes à l'animation du marché financier. Cet état de fait n'est pas de nature à rassurer les investisseurs ou les prêteurs et même les opérateurs économiques dans leur ensemble. Un environnement trop risqué par des élans de revendications sociales paralyse les initiatives privées et ralentit la croissance. Les marchés financiers sont souvent sensibles à un climat des affaires peu rassurant. Les risques opérationnels s'accentuent par les fraudes massives et récurrentes dénoncées par les organisations non gouvernementales telles que *Transparency International* et d'autres partenaires financiers bilatéraux (club de Paris), et multilatéraux (BM, FMI).

Ils sont essentiellement d'une part internes aux banques partenaires primordiales des marchés financiers, provenant des détournements commis par les employés par une utilisation frauduleuse des informations confidentielles de la clientèle en dépit du secret bancaire, et d'autre part externes aux banques par des faux en écritures relatifs aux états comptables et financiers et au piratage informatique, accentuant ainsi le risque crédit.

Or ces risques peuvent être jugulés par le partage des informations aux prêteurs potentiels en s'appuyant sur trois structures comportant des bases de données, c'est-à-dire une centrale de risques qui recense les crédits déclarés par les établissements de crédits et par types de crédits, une centrale des incidents de paiement qui est renseignée par le gestionnaire des systèmes de paiements et recense les ordres de paiement non provisionnés et une centrale des bilans qui regroupe les bilans déposés par les entreprises.

Une quatrième structure de référence internationale est prise très au sérieux tant ses avis comptent dans l'environnement économique et financier, même si elle est à caractère privé. Il s'agit des agences de notations qui analysent la capacité des organisations (États et entreprises) à emprunter sur les marchés financiers et leurs aptitudes potentielles à créer de la richesse et donner des gages de remboursement. Ces analyses sont faites sur la base de trois types de notations, à savoir : la notation sollicitée, la notation non sollicitée et la notation obligatoire. Cette dernière notation contraignante, donne une garantie de transparence de la gestion de l'information comptable et financière des entreprises cotées mais aussi apprécie la qualité de leur management (bonne gouvernance).

Il est fort regrettable de relever que dans la CEMAC aucun pays, y compris ceux dans lesquels sont domiciliées les deux places boursières (BVMAC et DSX) ne disposent d'une agence de notation locale ou de représentation comme c'est le cas en Afrique de l'Ouest avec la BRVM (Bloomfield Investment Corporation, Abidjan, Côte d'Ivoire). Ces structures sont des outils à promouvoir, car elles permettent ainsi d'évaluer les éléments de risque associés à l'emprunteur et assurent une attractivité du marché pour plus de dynamisme. C'est une logique de bonne gouvernance qui favorise la circulation des capitaux avec sécurité et fluidité dans un environnement de stabilité et de confiance. Au regard du développement de l'environnement financier dans la CEMAC dans la recherche des sources de financement additionnelles et variées, l'exposition au risque de crise financière (risque de crédit, risque de liquidité, risque de taux) augmente également (Loyaza et Rancière, 2006).

La faiblesse de l'épargne locale nationale : faiblesse des revenus et thésaurisation

Les revenus des ménages dans les différents pays qui composent la CEMAC sont faibles en majorité et l'épargne qui en découle est faible en conséquence. Le niveau des salaires minimums interprofessionnel (SMIG), (tableau 15**)** dans ces pays est un indicateur révélateur et qui contraint à une mutualisation des ressources. Or cette épargne constitue la base de collecte des fonds nécessaires au fonctionnement des marchés financiers par le biais des banques, dans un système bancaire renforcé et dans une vision d'inclusion financière.

La raréfaction de cette épargne plombe les investissements privés par les entreprises et les ménages (Artus, 2009). De ce fait, la relation épargne et investissement se trouve déséquilibrée. Cette ressource rare qu'est l'épargne comporte plusieurs variantes qu'il faut appréhender afin de déterminer la part de cette épargne qui est réservée à l'investissement. Avant cela, il convient de définir l'épargne et ses déterminants pour une meilleure compréhension.

L'épargne est une notion plurielle qui peut être soit monétaire, soit non monétaire (IGBEN et AKANDA, 1988). Mais celle qui intéresse notre réflexion est la forme monétaire. Elle peut être définie prosaïquement comme la fraction du revenu mise en resserve « grenier » pendant une période pour un usage ultérieur, soit comme épargne de sécurité (ES) ; soit comme épargne d'investissement (EI) ou épargne de placement (EP).

Elle tient compte des théories économiques du cycle de vie (Modigliani et Bumberg, 1954 ; Ando et Modigliani, 1963) et du revenu permanent (Friedman, 1957). Ces théories mettent en exergue les opportunités de consommation des ménages à court, moyen et long termes par anticipation des revenus futurs. La théorie du cycle de vie tient compte de trois notions essentielles : « la jeunesse », « l'activité » et la « retraite » (Vililieu, 1997, p.43). Ces trois notions laissent apparaître que l'épargne est fonction de l'âge du consommateur et de son activité. Cette activité influence le taux de l'épargne par la croissance démographique et la croissance économique.

Les études démographiques en zone CEMAC montrent que les jeunes sont plus nombreux et moins actifs d'une part, du fait des différentes crises économiques (endettement, 2008) qui ont perturbé les élans de croissance depuis les années 70. Lorsque cette population est active, elle dégage des revenus faibles ou informels qui échappent aux circuits modernes de l'économie. Avec un taux de croissance global de la communauté qui oscille entre 4 % et 5 % selon les estimations de la BEAC, cette économie ne garantit pas la résorption du chômage des jeunes en expansion galopante en Afrique Centrale, fragilisant ainsi la qualité de l'épargne dans la CEMAC.

Même si l'on peut considérer que le couple épargne et investissement à lui seul ne garantissent pas l'optimalité entre l'offre et la demande des fonds prêtables, il va de soi que l'épargne est aussi fonction de sa structuration qui n'est pas toujours en corrélation avec la structure des capitaux nécessaires aux investissements. On peut dans ce cas questionner aussi sa rémunération qui elle, est fonction de la structure des taux par catégorie d'épargne. À cela, il faudrait ajouter la faiblesse de collecte et de canalisation de cette épargne par le système financier dans les investissements rentables, d'où l'existence des actifs non risqués (Gaballero et Farhi, 2014) et des investisseurs de long terme.

Or le marché financier se nourrit des capitaux longs pour des investissements à long terme. Pour ce faire, il faut une recomposition du système financier à la hauteur des enjeux de financement de l'économie par les marchés financiers et alléger ainsi le poids du système bancaire dans le financement de l'économie. Ce poids devient rigide par les mesures draconiennes qu'il impose dans la distribution du crédit, en dépit de la surliquidité des banques.

Comme ailleurs et principalement en Europe où le système bancaire participe en moyenne à hauteur de 80 % (BCE) au financement de l'économie, contrairement aux États-Unis ou c'est dans le marché financier (*Market-based*) que les entreprises américaines se financent à hauteur de 74 % [89] , le système bancaire *(Bank-based)* reste prépondérant dans le financement de l'économie des pays de l'Afrique Centrale à côté de celui du système non financier, donc « informel ». Un changement de paradigme financier et de trajectoire de mode de financement de l'économie de la CEMAC s'impose à cet effet.

Néanmoins, la place et la fonction de l'épargne dans l'économie sont indéniables. Elle est une composante essentielle dans le système d'irrigation du système financier. De façon simpliste et compréhensible, l'équation suivante relative à l'épargne est établie indépendamment du cycle de vie, de sa structuration, de sa rémunération et de son caractère périodique.

1) Identification des variables :

R= Revenu
C=Consommation
E= Épargne
S= Sécurité
I=Investissement
P=Placement

---

[89] Revue d'économie financière 123 « La recomposition des systèmes financiers », Stéphane COLLET et Caroline PENY, « Le marché Euro PP : une nouvelle source de financement dans un contexte de désintermédiation », p.209

2) L'équation de l'épargne :

Revenu (R) – Consommation (C) = Epargne (E)

Soit : R – C = E

- S= Sécurité → Epargne de sécurité **(ES)**
- I=Investissement → Epargne d'investissement **(EI)**
- P=Placement → Epargne de placement **(EP)**

3) L'interprétation de l'équation

Sur la base de cette équation formulée et compte tenu de la disparité des revenus dans la CEMAC et de leur faiblesse, l'interprétation faite de trois types de résultats obtenus est la suivante :

(ES) Épargne de sécurité

L'épargne de sécurité correspond à la part de l'épargne qui est réservée pour remédier à des situations courantes et à des opérations d'urgence. Elle est donc à usage de court terme, c'est-à-dire fongible et représente les dépenses des ménages dans un futur proche. Il peut s'agir des dépenses de santé ou celles relatives à l'enseignement. Ce type d'épargne n'intéresse pas le marché financier.

(EI) Épargne d'investissement

L'épargne d'investissement correspond à la part de l'épargne qui est destinée à des investissements non productifs, donc moins rentables sur le plan du gain financier. Elle est liée au comportement du consommateur qui peut agir en fonction des effets de mode ou du niveau de disponibilités financières. Elle est donc fonction de chaque génération. Il peut s'agir du mobilier comme de l'habillement ou de l'électroménager, et, etc. Cet autre type d'épargne n'est pas en relation avec le marché financier.

(EP) Épargne de placement

L'épargne de placement correspond à la part de l'épargne qui est consacrée à des investissements rentables. C'est-à-dire à des investissements susceptibles de produire un revenu additionnel à moyen et long termes. C'est elle qui est orientée dans les marchés financiers pour l'acquisition des actions ou des obligations. Du point de vue quantitatif, elle doit être importante pour assurer un équilibre conséquent entre l'épargne et l'investissement, c'est-à-dire du volume de l'épargne dépend le volume des investissements. À *contrario*, si elle est faible, cela traduit l'incapacité de l'économie à mobiliser une épargne forte pour l'investissement. C'est le cas des pays membres de la CEMAC. Or l'économie a besoin des placements à long terme pour financer des projets d'investissement productif et dans des secteurs d'activité à haute intensité de croissance, afin de préparer leur rentabilité dans le temps après avoir atteint leur échelle de maturité. Cette échelle de maturité doit être comprise sous deux angles. Le premier angle est celui de l'investisseur financier pourvoyeur de fonds dans le marché financier qui attend des intérêts de son placement à terme, et le second angle est celui de l'investisseur du projet qui garantit la rentabilité du projet lui permettant d'assurer l'amortissement de l'investissement, donc de payer les intérêts. L'objectif de l'échelle de maturité est de répondre aux exigences croissantes de la maîtrise des risques dans le temps pour une rentabilité optimale des ressources financières. Le niveau d'optimisation confère donc au dirigeant une connaissance précise des risques qui lui permet de piloter le dispositif de production en engageant des actions ciblées pour une amélioration progressive de la productivité.

Tableau n° 15 : Les salaires minimums (SMIG) dans les pays de la CEMAC (en francs de CFA)

PAYS	SMIG
Cameroun	36 270
Centrafrique	35 000
Congo	50 400
Gabon	80 000
Guinée Équatoriale	128 000
Tchad	60 000

Source : Ministère du Travail des pays concernés

Faiblesse de rémunération des dépôts bancaires : Faiblesse des taux de bancarisation

Le développement des marchés financiers pour la croissance et l'investissement est obstrué par un système bancaire qui a failli à sa mission d'intermédiation à cause des taux d'intérêt des emprunts très élevés (en moyenne 13 %) qui rendent coûteux le recours au crédit, en plus des dépôts qui sont faiblement rémunérés avec un taux de 2 % environ. Même si l'on peut concevoir que les banques en Afrique Centrale exercent dans un environnement volatile et parfois incertain (Naylor, 1995, p : 58), elles sont impactées par des paramètres internes de nature quantitative (ex. Les ratios financiers) mais aussi par des paramètres internes de nature qualitative (ex. paramètres relatifs aux activités) au regard des remous de corruption et de blanchiment qui sapent la notoriété de certaines d'entre elles. Il faut ajouter à cela la mal gouvernance qui a entraîné la cessation d'activités de certaines d'entre elles. Cet état de fait n'encourage pas l'épargne, car elle sort des circuits formels de captation et d'orientation des flux financiers au profit des circuits informels et de thésaurisation, encourageant par la même occasion l'usure, une activité illégale.

Cette faiblesse des taux de bancarisation en Afrique centrale peut trouver une triple justification. D'abord, les pratiques socioculturelles font en sorte que le poids des traditions[90] crée un climat de méfiance entre les populations et le système bancaire et fait ainsi le lit des tontines. Les tontines[91] alimentent les circuits informels d'épargne et favorisent le développement d'un secteur financier informel.

Ensuite, l'ordre politique et structurel sur le continent reste fébrile à l'installation des banques dans les pays respectifs qui composent l'espace CEMAC. Même si l'on assiste depuis plus d'une dizaine d'années à la prolifération des banques locales et à caractère régional pour certaines. Il n'en demeure pas moins que le volume de l'épargne dépend aussi de la capacité et de la volonté d'épargner, de l'existence des mécanismes de facilitation à épargner (taux d'intérêt) dans un environnement de sécurité et d'accessibilité de la liquidité.

La liquidité, élément déterminant dans le mouvement des capitaux dépassant les frontières nationales est un enjeu déterminant dans la promotion des investissements par son caractère d'immédiateté. La disponibilité est une source supplémentaire de motivation à épargner dès lors qu'on sait que l'on peut disposer de sa réserve financière à tout moment, en la plaçant dans un marché financier ou en sollicitant du crédit à des taux moins prohibitifs. Dès lors qu'on assiste à une accumulation de l'épargne, le coût de crédit est à la baisse.

[90] Jean-Baptiste Keza, Centre d'études stratégiques du bassin du Congo

[91] Les tontines sont des associations regroupant des membres d'un clan, d'une famille, des voisins ou des particuliers, qui décident de mettre en commun des biens ou des services au profit de tout un chacun, et cela à tour de rôle (F. BOUMAN, 1977). Il donne une appellation scientifique des tontines « Associations rotatives d'épargne et de crédit (AREC ou ROSCA en anglais).

Enfin, le développement rapide du mobile banking[92], appelé encore « m-banking » a impacté le paysage bancaire. La présence récente de la téléphonie mobile et son expansion ont donné l'opportunité aux opérateurs de téléphonie mobile d'innover, en offrant des produits et services de substitution, ramenant ainsi dans leur clientèle une partie de consommateurs demeurés en marge du système bancaire. Au regard de la large couverture du réseau mobile, le téléphone portable est devenu un catalyseur pour les produits bancaires. Aujourd'hui les transactions financières via le téléphone portable sont importantes au point où les banques créent des partenariats avec ces compagnies de téléphonie mobile pour espérer conquérir de nouvelles parts de marché et résister à la concurrence des microfinances qui étendent leurs tentacules vers des zones reculées.

Dans ce contexte, on assiste à des joint-ventures entre les banques et les opérateurs de télécoms pour développer et renforcer les « m-paiement ».

Modèle de complémentarité : les banques et les opérateurs mobiles proposent chacun un mode de paiement mobile mais adressent des cibles différentes ;

Modèle de substitution : si les banques ont peu de latitude localement, les opérateurs télécoms peuvent proposer seuls une solution de paiement mobile et vice-versa ;

Modèle de coopération : les banques et les opérateurs télécoms sont amenés à réaliser des partenariats tout en gardant leurs rôles initiaux sur la chaîne de valeur de paiement ;

Modèle de fusion : les acteurs peuvent fusionner ou acquérir la possibilité de devenir un opérateur unique à part entière.

---

92 Les opérations bancaires via le téléphone portable

Toutefois une banque est conçue comme un système qui a des fonctions diverses avec des produits multiples en interaction entre eux et son environnement (Schein, 1971). Elle doit progressivement s'adapter à celui-ci afin d'espérer réaliser des performances satisfaisantes pour elle et pour sa clientèle. Il est également incontestable que la structuration du système bancaire a évolué considérablement au fil du temps (depuis les années quatre-vingt) pour s'arrimer à un *new deal* des marchés financiers caractérisé par leur ouverture.

La gouvernance et la guerre de leadership : une vision opaque

Le déficit organisationnel et l'inexistence d'une vision globale réelle et soutenue entraînent des incohérences que l'on peut constater à travers le dualisme du marché financier régional qui existe dans la zone CEMAC, tant sur le plan conceptuel et méthodologique que sur le plan managérial.

Il s'en trouve que la vision de départ d'une bourse régionale fut tronquée dès son adoption par ses initiateurs en choisissant Libreville, la capitale politique gabonaise comme domiciliation de l'institution régionale du marché des capitaux ; et les raisons de politique régionale ont été privilégiées au détriment des aspects purement économiques dans la logique d'affrontement du leadership régional. La République du Cameroun pour contester ce qu'elle jugeait comme une trahison, a créé sa bourse de valeurs mobilières à Douala, le Douala Stock Exchange (DSX).

La complexité de l'écosystème du marché financier régional et l'absence d'intégration financière créent des doublons et des goulots d'étranglement qui fragilisent l'animation du marché financier à divers paliers :

Deux marchés financiers ;
Deux organismes de surveillance ;
Deux banques de règlement ;

Deux visas même pour les États membres ;
Trois dépositaires centraux
Etc.

Que de contradictions et d'incohérences qui donnent de l'indigestion pour que l'on s'intéresse à ce secteur d'activités au service du développement, surtout dans les PED.

L'influence de l'information : Les NTIC

Les NTIC font partie des trois maillons qui constituent la « nouvelle économie ». Il s'agit des **(i)** NTIC et de leur lien étroit avec l'économie **(ii)** de l'ensemble des évolutions techniques et leur impact sur la sphère économique (iii) du nouveau tissu des start-up innovantes en cours de création [93]. L'intégration des systèmes d'information de manière à atténuer les risques et abaisser les coûts de surveillance et de filtrage à travers les NTIC pourrait conduire à une harmonisation des méthodes et de procédures d'émission des titres, la publication des informations comptables et financières des émetteurs par le biais d'une plateforme sous régionale.

L'internet se trouve être un puissant outil au service des marchés financiers dans le monde. Les études empiriques font suffisamment écho de cette réalité, car les flux financiers à travers le monde transitent par le canal de l'informatique par milliers et en temps réel comparable à la vitesse du son. Les NTIC sont aujourd'hui un dispositif essentiel de collecte, de traitement, de diffusion et de stockage d'un nombre impressionnant d'informations.

Néanmoins, il subsiste un déséquilibre flagrant tant dans le niveau de la connexion internet (débit) que dans son accessibilité au plus grand nombre. Ce déséquilibre constitue un handicap, voire un défi à relever afin de prétendre à une plateforme communicationnelle. Aujourd'hui,

[93] Dans la Revue d'économie financière 123 « La recomposition des systèmes financiers », Jean-Hervé LORENZI, « Le financement de la nouvelle économie : Révolution ou évolution » p.33.

la fibre optique fait figure d'avancée technologique qu'il serait aveugle et manquer de vision managériale pour ne pas en tenir compte dans la projection du projet d'une plateforme commune à caractère régional.

Si à ce jour le niveau de connexion au réseau téléphonique ainsi que les coûts sont prohibitifs et disparates dans chacun des pays de l'Afrique Centrale, cette situation est révélatrice du retard à combler.

Avec l'apparition de ce nouvel acteur financier, essentiel et innovant du paysage économico-financier de la CEMAC, l'information est devenue un outil indispensable à la prise de décision d'investissement et de placement. Qu'elle soit financière ou non financière, elle impacte les comportements des acteurs qu'ils soient institutionnels (zinzins) ou non, car les non institutionnels sont de potentiels acteurs du marché boursier.

L'information générale, comptable et financière joue un rôle majeur dans le fonctionnement des marchés financiers. Elle participe à la campagne de sensibilisation (road show) tant nécessaire à la vulgarisation de la culture boursière. Élément d'attractivité, elle contribue à la promotion des entreprises cotées et donne une image panoramique de l'environnement économique pour l'intérêt de celles-ci ainsi que pour la population.

De ce point de vue, l'information comptable et financière, de par sa spécificité présente plusieurs atouts :

Elle participe à la transparence comptable et financière des entreprises au profit des administrations et des tiers en relation d'affaires ou pas (publication périodique) ;

Elle favorise la remise en question des entreprises dans l'optique d'une amélioration de leurs performances lorsqu'elles sont informées de celles des autres et de leurs concurrents, mais aussi de l'activité globale de l'environnement socio-économique et financier dans lequel elles évoluent (outil de marketing et de communication institutionnelle).

Elle permet par sa force de persuasion, d'influencer le comportement des épargnants, potentiels investisseurs du marché boursier, par l'orientation de l'épargne et des placements dans des secteurs porteurs et dans des entreprises à fort potentialité de rentabilité ;

Elle tient compte de la complexité du secteur d'activité (la bourse), sa structuration, son impact fiscal, de la perception récurrente de la rentabilité, et génère une masse d'information intense et à trier. Ce qui n'est toujours pas à la portée de tous. D'où la naissance des nouveaux métiers indispensables au fonctionnement de la bourse.

Elle est le catalyseur d'une industrie d'information qui trouve là un élargissement de son périmètre d'activités. Principalement, on assiste au développement de la presse boursière, suscitée par les mutations du système financier.

Aujourd'hui, le téléphone portable est non seulement un outil de communication, mais aussi un puissant outil de transfert de fonds. Il prend des proportions importantes pour compenser les pertes d'efficacité des infrastructures de piètre qualité et rapproche les acteurs économiques enclavés dans leurs opérations commerciales. Les contraintes objectives ci-dessus indiquées sont loin d'être exhaustives. Outre celles-ci, d'autres contraintes dites subjectives sont à prendre en compte dans la démarche de consolidation du marché financier régional.

III.2.2 Les contraintes subjectives

Les contraintes subjectives qui s'opposent à la convergence des marchés financiers de la CEMAC sont les contraintes aléatoires et incertaines.

III.2.2.1 Instabilité politique : l'environnement politique

Les marchés financiers ne fonctionnent pas en vase clos et leurs activités tiennent compte de l'environnement macro-économique certes, mais aussi de l'environnement sociopolitique du pays ou de la région entendue comme une entité à part entière. C'est donc dire que le contexte politique et institutionnel (Alesima et Perotti, 1994), (Barro, 1996)[94], notamment l'instabilité politique ou la stabilité et la bonne gouvernance influencent les marchés financiers et peuvent inquiéter ou rassurer les acteurs boursiers ainsi que les investisseurs et les prêteurs.

Le climat des affaires défavorable peut être tributaire de l'instabilité politique, tant pour les États que pour les opérateurs économiques y compris les marchés financiers et les agences de notation. Surtout que ces derniers ont un avis qui compte et qui impacte sur les décisions d'investissement. Dans une situation politique délétère, les marchés financiers deviennent instables, et cette incertitude ne peut que plomber les objectifs des investisseurs. Cette instabilité politique peut justifier les différences de croissance (Touna Mama et Kamgnia, 2000)[95] entre les pays et surtout les PED dans les processus de financement endogène de leurs économies.

Dans l'espace CEMAC, le cas de la République centrafricaine est frappant et déplorable, les crises politico-militaires à répétition plongent l'économie de ce pays dans l'incertitude et sans perspective à l'horizon. Tous ses clignotants sont au rouge et son économie a régressé vers une économie primaire. C'est aussi le cas du Tchad qui à un moment donné expliquait son déficit de croissance par la continentalité et les conditions climatiques. Alors que les pays des

---

94 Yves ABESSOLO, Université de Yaoundé II, Cameroun « INSTABILITÉ POLITIQUE ET PERFORMANCE S ÉCONOMIQUES » : Une évaluation du cas du Tchad, p.2

95 Yves ABESSOLO, Université de Yaoundé II, Cameroun « INSTABILITÉ POLITIQUE ET PERFORMANCE S ÉCONOMIQUES : Une évaluation du cas du Tchad, p.2

conditions identiques ont réalisé des performances économiques appréciables durant la même période. Or les coups d'État ainsi que les guerres civiles à répétition pourraient justifier ces contre-performances qui ont plombé les dynamiques de croissance. *Idem* pour la République du Congo dans une moindre mesure avec des regains de rébellion. Et la République du Cameroun est le théâtre d'une crise politico-militaire aux élans sécessionnistes dans la partie anglophone (Sud-Est et Nord-Ouest). Elle fait également l'objet d'attaques terroristes dans sa partie septentrionale.

Le caractère démocratique des élections qui s'y déroulent, et la bonne gouvernance constituent des gages de stabilité pour les marchés financiers. Dans l'attente d'un nouveau gouvernement d'Union Nationale en Tunisie courant juin 2016, ce pays a vu ses indicateurs économiques virer au rouge. La bourse de Tunis a subi des contrecoups de cette incertitude. Comme le marché financier interagit avec son environnement extérieur, Tunindex a connu un effondrement.

Et le bulletin mensuel de la bourse de Tunis annonçait la contraction des transactions boursières entre mai et juin 2016 avec une part de capitalisation boursière des étrangers de 26,06 % (mai 2016) à 25,81 (juin 2016)[96] *« L'idée générale étant que, en détruisant les actifs physiques et humains et en détournant les dépenses publiques d'activités productives, l'instabilité politique déprime la croissance économique. Collier (1999) trouve qu'en moyenne une guerre civile fait perdre habituellement à un pays plus de 2 % par an de son PIB par habitant par rapport à ce qu'il aurait réalisé sans la guerre. Pour la banque mondiale (2001), l'instabilité politique est l'un des facteurs*

[96] HuffPost Tunis, Tunisie, instabilité politique impacte le marché financier : l'effet boomerang, Habib Essid, bourse, Tunindex, portefeuilles ministériels, marché financier, économie, finance-tn, politique

internes qui expliquent le déclin de la croissance économique des pays africains depuis le début des années 1970 ».[97]

III.2.2.2 Instabilité du marché : le marché volatil

L'instabilité financière se manifeste par des mouvements importants et parfois brutaux des variables financières, plus particulièrement les taux de change et les cours des marchés boursiers. Ces cours peuvent évoluer à la hausse, on parlera de « boom », comme à la baisse, on parlera de « dépression ». Et cette ambivalence peut perturber dans la durée les marchés financiers. Mais les phénomènes d'instabilité financière ne sont pas récents et constituent un éternel recommencement[98]. Cette instabilité du marché peut également résulter d'une somnolence des activités du fait de l'absence de dynamisme et d'attractivité, c'est hélas ! le cas des deux marchés financiers de la CEMAC sans distinction qui, malgré une très relative activité de son compartiment obligataire (du fait des récents emprunts obligataires des États : Cameroun, Tchad), reste alors très inactif dans son compartiment actions. Une longue période caractérisée par l'absence de transactions peut entraîner ou provoquer des découragements de la part des acteurs et créer un climat de méfiance et voire de distance entre le marché et les parties prenantes à son animation.

Une des causes de l'instabilité du marché est la volatilité des marchés financiers. Même si l'efficacité d'un marché financier peut se juger sur la stabilité du prix des actifs, la volatilité de ces actifs au lieu d'être considérée comme un reflet négatif, doit être comprise comme une réponse à la souplesse du marché qui participe de son efficacité et à la solidité du système.

---

[97] Yves ABESSOLO, Université de Yaoundé II, Cameroun « INSTABILITÉ POLITIQUE ET PERFORMANCE S ÉCONOMIQUES : Une évaluation du cas du Tchad.

[98] Charles Kindleberger « Histoire passionnante de la spéculation financière de 1700 à nos jours (1989)

« La volatilité, conséquence ou cause de l'instabilité des marchés financiers ? »[99]. Pour répondre à cette question pertinente, la volatilité peut être considérée comme une conséquence pour deux raisons.

La première raison porte sur la responsabilité des zinzins qui par peur de l'incertitude future du marché financier s'abstiennent d'investir dans les actifs à long terme. C'est le cas des marchés financiers de l'Afrique Centrale. Or ces marchés financiers de création récente souffrent de l'absence de culture boursière qui caractérise les acteurs économiques, les investisseurs institutionnels doivent être les acteurs majeurs voire les précurseurs du lancement ou du décollage de l'animation de ces marchés. La deuxième raison est relative au binôme gouvernance et transparence qui constituent des éléments de confiance importants pour tout marché financier au regard des capitaux importants en circulation.

C'est donc dire que pour les marchés jeunes (BVMAC et DSX sont créés en 2003 et 2001) et immatures, la volatilité est plus une conséquence qu'une cause de l'instabilité des marchés de l'Afrique centrale. À ces contraintes s'impose une cohérence temporelle si ces deux marchés souhaitent sortir de cette impasse au risque de se gripper. Pour cela, un plan d'action est à mettre en place et doit être exécuté dans le temps pour arriver à construire un marché financier régional intégré. Cette contrainte programmatique devrait être suivie d'une cellule de veille « gendarme » adossée à des sanctions pour le non-respect de l'idéologie organique de la communauté.

[99] Alain Leclair et Carlos Pardo « La volatilité, conséquence ou cause de l'instabilité des marchés financiers ? » Revue d'économie financière, année 2004, volume 74, n° 1, p.245-252 ;

III.3 Consolidation du marché financier régional intégré

III.3.1 Les avantages de la consolidation[100]

La consolidation est un concept qui permet d'une part de regrouper les deux marchés boursiers (BVMAC et DSX) en un seul marché boursier en un seul lieu, toutes les émissions (actions & obligations) dans l'intérêt général de l'animation du marché. Et d'autre part en un seul lieu les deux régulateurs (COSUMAF et CMF) en un régulateur unique ainsi que les deux dépositaires centraux (BVMA et CAISSE AUTONOME D'AMORTISSEMENT) en un dépositaire central unique pour un meilleur contrôle par l'autorité du marché régional. Il importe alors de faire prévaloir le schéma de départ énoncé par les six Chefs d'État de se doter d'un marché financier intégré ayant compétence à l'échelle régionale. Quinze ans après le marché financier souffre de son manque d'intégration puisque son architecture organisationnelle révèle la juxtaposition d'organes similaires exerçant les mêmes fonctions. (Tableau n° 16).

---

[100] Action de réunir en seul lieu toutes les parties prenantes d'une fracture, en l'occurrence les deux places boursières de la CEMAC à savoir la bourse du Cameroun (DSX) et la bourse régionale (BVMAC) afin de les rendre plus solides et performants.

Tableau n° 16 : Architecture organisationnelle des marchés financiers de la CEMAC

STRUCTURES	MARCHE FINANCIER RÉGIONAL	MARCHE FINANCIER DU CAMEROUN
AUTORITÉ DE RÉGULATION	COSUMAF	CMF
BOURSE DES VALEURS MOBILIÈRES	BVMAC	DSX
DÉPOSITAIRE CENTRAL	BVMAC	CAISSE AUTONOME D'AMORTISSEMENT (CAA)
BANQUE DE RÈGLEMENT	BEAC	SGBC
INTERMÉDIAIRE DE BOURSE	Sociétés de bourse (9)	Prestataires des services d'investissement (13)

Source : Autorités de régulation des bourses des valeurs mobilières de l'Afrique centrale (COSUMAF)

Démarche de rapprochement

Consolidation des deux places boursières

Avantage des économies d'échelle

Intégration économique

L'intégration économique est un atout, car elle participe à l'efficience des marchés au regard du déficit du commerce intracommunautaire. Elle entraînerait aussi la mobilisation des ressources au regard des besoins de financement importants des États membres. Le marché financier constitue de ce point de vue un vecteur d'intégration.

Harmonisation des politiques publiques

Une harmonisation des politiques publiques de développement dans certains domaines comme le transport (aérien, maritime et terrestre, la communication, etc.) favorables à une adhésion collective à une vision commune. Or ce sont des investissements qui nécessitent des capitaux importants.

Redynamiser le secteur bancaire
Processus d'ouverture à la concurrence, au renforcement du contrôle des ratios prudentiels par le biais des structures spécialisées (COBAC, GABAC), et la mise en place d'instruments d'épargne et d'emprunts plus innovants adaptés aux besoins locaux.

Réduire l'écart entre les secteurs financiers formel et informel
La formalisation et la sécurisation des moyens de paiement innovants faisant appel à des technologies modernes susceptibles d'accroître le volume des échanges, permettant de faire un saut qualitatif par rapport aux services financiers traditionnels.

Pour cela, la libéralisation financière joue un rôle qui vise la bancarisation des agents économiques surtout privés et le renforcement de l'intermédiation bancaire. Celle-ci contribue à l'identification de deux catégories distinctes d'agents à savoir les épargnants et les investisseurs. Ce qui conduit au recul de l'autofinancement et à l'émergence du financement par le système financier (banques et marchés financiers) assurant ainsi le rôle de relais entre les agents à capacité de financement et ceux en besoin de financement.

III.3.2 Les enjeux de la consolidation du marché financier régional intégré

III.3.2.1 Le financement réel de l'économie par le marché financier

Toute réflexion établissant le lien entre le marché financier et le financement de l'économie reste confrontée à la résolution de trois difficultés.

1) Le développement des marchés financiers

La faiblesse de l'épargne résultant du faible revenu dans l'espace CEMAC rend difficile voire inefficace le rapport entre l'épargne et le développement du secteur financier et donc l'aptitude des institutions financières à jouer le rôle d'intermédiaires financiers. Car l'intermédiation financière joue un rôle moteur dans l'allocation des ressources et la transformation de l'épargne en investissement productif (Gurley et Shaw, 1960). Cette difficulté est accentuée par le faible taux de bancarisation et l'absence de rigueur de contrôle de ces banques dans le respect des ratios prudentiels permettant de garantir les dépôts des épargnants et de créer un climat de confiance. De ce fait, la capacité des banques à financer les investissements s'en trouve amoindrie, car le niveau de l'épargne est fonction du niveau de revenus.

Dans cette conception, dans les économies en développement ou en transition comme c'est le cas des pays membres de la CEMAC, il est à observer une segmentation avec un écart considérable du système financier (McKinnon, 1973) qui s'exprime sous la forme d'un dualisme entre le secteur financier « moderne » d'une part, et le secteur financier « informel » d'autre part avec comme conséquence l'atrophie du premier. Par conséquent, si l'épargne est significative, elle peut faire l'objet de placement non seulement dans les banques mais aussi dans les marchés financiers efficients afin de disposer d'une palette de choix de placements différents et d'espérer des gains de placement.

Il apparaît donc important de mettre en place des infrastructures financières capables de stimuler la mutualisation des épargnes de tous les pays de l'espace CEMAC dans un panier et le drainage de celles-ci dans les structures financières, les banques et les marchés financiers viables et fiables.

2) La croissance économique

Dans ce processus, les structures financières disposeront ainsi des moyens financiers pour financer la croissance et l'investissement au sein des États de la région Afrique Centrale et créer une dynamique de développement. Car l'investissement par l'endettement a montré ses limites dans la mesure où les prêts bancaires sont rarement accordés aux particuliers comme aux entreprises du fait de l'insuffisance des garanties. Ceci peut s'expliquer selon la Banque Mondiale[101] par l'inefficacité du système d'enregistrement des garanties à fournir des biens meubles et effets immobiliers et par l'absence des documents qui prouvent le bien-fondé des revendications de propriété. C'est pourquoi les garanties exigées en Afrique sont très élevées au regard d'autres régions. Selon le rapport sur la compétitivité en Afrique[102], le niveau des garanties exigées (137 %) de la valeur de prêt est le deuxième plus élevé au monde. Il est donc indispensable de créer, de développer et de renforcer une autre alternative de financement qu'est le marché financier adossé à un système bancaire renforcé (figure n° 5). Ce qui permettra d'avoir un système financier performant permettant d'allouer l'épargne aux projets rentables (Lévine, 2005) et améliorer la croissance économique régionale.

3) La définition des politiques de développement des États de la communauté

L'objectif de développement des États paraît légitime et fondamental. Mais au regard des différents agrégats ou indicateurs économiques individuels, cet objectif de développement solitaire semble précaire. Pour cela, une démarche d'harmonisation des politiques publiques de développement des pays membres s'avère nécessaire.

---

[101] Making Finance Work for Africa, 2006

[102] Rapport sur la compétitivité en Afrique 2009. Publication World Economic Forum (Forum Économique Banque Mondial) Banque Mondiale, Banque Africaine de Développement.

Elle fait l'objet d'encouragements, de recommandations voire de conditionnalités par les partenaires financiers internationaux de référence comme la BM et le FMI pour l'octroi d'un quelconque concours financier. La perception et la résolution communautaire des défis de développement s'en trouvent renforcées. Quand on observe les projets et les programmes d'émergence déclinés par les pays de la CEMAC, les dates dispersées laissent entrevoir une incohérence qui ne favorise pas une réelle intégration économique.

Le paradoxe lié à cette perspective est le tarissement des recettes publiques issues des exportations des matières premières de tous ces pays. Ces chocs symétriques et/ou asymétriques qui les affectent différemment devraient susciter une réaction collective pour affronter les problèmes de développement. Cette mise en commun des politiques entraîne une mutualisation des ressources dans une optique visionnaire (création de la Bourse des Valeurs Mobilières de l'Afrique Centrale). Cette démarche a été maintes fois déclinée dans les cadres de réflexions régionaux qui ont permis la création de plusieurs organismes de coopération dans des domaines d'activités d'intégration prioritaires tels que les infrastructures routières transnationales, celles relatives à la production d'électricité et des télécommunications.

III.3.2.2 L'amélioration de la performance plurielle du marché financier régional

Le regroupement économique des pays de l'Afrique Centrale est matérialisé par une monnaie unique (le franc CFA), une banque centrale (BEAC) et une banque de développement commune (BDEAC), un régulateur bancaire unique (COBAC), un même droit des affaires (OHADA) et une union économique et monétaire (CEMAC). Ces instruments forment l'ossature d'une intégration des économies des États membres, persuadés que celle-ci constitue un levier d'accélération du développement économique et de solidarité communautaire. Pourtant, cette bonne volonté d'intégration est entravée par la coexistence de deux places boursières qui fonctionnent en parallèle au sein d'un même regroupement économique au moment où la conjoncture économique et financière impose la mise en commun des moyens de mobilisation des ressources financières.

En effet coexistent au sein de la CEMAC deux places Boursières sans lien apparent. Par rapport à la situation d'absence de marché financier qui prévalait il y a quinze ans, la présence de deux bourses en Afrique Centrale est une évolution positive a priori. Mais si on se situe dans le cadre du regroupement économique, la coexistence des deux marchés heurte la volonté politique commune de réunir tous les pays de la CEMAC dans un vaste ensemble économique et monétaire. Option recommandée et confortée par les institutions financières internationales.

Cette dualité dans la régulation financière d'un même espace économique monétaire et financier est porteuse de risques et est économiquement inefficace. En effet, la taille réduite des deux places boursières entraîne des coûts opérationnels élevés, les doublons des frais et ne permet pas de profiter des gains d'économie d'échelle qu'aurait apportés la consolidation des deux places boursières. De plus, confrontée à des besoins globaux considérables d'investissement en Afrique Centrale et à l'existence concomitante de pays excédentaires et de pays déficitaires en financements, l'intégration du marché financier de l'Afrique Centrale doit conduire à une mobilisation plus importante des ressources disponibles dans la zone CEMAC.

Par ailleurs, il n'existe pas encore d'émetteurs de référence qui offrent aux investisseurs une quantité régulière de titres susceptibles de favoriser la formation d'une *courbe de rendement* de référence. Quinze ans après l'expérimentation des marchés financiers en Afrique Centrale, on observe des progrès notables, mais son développement n'a pas encore atteint le niveau escompté et les objectifs d'accroître son rôle dans le financement de l'économie n'ont pas encore comblé les attentes. Après la période (1999/2003) caractérisée par l'adoption des textes et lois et la constitution légale et règlementaire de ces marchés, après la période (2003/2009) de leur mise en place, et après une période (2009/2017) de balbutiements, quel enseignement tirer ? Les marchés financiers en Afrique Centrale sont à la croisée des chemins :

Soit ils poursuivent cette évolution lente avec une architecture éclatée contraire à la volonté d'intégration maintes fois réaffirmée par les autorités politiques ;

Soit, on procède à la construction d'un marché financier véritablement intégré porteur d'espoirs et de performances pour le devenir des économies de la CEMAC.

Bien entendu il faut avec opiniâtreté travailler au rapprochement des deux places boursières et parvenir à créer un marché financier cette fois-ci véritablement régional et intégré. Il faudrait alors s'appesantir sur le renforcement du marché financier intégré qui doit constituer un véritable atout pour les entreprises pour leur permettre de réaliser des performances sur la base de trois items :

i) Renforcer et diversifier leur structure de financement ;

ii) Réduire les coûts de financement ;

iii) Mieux gérer les risques financiers.

Comment pouvoir réaliser ces objectifs ambitieux ? La réponse réside dans l'établissement d'un marché financier intégré. Que signifie l'intégration du marché financier de la CEMAC et pourquoi s'en préoccuper ? Quels sont alors les avantages de cette intégration régionale du marché financier ? Les avantages attendus profiteraient à tous les participants à ce marché financier régional intégré.

Pour les investisseurs

L'intégration du marché financier de la CEMAC entraînera une baisse des prix pour les services financiers grâce à la concurrence qui s'exercera sur un espace plus grand et *« aux économies d'échelle »* qu'apporterait la consolidation des deux places boursières de la CEMAC ;

Les investisseurs pourront acheter et vendre des valeurs mobilières sur ledit marché sans restriction ;

Les investisseurs institutionnels pourront profiter d'une meilleure répartition de leurs risques par le biais de la diversification de leurs placements qui se ferait à une échelle plus grande.

Pour les entreprises

L'intégration du marché financier régional offre des alternatives de financement aux sociétés en faisant jouer la concurrence entre le marché bancaire et le marché financier d'une part avec la perspective d'un « abaissement des coûts des capitaux » entre le marché financier national (DSX) et le marché financier régional (BVMAC) et une « duplication des coûts des capitaux ». Cette concurrence des marchés financiers plombe ainsi les effets escomptés de la diversification des sources de financement dans l'espace CEMAC. (Tableau n° 17)

Tableau n° 17 : Duplication des coûts dans les marchés financiers de la CEMAC

23.1) CAMEROUN : Marché financier national (DSX)

COÛTS ADMINISTRATIFS POUR UNE COTATION À LA DSX		
CMF	COMMISSION VISA	0,00 %
DSX	COMMISSION DE CENTRALISATION COMMISSION DE COTATION	0,65 % 0,65 %
DÉPOSITAIRE CENTRAL	COMMISSION DE MEMBRE	0,02 %
TAUX D'INTÉRÊT MOYEN		6,00 %
	TAUX DE SORTIE MOYEN	7,32

Source : CMF du Cameroun

23.2) CEMAC : Marché financier régional (BVMAC))

COÛTS ADMINISTRATIFS POUR UNE COTATION À LA BVMAC		
COSUMAF	COMMISSION DE VISA	0,25 %
BBVAC	COMMISSION D'INTRODUCTION COMMISSION DE CENTRALISATION	0,04 % 0,04 %
DÉPOSITAIRE CENTRAL	COMMISSION DE MEMBRE	0,05 %
TAUX D'INTÉRÊT MOYEN		6,00 %
	TAUX DE SORTIE MOYEN	6,38 %

Source : COSUMAF de la CEMAC

Pour le gouvernement

- ✓ L'intégration permet un meilleur accès au crédit. Et les États en émettant les obligations (Tableau n° 18) créent les conditions qui rendraient le marché liquide et prospère. Une présence active et régulière des États contribue à augmenter la profondeur et la liquidité du marché financier tout en donnant une base crédible pour la constitution de la courbe des taux d'intérêt. Au moyen de cet élargissement du volume des titres en circulation les autorités monétaires en l'occurrence la BEAC, disposeraient ainsi d'un grand nombre d'instruments de politique monétaire.

Tableau n° 18 : Synthèse des emprunts obligataires des États et des privés 20204-2017

EMETTEURS	BVMAC				DSX		
	ANNEE	MONTANT	%(c)	DUREE	MONTANT	% (c)	DUREE
FAGACE	2004				3.50		
Etat Gab. (b)	2007	81.5	5.5	6			
BGD	2008	10.0	6.50	5			
BGFI Bank	2009	40.0	5.50	5			
SFI (a)	2009	20.0	4.25	5			
Prix import	2009	0.4	7%	5			
SFI (a)	2009				20.0	4.25	5
Petro Gabon	2010	7.00	6.00	7			
BDEAC	2010	30.0	5.50	7	30.0	5.50	7
Etat Camer (b)	2010				200.0	5.60	5
Etat du Tchad	2011	107.6	6	5			
BGFI Holding	2013	80.0	5	7			
Etat du Tchad	2013	85.0	6	5	85.0	6.00	5
Etat Cameroun	2013				80.0	5.90	5
Etat Cameroun	2014						
Etat Gabonais	2015	80.0	6	5			
Etat Gabonais	2016	98.0	6.5	5			
Etat Gabonais	2017	100	6.5	5			
Etat Congolais		100	6.5	5			

(a) Les deux tiers ont été placés sur le marché régional (BVMAC) et un tiers sur le marché financier du Cameroun (DSX) du fait d'un marché financier fragmenté, avec effet négatif sur la liquidité et un taux d'intérêt cumulé élevé de **8,50 %.**

(b) Chacun des États domiciliataires (Cameroun, Gabon) d'un marché financier a contracté des emprunts obligataires dans le marché financier de sa sphère de compétence à cause du marché financier fragmenté, avec impact négatif sur la liquidité.

(c) Taux d'intérêt moyen à la BVMAC est de **5,91 %** et à la DSX il est de **5,45 %**

Source : BEAC pour les deux marchés financiers de l'Afrique centrale : BVMAC et DSX

Pour les intermédiaires de bourse

Tous les intermédiaires en Bourse, *in situ* les sociétés de bourse pour la BVMAC et les prestataires des services d'investissement (PSI) pour la DSX pourront offrir leurs services dans tous les pays de la CEMAC sans restriction. Cela signifie que des titres identiques sont commercialisés essentiellement au même prix. Ceci participe du renforcement du rôle de l'intermédiation financière, incontournable dans l'animation du marché financier à plusieurs niveaux. D'une part, elle participe à la collecte et au traitement de l'information et de sa qualité, et d'autre part elle contribue à la baisse des coûts de recherche de cette information en tant que matière première de l'activité boursière et par ricochet les coûts des capitaux.

Pour le régulateur

L'intégration du marché financier régional donnera lieu à une Bourse des valeurs mobilières plus importante, donc plus liquide et efficace. Une telle Bourse Réintégrée sera alors capable de drainer un volume plus important de ressources vers l'investissement et favoriser la modernisation et l'efficacité des opérations financières. L'autorité de surveillance chargée de la coordination et de la régulation[103] et garante

---

[103] Pour que les gens coopèrent, il faut au préalable que soit instauré un mode de coordination. Selon H. Mintzberg, la coordination est le principal déterminant de la structure d'une organisation. La coordination repose sur un certain nombre de conventions, de règles et de routines dont beaucoup ne sont ni figées ni imposées par le haut. Elles sont construites, interprétées, manipulées par les acteurs. Jean-Daniel Reynaud insiste sur cette activité de régulation sans laquelle il n'est pas d'action collective. Les règles informationnelles sont toutes aussi importantes que les normes édictées et formalisées. Derrière l'organigramme et les règlements, tout un ensemble

de la performance du marché boursier, trouve son rôle élargi et renforcé pour veiller au respect des règles de transparence, d'harmonisation et d'organisation du marché boursier pour une performance organisationnelle, une performance communicationnelle et une performance managériale.

« Dans tous les pays, les autorités de surveillance des marchés financiers[104] *ont un rôle stratégique. Leur règlementation doit être suivie par les entreprises bancaires et les sociétés cotées en bourse. Leur rôle est en effet de protéger les épargnants et les investisseurs, d'informer ces derniers et de veiller au bon fonctionnement des marchés »*[105].

Un marché financier régional intégré est une réponse à l'effort constant des autorités politiques en vue d'une impulsion nouvelle et décisive du processus d'intégration en Afrique Centrale. Le processus de rapprochement est donc conforme à cette volonté politique d'intensifier cette intégration. Un Marché Financier Régional Intégré est seul capable de créer une industrie diversifiée et compétitive de services financiers qui favorisent l'innovation et la croissance de l'économie (Shaw, 1973), toutes choses bénéfiques à l'économie régionale qui pourrait aisément satisfaire les problématiques de développement et s'arrimer à l'économie mondiale.

III.3.2.3. Le financement endogène de l'économie de la CEMAC

Après leurs indépendances politiques, la plupart des États qui constituent la zone CEMAC ont inscrit durant les deux décennies qui suivirent la problématique du développement économique au cœur de leurs préoccupations. Ils ont fait le choix des modèles économiques

---

d'accords tacites et d'activités clandestines régulent l'activité des individus. Les Organisations, Etat des savoirs, Ed. Sciences Humaines 2012, p. 425

[104]En France, c'est l'AMF (Autorité des marchés financiers), en Belgique la CBFA (Commission Bancaire, financière et des Assurances), et en Suisse la FINMA (Autorité Fédérale de surveillance des marchés financiers)

[105] Paul COUDRET, Comprendre la bourse pour y réussir, 2013, p. 46

permettant de tracer le canevas des différentes politiques à conduire, capitalistes pour certains, collectivistes pour d'autres.

À partir de la deuxième décennie, c'est-à-dire dans les années 1970 le constat du sous-développement les déficits budgétaires et commerciaux s'accumulaient pour conduire à une crise de la dette, à l'opposé d'une accélération du processus de mondialisation. Et pour une sortie de crise de cette zone de forte turbulence pour les économies des pays de la CEMAC comme celles des autres CER du continent, le Plan d'Action de Lagos apparut comme la solution idoine sous la houlette de l'OUA.

Le Plan d'Action de Lagos a vu le jour pour le développement économique de l'Afrique sur la base d'une volonté stratégique commune des États. Il préconise la création ou le renforcement des CER et l'unification de celles-ci au niveau du continent africain.

La consolidation de ces économies passe par les grands axes d'action dont les principales portent sur le développement des infrastructures de transport et de communication permettant de favoriser et d'intensifier les échanges commerciaux et financiers intra-CER de façon à les rendre autonomes et compétitives vis-à-vis de l'extérieur. Ce plan est programmé pour être appliqué sur une période comprise entre 1980 et 2000. Il est vrai qu'au terme de cette période, l'on est en droit de faire une évaluation critique de ce plan. De façon synthétique, l'écart entre les intentions du PAL et la forte détermination qui a inspiré les Chefs d'États et de gouvernement pour l'adoption de ce plan en avril 1980 et la réalité des faits est considérable. Il a connu des entraves dans son implémentation du fait de la mise en place de plans intermédiaires introduits par les organismes internationaux tels que : le plan d'ajustement structurel (1981), le Programme Prioritaire Africain pour le Rétablissement Economique (APPER), le Programme d'Action des Nations Unies pour le Développement de l'Afrique (1986).

III.3.2.4. L'intégration financière panafricaine

La création de la Bourse des Valeurs Mobilières Panafricaine vient s'intégrer dans le vaste ensemble des chantiers de création des institutions financières africaines (Banque africaine d'Investissement, Banque Centrale Africaine et Fonds Monétaire Africain) que l'Union Africaine est en train de promouvoir pour favoriser le développement du système financier et des économies africaines.

Il est clair que toute tentative dans ce domaine doit se plier aux exigences et impératifs intrinsèques à un projet de grande envergure. Pour cela, il importe d'abord de conduire une étude de faisabilité pour juger de la viabilité commerciale et économique de ce projet pour les acteurs privés (émetteurs/investisseurs/intermédiaires en bourse, Dépositaire central et la Bourse elle-même).

Le caractère innovateur de ce projet impose de se hisser tout de suite au sommet de la technologie en se dotant des plateformes opérationnelles dans le domaine de la négociation, compensation et règlement livraison. Un autre défi auquel sera confronté ce projet est la nécessité impérieuse d'harmoniser le cadre règlementaire, juridique et comptable.

L'idée de création d'une bourse panafricaine peut paraître irréaliste à première vue, mais en s'appuyant sur des expériences réussies d'intégration, il est possible d'esquisser une voie pour la création d'une « BOURSE AFRICAINE ». À la lumière des schémas de rapprochement des places boursières qui ont été pratiqués en Europe, au Canada, ainsi qu'en Afrique, etc., on peut tirer de précieux enseignements susceptibles d'inspirer la création de la Bourse Panafricaine.

Avant d'énoncer les différentes étapes devant conduire à la création de la « Bourse Africaine », il sied de prendre bonne conscience que beaucoup d'obstacles vont jalonner ce chemin, à savoir :

Diversité des cultures, langues, systèmes politiques, législatifs et économiques ;
Diversité des niveaux de développement ;
Diversité des monnaies ;
Diversité des règlementations, juridiques comptables et fiscales ;
Différentes instabilités politiques ;
Différences entre les systèmes de négociation, de compensation.

Ces obstacles ne sont pas infranchissables et requièrent une volonté politique forte et indispensable pour, d'une part, regrouper d'abord les bourses nationales pour en faire des bourses régionales en les organisant autour des regroupements économiques qui composent le continent Africain et renforcer celles qui existent déjà, fédérer les bourses régionales pour constituer une Bourse Africaine.

Ce processus d'intégration par étape résulte des conclusions d'une étude de faisabilité menée par l'U A dont l'essentiel des étapes est exposé ci-dessous :

Une plateforme unique de transaction

Pour aller vers la BOURSE PANAFRICAINE, il faudrait procéder par étape en commençant avec un regroupement par région. Cette intégration par étape semble la plus appropriée.

Dans cette optique, *une plateforme unique de transaction* serait disponible par région et une antenne légère pourrait être ouverte dans chaque pays participant. Il y a donc lieu de créer une connectivité régionale en se servant des technologies de pointe pour améliorer la communication entre les intermédiaires boursiers et les petits investisseurs. Il est également impérieux que les pays encouragent l'idée de création d'une plateforme unique de négociation conformément à une règlementation uniformisée.

De même, les pays africains doivent encourager les initiatives visant à promouvoir la compensation et le règlement transfrontalier ou la création de liaisons entre les dépositaires centraux de diverses bourses.

Une variante de cette option est celle de l'adjonction aux bourses régionales d'une plateforme continentale ouverte à la négociation des titres des entreprises de très grande taille et la désignation d'un dépositaire central unique au niveau du continent africain qui se chargerait de la conservation de tous ces titres échangés sur la BOURSE AFRICAINE.

L'harmonisation du cadre règlementaire

L'intégration des marchés des capitaux implique l'harmonisation des législations et des normes nationales en matière de droit des sociétés et de règlementation comptable (lois et règlementations sur l'appel public à l'épargne, la publication d'informations obligatoires par les sociétés cotées, la faillite, l'octroi des licences aux intermédiaires boursiers, la fraude boursière et les délits d'initiés, etc.). Outre ce cadre règlementaire indispensable au bon fonctionnement organisationnel et structurel, une exigence devrait être portée sur la transparence de l'information comptable et financière et l'harmonisation de son cadre règlementaire et normatif à l'instar de l'OHADA afin de s'arrimer aux systèmes d'information internationaux, comme les IFRS en Europe.

L'Union Africaine devrait rapidement lancer une réflexion sur l'harmonisation du cadre règlementaire de l'activité boursière en s'inspirant notamment des textes de l'OHADA. Ces travaux qui devront associer toutes les parties prenantes (États, bourses de valeurs, intermédiaires financiers, secteur privé non financier, etc.) permettront de déterminer le niveau d'harmonisation, totale ou partielle souhaité et donc le type d'intégration boursière.

L'adaptation aux normes internationales ES.

Des comités de régulateurs doivent être établis pour définir des normes minimales inspirées par *l'OICV* ainsi que les normes comptables. Ces structures œuvreraient ensemble pour l'harmonisation des règlementations et des normes comptables et financières. L'intégration des bourses africaines continuera de s'ancrer dans les progrès accomplis dans l'harmonisation des législations sur les valeurs mobilières, principalement la création d'un organisme commun de régulation doté d'une autorité véritable pour superviser et réguler les bourses actuelles, au moins au niveau régional.

L'harmonisation de la fiscalité des valeurs mobilières

Pour éviter la concurrence fiscale entre les pays et augmenter l'attrait des émetteurs et des investisseurs, tant africains qu'étrangers, les pays membres de l'Union Africaine devraient adopter des mesures incitatives communes. À défaut de fixer des taux applicables uniformes, ces mesures concerneraient par exemple la réduction des taux d'imposition sur les bénéfices des sociétés pour les porter dans une fourchette réduite, particulièrement pour celles acceptant d'introduire leurs titres en bourse ; l'exonération partielle de l'impôt sur les revenus des valeurs mobilières ; un abattement de l'impôt sur les revenus des personnes physiques pour une valeur à déterminer lors des placements boursiers, etc.

La levée des contrôles de change et l'harmonisation des systèmes de paiement

Les contrôles de change entre les pays africains dans chaque région (CEMAC) ensuite entre les différentes régions du continent (CER), enfin avec le reste du monde, doivent être supprimés pour permettre la circulation fluide des capitaux et leur allocation efficace.

L'incitation au développement d'entreprises fortes et d'un secteur privé dynamique

Les autorités nationales doivent prendre des mesures permettant d'accroître le nombre d'entreprises entrant bourse en rendant attrayantes les conditions de leur inscription à la cote et en levant les obstacles majeurs qui nuisent à l'environnement des affaires (lourdeur administrative, médiocrité des infrastructures de transports, d'énergie, etc.) et renforcer les systèmes bancaires. Ceci dans la perspective de la construction d'un secteur privé dynamique et compétitif par la création des entreprises « champions » nationaux, régionaux et continentaux.

Ces différents champions pourront aller à la conquête des parts de marché à l'international. Ces champions seront des fers de lance de l'animation des marchés financiers pour les rendre attractifs et améliorer leurs performances afin qu'ils jouent véritablement le rôle de collecte et de réallocation des ressources financières.

La promotion et la sensibilisation

Ici il s'agira de concentrer les efforts, notamment sur :

La promotion des bourses africaines auprès des investisseurs locaux et étrangers. Une bourse des valeurs mobilières doit cibler, avant tout, la clientèle locale constituée de petits porteurs et d'investisseurs institutionnels (compagnies d'assurance, fonds de pensions, fonds communs de placement, banques, etc.). Si ces investisseurs institutionnels sont assez actifs sur les marchés, le volume de transactions et le ratio de liquidités s'améliorent. Ceci suscitera l'intérêt des investisseurs étrangers et incitera d'autres entreprises à inscrire leurs titres à la bourse.

Le développement de la culture boursière auprès des populations africaines en organisant régulièrement des évènements ciblés (forum, conférence, séminaire de formation, etc.) hautement médiatisés en faveur de segments identifiés dont les écoles et les universités. C'est dire que l'amélioration de la culture boursière passe par la formation des générations futures afin d'espérer des gains d'attractivité et de compétitivité relative à la ressource humaine à long terme. Seule la constitution progressive d'un marché continental, par la consolidation des marchés financiers existant, à la faveur de l'effacement accéléré des barrières pour favoriser la mobilité des capitaux, pourra permettre d'atteindre la taille critique pouvant attirer les entreprises africaines (à la recherche d'une diversification de leurs sources de financement) et les investisseurs étrangers (en quête de diversification de portefeuilles et de risques).

III.3.3 Le schéma de modélisation du marché financier régional intégré

Figure n° 10 : Les trois maillons de la chaîne de modélisation

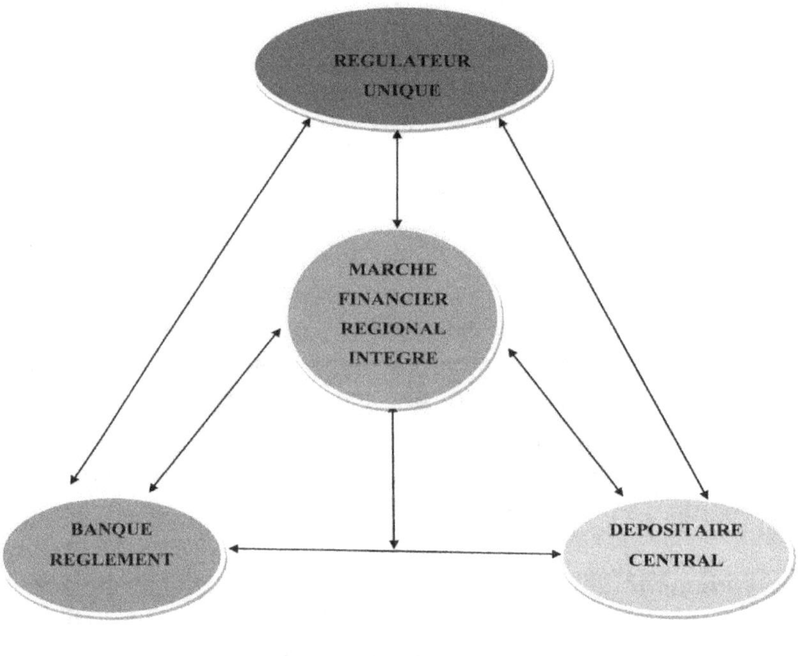

Source : Paul BABAGNACK

L'union monétaire comporte de nombreux atouts indéniables, qu'il s'agisse d'une union monétaire à plusieurs monnaies avec des taux de change variablement convenus, ou d'une union monétaire à monnaie unique. Dans un cas comme dans l'autre, ils sont supérieurs aux intérêts nationaux des États parties, d'où leur adhésion à ces unions afin de créer une dynamique de développement. Il en résulte la stabilité des prix et des taux de change dans l'espace communautaire.

Mais aussi la maîtrise de l'inflation et la baisse des coûts de transaction. Ces différents avantages liés à une union monétaire sont plus efficients dans une union monétaire à monnaie unique comme c'est le cas dans la CEMAC avec le franc de coopération financière africaine (FCFA).

Cette zone monétaire repose sur trois piliers à savoir :

1) Le taux de change fixe, avec une parité fixe avec l'euro ;
2) Une monnaie commune, le franc CFA ;
3) Un espace monétaire et financier commun, la CEMAC.

Ils constituent la plateforme sécuritaire de confiance concédée aux organismes communautaires spécialisés pour organiser et animer (BEAC, COSUMAF), contrôler et réguler (COBAC, GABAC) les activités économiques et financières, afin de garantir la circulation des flux financiers comme instrument d'équilibre des échanges dans l'espace CEMAC, ainsi que sa libre convertibilité aux devises étrangères. L'union monétaire à monnaie unique représente un complément significatif à l'union économique en vue de la construction d'une communauté économique et monétaire. Les expériences de coopération monétaire dans le monde sont la preuve des élans d'intérêts et des gains générés par cette connexion monétaire des États membres. Le système monétaire et économique est favorable au renforcement du commerce intracommunautaire et constitue un paravent au choc extérieur à la communauté.

Dans cette optique, les marchés financiers de l'espace CEMAC ont intérêt à trouver une plateforme commune de rapprochement, dans l'intérêt supérieur de ces deux marchés financiers et celui de l'espace communautaire, car ils risquent à terme de rester antagonistes et de préparer lentement et progressivement leur « décès » et casser l'élan de solidarité organique qui caractérise l'esprit communautaire.

C'est pourquoi, dans ce deuxième chapitre, un modèle de rapprochement est esquissé pour sortir de cette crise institutionnelle d'abord, opérationnelle ensuite et séparatiste en fin. Ce modèle de rapprochement intitulé « consolidation » vise une spécialisation des deux marchés financiers sur la base des centralités bipolaires ou multipolaires en fonction des prédisposions environnementales de chacun des pays et de chacune des villes domiciliataires. Il serait spécialisé en trois (3) compartiments à savoir :

- Le marché financier régional, domicilié à Douala (BVMAC) ;

- Le régulateur régional de la CEMAC (COSUMAF), domicilié à Libreville ;

- Le compartiment dépositaire, dans une autre ville d'un autre pays de la CEMAC. Pourquoi pas dans l'un des pays spécialisés en marché régional (Cameroun) ou en régulateur régional (Gabon)

Cette démarche de consolidation vise essentiellement deux objectifs à savoir :

- Rattraper le retard par rapport aux autres marchés du continent sur les plans organisationnel et structurel (viabilité de l'environnement et confiance des acteurs) et préparer son intégration financière panafricaine ;

- Améliorer sa performance dans son rôle de captation de l'épargne locale (mobilisation des capitaux et leur rétention), attirer les investisseurs étrangers et injecter des ressources financières dans le financement de l'économie des pays membres de la CEMAC.

L'intégration régionale semble être un impératif pour l'Afrique. Ses cinquante-quatre États membres ont besoin « de créer des marchés plus vastes, plus attractifs, de relier les pays africains aux marchés internationaux (ils prennent part au marché mondial de plus en plus connecté et en partagent les avantages) et de soutenir le commerce intra-africain » (BAD, 2013).

Cette stratégie s'appuie sur deux piliers qui se renforcent mutuellement :

- Le soutien au développement de l'infrastructure régionale ;

- Le renforcement du commerce et du développement industriel.

Sa mise en œuvre sera facilitée par un pilier transversal : le renforcement des mécanismes et des capacités institutionnelles des pays et des régions.

Après avoir fait une analyse critique et conceptuelle du futur marché financier régional intégré de la CEMAC, nous pouvons retenir que ce MFRI ou BAC correspond à une centralité bipolaire ou multipolaire et multipolarisante, avec un versant boursier basé à Douala dans la capitale économique de la République du Cameroun, un versant régulateur basé à Libreville dans la capitale politique du Gabon et un autre dépositaire dans une autre ville d'un pays de la communauté.

Au regard de ces deux déterminants que sont l'Union Économique de l'Afrique Centrale (UEAC) et l'Union Monétaire de l'Afrique Centrale (UMAC), ces organismes régionaux constituent des facteurs efficaces qui concourent à l'intégration régionale de l'Afrique Centrale et peuvent servir de soubassement à la consolidation de son marché financier régional intégré (MFRI), c'est un tout en **Construction**. Leur existence, leur développement et leur pérennité sont l'émanation de la théorie des « Trois I»[106] que sont les **« Idées »**, les **« Intérêts »** et les **« Institutions »**.

---

[106]cf., par exemple Peter A. Hall, Governing the Economic : The Politics of State Intervention in Britain and France, Oxford University Press, 1986 ;
CF., Hugh Heclo « Ideas, Interests, Institutions », dans Lawrence Dodd, Calvin Jillson (eds) The dynamics of American Politics. Approaches and interpretations, Boulder WestviewPres, 1994

La déclinaison de ces trois « I » permet dans le cas d'espèce de préciser l'idée de la communauté. « L'UEAC, l'UMAC » permettent de comprendre la vision de l'idéologie communautaire et les avantages comparatifs qui en découlent. Ces deux institutions essentielles et bien d'autres forment le dispositif de régulation de cette mutualisation des moyens. Et l'élément principal de ce trinôme est centré sur les intérêts et un quatrième I **« Idéologie »** est l'épine dorsale de la doctrine intégrationniste de solidarité organique de la CEMAC.

La démarche proposée pour la **Reconstruction** du marché financier régional intégré détermine la vision globale de l'intégration africaine par la création et/ou le renforcement des CER. C'est un processus qui se veut dynamique et spatio-temporel dont perfectible en fonction du contexte. À cet effet, les facteurs clés de succès qui conditionnent cette marche irréversible sont : la conception et l'alignement stratégique dans un contexte régional, l'engagement de la région et des pays et leur appropriation des projets communautaires, un leadership fort par les défenseurs des projets au niveau national et régional, des dispositifs solides de mise en œuvre des projets et suivi de leur réalisation, la gouvernance, l'implication significative du secteur privé.

À l'observation, l'évolution des marchés financiers à travers le monde d'hier était l'initiative du privé, suivie d'une règlementation par les pouvoirs publics en vue de leur régulation. Elle est aujourd'hui marquée par des regroupements à partir de zones géographiques et le partage en commun de la monnaie ou de leur facile convertibilité avec des variations des taux de change maîtrisables. C'est donc dire que la performance des marchés financiers de nos jours reste très largement tributaire du principe ou de la technique de la mutualisation des moyens.

Ce principe largement expérimenté dans plusieurs domaines, n'échappe ni à l'économie encore moins à la gestion ou à la finance. L'Europe a fait bon usage de ce principe pour l'élargissement de la plateforme de son marché financier. C'est d'ailleurs ce même principe qui a guidé en son temps les chefs d'État de l'Afrique centrale à opter pour la construction d'un marché financier régional au regard des atouts principiels communs à tous les pays partageant la même monnaie ainsi que le même espace économique et géographique.

Dans un contexte économique et financier mondial en perpétuelle mutation, les mouvements des capitaux atteignent des montants importants. Et le développement des marchés financiers en monnaie locale est devenu une priorité pour de nombreuses économies des pays émergents tels que l'envisagent la plupart des pays de la CEMAC. À ce sujet le FMI encourage la création et la promotion des marchés obligataires nationaux[107].

Le marché financier national, ou régional performant contribue de façon décisive à l'efficacité et à la stabilité de l'intermédiation financière ainsi qu'à la croissance économique. Les pays de la CEMAC émettant la majorité de leurs titres en monnaie étrangère gagneraient à développer le marché financier unique de l'Afrique Centrale afin de créer les conditions de la fluidité et de la liquidité facilitant ainsi l'accroissement du volume des transactions, comme c'est le cas en Afrique de l'Ouest, avec les pays de l'UEMOA avec la BRVM.

La CEMAC est un espace économique considéré comme un agent économique unique qui regroupe des pays tous en voie de développement avec un système financier peu développé et un taux de bancarisation qui oscille entre 5 et 10 % en fonction des pays (Hugon, 2006)[108]. La faiblesse de l'épargne des pays membres milite pour un marché financier régional intégré. Mais cette reconstruction pose la problématique de la convergence des deux marchés financiers de la CEMAC. Quel modèle de rapprochement conviendrait comme

---

[107] FMI MAGAZINE Bulletin, volume 37, numéro 1er janvier 2008

[108] Le niveau de bancarisation est fonction du niveau de développement économique du pays voire de la région.

solution appropriée à la redynamisation de son système économique et financier ?

La consolidation, comme modèle de reconstruction du marché financier national du Cameroun et du marché financier régional de la CEMAC, passe par leur **Déconstruction**. L'application des principes de la théorie de la centralité et celle de la mutualisation servent de facteurs déterminants pour le choix du projet[109] relatif à la centralité bipolaire ou multipolaire : la spécialisation. Quelles peuvent être alors les effets attendus d'une intégration économique, monétaire et financière de la CEMAC sur le MFRI ? (Figure n° 11)

Une intégration économique et monétaire pour qu'elle soit réelle, doit aller au-delà des aspects monétaires et financiers pour englober les aspects juridiques, culturels et sociaux avec pour objectif la satisfaction des besoins des peuples ou des populations dans un élan de solidarité idéologique et organique

Dans cette première partie, en tenant compte des préalables indiqués supra permettant de sortir du marché financier fragmenté à un marché financier centralisé, analysons dans la seconde partie l'existant des marchés financiers de la CEMAC pris individuellement et apprécions leurs performances dans le financement des économies des pays de l'Afrique Centrale et des entreprises.

---

[109] D'après une définition de la banque mondiale, un projet est défini selon l'acronyme SMART. C'est-à-dire, significatif, mesurable atteignable, et réalisable dans le temps.

Figure n° 11 : Effets attendus du MFRI ou BAC

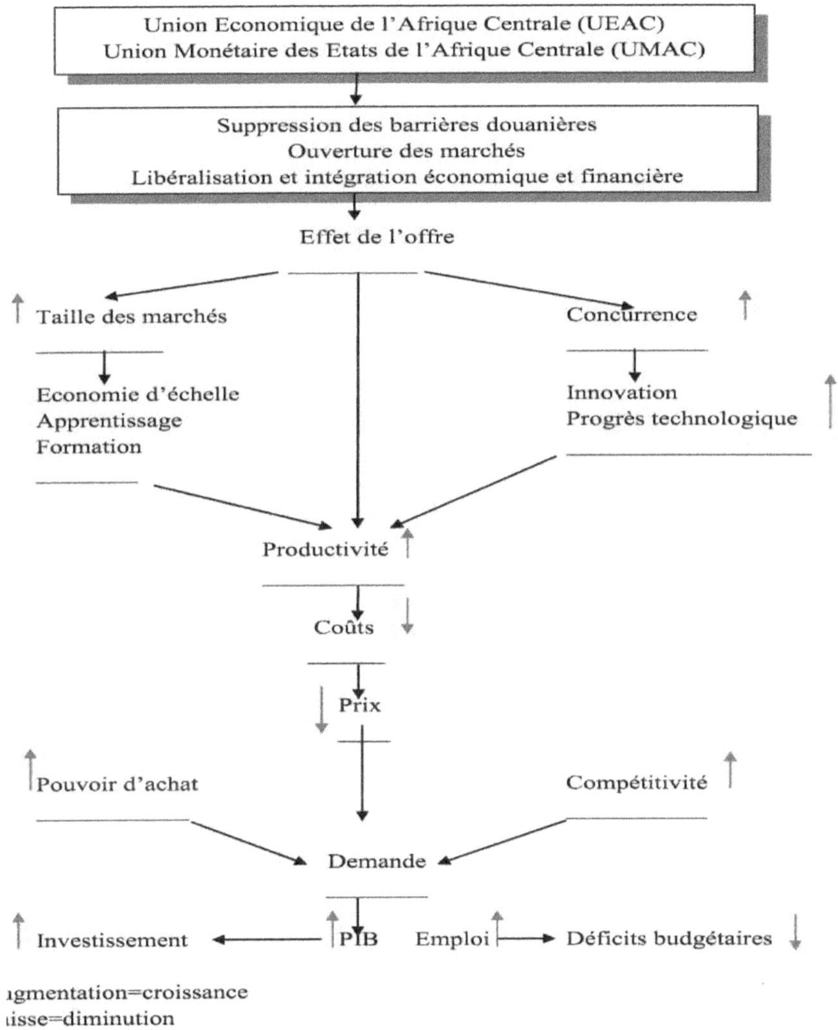

Source : Compilation de l'auteur Paul BABAGNACK

DEUXIÈME PARTIE

PERFORMANCES DES MARCHÉS FINANCIERS DE LA CEMAC

« La performance est un concept polysémique ou multiforme qui peut présenter plusieurs sens selon son auteur ou son évaluateur ».
Josée St-Pierre, Benoît Lavigne, Hélène Bergeron.

Introduction

Les années 80-90 se caractérisent par les différentes crises financières, politiques et économiques, voire sociales, en Afrique, avec la dévaluation du franc CFA[110], la renégociation de la lourde dette extérieure des États, l'instabilité de certains régimes politiques, les plans d'ajustement structurel[111], ayant pour conséquence la baisse des revenus des ménages, etc.

Cette crise a affecté de manière drastique les pays de l'Afrique centrale particulièrement, et les systèmes économico-financiers de la CEMAC ont subi de profonds bouleversements marqués par les privatisations des entreprises, la liquidation de certains établissements financiers (filiales des grands groupes bancaires, BIAO), et des entreprises paraétatiques de souveraineté, la fin de la régulation directe du crédit et des établissements financiers par les États, la mise en place des autorités de régulation monétaires indépendantes, la libéralisation des marchés financiers et l'adoption de règlementations prudentielles plus contraignantes. Ces réformes ont fait partie intégrante de la matrice des mesures de libéralisation financière

[110] Dévaluation du taux de change du franc en janvier 1994 par rapport à l'Euro : 1euro=655.957 FCFA

[111] Le Cameroun a connu des plans d'ajustement structurel (PAS), 1988, 1998.ct 2001

préconisées par les bailleurs de fonds et mises en œuvre sous l'égide des institutions financières internationales (FMI, BM).

En favorisant le financement endogène de leurs économies, les pays de la CEMAC, sur la base du constat établi en novembre 1994 par la BEAC, ont décidé de constituer une bourse des valeurs mobilières régionale (BVMAC) lors du sommet des chefs d'État de la CEMAC tenue à N'Djamena au TCHAD du 14/12/2000 au 18/12/2000.

Officiellement créée (date de création juridique) le 27 juin 2003 à Libreville en République Gabonaise, elle démarrera effectivement ses activités le 2 septembre 2008 soit cinq **(5)** plus tard. Ce fut là un signal fort palpable et digne de signification dans le but de donner une réponse commune à ces crises symétriques pour certaines et asymétriques pour d'autres (crise financière et crise du système bancaire), avec des propos forts et évocateurs en faveur de l'intégration régionale. « La BVMAC est officiellement constituée. Depuis quelques années, nous étions lancés dans un processus d'approche de cette bourse. Aujourd'hui, la bourse existe, marquant ainsi notre solidarité agissante avec l'ensemble des opérateurs économiques et investisseurs de la sous-région, convaincus que c'est ensemble que nous la développerons » [112] afin d'encourager et d'impulser un dynamisme économique et produire des niveaux élevés de richesse en donnant aux investisseurs locaux et étrangers l'occasion de partager les risques.

De ce fait suivra l'amélioration des mécanismes de marché pour lever et allouer des ressources financières rares, mobiliser les capitaux locaux en favorisant l'actionnariat local, attirer les investisseurs étrangers qui trouveront sur place un environnement du système financier complètement outillé, susceptible de bénéficier aux économies régionales. Elle n'est donc pas un nouveau paradigme,

---

[112] Propos de M. Henri Claude OYIMA, Président du conseil d'administration et Administrateur Directeur Général de la Banque Gabonaise et Française Internationale (BGFI Bank), le 02 août 2008, lors du lancement officiel de sa première cotation.

mais un outil financier permettant à travers les mécanismes qui la régissent (captation et réaffectation) de répondre aux attentes des États, des privés et des particuliers dans le processus de privatisation des entreprises du secteur public et le développement du secteur privé.

Parallèlement à l'existence de ce marché financier régional et par anticipation, l'État du Cameroun, pays membre de la CEMAC décide de créer le 1er décembre 2001, sur la base d'un texte de référence (loi)[113] sa bourse nationale, appelée le Douala stock exchange (DSX), qui a eu sa première cotation en fin mai 2006. Face à une solution communautaire, l'État du Cameroun semble opter pour une solution individuelle afin de venir à bout des crises précitées. Nous n'avons pas la prétention de juger ce choix, étant entendu que les États sont souverains dans le choix de leurs orientations politique, économique et sociale. Mais on est en droit de s'interroger sur l'opportunité d'une telle démarche à rebours d'une démarche idéologique communautaire prise lors de la session des chefs d'État de la CEMAC tenue à N'Djamena au TCHAD du 14/12/2000 au 18/12/2000.

En appui aux traditionnels modes de financement de l'économie à savoir les banques et les IDE, les marchés financiers ont fait une apparition lente mais progressive à l'image de ceux de la CEMAC avec leurs cortèges de balbutiements propres à de nouvelles organisations.

Peut-on s'appesantir sur le caractère récent de leur existence sans s'interroger sur leur impact réel sur le paysage économique et financier de l'Afrique centrale ? Le changement [114] se prépare, s'organise, se réalise, s'évalue et se corrige. C'est donc un processus structurel et organisationnel qui s'articule autour des points clés d'une matrice conçue d'avance en vue de l'atteinte des objectifs fixés. Loin

---

[113] Loi N° 99/015 du 22 décembre 1999 portant création et organisation d'un marché financier, ayant pour objet les transactions sur les valeurs mobilières privées et les titres publics, dans le cadre des services d'investissement règlementés.

[114] Fait de changer, de passer d'un état à un autre, modification, mutation, transformation, variation, dictionnaire universel 2e Édition HACHETTE, P. 210

d'être une trajectoire rectiligne, une évaluation[115] s'impose à mi-parcours pour apprécier le chemin parcouru et analyser les résultats obtenus.

Le marché boursier est une organisation complexe et importante qui s'impose comme un levier structurel de la croissance économique et un acteur de développement. Dans cette optique, les marchés financiers constituent un excellent moyen de financement de l'économie par le biais de la collecte de l'épargne, des fonds de placement et des fonds de pension *« mutualfund »* placés, pour le financement de l'investissement. Le marché financier de manière générale a deux rôles principaux à jouer :

Le financement de l'économie et l'allocation des ressources (Joseph Schumpeter, 1912 ; Singh, 1997) ;

La gestion de l'information au bénéfice des acteurs économiques (Jensen, 1978).

Le financement de l'économie par les marchés financiers se fait obligatoirement par son organisation, sa structure architecturale d'information, la maîtrise de son environnement et sa transparence, sa régularité dans la production et la communication des informations financières de qualité dans un climat de confiance. Pour garantir cette confiance entre les acteurs des marchés, l'information financière doit être de qualité, crédible, diffusée et disponible en vue d'une anticipation raisonnable des faits porteurs de risque ou d'espoir de la part de tous les acteurs directs ou indirects.

La communication : une contrainte.

L'information macro-économique : « Elle ressort du contenu et de la gestuelle informatifs des banques centrales ainsi que des informations

---

[115] C'est mettre en relation les éléments issus d'un observable (ou référé) et un référent pour produire de l'information éclairante sur l'observable, afin de prendre une décision.

qui sont distillées par les organisations globales, comme les agences de notation et les marchés boursiers (Moody's, Standard & Poor's, Bloomfield) ou par les autorités de surveillance nationale ».[116]

L'information microéconomique et macro-économique : un objectif

Elle émane du contenu de l'information des entreprises et de leur manière de communiquer : « C'est l'information qui est donnée par les entreprises, soit de manière obligatoire, parce que c'est une condition à respecter pour être cotée en bourse par exemple, soit de façon discrétionnaire parce que cela fait partie des pratiques de bonne gouvernance ou des us et coutumes entrepreneuriales »[117]

Cette interdépendance des acteurs des marchés financiers rentre dans le strict respect des principes et des règles juridiques et le respect des engagements pour garantir à l'acheteur (acquéreur des titres) d'être livré et au vendeur (cédant des titres) d'être payé dans les délais. Ceux-ci étant les acteurs déterminants sur lesquels les marchés financiers sont construits sous la forme d'une toile d'araignée. Dans leur prolongement, les organismes de régulation et de prestations gravitent autour pour générer un corpus existentiel et harmonieux à l'animation des marchés financiers. Son dynamisme et ses performances en dépendent étroitement. Leur désagrégation et leur déstructuration sont souvent à l'origine des chocs économico-financiers aux conséquences collectives.

Structures logiques, ces parties constituent un tout cohérent dans la réalisation des performances des marchés financiers. À partir d'elles, on obtient une image de la santé d'une économie. Baromètre de l'économie, un accent particulier est accordé à l'organisation de celles-ci par une règlementation rigoureuse et une technologie de pointe. Ce n'est pas tant le nombre des composants ni même la

[116] Paul COUDRET, Comprendre la bourse pour y réussir, 2013, p. 42
[117] Paul COUDRET, Comprendre la bourse pour y réussir, 2013, p. 47

diversité de leurs interactions qui caractérisent le système complexe, mais l'imprévisibilité potentielle des comportements de ce système lié en particulier à la récursivité qui affecte le fonctionnement de ses composants, sans tenir compte de l'évolution de l'environnement et du comportement des acteurs.

Une présentation descriptive et explicative, une analyse objective des activités et l'appréciation des performances des deux places boursières qui composent le marché financier de l'Afrique centrale permettront de décliner une solution à la question centrale de notre réflexion relative aux changements structurels et organisationnels avec en ligne de mire leurs performances dans le financement de son économie.

La performance occupe une place centrale dans la gouvernance des organisations (État, publique, parapublique, privée ou associative) dans le but d'évaluer l'atteinte des objectifs fixés. Les problèmes de mal gouvernance au sein des entreprises, des organisations et des institutions ont conduit à des défaillances de celles-ci (Chatelin et Trébucq, 2003). Et c'est ainsi que la révision de la gouvernance d'entreprise s'est avérée indispensable pour réduire les coûts d'agence et avoir une gouvernance efficace qui permet de diminuer le risque d'investissement (P. André et E. Schiehll, 2004). Les conséquences de leurs défaillances sont destructrices et leur ampleur, variable en fonction de la taille de ces entreprises, paralyse l'activité économique par effet d'entraînement, en l'occurrence dans le marché boursier.

Pour mesurer ou évaluer la performance, les dirigeants peuvent faire appel à des outils aussi divers et variés qu'ils soient du domaine académique ou du domaine professionnel. Leur consultation révèle cependant que « la performance est un concept polysémique ou multiforme qui peut présenter plusieurs sens selon son auteur ou l'évaluateur »[118]. Otley (1999) ajoute que la « performance » est elle-

---

[118] Josée St-Pierre, Benoit Lavigne, Hélène Bergeron. LES INDICATEURS DE PERFORMANCE FINANCIÈRE ET NON FINANCIÈRE : COMPLÉMENTARITÉ OU SUBSIDIARITÉ ? ÉTUDE EXPLORATOIRE SUR

même un terme ambigu qui ne possède pas de définition unique. On constate aussi que sont utilisés de façon interchangeable les termes de « succès », de « résultat », de « réussite » et de « performance » sans précision supplémentaire.

Pour juger ou apprécier la performance d'un marché financier en général, il faut définir les critères de performance qui de façon empirique sont de trois ordres : la **(i)** capitalisation boursière **(ii)**, l'indice boursier **(iii)** la comparaison capitalisation et PIB.

(i) La capitalisation boursière

Elle permet d'apprécier l'activité d'une bourse. Elle est égale au produit du cours d'un titre par le nombre de titres émis. Et la capitalisation totale est la valeur boursière de tous les titres inscrits à la cote d'une place financière. Il existe la capitalisation boursière des actions, des obligations et des titres participatifs. Elle varie en fonction des fluctuations des cours boursiers et des opérations de capital. Les introductions en bourse des privatisations, des augmentations du capital, l'inscription à la cote des nouveaux emprunts obligataires renforcent la capitalisation boursière. À l'observation des capitalisations des deux places boursières de la CEMAC, que ce soit à la BVMAC ou à la DSX, seuls les emprunts (titres) obligataires des États ont une présence dominante et sporadique. À la BVMAC, seule une société est cotée, il s'agit de SIAT-GABON en 2013 et trois sociétés cotées à la DSX depuis sa création. Il s'agit de SEMC en 2006, SAFACAM en juin 2008 et SOCAPALM le 22 janvier 2009. La capitalisation boursière permet de mesurer la taille du marché financier et la mesure utilisée (Lévine et Zervos) est le ratio de capitalisation (RC). La capitalisation étant la valeur totale des titres inscrits en bourse dans un marché financier. Qu'en est-il du produit intérieur brut (PIB) ? Le PIB est un indicateur économique qui permet

DES PME MANUFACTURIÈRES. Comptabilité et Connaissance, May 2005, France.pp.CD-Rom. « halshs-00581289 » de mesurer les richesses produites dans un pays ou dans une zone économique régionale (CEMAC).

$$RC = \frac{\textbf{Capitalisation totale du marché financier}}{\textbf{Produit Intérieur Brut (PIB)}}$$

La capitalisation flottante permet de caractériser la liquidité du marché d'une action. La totalité du capital d'une entreprise cotée est inscrite à la cote, mais une partie seulement de celui-ci est mise sur le marché boursier. Elle circule réellement et constitue le capital flottant.

La capitalisation flottante correspond donc à la proportion des titres détenus par les actionnaires dont l'objectif n'est pas de contrôler l'entreprise mais de gérer un portefeuille de façon à obtenir la meilleure rentabilité possible. Un capital flottant élevé est une bonne liquidité sur le marché secondaire, et constitue un indicateur non seulement de l'animation du marché et de son dynamisme, mais plus encore un indicateur de performance de celui-ci. D'après le critère de la capitalisation, il est possible de hiérarchiser les places boursières, d'apprécier leurs performances et de faire des études comparatives.

Il y a également une autre mesure de la liquidité du marché proposée toujours par Lévine et Zervos, appelée le ratio de transaction (RT). Cette mesure est un complément du ratio de capitalisation et permet de dire qu'un marché peut être de grande taille et être un marché inactif.

$$RT = \frac{\textbf{Valeur de transaction totale}}{\textbf{Produit Intérieur Brut (PIB)}}$$

La profondeur est une autre dimension de la liquidité et a été mise en exergue par Black (1971). Elle indique la quantité de titres (volume) qu'il est possible de négocier au prix affiché sur le marché. Elle mesure l'influence qu'un ordre peut avoir sur le prix actuel du marché. Dans ce raisonnement, plusieurs auteurs comme King et Lévine (1993) et bien d'autres (Gregorio et Giudotti, 1995) identifient une corrélation significative entre la profondeur financière et la croissance économique. Pour mesurer cette profondeur, ces derniers utilisent la masse monétaire (M2) sur le produit intérieur brut (PIB).

$$\mathbf{RT} = \frac{\textbf{Masse Monétaire (M2)}}{\textbf{Produit Intérieur Brut (PIB)}}$$

La masse monétaire est un indicateur essentiel de la capacité du système financier à fournir la liquidité permettant le financement de l'activité économique.

(ii) L'indice boursier

Les indices boursiers permettent de mesurer l'évolution des marchés secondaires, de comparer les résultats des différentes places boursières. Ils servent de référence pour mesurer les performances boursières des investisseurs et des gestionnaires des portefeuilles. Un indice boursier représente un nombre unique, comme étant la variation relative d'un ensemble de cours boursiers. Il se définit par l'échantillon des valeurs retenues, la pondération des valeurs le composant et la date de référence (période de base). Au regard de ceux faisant l'objet de cette réflexion, il est curieux de constater la somnolence et l'immobilisme du compartiment actions sur la base du nombre d'entreprises inscrites à la cote un **(1)** SIAT-Gabon pour la BVMAC et trois **(3)** SAFACAM, SEM et SOCAPALM pour le DSX depuis leur création, car à ce jour aucune entreprise nouvelle n'a fait l'objet d'une inscription à la cote. Une tentative d'inscription à la cote à la BVMAC de l'entreprise agro-industrielle SIAT-GABON en 2013 a connu un échec cuisant du fait de la concurrence des deux places boursières. Et contrairement à d'autres places boursières de taille équivalente (BRVM), en Afrique de l'Ouest par exemple, avec un nombre d'entreprises inscrites à la cote qui avoisine une quarantaine, le compartiment actions est le ventre mou des deux places boursières de l'Afrique centrale.

À cela, l'une des motivations sous-jacentes à la création de la BVMAC était de privilégier les privatisations qui étaient alors en gestation dans les années 90 par le marché financier, et d'autre part, de faire participer l'actionnariat local à ces privatisations par la promotion de la culture boursière. Sous cet angle, une autre illusion vient ternir le tableau déjà très sombre des économies des pays membres de la CEMAC dans leurs ambitions de promotion des investissements par des investisseurs locaux et booster l'intégration financière. Or, le dynamisme du compartiment actions dans les places boursières est un révélateur de leurs performances. C'est le pilier des marchés boursiers, car il assure leur liquidité, permettant ainsi de jauger leur profondeur à chaque instant du fait de l'existence de l'information de qualité en continu (en temps réel) par un système d'information et de communication normatif et efficace.

(iii) La comparaison de capitalisation boursière et le PIB

La performance du marché financier s'apprécie aussi par le ratio entre les ressources collectées sur le marché et le PIB. Ce ratio est un indicateur du degré de financiarisation de l'économie et permet de comparer les ressources allouées sur le marché financier et la production. Il traduit de ce fait le glissement (changement de comportement ou paradigme) structurel, dont le comportement financier des agents économiques, c'est-à-dire le passage d'une économie d'endettement à une économie de marché. Or au vu de l'absence de l'animation du compartiment actions des marchés financiers de l'Afrique centrale, du fait de la faiblesse de revenus et l'absence de la culture boursière, il est difficile voire handicapant d'établir une comparaison entre la capitalisation boursière et le PIB avec des données maigres ou inexistantes (DSX et BVMAC).

Mais dans le cadre de cette réflexion, il s'agit d'apprécier le degré de financiarisation de l'économie de la CEMAC par les marchés financiers, en trois hypothèses :

Première hypothèse : la fluidité du marché ;

Deuxième hypothèse : l'augmentation du volume de transaction ;

Troisième hypothèse : l'évolution du marché financier de la CEMAC.

L'analyse de la performance va se décliner autour de trois grandes notions qui permettent l'évaluation des marchés financiers à savoir : la liquidité, le volume des transactions et l'évolution du marché.

- *Première hypothèse* : La fluidité du marché financier : liquidité du marché financier

La pratique montre que plus le marché financier est liquide (Gravelle, 1999), plus il est efficient, dans la mesure où les investisseurs peuvent mieux investir sur un tel marché (Fama, 1970). Un marché financier liquide permet d'atténuer le coût du risque et réduit le coût de l'argent pour les entreprises et les autres emprunteurs (Jensen, 1978). Est-ce que le marché financier de l'Afrique centrale permet d'organiser cette fluidité du marché et dans quelles conditions ?

C'est quoi la liquidité ? La liquidité est définie comme étant la capacité des actifs financiers (actions, obligations) de préférence, à être convertibles en monnaie à court terme et sans perte (JM. Keynes, 1830). De cette définition se dégagent deux dimensions de la liquidité, une dimension temporelle (le court terme) et une dimension valeur (perte). Sous cet angle, la liquidité du marché financier est déterminée par l'offre et la demande de ce marché. Elle est fonction de l'organisation du marché et du nombre d'investisseurs. Plus le marché est liquide, plus les titres se vendent rapidement et à moindre coût. Dans la mesure où un nombre important d'investisseurs permet d'activer la concurrence qui impacte sur les coûts de transaction à la baisse. De ce fait, l'animation et le dynamisme du marché dépendent des placements à court terme. Comment peut-on mesurer la liquidité d'un marché financier ? La liquidité du marché financier est déterminée par la demande et l'offre de ce marché, mais surtout par son dynamisme, d'où son importance. Son importance devient significative en fonction du type de marché, qu'il s'agisse d'un marché financier centralisé ou d'un marché financier fragmenté.

Dans un marché financier centralisé, les ordres sont centralisés dans un même carnet d'ordre, ce qui permet la confrontation de l'offre et la demande afin d'établir le prix d'équilibre. Dans un tel marché financier, à l'instar d'Euronext Paris, on assiste donc à une attraction convergente de tous les acteurs du marché en un seul lieu, donc tous les ordres de bourse afférents à un titre financier. Cette unicité des ordres de bourse est favorable à la circulation d'une liquidité croissante et l'ajustement du prix d'équilibre impactera les coûts de transaction à la baisse. C'est donc dire que le marché centralisé est un marché organisé.

D'où l'utilité de la centralisation du marché financier selon Léon Walras (1889) dont la théorie conduirait à l'efficacité (production maximale), à l'équité (rapport prix/productivité), et à la stabilité (correction automatique des écarts). Or dans un marché fragmenté, à l'instar du NYSE sur lequel un titre coté est également négocié sur les bourses régionales américaines (Boston, Chicago, Philadelphie, etc.), les titres financiers se négocient sur plusieurs marchés. Ce qui fragilise la liquidité de chaque marché et les rend peu efficaces (Mendelson, 1987). Selon, Bruno Biais (1993), trois causes peuvent justifier la fragmentation d'un marché.

1. La multiplication des cotations : un titre est coté sur plusieurs marchés ;

2. Les transactions hors marché : les transactions pouvant se réaliser en dehors du marché principal ;

3. Les marchés de gré à gré : cela dépend de la structure du marché, dans lequel les contreparties sont fragmentées. Les animateurs (teneurs de marchés, brokers, etc.) ne sont pas en un lieu fixe ou ont transmis tous les ordres et peuvent intervenir soit par téléphone ou sur les terminaux informatiques ;

De ce qui précède, le marché financier de l'Afrique centrale est fragmenté, ayant dans le même espace deux marchés financiers concurrentiels (BVMAC et DSX). D'où la nécessité d'aboutir à un marché financier régional intégré, donc organisé et règlementé par une seule autorité de contrôle qui édicte les règles de comportement, admission à la cote, diffusion d'informations, sanctions, etc., et veille à leur application. Un des objectifs de cette unicité étant de maximiser la liquidité pour deux raisons essentielles : **(i)** elle est indispensable et **(ii)** elle est utile.

(i) La liquidité indispensable

Les actifs financiers étant des promesses de paiement, ils créent deux sources de risque et de volatilité des prix :

Valeur de promesse, risque de défaut

Valeur des paiements, risque lointain

Elle est indispensable, car elle est la conséquence d'un marché secondaire efficient. Le marché secondaire doit permettre la réallocation constante de l'ensemble des portefeuilles de façon à réduire leur risque global[119].

(ii) La liquidité utile

Elle est utile parce qu'elle permet la circulation des titres entre les mains des entrepreneurs et des investisseurs, donc le mouvement des capitaux grâce à la spéculation avec pour objectif de toucher les coupons sans en toucher le capital, sauf pour y ajouter de nouveaux titres[120]. Elle permet d'apprécier la profondeur du marché, garantir les paiements à date des échéances et facilite la négociation des actifs financiers.

Si la liquidité est indispensable et utile dans un marché financier comme le soutiennent les théoriciens du marché financier, elle n'est pas gratuite, elle nécessite des frais (coûts). Ces coûts de transaction peuvent être scindés en trois catégories : les coûts de recherche et d'information, les coûts de négociation et de décision et les coûts de contrôle et de décision (Carl J. DAHLMAN, 1979). Comme toute transaction économique implique un coût, celui du marché financier relatif à l'échange des actifs financiers a également un coût.

---

[119] Harry MARKOWITZ « Portfolio selection », *Journal of finance*, vol.VII n° 1, mars 1952, pp.77-91

[120] Paul LEROY-BEAULIEU, « l'art de placer et gérer sa fortune », Paris, Delagrave, 1905 et plusieurs rééditions.

Deuxième hypothèse : l'augmentation du volume de transaction. Le niveau de transaction :

> La performance d'un marché financier s'analyse par rapport au volume des transactions, c'est-à-dire le nombre de titres émis et surtout leur progression dans la durée afin d'apprécier son dynamisme et sa contribution au financement de l'économie. Cette augmentation du volume des transactions conduirait à une baisse des coûts de transaction (Jensen, 1978). Est-ce que le marché financier de l'Afrique centrale réunit les conditions permettant l'accroissement du volume des transactions ?

L'analyse d'un marché financier s'analyse en faisant un focus sur le lien étroit qui existe dans la relation entre le nombre des échanges de titres et leur croissance vers une amélioration continue et soutenue sur les plans structurel et organisationnel pour des résultats significatifs.

Le niveau des transactions est fonction du dynamisme organisationnel tant du marché primaire que du marché secondaire et de tous les compartiments de la bourse (actions et obligations). Ce d'autant plus que le marché financier est un marché de gros et de détail. Le niveau de transaction fait référence au volume des transactions réalisé dans un marché partant de sa fréquence, sa durée et sa progression.

Toutes choses qui permettent au cours d'une période de faire une analyse de l'évolution du niveau des transactions, avec des conséquences sur le coût de ces transactions et le taux de fréquentation de ce marché et surtout apprécier la contribution du marché financier dans la mise à disposition des financements (liquidité) donc l'économie (les entreprises).

Troisième hypothèse : l'évolution du marché financier de la CEMAC : la mutation des bourses.

> Le financement bancaire est à bout de souffle dans le financement de l'économie de l'Afrique centrale. Il est marqué par des crises financières successives, des faillites, des coûts de crédit élevés ainsi que la méfiance des épargnants et la prolifération des établissements de microfinance (EMF). Est-ce que le marché financier de l'Afrique centrale réorganisé peut suppléer ou corriger cette défaillance ?

Toute organisation dans le cours de son existence se métamorphose, se développe et évalue sa capacité à atteindre ses objectifs et s'adapter à son environnement instable, y compris le marché financier. C'est une nécessité pour le développement des entreprises de la région dans un contexte d'inefficacité bancaire.

Le changement s'impose comme la conséquence d'une crise de conscience, à travers un examen approfondi de la situation relative à l'objectif de financement des entreprises de la CEMAC par le marché financier. Lequel doit aboutir à un changement motivé et adapté, c'est-à-dire « faire autrement » en s'organisant autrement pour la stabilité et la consolidation des marchés financiers de la CEMAC. Le changement s'entend donc comme une évolution vers l'amélioration de la performance du marché financier de la CEMAC.

La liquidité comme le volume des transactions et l'évolution du marché permettent d'apprécier les indicateurs importants dans l'analyse de la performance d'un marché financier. Ils donnent une grille d'analyse de l'attractivité du marché et de sa profondeur pour une croissance potentielle. Il s'agit de trois indicateurs, les « 3E » : l'efficacité, l'efficient et de l'effectivité.

- **L'efficacité**

C'est le degré de réalisation des objectifs. On considère qu'une activité est efficace si les résultats obtenus sont identiques aux objectifs définis (Gilbert, 1980). Mais pour évaluer l'efficacité d'une organisation de manière absolue, il faut s'assurer que l'organisation est en adéquation avec son environnement (c'est-à-dire qu'il faut tenir compte des perceptions des divers intervenants en l'occurrence les prestataires, etc.) et des groupes concernés par la vie de cette organisation, notamment les institutionnels, les entreprises, et les salariés eux-mêmes. On pourra alors parler d'organisation efficace si le marché financier en tant qu'animateur a atteint ses missions (Willarmois, 2001), (Chester et Bernard, 1968) et (Bourguignon, 1996).

L'efficacité d'un marché financier est d'abord caractérisée par son idéologie et son cadre règlementaire, son organisation et ses procédures, et son intégration à son environnement proche et lointain. Ensuite elle se caractérise par un grand nombre d'intervenants. C'est-à-dire, la conséquence d'une interaction entre un grand nombre d'offreurs d'une part et un grand nombre de demandeurs d'autre part. Enfin elle se caractérise par son animation et son dynamisme au quotidien, de manière à conquérir au fil du temps l'adhésion des acteurs contribuant ainsi à la modernisation et au développement du système financier et l'endogénéisation des financements.

Mais dans la théorie financière, l'efficacité des marchés financiers peut être définie comme « l'aptitude à révéler la valeur fondamentale (ou économique) des actifs échangés à travers le prix affiché »[121]. Ceci induit donc de prendre en compte l'hypothèse relative à l'efficience des marchés qui stipule que les prix d'actifs contiennent à chaque instant toute l'information disponible sur les marchés et convergent à

[121] Christophe BOUCHER et Dominique PLIHON « Les marchés financiers sont-ils efficaces ? ». p.125

l'équilibre vers la valeur fondamentale. Quelle peut être l'efficacité des marchés financiers de la CEMAC ?

- **Efficience**

C'est le rapport entre les ressources employées et les résultats atteints. Un groupe est efficient s'il respecte l'enveloppe des moyens attribués ou s'il obtient un meilleur résultat que celui fixé avec des moyens similaires (Gilbert, 1980). L'efficience se mesure avec un ratio : résultats obtenus/frais engagés. Ce calcul permet de s'assurer que l'entreprise (organisation) utilise de manière optimale ses ressources. Efficience = liquidité + transparence. Mais en ce qui concerne les marchés financiers, il y a efficience lorsque cinq conditions sont réunies (Jensen, 1978) : 1) la rationalité des investisseurs, 2) la libre circulation de l'information, 3) la gratuité de l'information, 4) l'absence des coûts de transaction et d'impôts de bourse, 5) l'atomicité des investisseurs et la liquidité.

Selon Lévine (2005), le développement d'un système financier efficient est une condition nécessaire au bon fonctionnement de l'économie lorsqu'il remplit les fonctions suivantes :

- Il réduit les asymétries d'information entre épargnants et emprunteurs en collectant de l'information, en sélectionnant les projets valables et en identifiant les entreprises avec les meilleures perspectives ;

- Il résout les problèmes de délégation en surveillant les investissements et exerçant la gouvernance d'entreprise ;

- Il facilite l'échange et la gestion du risque en permettant aux épargnants de diversifier leurs portefeuilles et aux entreprises de se couvrir contre certains risques qu'elles ne souhaitent pas prendre ;

- Il mobilise et regroupe l'épargne ;

- Il facilite l'échange des biens et des services.

Cependant, dans un cas comme dans l'autre, l'efficience des marchés financiers repose sur la production d'une information transparente et sa disponibilité permanente à temps constant pour le public d'une part, la surveillance et la protection des actifs financiers des acteurs du marché financier (épargnants et emprunteurs) d'autre part.

L'hypothèse de l'efficience des marchés financiers est une notion centrale de la théorie financière moderne. Il permet que les prix cotés dans les marchés financiers reflètent exactement la réalité économique, facilitant ainsi une bonne prise de décision tant pour les acheteurs que pour les vendeurs, on parle alors « d'efficience informationnelle ». C'est donc cette efficience informationnelle qui permet aux opérateurs économiques rationnels d'anticiper dans leurs placements (achat/vente) sur le marché financier. Cette hypothèse pose un problème sous-jacent qui est celui de la définition de l'information efficiente et de sa mesure. Fama (1965) la définit comme une information disponible et pertinente. Il permet une catégorisation de cette information en trois niveaux d'efficience. Il s'agit de :

L'efficience faible

Elle est composée seulement de l'ensemble des cours passés du marché (les trajectoires). Cette forme faible de l'efficience exclut donc l'utilisation de l'analyse technique non efficace pour réaliser des gains supérieurs à ceux du marché. Il s'agit des informations connues et publiées.

L'efficience semi-forte

Elle est constituée par l'ensemble précédent (efficience faible), augmenté des éléments financiers des entreprises. Elle exclut de plus l'analyse financière classique pour l'obtention des gains supérieurs à ceux du marché.

L'efficience forte

Elle exclut les deux ensembles d'information précédents (efficience faible et efficience semi-forte) et s'intéresse de plus à l'existence de l'information privilégiée, non nécessaire au public. Ce sont les informations accessibles par exemple aux gérants des fonds de pension. Il s'agit des informations non encore publiées mais détenues par des personnes privilégiées du fait de leur fonction dans l'entreprise.

Mais cette classification de l'information sur l'efficience des marchés financiers ne constitue pas un cloisonnement. Elle permet tout simplement de catégoriser les trois champs d'investigation du concept d'efficience.

Dans le cadre de cette réflexion, la question qui se pose est celle de savoir si les marchés financiers de l'Afrique centrale sont efficients.

Effectivité

Désigne d'une part, un *« fait »* vérifiable, voire mesurable, celui de l'application, susceptible de degrés (l'effectivité n'est jamais totale) d'une règle de droit, d'autre part les *« effets réels »* sur les comportements sociaux. En d'autres termes, l'effectivité permet d'apprécier l'impact (les effets) de l'existence des marchés financiers dans le paysage économico-financier et social dans le périmètre de référence qui leur est prescrit.

Le paysage financier de la CEMAC est caractérisé depuis les années 2000 par la présence de deux marchés financiers : le marché financier de l'Afrique centrale (BVMAC) et le marché financier du Cameroun (DSX). Cette présence est venue ainsi élargir les sources de financement des économies de l'Afrique centrale et principalement des entreprises. Cette diversification des sources de financement participe du développement financier dans la région Afrique centrale. Cette diversification aurait dû être un atout pour les entreprises de la région à la recherche des financements, étant entendu que celles-ci ne disposaient jusqu'alors que de quatre sources de financement :

Financement endogène, c'est-à-dire de l'autofinancement ;
Financement informel, c'est-à-dire par la tontine ;
Financement bancaire, c'est-à-dire le financement indirect ;
Financement exogène, c'est-à-dire le financement par les investissements directs étrangers (IDE).

Après l'apparition des marchés financiers dans le système financier régional, la question principale qui se pose dans la deuxième partie de notre réflexion est de savoir, quel est leur impact dans le financement des entreprises de l'Afrique centrale ?

À cet effet, après avoir présenté et justifié l'intérêt des hypothèses ainsi que leurs indicateurs ci-dessus relatifs à notre étude, cette deuxième partie s'articule sur deux chapitres

Le premier chapitre est consacré à l'analyse de la performance du marché financier régional : la BVMAC, dans la vision classique d'un marché financier dans son périmètre régional. Il est composé de trois (3) sections, donc la première section (i) est consacrée à son environnement financier afin de cerner le contexte de l'étude, la deuxième section (ii) est réservée à la vérification des hypothèses, l'analyse des résultats et leur interprétation, la troisième section (iii) porte sur l'impact du marché financier régional dans l'économie de la CEMAC.

Le second chapitre traite de l'analyse de la performance du marché financier du Cameroun : le DSX, dans une vision identique de sa sphère nationale. Il est également constitué de trois sections donc la première section (i) est relative à l'environnement financier du Cameroun, la deuxième section (ii) est destinée à la vérification des hypothèses, leur analyse et interprétation et la troisième section (iii) porte sur les effets du marché financier dans l'économie du Cameroun.

CHAPITRE I

L'ANALYSE DU MARCHÉ FINANCIER DE L'AFRIQUE CENTRALE : LA BVMAC

« Analyser un marché financier, c'est analyser la corrélation entre celui-ci et l'entreprise dans un environnement donné ». Paul BABAGNACK

Introduction

Depuis bientôt plus de quinze ans, à la faveur de la réalisation d'une étude de faisabilité relative au Marché Financier Régional en Afrique Centrale (BVMAC), la décision politique de sa mise en place a été prise. Il paraît donc souhaitable de faire un état des lieux et de soulever la problématique de sa performance afin d'apprécier ses effets dans la dynamique de financement des entreprises pour une économie de la CEMAC en quête de financements.

L'étude de faisabilité réalisée en 1999 a été menée au niveau des six (6) États de la CEMAC. Elle concluait à la faisabilité et à la rentabilité d'un marché financier en Afrique Centrale. Cependant, la mise en place de ce marché s'est faite au mépris de l'orientation générale fixée dans le cadre de cette étude de faisabilité. Au lieu d'une architecture unifiée, intégrée et centralisée, a été créé un marché financier éclaté et fragmenté où coexistent désormais : deux Bourses des valeurs, l'une régionale, la BVMAC et l'autre nationale, le DSX.

Deux autorités de régulation : la Commission de Surveillance du Marché Financier de l'Afrique Centrale (COSUMAF) et la Commission des Marchés Financiers du Cameroun (CMF).

Malgré ce dualisme boursier, le Marché Financier de l'Afrique Centrale est devenu une réalité grâce à la réunion des conditions préalables au démarrage de ses activités, parmi lesquels :

- L'élaboration d'un Cadre juridique ;
- L'octroi d'agréments à des organismes de marché et à des intermédiaires en bourse ;
- La disponibilité et l'opérationnalité des plateformes de cotation et de règlement livraison ;
- La réalisation des premières opérations d'appel à l'épargne sous forme de cessions de parts et d'émissions d'emprunts obligataires.

La bourse des Valeurs mobilières de l'Afrique Centrale (BVMAC) désigne l'entreprise de marché ayant reçu le pouvoir[122] d'organiser et d'animer le fonctionnement du service public du Marché financier de l'Afrique Centrale (CEMAC). À cet effet, elle élabore les conditions d'admission à la cote, d'organisation des transactions, de suspension, d'enregistrement et de publicité des négociations.

Au terme de ce processus de lancement (1999/2017) et d'exercice des activités du marché financier en Afrique Centrale, l'analyse de sa performance dans l'atteinte de ces objectifs de financement au regard de son rôle théorique, empirique et opérationnel, devient un enjeu majeur pour l'environnement des affaires en général et pour le financement des entreprises en particulier.

Dans un premier temps, il y a lieu de présenter une vue panoramique de l'environnement financier de la CEMAC, dans les principales caractéristiques du financement de l'investissement privé, permettant ainsi de faire un état des lieux antérieur à l'avènement du marché

[122] Article 1 de son Règlement Général

financier ayant trait au financement de l'économie régionale, mais aussi pendant son existence.

Cette réflexion procède dans un second temps à la vérification des hypothèses retenues, c'est-à-dire la fluidité du marché financier, l'augmentation du volume des transactions et l'évolution du marché financier, permettant de faire le bilan des activités du marché financier et d'apprécier son apport dans le financement de l'économie depuis son instauration, de présenter des résultats et d'en faire une interprétation à travers les indicateurs de performance retenus, c'est-à-dire l'efficacité de la BVMAC, son efficience et son effectivité.

Et enfin, effectuer dans un troisième temps, une critique de ces résultats en mettant en exergue leurs effets tant sur les entreprises que sur l'économie régionale.

SECTION I : ENVIRONNEMENT FINANCIER DE LA CEMAC

L'espace économique des pays de la CEMAC est composé du secteur public, du secteur privé et du secteur parapublic. Le secteur privé est le plus important par son caractère mercantile. Dans ce secteur comme dans d'autres, la problématique de financement se pose, au point de constituer l'épine dorsale des activités économiques de la région Afrique Centrale. Comme sous d'autres cieux, l'existence de la pluralité des sources de financement a contribué efficacement à leur performance économique.

Cette politique monétaire et économique a eu pour conséquence leurs prouesses économiques. Les économies (Amérique Centrale et du Nord), et une partie de l'Europe (les pays anglo-saxons) ont opté pour le financement par les marchés, alors que l'Europe Centrale (Allemagne, France, Italie) a surtout opté pour le financement bancaire.

Nous allons donc nous appesantir sur le secteur privé producteur de richesses et porteur de croissance. Il se manifeste à travers les entreprises quelles que soient leur taille et leur forme, donc une partie évolue dans l'informel (pour une grande partie) et une autre dans le formel (les filiales et succursales) de grandes entreprises et quelques entreprises de droit national. Le caractère informel de cette économie CEMAC rend les statistiques (donnée fiable) du secteur privé opaques ainsi que sa gouvernance.

I.1 Structuration des entreprises de la CEMAC

Le panorama du secteur privé en zone CEMAC est caractérisé par deux catégories d'opérateurs économiques. Il s'agit d'une part des petites et moyennes entreprises (PME) et des petites et moyennes industries (PMI) et dans une moindre mesure des entreprises de droit national dans chacun des pays membres. D'autre part, des entreprises filiales ou succursales des grands groupes étrangers.

I.1.1 Les entreprises de droit national et leur impact sur l'économie

La nécessité du développement d'un secteur privé national pose la problématique de son financement et de son insertion dans le processus de sa participation aux projets locaux. Son ancrage dans les projets locaux présente un triple avantage. Il permet une construction d'un secteur privé fort et sa montée en puissance en termes de compétences technique et opérationnelle, mais aussi un moyen de captation des fonds (profits) et une limite au transfert de ceux-ci vers l'étranger. Ces fonds seront réinjectés dans les circuits économiques locaux et augmenteront la masse monétaire (M2) en circulation dans la CEMAC. Mais aussi, les sources de financements locales contribuent à la stabilité macro-économique, échappent à la volatilité des cours de change. Plusieurs partenaires au développement comme l'AFD mettent en place des garanties pour les emprunts en monnaie locale via Proparco afin d'encourager la mobilité de l'épargne locale à long terme ; ce qui renforce la participation des entreprises locales à l'effort de développement national et régional.

Le secteur privé dynamique et flexible ayant des contraintes de rentabilité et d'efficacité, au-delà de la recherche du profit et de la satisfaction des actionnaires (associés), est au centre des préoccupations de toutes les parties sur le plan local et ses connexions exogènes. Les entreprises lors de leur création comme tout au long de leur existence (cycles d'exploitation) ont besoin de financements pour assurer leur fonctionnement ainsi que leur développement. Pour ce faire, elles disposent de plusieurs sources de financement, comme les ressources financières propres (issues de la rentabilité de leurs activités) et les ressources du système financier (les banques commerciales, les banques d'affaires et les marchés financiers).

Donc le financement des entreprises constitue une préoccupation permanente. Les mécanismes de financement ayant connu de profondes mutations dans le monde, passant de l'économie de l'endettement à une économie des marchés financiers, l'Afrique Centrale ne devrait pas être en reste dans ce processus irréversible pour financer son économie. La finance africaine est en pleine mutation avec la prolifération et le développement des marchés financiers. Cette finance africaine constitue une opportunité très avantageuse du secteur privé (entreprises) vecteur de croissance et stimule le développement des partenariats publics/privés.

Le recours au secteur privé passe par un soutien indirect des pouvoirs publics des pays membres de la CEMAC à celui-ci. Il passe par l'amélioration du climat des affaires, la création des infrastructures, la baisse des coûts de transaction, etc. Et pour cela, il y a lieu dans un environnement économique en panne de financement, de faciliter l'accès des entreprises aux financements par la multiplication des différentes sources de financement innovantes.

I.1.2 Les entreprises filiales ou succursales des grands groupes étrangers.

Ces entreprises représentent le prolongement des grands groupes étrangers qui prospèrent grâce à certaines de leurs filiales installées dans les pays de l'Afrique Centrale. Pour certaines, depuis de nombreuses années, et pour d'autres de création récente, toutes contribuent à l'expression d'une certaine hégémonie économique sur le plan mondial. Grâce à des conventions de coopération, elles ont un ancrage profond dans l'environnement économique des États de l'Afrique Centrale au point d'en constituer une vitrine et sont concurrentes des entreprises locales.

Néanmoins, leur présence participe à l'animation de la vie économique de ces pays avec des résultats mitigés. D'une part, elles transfèrent des savoirs et des compétences aux employés locaux et participent ainsi aux processus de formation par le transfert de technologies. D'autre part, elles contribuent très peu aux rentrées fiscales des États domiciliataires, car profitant des exonérations de longue durée et de la liberté de transfert de capitaux (bénéfices) hors de la zone CEMAC.

Financées par les fonds des maisons-mères, elles ont une surface financière assez large leur permettant de résister à des zones de turbulences économiques. Elles ne font pas recours aux sources de financement locales, sinon très rarement pour celles qui ont le statut de société parapublique. Compte tenu aussi de la faiblesse de l'épargne locale (régionale) éparpillée entre les États membres, outre les financements du groupe, elles font recours aux sources de financement étrangères dans les marchés financiers internationaux et autres partenaires au développement (AFD, OCDE, etc.), alors que les banques de ces pays sont en surliquidité, donc ces fonds pourraient faire l'objet d'une réallocation vers des projets rentables.

Avant l'avènement du marché financier dans le paysage financier de l'Afrique Centrale, le financement de l'économie était essentiellement dominé par quatre modes de financement : l'autofinancement, les tontines, les banques et les investissements directs étrangers (IDE).

I.2 Les caractéristiques de l'investissement privé dans la CEMAC

L'environnement de l'investissement privé en zone CEMAC est caractérisé par une géofinance régionale à quatre dimensions. Il s'agit de la dimension endogène, de la dimension informelle, de la dimension bancaire et de la dimension exogène.

I.2.1 Le financement endogène : l'autofinancement

L'autofinancement est un mode de financement usuel des entreprises qui consiste en la capacité de celles-ci à financer leurs activités (cycle d'exploitation) et celui de leurs investissements (cycle d'investissement) par des fonds propres (la rentabilité). On parle alors de deux approches de financement : approche du financement du cycle d'exploitation et une approche du financement du cycle d'investissement. Le choix de ce mode de financement relève d'une part de la stratégie volontariste de l'entreprise, et d'autre part d'une stratégie contraignante de l'entreprise.

L'autofinancement est considéré comme un financement stable, car moins risqué et non remboursable. Mais aussi, il présente l'avantage de ne pas être coûteux du fait qu'il n'engendre pas des intérêts qui constituent des charges d'exploitation fixes qui impactent la trésorerie de l'entreprise. Il présente aussi un coût d'opportunité avantageux pour l'entreprise, car les fonds prévus dans le cadre du plan de financement peuvent faire l'objet d'un placement dans le marché financier et rapporter des intérêts. Ce mode de financement contribue à l'augmentation de la rentabilité de l'entreprise et se démarque de la dépendance financière vis-à-vis de l'extérieur. Comme toute médaille a un revers, l'autofinancement a le sien en termes d'entrave.

En l'absence d'un système financier efficace, l'autofinancement comme mode de financement peut constituer une entrave pour le développement de l'entreprise. Car il limite le désinvestissement et son expansion s'en trouve ainsi hypothéquée. En l'absence d'un marché financier développé et de banques performantes, ce mode de financement devient un obstacle pour l'entreprise et principalement la petite entreprise (PME et PMI). Ce qui contribue au ralentissement de son développement. Or d'après McKinnon (1973), le développement du système financier et la libéralisation financière permettent de soutenir la croissance économique dans les PVD.

I.2.1.1 Financement du cycle d'exploitation

Il s'agit ici du financement des activités (activité principale, activité secondaire) de l'entreprise durant la période d'exploitation correspondant à une année. Il correspond aux charges d'exploitation, c'est-à-dire le financement des charges (inputs) permettant à l'entreprise d'exercer ses activités et produire des ressources d'exploitation (chiffre d'affaires). Le cycle d'exploitation comprend :

- Les matières premières et les consommables ;
- Les frais de personnels ;
- Les services extérieurs (prestataires et autres fournisseurs)

I.2.1.2 Financement du cycle d'investissement

Il s'agit ici du financement des immobilisations (matériel et immatériel) dont l'entreprise a besoin pour mener ses activités. C'est un cycle relativement long qui correspond à des investissements initiaux ou à des investissements de remplacement relatifs au matériel complètement amorti ou alors le matériel obsolète. Les investissements initiaux sont relatifs aux investissements de démarrage de l'activité de l'entreprise, alors que les investissements de remplacement sont liés à la croissance de l'entreprise.

Sources du financement endogène

Les sources de l'autofinancement sont multiples. Ils peuvent provenir :

Des capitaux propres
Capital social
Primes

La rentabilité
Capacité d'autofinancement,
Réserves,
Plus-value

L'augmentation du capital
Dans une démarche d'augmentation de capital, l'entreprise privilégie le recours au rachat par des actionnaires ou associés d'origine (internes) à l'entreprise afin d'accroître et de sécuriser ses ressources stables. Ne présentant aucun risque, il permet le renforcement de l'actionnariat avec un impact sur la gouvernance de celle-ci. L'augmentation du capital rentre donc dans un processus de croissance de l'entreprise avec la particularité d'une autonomie financière.

1) Stratégie volontariste de l'entreprise

La stratégie volontariste est basée sur la rentabilité de l'entreprise. Une entreprise rentable peut opter pour ce mode de financement afin de se préserver de la dépendance extérieure (banques et autres institutions financières), bref des bailleurs de fonds d'une part, et d'autre part de renforcer sa capacité financière à partir de ses capitaux propres et augmenter de ce fait sa valeur. Cette stratégie a l'avantage de donner à l'entreprise une liberté dans la gestion de sa trésorerie permettant de gérer ses flux financiers d'exploitation et ses flux financiers d'investissement, dans l'objectif de rentabiliser son business model.

2) Stratégie contraignante de l'entreprise

Cette forme de stratégie est une conséquence correspondant à l'impossibilité pour les entreprises d'être éligibles sur le marché du crédit bancaire ; au regard de la faiblesse ou de l'absence des garanties solides pour solliciter des emprunts d'une part, et d'autre part des conditionnalités prohibitives des banques pour obtenir un concours bancaire (crédit et découvert). Mais aussi pour cause de mal gouvernance, du fait de leur management relatif à une production irrégulière et non transparente des informations comptables et financières. Or c'est la première conditionnalité pour prétendre à un quelconque concours financier auprès des banques et autres institutions financières.

I.2.2 Le financement informel : les tontines

Constitué par les tontines, le financement informel est un héritage culturel de l'entraide qui rentre dans le comportement sociologique de l'espace commun de l'Afrique Centrale, quel que soit le pays. Ce monde de financement est l'incarnation même du tissu économique des pays de la région, caractérisé par les activités économiques informelles qui échappent à la finance moderne, donc aux circuits bancaires. Difficilement quantifiable et non transparent, ce mode de financement privilégie le « maquis » financier et le « maquis » fiscal. Une situation qui ne facilite pas la collecte des données, leur disponibilité et leur analyse au point de les communiquer au public et aux potentiels investisseurs.

Constituées aussi à une large majorité des petites et moyennes entreprises (PME) et des petites et moyennes industries (PMI) avec une existence éphémère, ces entreprises de petite taille ne sont pas éligibles au secteur bancaire, pour tout dire non bancarisées. Donc, n'ayant pas une identification bancaire, elles ne peuvent pas faire recours au système bancaire pour se financer, encore moins au marché financier. C'est donc une aubaine et une opportunité pour l'entrepreneur de la CEMAC de faire recours aux tontines pour se financer.

Technique de mobilisation à court terme, la tontine est une épargne individuelle immobilisée auprès d'une association qui sert d'écran, et qui s'obtient de manière rotative entre les membres de l'association. Elle a fait ses preuves et a un impact significatif dans un environnement économique caractérisé par le système « D » et/ou la méfiance envers les institutions financières est forte.

Et parfois, ces associations détentrices d'un certain capital financier font de l'usure auprès des membres et auprès des tiers sous la garantie (caution) d'un membre de l'association, ce qui est contraire à la règlementation bancaire dans l'espace CEMAC. Une autre caractéristique de la tontine révèle que les membres de l'association montent une veille permanente (gendarme) pour s'assurer de l'effectivité de l'activité pour laquelle le prêt a été octroyé afin de s'assurer de sa rentabilité et donc la capacité de l'entrepreneur à rembourser le prêt obtenu.

Selon le dictionnaire universel, la tontine est une « Association des personnes qui versent dans un fonds commun, lequel est reversé à tour de rôle à chacune d'elles... »[123]. Dans cette association de personnes, comme dans le cadre de la constitution d'une entreprise sur le plan juridique, il existe un lien étroit entre les associés ou les actionnaires relatif à « *l'affectio societatis* ». Celui de la tontine est relatif soit aux liens familiaux, aux liens professionnels, aux liens claniques ou même d'amitiés. Les membres décident de mettre en commun leurs moyens financiers de réserve (épargne de sécurité) par versement d'un montant fixe ou variant au profit de la communauté. Il s'agit de l'épargne d'une part, car chaque membre verse un montant (cotisation) à période régulière (généralement en fin de mois) pour en

[123] Dictionnaire Universel, 2éme Ed. Hachette, p.1190

bénéficier le moment venu. Il s'agit du crédit d'autre part, car chaque membre est un potentiel bénéficiaire de la cagnotte collectée par l'ensemble des membres à une période donnée. Et pour cela, plusieurs techniques sont disponibles pour le choix du bénéficiaire de ladite cagnotte à ladite période préalablement définie. Il peut s'agir de la technique de tirage au sort éliminatoire, comme de la technique du bénéficiaire par ordre alphabétique, ou de la technique du rachat des tours en fonction des besoins d'un membre, qui paie au prétendu bénéficiaire du tour une prime (une forme d'usure) moins contraignante pour les membres que pour un non membre.

Cette forme de financement informel (tontine) de l'économie, n'est pas la propriété de l'Afrique, elle existe un peu partout dans le monde sous d'autres appellations.

Les tontines ne sont pas aussi de création récente, elles datent du IXe siècle en Chine sous une configuration plus aménagée avec des « enchères » dites « neibiao »[124]. C'est donc un mode de financement très ancien, qui avait une destination plus économique que sociale comme ce fut à l'origine dans les pays de l'Afrique et principalement en Afrique Centrale, pour connaître une mutation économique et prendre de l'ampleur, constituer un puissant levier financier et migrer en EMF : « L'expression est née en France. Un banquier napolitain nommé TONTI a vendu à Louis XV l'idée d'emprunter de l'argent sans le rembourser, en versant seulement la totalité des intérêts correspondant chaque année aux seuls souscripteurs survivants jusqu'à ce que le dernier décède. Il y a eu beaucoup de tontines publiques en France avant et pendant la révolution. Les tontines privées ont pris la relève, comme une forme d'assurance sur la vie. Les fonds collectés augmentés des intérêts étaient répartis à l'échéance convenue entre les survivants. Aujourd'hui encore, en droit français, la clause de tontine signifie qu'un bien appartenant à plusieurs personnes reviendra aux survivants au décès de l'un

[124] F. VINCENT, *Financer autrement les associations et ONG de développement du tiers monde, volume 1*, IRED-Genève 1994, p.112

d'eux. »[125]. La tontine, une forme de finance complémentaire aux côtés d'autres formes de finance de l'économie participe à la vulgarisation de la politique monétaire de la CEMAC.

I.2.3 Le financement bancaire : la finance indirecte

Appelé encore la finance indirecte, le financement bancaire fut l'une des sources de financement prioritaires des économies des pays de la CEMAC, tant pour les financements privés que pour les financements publics (États). Dans le privé, pour compenser le déficit important des entreprises en capitaux propres limitant le niveau de leur investissement ainsi que leur degré d'expansion, et dans le public pour remédier au déficit budgétaire des États d'une part, et d'autre part donner un second souffle aux États au regard des besoins croissants des populations après les indépendances. Les ressources proviennent des ressources à vue et des ressources à terme collectées auprès de la clientèle (Tableau n° 19).

Elle prend encore une part importante de nos jours dans le financement des économies de la région Afrique Centrale, sinon la principale source de financement (Tableau n° 22). Malgré une tendance généralisée à la baisse de l'octroi des crédits, leur part reste toujours significative.

---

[125] Michel LELART *« La diversité au cœur de la finance : la finance informelle »*, Directeur de Recherche émérite au CNRS, Laboratoire d'Orléans, p.7

Tableau n° 19 : Évolution des dépôts de la clientèle par type de déposants (en millions de francs CFA)

ANNÉE / NATURE	2013	2014	2015
Dépôts publics	1.043.404	1.387.650	1.352.575
Dépôts des entreprises publiques	553 031	745 319	547 517
Dépôts privés	7.175.155	7.359.029	7.319.748
Dépôts des non-résidents	320 733	239 707	232 561
Dépôts non ventilés	352 412	402 457	405 310
TOTAL DES DÉPÔTS	**9.444.740**	**10.134.165**	**9.857.711**

Source : COBAC, publié par BEAC, Rapport annuel 2015, p.72, synthèse de l'auteur Paul BABAGNACK

Il ressort de ce tableau que :

- ✓ Les dépôts des administrations publiques sont en recul de 2,5 % par rapport à leur niveau de 2014 ;
- ✓ Les dépôts des entreprises publiques par contre sont situés à 5,6 % des dépôts collectés et ils étaient en baisse de 26,5 % comparés à la situation de 2014 ;
- ✓ Enfin, les dépôts du secteur privé qui représentaient 74,3 % douze mois plus tôt sont en retrait de 0,5 %, comparés à leur niveau de décembre 2014.

« Le système bancaire de la CEMAC comptait au 31 décembre 2015, 53 banques en activité, dont 15 au Cameroun, 4 en Centrafrique, 11 au Congo, 10 au Gabon, 5 en Guinée Équatoriale et 8 au Tchad, le volume d'activités s'est caractérisé globalement par :

- ✓ Une augmentation de l'activité, avec une régression de 2,2 % du total des bilans, une contraction des dépôts de la clientèle de 2,7 % et une expansion des crédits bruts à la clientèle de 10,4 % ;

- ✓ Une dégradation de la qualité apparente du portefeuille. En effet, les créances en souffrance ont représenté 12,5 % des crédits bruts contre 11,6 % en 2014. Le taux de couverture st à 58,4 % contre 59,4 % en décembre 2014 ;

- ✓ Une baisse de la rentabilité de 13,4 % à 124,6 milliards, et une baisse de l'excédent de trésorerie de 22,1 % à 3,077 milliards ».[126]

Le financement bancaire ou emprunt financier consiste en une opération juridique et financière par laquelle la banque ou tout autre établissement financier (prêteur) met un prêt à la disposition de l'emprunteur (entreprise) ; la ressource financière (argent) en contrepartie du remboursement en capital et en intérêt relevant d'un tableau d'amortissement de l'emprunt. Il a la particularité de mettre un accent sur le long terme (Amble, 2005) tout en privilégiant les rapports étroits entre la banque et l'entreprise et permettant de distinguer le comportement collaboratif du comportement opportuniste des entrepreneurs. Ce mode de financement se caractérise par la faiblesse (nulle) des coûts relatifs à l'information (Beck, 2010), la réduction des risques de liquidité du fait de la concentration de l'épargne, et l'orientation des fonds prêtés en fonction du choix de la rentabilité des projets.

[126] BEAC, Rapport annuel 2015, p.14

L'observation du tableau ci-après relatif à la répartition des crédits distribués par type de bénéficiaires indique que :

- ✓ Les crédits accordés aux administrations représentent 511 milliards, soit 6,3 % des crédits bruts contre 7,2 % en 2014 ;
- ✓ Les crédits octroyés aux entreprises publiques sont de 372,9 milliards, soit 4,6 % contre 3,3 % en 2014 ;
- ✓ Quant aux crédits distribués au secteur privé, ils sont à hauteur de 6 416,7 milliards, soit 79,2 % du total des crédits bruts contre 81,6 % des crédits bruts des douze derniers mois.

Tableau n° 20. : Évolution des crédits bruts/type de bénéficiaire (millions de francs CFA)

ANNÉE / NATURE	2013	2014	2015
Crédits à l'État	406 740	526 175	510 842
Crédits aux entreprises publiques	273 625	242 106	372 868
Crédits secteur privé	5.275.458	5 980 397	6.416.667
Crédits aux non-résidents	606 215	450 884	597 626
Encours financiers opérations crédit-bail	56 190	63..889	92 694
Autres créances (valeurs non imputées)	118 504	69 081	107 054
TOTAL CRÉDITS BRUTS	**6.736.732**	**7.332.532**	**8.097.751**

Source : COBAC, publié par BEAC, Rapport annuel 2015, p.72, synthèse de l'auteur Paul BABAGNACK

Le système financier bancaire de la CEMAC est constitué des banques commerciales (les filiales des grands groupes bancaires : BNP, Crédit Lyonnais, etc.) dans tous les pays de l'Afrique Centrale, des banques de développement (BGD, au Gabon, BCD au Congo), de certaines banques sectorielles (FONADER, au Cameroun). Toutes ces banques ont connu des fortunes diverses, donc certaines sont sous administration provisoire aujourd'hui (BGD au Gabon), d'autres en cessation d'activités (FONADER au Cameroun, BDR au Gabon).
Toutes ces fermetures ont un dénominateur commun qu'est la gouvernance, qui malheureusement demeure un sujet d'actualité.

L'on peut dans le prolongement du financement bancaire citer les établissements de microfinance (EMF) qui font leur apparition et se développent grâce aux travaux de l'économiste (Muhammad YUNUS, 1970) surnommé le « banquier des pauvres » avec la GRAMEN BANK fondé en 1976, qui a développé le microcrédit au Bangladesh.

Son expérience a fait écho dans le monde entier au point où il obtint le prix Nobel de la paix (2006). Elle s'est propagée dans d'autres régions, comme ce fut le cas en zone. CEMAC. On assiste alors à leur prolifération et principalement dans les pays sous-développés et les pays pauvres. Les plus démunis sur le plan financier trouvent à travers les EMF une opportunité pour avoir les capitaux nécessaires au démarrage de leurs activités génératrices de revenus.

Le Groupe consultatif pour l'Assistance aux plus Pauvres (GCAP) définit la microfinance comme un ensemble de services financiers et bancaires à destination des populations les plus pauvres. À ce titre, la microfinance est très souvent assimilée au microcrédit.

À l'échelle de la CEMAC, la définition de la microfinance est plus large et revêt plutôt un caractère règlementaire. Elle réunit ainsi dans son champ d'application toutes les structures effectuant une activité d'épargne, de crédit ou d'offre de services financiers autres que les établissements de crédit visés par la convention du 17 janvier 1992 portant harmonisation de la règlementation bancaire dans les États de l'Afrique Centrale, ce au profit des populations évoluant pour l'essentiel en marge du système bancaire traditionnel. Ces structures sont dénommées établissements de microfinance. [127]

Malgré leurs limites liées principalement à la gouvernance, d'où de nombreuses faillites avec des scandales financiers retentissants (COFINEST Cameroun 2011, BDR au Gabon 2015), les EMF ont contribué au financement de l'économie des pays de la région Afrique Centrale, surtout dans les pays où ce mode de financement a prospéré comme au Cameroun, au Congo, au Tchad et dans une moindre mesure au Gabon.

Mais la levée des fonds auprès de ces EMF ne peut pas contribuer à une croissance significative de l'économie, car elles financent les activités génératrices de revenus assez faibles pour booster une croissance conséquente. Elle a permis de sortir de la pauvreté une catégorie de la population qui croupissait dans l'extrême pauvreté parce qu'exclue du système bancaire classique. Les EMF, comme les tontines viennent compenser l'insuffisance de l'épargne locale régionale et sa mauvaise allocation.

Le secteur de la microfinance a connu une évolution dans la zone CEMAC. Ainsi 814 établissements de microfinance en 2015 ont reçu l'avis conforme de l'institution régionale de régulation et de contrôle financier la COBAC, soit 6 de plus par rapport à l'année 2014. La répartition de ce nombre d'établissements par catégories se présente comme suit :

[127]BEAC, Rapport annuel 2015, p.80

Tableau n° 21 : Répartition du nombre des EMF ayant reçu l'avis conforme par catégorie et par pays

CATÉGORIES	CAMER.	RCA	CONGO	GABON	GUINÉE	TCHAD	TOTAL
1re catégorie	**463**	**21**	**55**	**2**	**1**	**193**	**735**
Indépendants	194	5	21	2	1	13	236
Réseaux	269	16	34	-	-	180	499
2e catégorie	47	3	9	8	2	3	72
3e catégorie	4	-	2	1	-	-	7
TOTAL	**514**	**24**	**66**	**11**	**3**	**196**	**814**

Source : COBAC, publié par BEAC, Rapport annuel 2015, p.72, synthèse de l'auteur Paul BABAGNACK

L'analyse du tableau ci-dessus fait apparaître :

- ✓ Une concentration plus importante du nombre d'établissements au Cameroun et au Tchad, respectivement de 63,1 % et 24,1 % ;
- ✓ Un accroissement du nombre total des établissements recensés au Tchad (+11 %) ;
- ✓ Une prédominance des établissements de première catégorie, notamment ceux regroupés au sein des réseaux, qui représentent 90,5 % des établissements, suivis des EMF de deuxième catégorie (8,7 %)

En mi-juin 2015, la CEMAC comptait 13 réseaux, dont 6 au Cameroun, 5 au Tchad, 1 en Centrafrique et 1 au Congo. Le Cameroun détient le plus grand nombre d'établissements affiliés à un réseau (269 EMF), suivi du Tchad (180 EMF) et du Congo (34 EMF) ;

Toutefois, il y a lieu de faire remarquer la différence entre le nombre d'établissements de microfinance agréés et ceux effectivement en activité, après le retrait d'agrément formulé par la COBAC, et des retraits d'agrément autorisés par les autorités de tutelle nationales. Il y aurait environ moins de 700 EMF en activité.

L'on peut donc aisément déduire une évolution certaine de l'activité du secteur de la microfinance en zone CEMAC plus active au Cameroun, au Tchad et au Congo. Ce dynamisme s'explique par la densité démographique, la culture composite de leurs peuples et aussi par la culture de transfert de fonds vers ces pays plus mobile à l'intérieur de la CEMAC.

À ce niveau d'analyse, l'on peut se permettre, un regard croisé des activités des EMF et des banques dans leurs contributions respectives au financement de l'économie de la CEMAC (Tableau 23), afin d'apprécier leur impact dans l'inclusion financière nationale. Quel que soit le résultat, le plus important pour les EMF est de conquérir les exclus de la finance moderne pour leur donner une plateforme d'expression financière normative et rétablir la confiance avec le monde de la finance, pour lever également l'obstacle de la thésaurisation relatif à la politique monétaire nationale et régionale.

Tableau n° 22 : Comparaison activité EMF-BANQUE (en milliard de FCFA)

	DÉPÔTS			CRÉDITS BRUTS		
EMF	722,2	847,6	703,6	458,2	457,9	438,0
BANQUES	9 444,7	10 134,2	9 857,7	6 736,7	7332,5	8 097,8
EMF+BANQUES	10 167,0	10 981,7	10 561,3	7 195,0	7 790,4	8 535,8
Part EMF/Total	**7,1 %**	**7,7 %**	**7,7 %**	**6,4 %**	**5,9 %**	**5,1 %**

Source : COBAC, publié par BEAC, Rapport annuel 2015, p.79.

L'activité des EMF reste encore marginale par rapport à celles des établissements de crédit comme on peut le constater dans le tableau ci-dessus. Leur contribution au développement de l'inclusion financière de la CEMAC demeure très faible. La part des crédits bruts des EMF étant en constante diminution, les banques quant à elles restent stables

I.2.4 Le financement exogène : les investissements directs étrangers (IDE)

Par l'implantation des filiales et succursales des grandes entreprises des pays développés dans le monde, l'Afrique en général et l'Afrique Centrale en particulier n'a pas échappé aux tentacules des financements de celles-ci. C'est ainsi que les investissements directs étrangers ont contribué de manière significative au financement des économies des pays membres de la CEMAC sans distinction, avec des variantes en fonction des spécificités (richesse de ses matières premières) de chacun des pays, du niveau de développement de son tissu économique. Mais aussi et surtout en fonction de la volonté des entreprises de ces pays développés d'étendre leur hégémonie économique et remédier également à un déficit dans la capacité des pays de la CEMAC à financer leurs économies tant les besoins sont nombreux et variés.

Les investissements directs étrangers ont donc constitué pendant longtemps la source ou une des sources intarissables du financement en zone CEAMAC. Au point d'en être la panacée, donc une opportunité pour les pays de l'Afrique Centrale. En même temps, ils n'étaient pas sans conséquence pour ces pays bénéficiaires, au point de devenir dépendants de ce mode de financement exogène.

On peut dans cette lignée introduire les bailleurs de fonds internationaux institutionnels spécialisés de l'Organisation des Nations Unies (ONU) tels que le Fonds Monétaire International (FMI) et la Banque Mondiale (BM), ainsi que les places financières internationales (marchés financiers) qui ont apporté leurs concours financiers pour remédier aux déficits budgétaires de ces États. Cette insuffisance des pouvoirs publics à promouvoir le développement a donc fait le lit de l'expansionnisme des financements exogènes, avec comme conséquences une dette publique extérieure galopante et leur incapacité à régler leur dette intérieure latente.

Selon FLOAREA IOSUD-DOBRICA, « Jusqu'à la fin des années 1970, le cadre théorique des IDE était largement redevable à la théorie du commerce international. Une dimension macro-économique était alors donnée aux mouvements des IDE. Ces derniers étaient surtout expliqués dans une perspective gravitationnelle, par les caractéristiques des pays reliés aux IDE. À l'époque où la plupart des IDE se déroulaient entre les pays développés et les pays en développement, les avantages procurés par les différences de dotations factorielles à travers les pays ont ainsi constitué un cadre privilégié d'analyse ».[128]

---

[128] FLOAREA IOSUD-DOBRICA « L'hypothèse de l'efficience des marchés : apport à l'étude des investissements directs étrangers », Doctorant, Faculté de Sciences économiques, Université de Poitiers, e-mail : floarea.iosub@univ-poitiers.fr

De façon générale, le financement de l'économie des pays de la CEMAC est fortement marqué par les banques et un interventionnisme étatique pour assurer une certaine régulation via les institutions spécialisées régionales comme la BEAC, la COBAC et bien d'autres ayant un lien étroit ou éloigné avec la finance régionale. Avec le développement du système financier par l'avènement du marché financier, la tendance a-t-elle été inversée ou influencée ? L'on en saura après la vérification des hypothèses ci-après, à travers l'interprétation des indicateurs de performance y relatifs.

SECTION II : ANALYSE DU LIEN BVMAC ET ENTREPRISES DANS LA ZONE CEMAC

L'examen critique au regard de l'environnement global *ex-ante* et *in situ* du marché financier régional, sur la base des données statistiques accessibles (souci de confidentialité), la revue de la littérature et documentaire, des procédures et processus mis en place pour le fonctionnement (organisationnel) du marché financier de l'Afrique Centrale nous conduiront à une proposition *post-ante.*

Notre démarche consiste donc à confronter les hypothèses financières et les indicateurs par rapport à la réalité des faits observés et relevés sur le champ d'analyse. Selon Wikipédia, « une hypothèse renvoie à une proposition ou une explication que l'on se contente d'énoncer sans prendre position sur son caractère véridique, c'est-à-dire sans l'affirmer ou la nier ». Il s'agit donc d'une simple supposition, appartenant au domaine du possible ou du probable.

L'appréciation des résultats obtenus à l'issue de cette démarche démonstrative de vérification des hypothèses retenues permettra une proposition pertinente par rapport la problématique de notre réflexion, c'est-à-dire de porter un jugement motivé. Lequel jugement devra être la thèse que nous soutenons pour une performance de la BVMAC. Avant de procéder à ce test méthodique de ses postulats financiers et de ses indicateurs, un aperçu de la BVMAC s'impose pour cerner son corpus organisationnel pour une meilleure compréhension de sa superstructure, de sa structure et de son infrastructure, la pertinence des hypothèses, l'impact de la BVMAC dans l'économie régionale.

II.1 Présentation de la BVMAC

II.1.1 Genèse

Née de la volonté des six États qui composent l'Afrique Centrale institutionnelle, la BVMAC a vu le jour officiellement le 27 juin 2003 à Libreville après une décision prise en 2000 par la CEMAC. Cette prescription se résume essentiellement aux points suivants :

- Organiser et animer le marché financier régional ;
- Favoriser le financement des entreprises et des États ;
- Financer les grands travaux et infrastructures sous régionaux ;
- Promouvoir le marché financier et développer la culture boursière ;
- Soutenir l'intégration régionale, la croissance et le développement économique communautaire.

Au regard de la faiblesse et de l'étroitesse des économies des pays de la zone pris individuellement, les déficits budgétaires des États et les crises financières qui les ont paralysés, le marché financier reste une alternative aux financements des économies de la sous-région.

Le projet de bourse régionale avait démarré le 27 juin 2003. En décembre 2000, Libreville est désignée pour abriter le siège de la BVMAC, qui a reçu en avril 2007 l'agrément du régulateur régional, la Commission de Surveillance du Marché Financier de l'Afrique Centrale (COSUMAF) créée en décembre 2001. Elle assure l'animation et la gestion courante de la bourse régionale. Les fonctions de banque de règlement sont assurées, à titre transitoire, par la BEAC. Les premières opérations ont été enregistrées le 13 août 2008.

II.1.2 Contexte

La stratégie de développement qui avait motivé en son temps les États membres de la Communauté des États de l'Afrique Centrale à mettre sur pied un tel outil de financement était le rapprochement des économies de la sous-région dans la perspective d'une intégration d'abord institutionnelle, ensuite et surtout remédier à la faiblesse de la capitalisation individuelle de chaque État.

À la question centrale de notre réflexion se dissimulent d'autres questions périphériques. Celles de savoir si l'absence de dynamique d'intégration politique réelle à travers des institutions communautaires serait un obstacle à l'émergence d'un marché financier sous régional intégré ; ou alors faut-il le mettre sur le compte de l'absence de maturité économique, ou encore l'absence d'une culture boursière pour la levée des fonds nécessaires aux investissements ?

Conscients des potentialités économiques disponibles et variées de la sous-région Afrique Centrale, il apparut que l'absence de développement d'un secteur privé dynamique faisait cruellement défaut, faute d'outils de financements à moyen et long terme. Sous cet angle, les agents économiques des pays membres voyaient là, une opportunité bi-directionnelle : une source de financement des investissements et un moyen de placement des avoirs financiers et des actifs financiers.

II.1.3 Les structures institutionnelles de la BVMAC

L'architecture organisationnelle du marché financier de l'Afrique centrale est composée de manière classique. Dans le strict respect des normes et standards des marchés financiers internationaux et afin de s'arrimer à la finance mondiale. Il s'agit principalement de trois maillons de la chaîne :

- Une autorité de régulation et de tutelle du marché, la Commission de Surveillance des Marchés Financiers (COSUMAF) ;

- Une entreprise de marché, la Bourse des Valeurs Mobilières de l'Afrique Centrale (BVMAC) ;

- Une banque de règlement, la Banque des États de l'Afrique Centrale (BEAC) ;

1) L'autorité de régulation : la COSUMAF

Comme dans tous les marchés financiers respectant les normes et les standards internationaux en matière de finance des marchés, il existe toujours une autorité en charge de la supervision des opérations de marché et la régulation de ces derniers. La COSUMAF a été créée par acte additionnel n° 03/01-CEMAC-CE-03, le 08 décembre 2003. Autorité publique indépendante, la COSUMAF est dotée de la personnalité morale et de l'autonomie financière, en charge spécifiquement de :

- Protéger l'épargne investie en valeurs mobilières ou en tous autres instruments financiers, par l'information des investisseurs et le bon fonctionnement du marché ;

- Promouvoir la règlementation permettant de fixer les règles de bon fonctionnement du marché ;

- Promouvoir le contrôle des opérations et des acteurs ;

- Promouvoir l'autorisation lui permettant de délivrer des visas et agréments ;

- Promouvoir les sanctions lui permettant de réprimer tout manquement constaté sur le marché.

Le régulateur est une institution ayant une légitimité historique et politique et une littérature abondante conforte son fondement théorique. Le caractère institutionnel du régulateur découle de sa mission légale, de structure indépendante du pouvoir étatique avec prérogative de la puissance publique. Même si au regard de la hiérarchie des normes, le régulateur n'a aucune influence sur la hiérarchie des normes par rapport aux décisions prises par les organes souverains, exécutifs et législatifs. Raison pour laquelle il exerce son droit « régulatoire » sur les procédures.

Cette « procéduralisation » du droit « régulatoire » coïncide avec la crise de confiance des marchés. C'est lui qui organise, veille et redistribue les compétences des acteurs du marché. C'est ainsi que la première commission des opérations de bourse a vu le jour aux États-Unis en 1934, à la suite de la grande crise de 1929, avec pour objectif de restaurer la confiance qui avait totalement disparu après que des millions d'épargnants ont été ruinés suite à l'effondrement sans précédent des cours en bourse[129].

La transparence est au cœur des préoccupations du régulateur dans la qualité de la production de l'information comptable et financière. C'est en ce sens que Michaïlesco (1999) constate que les rapports annuels des sociétés cotées sont de meilleure qualité que ceux des sociétés non cotées. Elle attribue cette qualité différenciée à l'action de la COB (Commission des Opérations de Bourse), donc au régulateur. Dans le même sens, et selon Dessertine (1997, p.83), la commission serait « un acteur clé autant dans l'élaboration des règles de l'information financière que dans le contrôle ».

Compte tenu d'un contexte particulier du marché financier régional, marqué par un faible volume d'opérations et de culture boursières, la COSUMAF est aussi chargée de conduire et initier ou soutenir des actions de promotion et de développement du marché financier.

---

129 R.R Andely (1997) : Financement des Investissements en zone BEAC : blocages actuels et stratégie de relance par le marché : financier ; Revue Études et Statistiques, BEAC, n° 236 — avril 1997 ; page 168.

1) L'entreprise de marché : la BVMAC

La BVMAC est une société anonyme de droit privé au capital de 3 000 000 000 de francs CFA, soit 4 573 470 €, détenu par les entreprises leaders opérant dans l'espace CEMAC, et ce depuis le 1er juin 2015 avec pour mission exclusive du service public (Tableau n° 23). Sa mission consiste à assurer le fonctionnement, le développement et la promotion du Marché Boursier de l'Afrique Centrale à travers :

- La surveillance et le pilotage de la séance de cotation ;
- La publication et la diffusion des informations de marché ;
- L'assistance des émetteurs dans la cotation de leurs valeurs et dans l'exécution de leurs opérations financières ;
- L'intervention lors du dénouement des transactions conclues entre les différents intervenants ;
- La garantie des mouvements en cas de défaillance d'un intermédiaire.

Tableau n° 23 : Actionnariat de la BVMAC

ÉMETTEURS	%	MONTANTS	
		CFA	€
BGFI BOURSE	3,33	100.000.000	152 449
COMPAGNIE DU CONGO	3,33	100.000.000	152 449
ASSINCO SA	1,23	36.800.000	56 101
NCIA GABON	0,67	20.000.000	30 490
CBCA	0,53	15.800.000	24 087
BICIG	2,00	60.000.000	91 469
CBT SA	1,02	30.500.000	46 497
MUCODEC	0,04	1.200.000	1 829
BÂTIR CONGO	2,00	60.000.000	91 469
FININCO	1,67	50.000.000	76 225
UGB	0,67	20.000.000	30 490
BGFI HOLDING CORP.SA	10,19	305.700.000	466 037
BGD	66,67	2.000.000.000	3.048.980
BGD (Portage)	6,67	200.000.000	304 498
		3.000.000.000	4.573.470

Source : BVMAC Libreville-Gabon

La composition de l'actionnariat de la BVMAC est illustrative à deux niveaux. Le premier niveau est relatif à l'absence remarquable des entreprises camerounaises dans un projet communautaire d'une grande envergure d'intégration économique et financière des pays de la CEMAC. Le deuxième niveau aussi remarquable que le premier est celui de la dominance des entreprises gabonaises dans l'actionnariat de cette bourse régionale. Peut-on de ce fait conclure à un désintérêt ou à la contestation d'un leadership ? Autant d'observations qui suscitent des interrogations quant au succès probable de cette bourse régionale.

2) La banque de règlement : la BEAC

Elle a la responsabilité de la gestion des comptes des professionnels habilités à collecter les ordres de bourse des investisseurs. Ces comptes servent aux transferts des flux financiers matérialisant les différentes transactions négociées (achats et ventes de titres) issues du marché financier par virement. Le choix porté sur la Banque des États de l'Afrique Centrale (BAEAC) pour assurer la fonction de banque de règlement n'est pas hasardeux, mais tient à sa compétence régionale, car elle est l'organe en charge de la mise en application de la politique monétaire régionale et l'organe d'émission de la monnaie commune le franc CFA. Le choix de la BEAC pour jouer le rôle de la banque de règlement peut se justifier sur trois plans :

Au premier plan, cette activité rentre dans le champ opérationnel des compétences de la BEAC ;

Au second plan, la norme internationale préconise que la banque centrale soit la banque de règlement afin de crédibiliser et de sécuriser le marché ;

Au troisième plan, par sa compétence régionale, elle se trouve représentée dans tous les pays membres de la CEMAC.

II.1.4 Les structures organisationnelles de la BVMAC

1) Le marché central

Il organise la cotation par confrontation des ordres de vente et d'achat portant sur chacun des titres admis à ses opérations ; il transmet les négociations ligne à ligne et les cours à la chambre de compensation, en charge de la gestion et l'optimisation des dénouements. En outre, le marché central gère la garantie de bonne fin des négociations, par l'organisation des rachats et, le cas échéant, des interventions du fonds de garantie du marché.

Le dépositaire central

Il s'occupe de la gestion des comptes titres de ses affiliés, teneurs de comptes titres et émetteurs. Il est constitué en unités opérationnelles impliquées dans le système de livraison/règlement : l'une est en charge de la gestion des mouvements et l'autre de la gestion des encaisses des titres. Le dépositaire central a en outre le rôle d'organiser le dénouement des transactions conclues sur le marché financier.

Ainsi depuis la création en 2003 du marché financier de l'Afrique centrale et le démarrage des activités de la bourse régionale en 2008, « le dépositaire central » s'est vu confier la responsabilité de :

- Encadrer le processus de dématérialisation des valeurs mobilières ;

- Centraliser la conservation des avoirs gérés par les intermédiaires financiers ;

- Administrer les comptes courants de titres ouverts à ces derniers ;

- Faciliter l'exercice des droits attachés aux titres (OST).

À cet égard, il est le gestionnaire du système de règlement/livraison qui lui permet de dénouer toutes les transactions du dépositaire central, et ses adhérents sont essentiellement les sociétés de bourses.

2) Les acteurs du marché

Les émetteurs

Ce sont les émetteurs qui sont en amont de la chaîne du marché primaire. Il peut s'agir des particuliers et des entreprises pour le compartiment actions, les États et les collectivités publiques pour ce qui est du compartiment des obligations : des obligations faisant appel à l'épargne privée et des obligations faisant appel à l'épargne publique.

Les entreprises

Pour financer son cycle d'exploitation et son cycle des investissements, une entreprise peut faire recours au marché financier par la levée des capitaux nouveaux. Auprès des investisseurs individuels, personnes physiques ou morales qui acquièrent directement une partie du capital (private equity). Elles peuvent aussi lever des fonds auprès du public par l'introduction en bourse et l'émission des actions, ou encore placer dans le public via l'émission des obligations, ou des titres à court terme ou moyen terme. Ou alors pour obtenir des coûts financiers plus avantageux, l'entreprise peut faire recours à la titrisation de ces créances auprès des organismes spécialisés dans la distribution de crédits aux particuliers.

Les États/les collectivités publiques

A contrario, les administrations publiques (États et collectivités locales) ne peuvent pas se financer par l'émission des actions, car elles n'ont pas de capital. En plus de leur mode de financement propre à leur nature (recettes fiscales, les devises du commerce extérieur), elles ne peuvent se financer que par des emprunts.

Leurs besoins de financement résultent de la différence entre les dépenses planifiées au budget annuel et les recettes générées par les impôts et les revenus du commerce extérieur. Elles font de ce fait recours à l'emprunt public pour combler le déficit dans le marché financier par appel public à l'épargne sous la forme des obligations.

Les investisseurs

Le dynamisme et la performance d'une bourse dépendent essentiellement d'une part de la quantité et de la qualité de la demande et de l'offre. Celle-ci est tributaire de la participation active des zinzins (banque, assurance, etc.), des OCPVM et des particuliers. Ce sont les investisseurs qui alimentent le marché financier de la liquidité nécessaire permettant d'apprécier le niveau de transactions par le nombre important des titres échangés pendant une période. Avec le souhait que la période de transactions soit plus courte afin d'influencer les coûts des transactions (à la baisse) et augmenter les profits potentiels, car le marché financier est une opportunité pour transformer ses avoirs financiers en actifs financiers (placement).

Les intermédiaires : courtiers ou brokers

Les titres émis ou créés dans un marché financier doivent être échangés après négociation. C'est le rôle du courtier ou du broker de mettre en relation les différentes parties intéressées par la transaction : les acheteurs ou les vendeurs. C'est une fonction qui a connu une évolution dans le temps afin de s'adapter à un environnement changeant. Ce sont à ce jour des sociétés de bourse ou encore les sociétés de prestataires de services d'investissements (PSI) qui ont le monopole de l'intermédiation (Tableau 24).

Tableau n° 24 : Les sociétés de bourse ou les PSI agréés par la COSUMAF

ACTEURS DE MARCHE	STATUTS	N° AGRÉMENT COSUMAF	DIRIGEANTS	COORDONNÉES
BGFI BOURSE	Société de bourse	MFAC-SB-002/2006	M. Léandre BOUANZA M.	1295 Boulevard de l'indépendance B.P.2.253 Libreville Gabon
EDC Investment Corporation	Société de bourse	MFAC-SB-003/2007	Mme Noëlle KOUO NGAMBY	Immeuble ACIVA, 2e étage, rue Prince Galles AKWA, BP 15 385 Douala Cameroun
FINANCIA CAPITAL	Société de bourse	MFAC-SB 004/2011	M. Serge Yanic NANA	316, Rue Victoria BP 4 593 Bonanjo, Douala Cameroun
AFRILAND FIRST BANK	Teneur de compte	I-MFAC-01/2015	M. Alphonse NAFACK	Place de l'indépendance BP 11 834 Yaoundé Cameroun
Attijari Securities Central Africa	Société de bourse	MFAC-SB-01/2016	M. Naoufal BENSALAH	530 Rue du Roi Georges P.O. Box 300, Douala Cameroun
LA FINANCIÈRE SA	Société de bourse	MFAC-SB-01/2013	M. Innocent DIMI	À venue Amical Cabral, centre-ville-Brazzaville (Congo) Tél. +242 05 311 81 86
LCB CAPITAL SA	Société de bourse	MFAC-SB-01/2015	M. Fernand TOGNIA	Avenue Maldom Bada Abbas B.P.19 N'Djamena République du Tchad

CBT-BOURSE SA	Société de gestion de portefeuille	MFAC-SGP-01/2015	M. Thystère MYANITH	Avenue du camp centre-ville Brazzaville Congo tél. +242 463 13 13
Attijari Asset Management	Société de gestion de portefeuille	MFAC-SGP-01/2016	M. Naoufal BENSALAH	530 Rue du Roi Georges P.O Box 300 Douala Cameroun

Source : COSUMAF 27 septembre 2017

Le fonctionnement du marché

Le fonctionnement de la BVMAC correspond au fonctionnement classique d'une bourse dans le strict respect de la conformité des standards internationaux et de son adaptation à l'environnement socio-culturel et économique de son champ régional. À cet effet, chargée de l'organisation du marché boursier, elle a la responsabilité des opérations suivantes :

- L'inscription des titres à la cote ;
- La cotation des valeurs mobilières ;
- La publication des cours et des informations boursières ;
- La promotion et le développement du marché des valeurs mobilières.

Comme tout marché, c'est un lieu de rencontre dans lequel les sociétés cotées vont à la rencontre des investisseurs. Un marché spéculatif où se côtoient les acheteurs et les vendeurs en direct pendant chaque séance de cotations. Il y a accord de transaction lorsque les deux parties s'accordent sur le prix de la transaction sur une ou plusieurs actions. Ce qui correspond à une part du capital de l'entreprise.

Le siège de la BVMAC est situé à Libreville au Gabon. Il est prévu que la bourse régionale soit représentée dans chaque État membre de la CEMAC par une antenne nationale de bourse destinée à assurer la participation, sur une base équitable, de tous les opérateurs des pays membres aux transactions boursières.

La BVMAC est une bourse informatique intégrée en réseau. Elle relie l'entreprise de marché (BVMAC SA) dont le site central se trouve à Libreville (lieu du siège social) aux intermédiaires financiers (dont BGFI Bourse, EDC et les autres) de la CEMAC. C'est un marché centralisé dirigé par les ordres, c'est-à-dire que le cours d'une valeur est déterminé par la confrontation des ordres d'achat et des ordres de vente collectés auprès de la clientèle avant la cotation. Elle a une séance de cotation hebdomadaire (mardi) avec un mode de cotation au fixing ; un marché au comptant avec dénouement glissant des transactions à j+3. Des transactions garanties grâce à la mise en place d'un mécanisme de Fonds de Garantie, alimenté par les SDB pour pallier une éventuelle défaillance. La conservation et la centralisation des titres par un dépositaire central et leur circulation exclusivement sous forme dématérialisée.

Figure n° 12 : Segmentation de la bourse régionale, la BVMAC

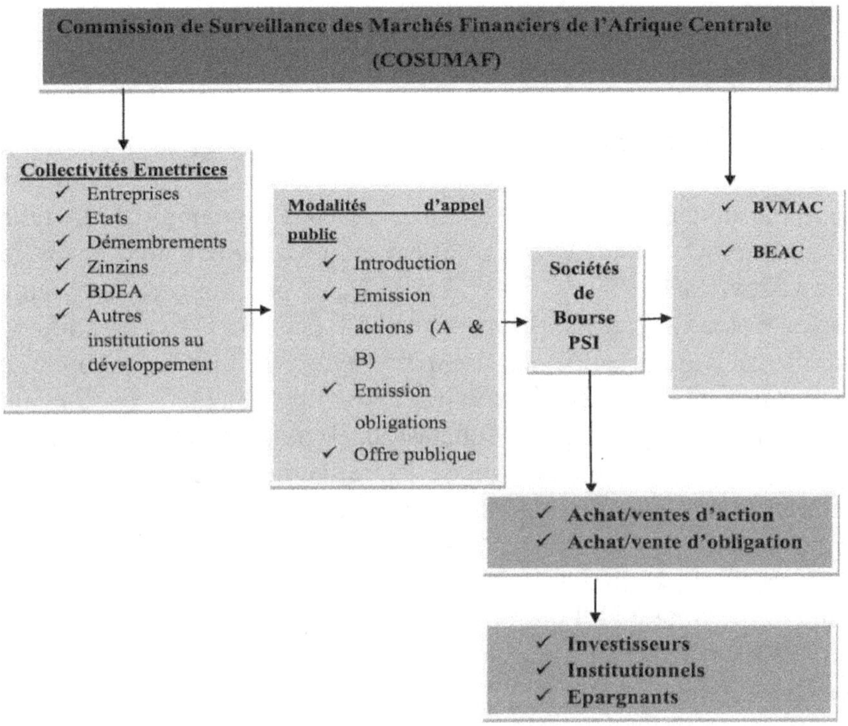

Source : www.beac.int

Le marché financier régional est divisé entre le marché primaire (émission et placement des valeurs mobilières=levée des capitaux par les entreprises) et le marché secondaire (échange et cotation de valeurs mobilières=Bourse).

II.2 L'exploration des processus

Les processus tiennent compte de l'organisation et de la circulation relatives à l'animation à l'intérieur d'une organisation en lien avec les organes proches ou éloignés qui affectent les actions de cette dernière dans l'atteinte de ses objectifs. Une exploration des processus permet de comprendre la chaîne des actions et leur cohérence pour l'efficacité de l'organisation.

II.2.1 Le compartiment actions

Le compartiment actions est le « parent pauvre » du binôme du marché financier de l'Afrique Centrale. À ce jour, et ce depuis le démarrage de ses activités le 27 juin 2003, la BVMAC a enregistré une seule société cotée et principalement SIAT-Gabon. Les conditions d'admission varient selon les compartiments. Le marché secondaire est divisé en trois compartiments (deux compartiments actions et un compartiment obligations) en fonction du type de valeurs mobilières traitées (action ou obligation), de la taille et de la liquidité des émetteurs. Le premier marché regroupe les grandes entreprises (compartiment A), le second marché réunit les PME-PMI à forte croissance (compartiment B). Les obligations quant à elle se traitent sur le compartiment C. Pour être cotés, les titres doivent circuler sous forme dématérialisée et fongible, c'est-à-dire donner les mêmes droits à tous les détenteurs.

1) Critères d'admission aux compartiments

À ce stade, les titres émis par les entreprises émettrices sont des actions de nature ordinaires ou privilégiées. Une action est un titre représentatif d'un droit de propriété sur une fraction du capital social de l'entreprise émettrice. Seules les sociétés des capitaux émettent des actions. Il est composé de deux compartiments, à savoir :

Le compartiment A

Le compartiment B

Le compartiment A : grandes entreprises

Sont admis dans ce compartiment, les sociétés remplissant les conditions suivantes :

- Les sociétés ayant une capitalisation boursière d'au moins 10 milliards de FCFA (15 millions d'euros) ;

- 20 % minimum du capital introduit en bourse (10 % minimum diffusé dans le capital sauf dérogation ;

- Avoir des fonds propres d'un montant minimum de 500 millions de francs CFA [760 000 euros] ;

- Avoir un chiffre d'affaires de 5 milliards de francs CFA [7,6 millions d'Euros] ;

- Le contrôle des comptes doit être effectué par deux commissaires aux comptes et deux suppléants sur les comptes annuels certifiés des deux dernières années ;

- Le nombre des années bénéficiaires correspond à deux années consécutives sauf dérogation.

Les critères annexes sont appréciés selon les fondamentaux du secteur d'activité de l'émetteur [taux de marge, croissance du chiffre d'affaires, distribution des dividendes, secteur en perspective d'activités, transparence, gouvernance, rendement et solvabilité, clients et dettes des fournisseurs]

Le compartiment B : PME/PMI

Sont admis dans ce compartiment des actions, les titres de capital négociables émis par une personne morale, selon les conditions suivantes :

- Les sociétés ayant une capitalisation boursière de 10 milliards de francs de FCFA, soit [15 millions d'Euros] ;

- Avoir des fonds propres d'un montant de 200 millions de francs CFA soit [305 000 euros] ;

- 20 % minimum de capital introduit en bourse [dont 10 % minimum diffusé dans le public sauf dérogation] ;

- Avoir un chiffre d'affaires de 1 milliard de francs CFA, soit [1,5 million d'Euros] ;

- Le contrôle des comptes doit être effectué par un commissaire aux comptes et un suppléant sur les comptes annuels certifiés des deux dernières années ;

- Le nombre d'années bénéficiaires correspond à deux années consécutives sauf dérogation exceptionnelle ;

- Les critères annexes sont appréciés selon les fondamentaux du secteur d'activité de l'émetteur [taux de marge, croissance du chiffre d'affaires, distribution des dividendes, secteurs et perspectives d'activité, transparence, gouvernance, créances clients et dettes des fournisseurs, rentabilité et solvabilité].

Toutefois, les sociétés ayant une capitalisation boursière requise de 500 millions de FCFA, mais ne répondant que partiellement aux critères financiers préétablis, seraient admises au compartiment B pour leur première année, en attendant qu'elles fassent des efforts en améliorant complètement leur situation financière pour être acceptables au compartiment A.

II.2.2 Le compartiment obligations

1) Critères d'admission au compartiment C

Ce compartiment accueille les obligations émises par les entreprises (les emprunts obligataires privés) et les États (les emprunts obligataires publics). Pour les entreprises, le montant de l'emprunt doit au moins être égal à 250 millions FCFA, et l'emprunt doit comporter au minimum 25 000 titres. L'actif corporel net de la société émettrice (Situation nette) ne doit pas être inférieur à 2 milliards de FCFA. Le marché obligataire est le compartiment qui a connu un succès mitigé dans la mesure où il a enregistré uniquement les emprunts obligataires publics. Malgré son caractère irrégulier, les États avec leur appel à l'épargne publique ont contribué à l'animation du marché naissant pour son lancement comme acteurs de référence.

En effet, comme l'attestent la théorie économique et les faits empiriques, il existe un lien entre l'approfondissement du système financier et le développement économique, à travers la promotion de l'épargne financière et son orientation vers l'investissement tant privé que public, condition nécessaire de la croissance économique. Les expériences d'autres régions du monde, notamment dans les pays du Maghreb et d'Asie, nous enseignent également que le développement des marchés obligataires en particulier des titres publics, a souvent précédé, voire servi de catalyseur, à celui du marché des actions. C'est un enseignement à prendre en considération pour une bonne articulation de ces différents compartiments du Marché Financier Régional. Ceci nous amène à souligner les enjeux du projet d'émission de titres publics à souscription libre, aussi bien pour la Banque Centrale, les États membres que pour les investisseurs institutionnels (Banques, Établissements financiers, autres investisseurs, Ménages, etc.).

En ce qui concerne particulièrement la Banque Centrale, nous évoquerons quatre principaux enjeux : **(i)** améliorer l'efficacité de la politique monétaire dans le cadre d'une politique *d'open market* qui verrait ainsi les conditions de sa mise en œuvre en partie réunies ; **(ii)** contribuer au recyclage dans l'économie réelle des excédents actuels de liquidités des banques et des compagnies d'assurance ; **(iii)** lever une partie des risques, en termes de pressions inflationnistes, inhérentes au système de financement monétaire des trésors ; **(iv)** retenir dans la zone l'épargne locale qui a tendance à se délocaliser, du fait notamment de l'absence d'instruments de placements attractifs et sécurisés. »[130]. Par la même occasion, la perpétuation des emprunts obligataires publics constitue une entrave à l'éclosion d'un marché financier dynamique et performant. Pour être cotés, les titres doivent circuler sous forme dématérialisée et fongible, c'est-à-dire donner les mêmes droits à tous les détenteurs.

II.2.3 Les critères d'admission des entreprises à la cote de la BVMAC

La BVMAC comme tout autre marché boursier devra être régi par des critères d'admission. Ces batteries de mesures sont mises en vigueur pour sauvegarder l'éthique du marché et donner une image de référence aux yeux des investisseurs tant étrangers, régionaux que nationaux.

1— Critères relatifs à l'émission d'actions et d'obligations

En ce qui concerne les actions :

- Les titres de capital sont des actions ordinaires ou privilégiées[131] ;

[130] Allocation, Antoine NKODIA, Directeur central des Études à la BEAC « Atelier régional sur les marchés obligataires et émissions des titres publics », Libreville du 18 au 19 février 2008.

[131] Action ordinaire : Terme désignant les actions qui n'entrent pas dans la catégorie des actions de priorité.

- La société anonyme doit atteindre un stade de développement permettant d'apprécier sa situation générale, l'état de ses finances, ses capacités bénéficiaires et ses perspectives ;

- La capitalisation boursière de la société doit assurer la création d'un véritable marché de titres et être d'au moins 500 millions de FCFA pour le compartiment A et 125 millions pour le compartiment B ;

- La société anonyme doit avoir publié et déposé ses comptes annuels relatifs aux exercices précédents avant la demande d'admission ;

- Les titres dont l'admission au marché officiel est demandée doivent être intégralement libérés et librement négociables ;

L'admission d'une catégorie de titres d'une société doit se traduire par la diffusion dans le public d'un nombre minimal de titres, en conséquence, la société doit :

- Avoir au moins 25 % titres de la catégorie à émettre déjà repartis dans le public ou avoir engagé une opération financière qui aboutira à cet objectif lors de l'introduction en bourse ;

- Ou avoir 50 millions FCF A de valeur nominale dans la catégorie de titres à émettre en bourse repartis dans le public.

- Dans tous les autres cas, un ou plusieurs actionnaires de la société devront confier aux intermédiaires chargés de l'introduction le soin de remplir ces conditions en assurant la diffusion des titres représentant un pourcentage de 15 % à

Action de priorité ou action privilégiée : offrant à son titulaire des avantages supplémentaires par rapport aux autres actions dites ordinaires (Dictionnaire technique de la bourse et des marchés financiers édition SOFICOM septembre 2001 Jeanne — France de Villeneuve

l'introduction, 20 % dans les trois ans et 25 % dans les cinq ans, soit pour le compte des actionnaires eux-mêmes, soit à la suite d'une opération de prise ferme ;

Les titres détenus par les salariés de la société et dont ils ont le libre usage sont considérés comme appartenant au public. En revanche, n'appartiennent pas au public, les titres détenus par les membres du conseil d'administration de la société et les actionnaires titulaires de titres représentant 5 % ou plus du capital, sauf s'il s'agit de sociétés de gestion de portefeuille ou de sociétés d'assurance n'ayant aucun lien même indirect avec la société dont relève les titres.

S'agissant des obligations :

Les obligations émises par l'État, les entreprises paraétatiques et les sociétés publiques sont considérées comme titres de créances, l'admission au marché est subordonnée à l'assurance qu'un marché suffisant s'établira. À cet effet, le montant de l'emprunt doit au moins être égal à 250 millions FCFA et l'emprunt doit au minimum comporter 25 000 titres selon les normes, les actifs corporels nets de l'émetteur ne doivent pas être inférieurs à 2 milliards FCF A.

2— Critères financiers

Une société qui sollicite une cotation en bourse doit d'être financièrement saine et démontrer que ses perspectives de croissance sont satisfaisantes. En particulier, elle doit être profitable, avoir un niveau d'endettement acceptable et disposer d'un cash-flow satisfaisant. Outre ces critères, une importance particulière a été accordée à la pérennité par rapport aux sociétés dont l'évolution demeure très erratique. Ces critères se différencient selon que les sociétés évoluent dans le secteur bancaire ou non bancaire.

L'exercice d'évaluation des sociétés non bancaires repose sur les critères suivants :

- taux de croissance du résultat ;
- taux de croissance du chiffre d'affaires ;
- rentabilité des capitaux investis, définie par le rapport entre le résultat net de l'exercice et les capitaux permanents, démontrant la profitabilité de l'entreprise ;
- ratio d'endettement, défini par le rapport entre les dettes à long terme et les capitaux permanents, démontrant l'autonomie financière de la société ;
- coefficient de liquidité générale, défini par le rapport entre l'actif circulant et les dettes à court terme, démontrant la solvabilité à court terme de la société.

Pour les banques, l'exercice d'évaluation est basé sur les indicateurs suivants :

- le taux de croissance du résultat de l'exercice ;
- le taux de croissance du chiffre d'affaires ;
- la rentabilité de l'actif total (résultat net de l'exercice/actif total) capitaux propres/actif total charge d'exploitation/produits d'exploitation

3— Critères juridiques

La société doit être constituée sous la forme anonyme, ajouté à cela la détention d'un acte uniforme relatif à l'article 82 de L'OHADA qui exclut la cotation à la bourse de toute société ayant un capital inférieur à 100 millions de francs CFA, soit 152 449 d'euros.

II.3 Vérification du lien BVMAC et entreprises : hypothèses et analyses

II.3.1 La fluidité de la liquidité

II.3.1.1 La liquidité

La mesure de la liquidité est déterminée par la demande et l'offre d'immédiateté. Et cette mesure est fonction du nombre d'entreprises inscrites à la cote. La vérification de cette hypothèse financière est faite sur la base de ces deux dimensions de la liquidité (la demande et l'offre). Elle concerne aussi bien le compartiment des actions que le compartiment des obligations.

La dimension de la demande de liquidité

Dans cette première dimension, la demande de liquidité est exprimée principalement par les acteurs économiques en quête de financement. Cette catégorie d'acteurs est constituée des entreprises, des États et des collectivités.

Pour ce qui est du compartiment des actions, le fait remarquable est que depuis le démarrage des activités (27 juin 2003) de la BVMAC à ce jour (15 ans), il n'existe qu'une seule société (SIAT-Gabon, 2013) à la cote du marché financier régional. Un des critères d'attractivité et de performance d'une bourse étant la liquidité, elle est la variation du prix de la transaction en fonction du volume échangé : plus il y a de volumes traités, plus il y a de chance de pouvoir acheter ou vendre des volumes significatifs.

Tableau n° .25 : Transaction dans le compartiment action

ANNÉE	Nombre de transactions négociées	Quantité de titres négociés	PRIX
2017	**0**	**0**	0
2016	**4**	**71 500**	Indisponible
2015	**182**	**1.123.619**	Indisponible
2014	**5**	**380**	Indisponible
2013	**4**	**222**	Indisponible
2012	**0**	**0**	0
2011	**0**	**0**	0
2010	**0**	**0**	0
2009	**0**	**0**	0
2008	**9**	**571 205**	Indisponible
TOTAL	**204**	**1.766.926**	

Source : Compilation de l'auteur Paul BABAGNACK sur la base des données accessibles BVMAC

L'indisponibilité de l'ensemble des informations utiles et nécessaires susceptibles de permettre une analyse plus accentuée nous faisant défaut, l'on peut néanmoins sur la base de celles obtenues s'y appesantir pour tirer quelques conclusions. De 2008-2017, soit neuf (9) ans, 204 transactions ont été négociées pour une moyenne de 23 transactions par an. Or, le décalage de temps entre la négociation des premiers titres et les suivants est de cinq (5) ans ; ce qui ne permet pas l'animation du marché et donne une indication faible relative à l'offre et à la demande de titres. Et pour ce qui est du compartiment des obligations, seuls les titres d'obligations d'État ont été formulés pour la période de 2003 à 2017 (République du Gabon, République du Congo et la République du Tchad). Le tableau ci-après récapitule les différents États ayant fait appel aux titres d'obligations pour lever des fonds et se financer.

Tableau n° 26 : les titres d'obligations d'États

ÉTATS	ANNÉE	QUANTITÉS ÉCHANGÉES	MATURITÉ	TAUX D'INTÉRÊT %	PRIX/CFA
Gabon					
G1	2008		2008-2013	5,5	100 MM
G2	2013				240 MM
G3	2015		2015-2020	6	80 MM
G3	2016		2016-2021	6,50	98 MM
G4	2017		2017-2022	6,5	100 MM
Sous-Total 1					**618 MM**
Tchad					
T1	2011		2011-2016	6	100 MM
T2	2012		2012-2017	6	90, 2 MM
T3	2013		2013-2018	6	85 MM
Sous-Total 2					**275,2 MM**
Congo					
C1	2017		2016-2021	6,5	150 MM
Sous-Total 3					**150 MM**
Total général					**1 043, 2**

Source : Compilation de l'auteur Paul BABAGNACK sur la base des données accessibles BVMAC

M : Millions
MM : Milliards

Tableau n° 27 : Transaction dans le compartiment obligations

Année	Souscripteurs	Nombre de transactions	Nombre d'obligations échangées	Prix (CFA)
2017	Gabon+BGFI Holding	**9**	**281 500**	**2.950.000.000**
2016	0	**0**	**0**	**0**
2015	Gabon+BGFI Holding	**9**	**1.106.600**	**11.516.000.000**
2014	Tchad+BDEAC	**5**	**279 320**	**2.253.000.042.**
2013	Tchad+BDEAC	**8**	**1 620 240**	**16.154.020.000**
2012	Tchad+BDDEAC	**11**	**2.067.411**	**20.674.710.000**
2011	Gabon+BDEAC	**4**	**2 493**	**17.596.800**
2010	Gabon	**2**	**1 857**	**13.187.796**
2009	Gabon	**7**	**230 454**	**1.945.832.692**
TOTAL		**55**	**5.589.875**	**55.524.347.330**

Source : Compilation de l'auteur Paul BABAGNACK sur la base des données accessibles BVMAC

La dimension de l'offre de liquidité

Dans la seconde dimension relative à l'offre de liquidité, elle est exprimée singulièrement par les agents économiques disposant de moyens financiers et à la recherche des opportunités de placements. Il s'agit essentiellement des particuliers (épargne de placement), des entreprises de participation, des fonds de pension et des zinzins (institutionnels : banques, assurances, etc.). Cette offre de liquidité est nulle au regard de la faible demande (nombre d'acheteurs) et du volume (nombre de titres).

Tableau n° 28 : les titres d'obligations privées

ACTEUR	ANNEE	QUANTITE ECHANGES	MATURITE	TAUX D'INTERET %	PRIX
BGFI Holding	2013		2013-2020	5	69.MM
ALOIS FINANCE GABNON	2014		2014-2021	6,25	6,4 MM
FAGACE	2014		2014-2019	6,25	3, 67 MM
BDEAC	2010		2010-2017	5,5	18, 165 MM
PETRO GABON	2010		2010-2017	6	7 MM
IFC	2009		2009-2014	4,25	12, 5 MM
PRIX IMPORT	2009		2009-2014	7%	400 M
CDK Emergence	2012		2012-2017	5,25	9 MM
BGD	2008		2008-2014	6	10MM
TOTAL					**370.99**

Source : Compilation de l'auteur Paul BABAGNACK sur la base des données accessibles BVMAC

Un fait majeur se dégage de ce tableau : seule une entreprise de droit gabonais a fait un appel à l'épargne d'obligations privées, c'est-à-dire aucune entreprise des autres pays membres de la CEMAC. D'où un déficit de solidarité communautaire.

Une autre dimension de la liquidité : la profondeur

La profondeur du marché financier révèle une autre dimension de la liquidité (Black 1971). Elle donne en nombre la quantité des titres qu'il est possible de négocier au prix affiché dans le marché. D'autres auteurs (King et Lévine 1993) font appel à la Masse Monétaire (M2) par rapport au PIB pour mesurer la profondeur du marché financier, car la M2 démontre la capacité du système monétaire à fournir de la liquidité à l'économie.

Il ressort de l'examen de cette hypothèse que la BVMAC est très peu liquide et manque par conséquent de profondeur. Une situation qui démontre à suffisance que le marché financier régional n'est pas performant dans le financement des entreprises régionales et de son économie. Car lorsqu'un marché financier est caractérisé par un nombre réduit des vendeurs et des acheteurs, ils ne peuvent pas se rencontrer régulièrement et d'importantes fluctuations des prix ne peuvent en découler (Pagano, 1989).

De même, Lévine (1991), Bencivenga, Smith et Sarr (1996), trouve que la liquidité du marché boursier est importante pour la croissance. En effet, une liquidité renforcée facilite l'investissement dans les projets de long terme dont la rentabilité est plus élevée et stimule la croissance économique. Cette liquidité s'explique par le fait que les agents économiques (particuliers) pourraient être amenés à thésauriser moins d'épargne sous forme de biens métalliques, fonciers ou de biens de consommation durables et d'argent pour une épargne au profit d'une épargne de placement (EP) transformable en actifs financiers : les actions, les obligations et les autres titres. Sur la base des données accessibles du marché et relatives aux deux compartiments que sont les actions (A & B) et les obligations, l'on note un faible développement de la BVMAC, caractérisé par :

- L'étroitesse du marché financier ;
- L'étroitesse de la gamme des produits offerts ;
- La faiblesse des transactions ;

- Le défaut de liquidité lié au faible niveau des transactions ;
- La désaffection des entreprises et du milieu des affaires ;

L'existence d'une autre bourse (DSX) dans l'espace CEMAC effrite sa liquidité potentielle et se traduit par l'inefficacité des prestataires des services d'investissement.

La liquidité de tout marché financier ne dépend pas seulement des deux dimensions précitées. Elle est aussi fonction du nombre mais surtout de l'efficacité des intermédiaires de bourse, dénommés dans le cas d'espèce les prestataires de services d'investissement (PSI). Dans leur rôle d'intermédiation, ils mènent des actions allant dans le sens de la promotion et de la sensibilisation, donc de l'attractivité du marché financier, tant pour leur client que pour le grand public. Ils participent de ce fait à combler le déficit de l'éducation financière : « À la fin septembre 2015, la contribution du marché financier de l'Afrique centrale au financement des économies de la zone CEMAC, mesurée en termes de fonds levés, représente environ 503,35 milliards de FCFA. Au 30 décembre 2015, la cote officielle de la BVMAC compte une seule société listée sur le compartiment actions qui représente au 30 juin 2015 une capitalisation boursière de 113 milliards de FCFA pour un flottant de 5 840 455 000 FCFA. Il s'agit de la société agroalimentaire SIAT-GABON. Le marché obligataire affiche une valorisation de 264,60 milliards de FCFA et compte huit valeurs obligataires. La cote officielle de la BVMAC a enregistré la sortie de trois valeurs obligataires, arrivées à échéance en 2013-2014. Il s'agit de l'opération d'emprunt obligataire (État Gabonais 5,5 % net 2007-2013en 2013 de l'opération "IFC 4,25 % net 2009-2014) et l'opération Prix-Import 7 % 2009-2014). Le niveau de capitalisation de la BVMAC demeure faible pour stimuler la rentabilité de la bourse régionale »[132].

De ce fait, des actions correctives doivent être menées pour inverser la tendance par les autorités publiques (les six États), si l'on voulait que

---

[132] Rapport d'activités de la COSUMAF, exercice 2015, p.16

la BVMAC joue pleinement son rôle dans le financement des entreprises pour la croissance, afin de contribuer à l'atteinte de leurs différentes dates d'émergence respectives. Qu'en est-il des coûts y relatifs ? Comme toute opération commerciale, le transfert de titres engendre des coûts.

II.3.1.2 Les coûts de transaction

Il s'agit des coûts de transaction pour les investisseurs mais également des coûts de transaction de l'introduction et de la cotation. Ces trois approches des coûts de transaction doivent s'apprécier de manière parallèle (simultanément) permettant ainsi d'évaluer leur influence dans l'acquisition comme dans la vente des titres de placement (actions et obligations) dans le cas précis de la BVMAC. Même si d'autres titres et produits dérivés du marché financier existent de manière générale.

Mais grâce à la coopération monétaire, la réduction du risque de change et la baisse des coûts de transaction contribuent explicitement en matière financière à la fluidité des flux financiers principalement dans le marché financier. Or le marché financier régional de la CEMAC bénéficie préalablement grâce à l'UMAC (ZMO) d'une monnaie unique (le franc CFA avec sa convertibilité fixe par rapport à l'euro, 1franc CFA=655.957 euros) avec une seule banque d'émission (BEAC) d'un avantage (facteur clé de succès) relatif à la baisse des coûts de transaction à la BVMAC.

Approche des coûts de transaction des investisseurs

Il existe plusieurs types de coûts de transaction pour tout type de transaction dans un marché financier. Parmi lesquels les coûts invisibles et les coûts visibles. Les coûts invisibles sont ceux qui sont inopinés pour toute entrée en bourse liée aux opérations d'arrangement comme ceux relatifs à la recherche d'informations, préalables à toute introduction en bourse. Et les coûts visibles sont ceux connus d'avance tels que les coûts administratifs à partir d'un référentiel normatif pour tout investisseur entrant en bourse.

Il est donc utile et nécessaire de les évaluer et de les prendre en compte dans l'optique de la maximisation de la rentabilité de son portefeuille. Il va de soi que leur prise en compte permet de déterminer le prix du titre mis en vente par le broker reflétant la valeur de profitabilité de celui-ci. Bien sûr que cette valeur doit tenir compte des éléments connexes au secteur d'activité, à la rentabilité de la société cotée et son positionnement (représentativité, part de marché) dans le secteur ou la branche d'activité ainsi que des autres concurrents.

Approche des coûts de transaction de l'introduction

COÛTS ADMINISTRATIFS POUR UNE COTATION À LA BVMAC		
COSUMAF	COMMISSION VISA	0,25
BBVAC	COMMISSION D'INTRODUCTION COMMISSION DE CENTRALISATION	0,04 % 0,04 %
DÉPOSITAIRE CENTRAL	COMMISSION DE MEMBRE	0,05 %
TAUX D'INTÉRÊT MOYEN		6,00 %
TAUX DE SORTIE MOYEN		6,38 %

Source : COSUMAF de la CEMAC

Ce sont les coûts de transactions administratives pour toute introduction supportée par tous, outre ceux prélevés ou payés en amont par ou pour l'arrangeur qui sont eux proportionnels au montant de la transaction sous la forme des commissions ou de frais de courtage. Ils sont fixés en pourcentage conformément aux textes règlementaires fixant les modalités d'introduction à la BVMAC avec une clé de répartition récapitulée dans le tableau ci-dessous.

Approche des coûts de transaction de la cotation

Greenwood et Smith (1997) montrent qu'un marché boursier développé peut réduire le coût de la mobilisation de l'épargne et avoir une implication facile dans l'investissement productif.

L'analyse des coûts de transaction à la BVMAC doit se faire à trois niveaux :

- Les coûts de transaction avant l'entrée à la cote, invisibles ;
- Les coûts administratifs à l'introduction, visibles ;
- Les coûts à la sortie de la cote, invisibles.

Le cumul de ces trois niveaux des coûts de transaction va dans le sens de l'alourdissement du coût global d'introduction à la BVMAC. La préoccupation principale est focalisée sur les frais et autres commissions payer à l'arrangeur (invisibles), car ne pouvant pas être déterminés d'avance. Ceux étant connus d'avance, peuvent faire l'objet d'une évaluation préalable (estimation) en attendant d'adjoindre les frais invisibles. Et accessoirement les frais de sortie de la cote qui dépendent de la négociation entre le prix proposé par le vendeur et le prix à payer par l'acheteur potentiel.

Les deux extrêmes des coûts de transaction invisibles (avant la cote et la sortie de la cote) constituent une nébuleuse pour l'investisseur potentiel, rendent opaque son introduction en bourse, voire même risquée. Conséquence, ils constituent des barrières à l'entrée à la

BVMAC. Ces coûts de transaction influencent le volume des transactions.

II.3.2 L'augmentation du volume des transactions : le niveau de transaction

Tableau n° 29 : Récapitulatif des transactions à la BVMAC

ANNÉE	**Nbre de transactions négociées en actions**	**Nbre de transactions Négociées en obligation**	**Volume en Milliers de FCFA**
2017		9	2.950.000
2016	0	0	0
2015	4	9	11.516.000
2014	**182**	**5**	**2.253.000**
2013	**5**	**8**	**16.154.020**
2012	**4**	**11**	**20.674.710**
2011	0	4	17.569.000
2010	0	2	13.187.796
2009	0	7	1.945.832
2008	9	0	Indisponible
TOTAL	**204**	**55**	

Source : Compilation de l'auteur Paul BABAGNACK sur la base des rapports d'activité de la COSUMAF

Le volume des transactions représente le niveau des transactions en nombre et en valeur des titres échangés à un moment donné dans le marché financier régional (BVMAC). Qu'il s'agisse des titres de capitalisation des actions ou des titres de capitalisation des obligations publiques ou des titres des obligations privées. Dans le cas de la

BVMAC, depuis le démarrage effectif de ses activités, le niveau de transaction peut s'analyser sur quatre dimensions :

1) Le nombre de titres échangés ;

2) La valeur de la transaction ;

3) La période de transaction ;

4) Le secteur de transaction.

Le nombre de titres échangés

En actions comme en obligations, le nombre de titres échangés depuis le début des activités a atteint un pic en 2014 par un bond significatif pour ce qui est des actions soit 182 actions, pour chuter significativement aussi l'année suivante (2015) à 4 actions échangées. Sur le plan numérique, l'on note un accroissement moins expressif de la dynamique du marché.

Et le nombre des titres de capitalisation des obligations oscille entre 4 et 11 transactions par an, avec une moyenne annuelle de six **(6)** transactions par séance. Ce qui est très insignifiant dans un environnement régional où les États sont en déficit budgétaire chronique, même le recours au marché financier pour lever des fonds en monnaie locale est problématique. Mais l'autre fait marquant dans ce compartiment reste la prépondérance des obligations publiques d'États par les mêmes États (Gabon, Tchad et Congo). Le Gabon plus d'une fois a eu recours au marché financier régional.

La valeur de transaction

La valeur reste proportionnelle non seulement au volume des titres sans distinction, mais aussi au nombre d'acteurs (acheteurs et vendeurs) qui démontre la faible fréquentation du marché, justifiée par la présence d'une seule société cotée d'une part ; et d'autre part la présence dominante des titres des obligations publiques ainsi que l'absence des titres des obligations privées.

La valeur des titres (actions et obligations) est le reflet de la somnolence de la BVMAC. Elle est modifiée en volume au fil des années sans impact réel sur les entreprises comme sur l'économie en général. Sa structure a quelque peu été modifiée sans grand changement. Les valeurs des titres de capitalisation des obligations publiques y demeurent fortement représentées. Les valeurs figurant dans le tableau ci-dessus concernent les obligations d'État.

La période de transaction

La période de transaction est celle qui sépare l'achat ou la vente d'un titre (titre de capitalisation des actions comme les titres de capitalisation des obligations) et la période de la prochaine échéance de cotation. En d'autres termes, la période de transaction représente le passage ou le transfert des titres de main en main, donc de la modification de la trajectoire de propriété de ces derniers. Or à titre d'illustration, pour toute l'année 2016, il y eut trois cotations, soit une première cotation le 12/01/2016, une seconde cotation le 08/03/2016 pour une durée de deux mois, et une troisième cotation le 15/11/2016 pour une durée de de neuf mois pour une transaction moyenne annuelle d'une transaction par séance, selon les informations du département opération développement du marché de la BVMAC.

Le secteur des transactions

Pour ce qui est du secteur, seul le secteur de l'agroalimentaire (SIAT-GABON) est représenté dans la BVMAC, dans son compartiment actions. L'on note l'absence criarde des PME/PMI. Tout ceci explique une absence des entreprises dans la bourse régionale. Et dans son compartiment obligations, seules les obligations publiques (États) existent majoritairement.

II.3.3 L'évolution du marché financier de la CEMAC

Les trois hypothèses à savoir la fluidité de la liquidité, l'augmentation du volume des transactions et l'évolution du marché sont en étroite corrélation, donc indissociables. L'analyse des résultats des deux premières hypothèses laisse percevoir le degré de l'évolution du marché, c'est-à-dire la réaction de la BVMAC relative au contexte. En rappel, le contexte de la BVMAC tient compte de la problématique issue d'une part de l'inefficacité du secteur bancaire, et la prolifération des EMF d'autre part dans le financement des entreprises de la zone CEMAC. Bref, elle fut créée pour remédier à l'insuffisance du financement bancaire et des EMF en tant que source de financement alternatif, mais aussi pour le développement du secteur financier.

Mais au regard des caractéristiques des titres (actions et obligations) négociés et échangés, les résultats sont en dessous des espérances. Une seule entreprise (SIAT-Gabon) inscrite à la cote à la BVMAC en plus de quinze ans d'existence de fonctionnement, une prépondérance des titres de capitalisation d'obligations (d'États et privées) avec la particularité d'une primauté des titres de capitalisation d'obligations d'État. Or, tout marché financier et dans le cas d'espèce celui de la BVMAC doit être caractérisé par :

- La fluidité de la liquidité, conséquence d'un nombre important de vendeurs et d'acheteurs de titres (actions et obligations), ce qui n'est pas le cas ;

- La courte durée qui devrait caractériser les titres entre le temps de leur acquisition et le temps de leur prochain transfert n'est pas respectée ;

- La dynamique de son compartiment actions dans sa partie primaire, baromètre de l'animation du marché, ce qui n'est pas le cas ;

- La durée de financement des entreprises ;

- Le nivellement des taux d'intérêt des titres vers le bas, conséquence d'une présence massive des vendeurs et d'acheteurs, ce qui n'est pas le cas.

Avec une structure du marché très déséquilibrée, la BVMAC ne représente pas une source de financement sur laquelle les entreprises de la CEMAC peuvent se financer. Pour preuve les principaux indicateurs : l'efficacité, l'efficience et l'effectivité.

II.3.4 Les indicateurs de performance de la BVMAC

II.3.4.1 L'efficacité de la BVMAC

Un marché financier efficace est un marché boursier qui intègre à chaque instant toute l'information disponible sur le marché dans les prix d'échange. Il suppose l'existence d'un grand nombre d'acheteurs et de vendeurs sur les titres existants. Adam Smith (1962) distingue trois grands ingrédients pour créer un marché financier efficace :

L'environnement : Il suppose l'existence d'un grand nombre d'acheteurs et de vendeurs sur les titres existants, ce qui n'est pas le cas ;

Les institutions : l'ensemble du corpus institutionnel, des règles et procédures qui régissent les opérations de marché et leur dénouement rapide de manière à créer la confiance et être attractives, ce qui n'est pas le cas ;

Les comportements : Comportement des agents du fait de l'organisation et à l'animation du marché, ce qui n'est pas le cas.

Au regard de l'absence d'un grand nombre d'intervenants (acheteurs et vendeurs), l'atomicité de la BVMAC est remise en cause. Ce déficit d'acheteurs et de vendeurs est la conséquence logique d'une rareté d'offreurs et de demandeurs ; ce qui influence la faiblesse des titres et leurs négociations que ce soit dans le compartiment ou dans le compartiment obligations.

L'organisation d'un marché financier est efficace dans la satisfaction des besoins (exigences) que s'il remplit son rôle à temps et dans des conditions prévues par le régulateur. Le marché financier régional a dans son organisation deux types de marchés :

Le marché primaire : composé de deux (2) compartiments, le compartiment A et le compartiment B

Le compartiment A est réservé aux grandes entreprises, enregistre une seule entreprise à la cote (SIAT GABON) en quinze ans d'existence et d'activités.

Le compartiment B est réservé aux petites et moyennes entreprises et moyennes industries (PME/PMI). À ce jour aucune PME/PMI n'est enregistrée à la cote du marché financier régional.

Le marché secondaire ou encore le marché de l'occasion ou bourse est le marché réservé aux titres déjà créés (marché primaire) qu'il s'agisse des actions ou des obligations. C'est ce marché qui assure la qualité du marché primaire pour l'évaluation des titres financiers. Or à la BVMAC, ce marché n'existe pas. Or c'est lui qui participe au renforcement de la liquidité du marché financier par le nombre (volume) et la qualité des transactions tout en permettant de réduire les coûts. Le marché primaire et le marché secondaire sont donc complémentaires et participent en parallèle à la performance du marché et à son efficacité.

Sur la base des observations faites ci-dessus relatives à l'efficacité de la BVMAC, les objectifs de financement des entreprises en général et des PME/PMI en particulier ne sont pas atteints. Pourtant le besoin de financement des entreprises de la CEMAC se pose avec insistance et principalement le déficit de financement des PME/PMI.

II.3.4.2 L'efficience de la BVMAC

« Le développement d'un système financier efficient est une condition nécessaire au bon fonctionnement de l'économie lorsqu'il remplit les fonctions suivantes (Lévine, 2005) :

- Il réduit les asymétries d'information entre les épargnants et emprunteurs en collectant de l'information, en sélectionnant les projets valables et en identifiant les entreprises avec les meilleures perspectives ;

- Il résout les problèmes de délégation en surveillant les investissements et en exerçant la gouvernance d'entreprise ;

- Il facilite l'échange et la gestion du risque permettant aux épargnants de diversifier leurs portefeuilles et aux entreprises de se couvrir contre certains risques qu'elles ne souhaitent pas prendre ;

- Il mobilise et regroupe l'épargne ;

- Il facilite les échanges des biens et services »[133].

La BVMAC au regard des critères ci-dessus, ne remplit aucun de ceux-ci dans la mesure où les demandeurs (acheteurs) ne se précipitent pas pour rentrer en bourse, tout comme les vendeurs (investisseurs). Et la mobilisation de l'épargne se fait rare (inexistant, malgré la surliquidité des banques) dans le marché financier régional, ajouté à cela la rareté de la diversité des titres, ce qui ne facilite pas les échanges des biens et de services, permettant d'analyser la durée des actifs financiers entre le moment de l'émission (date d'émission) et la date de paiement, qui doit être de courte durée.

---

[133] Revue d'économie financière « la recomposition des systèmes financiers », n° 123, octobre 2016, p.126, Gregory CLAEYS « Quelle place pour les marchés financiers en Europe »

Selon Jean-Marc Bonnisseau, Pr à l'Université Paris 1 Panthéon Sorbonne, « l'efficience suppose que les actifs financiers sont suffisamment nombreux et diversifiés pour permettre de répliquer n'importe quel flux financier par un portefeuille judicieusement choisi, ce qui conduit à un partage des risques... »[134]. Or dans le marché financier régional, il est observable que les actifs financiers ne sont pas nombreux et encore moins diversifiés, particulièrement dans le compartiment actions qui est déterminant dans la mesure de la performance d'un marché financier. Aussi, l'efficience de la BVMAC s'apprécie à travers l'absence des coûts ou du moins son nivellement vers le bas afin de rendre le marché régional attractif et compétitif par rapport à d'autres sources de financement telles que les banques et autres.

Au regard de ce qui précède, l'on peut conclure que le marché financier régional n'est pas efficient parce qu'il ne remplit pas les critères d'efficience de Lévine encore moins l'observation pertinente de Jean-Marc Bonnisseau. En fonction des différentes catégories d'efficience énoncées par FAMA (1965) relatives à l'information du marché et sa transparence, seules les informations connues et publiées sont accessibles. Tous les coûts ne sont pas connus en dehors des coûts d'introduction liés aux frais administratifs (6,38 %), les coûts préliminaires liés à la recherche d'informations et le coût des prestataires de services d'investissement. Il s'agit donc d'un marché d'efficience faible.

L'efficience est aussi relative à la finance comportementale[135]. Au regard de l'absence de la culture boursière dans l'espace CEMAC, les

[134] Pr Jean-Marc Bonnisseau Chaire associé à PSE, Lettre n° 11, « les marchés financiers sont-ils efficients ? », septembre — octobre 2012, www.parisschoolofeconomics.eu

[135] La finance comportementale (behavioral finance) constitue une application de la psychologie à la finance. Datant de la fin des années 1970, cette discipline s'oppose à la théorie moderne de la finance (développée surtout à partir de la seconde moitié du siècle dernier) en s'attachant aux acteurs (investisseurs, gestionnaires de portefeuille ou fonds de pension, etc.) et aux performances explorées par les

comportements des acteurs économiques (investisseurs, managers d'entreprises, particuliers) de la région sont hostiles aux activités du marché financier. En plus de l'absence de dynamisme du marché dans son aspect communication, l'ignorance de l'existence même de la BVMAC par le grand public faute de campagnes massives de sensibilisation et d'information sur la promotion (road show) de la BVMAC.

II.3.4.3 L'effectivité de la BVMAC

L'effectivité d'un marché financier est de produire un impact sur son environnement économique et financier et susciter un changement de paradigme des opérateurs économiques. Tout comme des observateurs avertis des questions financières, ses activités influencent d'abord le développement du système financier et ensuite participent à la croissance économique.

Les premiers acteurs à percevoir et à constater l'impact du marché financier sont les entreprises toutes catégories confondues, qui trouvent là une nouvelle opportunité de financement avantageuse comparativement aux mécanismes de financement existant en termes de facilitation et de coût dans le temps long.

Depuis le démarrage effectif de ses activités il y a quinze ans, la BVMAC n'est toujours pas attractive au regard du nombre d'entreprises inscrites à la cote dans son compartiment actions, soit comme dans son compartiment obligations. L'on enregistre la prédominance des titres des obligations publiques et l'absence des titres d'obligations privées avec à la clé l'inexistence d'un marché secondaire déterminant pour la liquidité de la BVMAC.

---

enseignants de la finance moderne. Un des pionniers de la finance comportementale est Daniel Kahneman, lauréat du Prix Nobel d'Économie en 2002.

SECTION III : IMPACTS DE LA BVMAC SUR L'ÉCONOMIE DE LA CEMAC

Le développement des marchés financiers partout dans le monde a eu des conséquences sur les économies des pays domiciliataires, facilitant le mouvement des capitaux au-delà des frontières territoriales. Cette mobilité d'une région à une autre et d'un secteur d'activité à un autre a produit des effets divers et variés en fonction du contexte économique et financier, bref du niveau de développement et du choix du mode de financement de l'économie de chaque pays.

Comme acteur nouveau dans l'échiquier financier de la CEMAC, la BVMAC a incontestablement eu des effets sur l'économie de la CEMAC ; tant sur les acteurs du marché financier que sur la finance publique en passant par la finance des entreprises et de l'économie de manière générale.

La rigueur managériale qui s'impose à tous les acteurs économiques qui sollicitent des emprunts auprès du marché financier est un acquis majeur. Outre les contraintes règlementaires, la gouvernance est une exigence pour ces acteurs privés comme publics.

III.1 Les impacts sur les acteurs du marché

1) Sur les épargnants

Certains épargnants ont su profiter des obligations d'État d'appels à l'épargne pour faire des placements. Mais ils sont très peu nombreux et sont concentrés pour la plupart dans un seul État (Gabon). Signe d'une certaine réticence des ressortissants d'autres pays membres de la communauté à faire chorus avec le marché financier régional.

D'où la prolifération multiforme de la finance « intermédiaire » dans l'espace CEMAC ainsi que la progression des EMF qui gagnent du terrain auprès des petits épargnants ainsi que les tontines qui évoluent dans un climat de sincérité plus avantageux que les banques et le marché financier. La présence de la BVMAC n'a pas eu d'effet positif sur les épargnants de l'Afrique Centrale.

2) Sur les entreprises

2.1) Les entreprises privées

Les entreprises privées constituent le maillon faible des acteurs du marché financier. Alors que leur structure de bilan montre une faiblesse des fonds propres (réserves et report à nouveau), elles ont loupé l'occasion de se financer par le marché financier en ouvrant leur capital et en partageant par la même occasion les risques. C'est l'objectif prioritaire du marché financier d'allouer des fonds aux entreprises, car ce sont elles qui créent la richesse et favorisent la croissance.

Le marché financier constitue pour elles, une source complémentaire de financement et surtout de long terme et à moindre coût.

2.2) Les entreprises parapubliques

La plupart des entreprises parapubliques vivent sous perfusion de l'État. Car elles absorbent une grande part de leur budget par l'octroi des subventions, du fait du caractère public de leur mission qui les éloigne de la recherche du profit. Elles devraient changer de paradigme de gestion par un arrimage contextuel relatif à un nouvel ordre économique qui met l'accent sur le privé et le partenariat public-privé. Pour illustration, s'agissant des deux pays leaders (Cameroun & Gabon) de la CEMAC, la société nationale de raffinage (SONARA) et la société gabonaise de raffinage (SOGARA) sont les grands bénéficiaires de ces subventions en dépit de la baisse des recettes pétrolières. On peut aussi citer dans le secteur des transports, la compagnie aérienne du Cameroun Camair-co, Ecaire au Congo-Brazzaville, comme le Fonds routier au Gabon.

2.3) Les institutionnels (zinzins)

Le marché financier est le lieu par excellence de la finance directe, où se rencontrent l'offre et la demande de capitaux à long terme, des titres et des valeurs mobilières. Il peut s'agir d'actions ou titres de capital, d'obligations ou titres de créance.

2.4) Sur les États

Les États sont les premiers bénéficiaires de l'existence du marché financier régional en faisant un appel public à l'épargne. Il leur a permis de combler leur déficit budgétaire, conséquence des graves crises économiques financières des années 80.

Donc le marché financier de l'Afrique centrale a plus été globalement dominé par les titres des administrations publiques (obligations) et n'a rien apporté au développement du secteur privé.

III.2 Les impacts de la BVMAC sur l'économie de la CEMAC

Nonobstant la présence du marché financier régional (BVMAC) dans le système financier de la CEMAC, l'environnement économique de la région ne s'est pas amélioré pour autant, du moins dans l'aspect relatif au financement de son économie. Or les banques de l'Afrique centrale présentaient une bonne santé financière avec une surliquidité « stagnante ». Elle ne demandait qu'une réaffectation (recyclage) de leur destination (placements sécurisés) dans des projets fiables à travers le marché financier régional.

III.2.1 Les impacts négatifs : objectifs

Seuls quelques États, donc trois sur six (République du Gabon, République du Congo et la République du Tchad) ont osé avoir recours au marché financier pour lever des fonds afin de financer des projets d'investissements d'envergure sollicitant des financements importants, longs et à des coûts relativement faibles (taux d'intérêt), avec un écart moyen de sept (7) ans par emprunt obligataire. Seul le pays domiciliataire (République du Gabon) a pu faire recours trois fois de suite à des emprunts obligataires auprès de la BVMA. Et l'on peut s'interroger sur les opportunités de ces emprunts obligataires qui reflètent plus un caractère de communication pour le lancement de la BVMAC et servir de locomotive pour les autres États de la CEMAC et par conséquent la Bourse régionale. C'est donc dans cet esprit que les deux autres États (la République du Congo et la République du Tchad) ont eu recours au marché financier régional plus par solidarité que par opportunité de financement et ont contribué ainsi à la dynamique de lancement de ce marché financier.

Le compartiment action est assez démonstratif de l'échec patent du marché financier de l'Afrique centrale à convaincre les entreprises à solliciter la BVMAC (une société cotée en 15 ans, SIAT — Gabon en 2013) pour se financer : « Historiquement, ces marchés ont été dominés par les titres des administrations publiques et ne fournissent donc qu'une source de financement limitée au secteur privé »[136]. Ces effets liés aux objectifs d'un marché financier, c'est-à-dire ceux relatifs au financement des entreprises, sont insatisfaits.

III.2.2. Les impacts positifs : institutionnels

Néanmoins, cette existence contribue au développement du système financier qui trouve en ce marché financier un complément qui vient enrichir les acteurs du système financier d'un outil moderne de financement de l'économie. Il vient ainsi combler un vide afin de ne pas se mettre en marge de l'évolution de la finance mondiale d'une part avec la libéralisation financière (mouvement de capitaux), et d'autre part de la finance continentale, permettant de créer un « hub financier » en Afrique centrale dans la perspective d'une intégration financière panafricaine (création d'une bourse panafricaine). Ces effets sont relatifs à la création des institutions chargées de

[136] Aaron Daniel MMINELE, Revue d'économie financière « La finance africaine en mutation » n° 116, p.308

l'animation du marché, c'est-à-dire les corpus institutionnel et règlementaire dans le panorama financier de la CEMAC.

III.2.3 Les impacts prospectifs : les potentiels

Susciter la création d'une place financière en Afrique Centrale permettra la rétention et la délocalisation des capitaux et des pouvoirs de décision dévolus aux grands centres urbains financiers du monde et contribuera à un nouvel ordre mondial de la géographie financière. Cette « géofinance » ne devrait donc pas échapper à une vision financière qui se dessine à travers la recomposition de la hiérarchie des pôles financiers en Afrique comme dans le monde.

Dans la perspective de cette mutation, le marché financier constitue non seulement un outil mais également un laboratoire d'expérimentation et de formation tant pour les acteurs économiques, les acteurs financiers que pour les apprenants (Universitaires, étudiants, élèves). La vulgarisation de la culture boursière est nécessaire et utile dans un environnement de la finance directe. Mais aussi l'éducation aux métiers de la bourse, car un nouvel environnement comme celui-là est un gisement d'emplois par la création des nouveaux métiers faisant appel à de nouvelles compétences.

Le développement des NTIC n'est pas en reste dans cette mutation multiforme de l'économie, qui par effet d'entraînement, impulse la transformation des autres secteurs d'activités directs (les banques, les assurances, etc.) et indirects (les sociétés de bourses). Le développement de la technologie aidant, les NTIC constituent un ensemble de corpus immatériel (logiciels) et matériel (ordinateurs) nécessaires l'existence et au fonctionnement des marchés financiers.

La bourse comme instrument de financement contribue à la montée et à l'amélioration du système de crédit dans un pays comme dans une région. Et pour cela, la transparence de l'information financière est de mise. C'est donc dire que la qualité de l'information comptable et financière est une exigence fondamentale qui crée ainsi un climat de confiance.

Comme le souligne si bien Walras, le marché financier est un lieu de concentration des opérations de liquidités (la liquidité nécessaire et la liquidité utile) et l'obtention du prix d'équilibre entre les offres et les demandes. La bourse a donc une place importante dans l'économie moderne dans ce rôle de captation mais aussi dans celui de l'affectation (placement) de la liquidité dans les circuits de financement de l'économie des pays de la CEMAC (acceptation du risque).

Le marché financier de l'Afrique centrale, la BVMAC constitue une opportunité pour l'économie de la région (CEMAC), un outil additionnel de financement de son économie. La période analysée tient compte des données et autres informations accessibles couvrant la période allant de l'exercice 2003-2015.

La tendance au regroupement des places financières (marchés financiers) à travers le monde est d'actualité. En Europe Euronext/NYSE, en Amérique du Nord Toronto (Canada/LES (London) ; en Afrique NSE (Nigeria)/GSE (Ghana), pour ne citer que ces rapprochements. On est donc passé d'abord d'une finance locale ensuite à une géofinance et enfin à la finance transversale. Une démarche à contresens de cette mouvance risquerait de marginaliser la finance régionale (CEMAC) au point de plomber davantage l'intégration économique et financière de la région Afrique Centrale. Dans tous les pays de l'Afrique Centrale, les systèmes financiers demeurent faibles et contribuent très peu au financement de l'économie. Le développement du système financier par la création de la BVMAC est un enjeu majeur pour les États et le privé (les entreprises).

La rareté de la liquidité, les doublons des coûts d'introduction (coût de transaction) qu'il occasionne le rendent moins attractif (visible et fréquentable) et plombent sa profondeur.

« Après une année 2012 atone, qui n'a enregistré aucune opération d'offre de titres publiques et qui a ainsi marqué un ralentissement de l'activité sur le marché financier, l'année 2013 s'est au contraire, traduit par une embellie, caractérisée par l'accélération du rythme des opérations et d'amplification des volumes. Au cours de l'année 2013, trois opérations d'offre de titres au public ont été autorisées par la COSUMAF »[137].

Il s'agit de :

- L'offre publique de vente d'actions SIAT-GABON, avec une offre publique de vente de 1 170 000 actions, représentant 30 % de son capital social, soit un montant global de 33 345 000 000 de francs CFA, soit 50 834 125 euros ;

- L'emprunt obligataire de l'État du Tchad à 6 % (2013-2018) pour un montant de 85 000 000 000 de francs CFA, soit 129 581. 665 euros ;

- L'emprunt obligataire BGFI Holding à 5 % brut 2013-2020 sur un montant de 80 milliards de francs CFA, pour ne récolter que 69 milliards correspondant à 105 189. 822 euros, soit 86 % du montant sollicité à cause d'une couverture partielle de la région CEMAC plutôt que d'une couverture intégrale reflétant la physionomie d'un marché commun.

Encore et toujours des emprunts obligataires à dominance publique. Il n'est pas raisonnable de s'en féliciter, quel que soit le volume de capitalisation, dès lors que les entreprises resteront absentes de la BVMAC. Au terme de notre examen méthodique relatif à la performance du marché financier régional, la thèse selon laquelle la BVMAC est un marché financier non performant est crédible. Cette non-performance est due en partie à la concurrence du marché financier du Cameroun, la DSX. À titre d'illustration, aucune

137 Rapport d'activités de la COSUMAF, exercice 2013, p.18

entreprise camerounaise, encore moins l'État du Cameroun n'est émetteur à la BVMAC. Qu'en est-il de la performance du marché financier du Cameroun, la DSX ?

CHAPITRE II

LE MARCHÉ FINANCIER DU CAMEROUN : LA DSX, UN POINT DE REPÈRE SPÉCIFIQUE DANS LA ZONE CEMAC

« Une place financière en Afrique centrale : une nécessité »
Paul BABAGNACK

Introduction

L'économie camerounaise est caractérisée par une forte diversification du secteur primaire et une croissance soutenue qui peine à passer le cap supérieur de la mécanisation de son agriculture afin de développer une agro-industrie structurante et performante.

Le privilège historique de la colonisation a favorisé l'organisation de l'outil de production en le balkanisant au profit des puissances colonisatrices mais a contribué à la spécialisation de la production et donc de la formation. La problématique récurrente après l'indépendance du Cameroun demeure l'épineux problème du financement de « cette nouvelle économie » postindépendance.

Au regard des besoins nombreux et variés, prioritaires les uns comme les autres et pressants, est apparue la nécessité d'y investir des sommes importantes, à moindre coût et à temps long. C'est dans l'optique de multiplier ces sources que les autorités camerounaises ont cru bon de créer la Douala Stock Exchange (DSX).
Le marché financier du Cameroun a été créé sous l'impulsion des autorités camerounaise afin de répondre à un double objectif, à savoir :

- Être au cœur du développement de l'économie nationale ;
- Et contribuer à l'émergence du Cameroun l'horizon 2035.

Perçue comme telle, la DSX est un outil de pilotage complémentaire de la politique gouvernementale de l'État du Cameroun en vue de son émergence Vision 2035, avec le Document de Stratégie et de Croissance de l'Emploi (DSCE) pour la réalisation de ces deux missions.

Dans un premier temps, il y a lieu de présenter une vue panoramique de l'environnement financier privé au Cameroun, permettant ainsi de faire un état des lieux antérieur à l'avènement du marché financier du Cameroun.

Cette réflexion procède dans un second temps à la vérification des hypothèses et l'interprétation des indicateurs retenus, permettant de faire le bilan des activités du marché financier du Cameroun et d'apprécier son apport dans le financement de l'économie depuis son instauration, de présenter des résultats et d'en faire une analyse.

Et pour cela, nous procéderons à une revue de la littérature juridique des textes règlementaires, des données issues des différents rapports du marché boursier du Cameroun, ainsi que la littérature des organes de presse financiers et non financiers relatifs au marché boursier du Cameroun et des marchés de taille similaire.

Et enfin, nous effectuerons dans un troisième temps une critique de ces résultats en mettant en exergue leurs effets tant sur les entreprises comme sur tous les autres émetteurs de la DSX.

SECTION I : ENVIRONNEMENT FINANCIER DU CAMEROUN

La géofinance du Cameroun est un système financier essentiellement dominé sur le plan formel par les banques commerciales, succursales ou filiales des grands groupes bancaires dans le monde, comme la BNP pour la Banque Internationale pour le Commerce et l'Industrie du Cameroun (BICIC), le Crédit Lyonnais pour Société Camerounaise de Banque (SCB), la BIAO pour la Société Générale de Banque au Cameroun (SGBC) et bien d'autres. Les groupes nationaux comme Afriland First Bank, autrefois CCEI, Amity Bank repris par la Banque Atlantique Cameroun en mai 2009, Commercial Bank of Cameroun (CBC), ont une extension régionale pour certaines (Gabon, Congo-Brazzaville, Tchad et Guinée Équatoriale).

En plus de ce corpus financier classique émerge une catégorie intermédiaire composée des établissements de microfinance (EMF) et les tontines. Et malheureusement dans les années 90 deux évènements majeurs sont venus perturber et freiner l'élan du décollage économique de ce pays. Il s'agit de la dévaluation du franc CFA (janvier 1994) et les plans d'ajustement structurel (PAS).

Le système financier du Cameroun est de loin le plus important de l'Afrique Centrale, par le nombre d'établissements bancaires étrangers et nationaux, des établissements de microfinance et le nombre croissant de tontines. Pour cerner son environnement financier, il convient de faire un bref rappel historique du système financier camerounais, émanation du système français. Il peut être scindé en trois phases :

Première phase : de la colonisation à l'indépendance (1901-1960)

Cette période est caractérisée par la prise en main du système financier par les autorités coloniales (1901-1942), période pendant laquelle la Banque de l'Afrique Occidentale (banque française privée) avait le monopole de l'émission monétaire dans les colonies françaises et au Cameroun. Au lendemain de la Deuxième Guerre mondiale

(1942-1945), ce privilège revient à la caisse centrale de la France libre qui deviendra le 2 février 1944 Caisse Centrale de la France d'outre-mer (CCFOM) avant de se transformer progressivement en Caisse Centrale de Coopération Economique (CCCE) puis Agence Française de Développement (AFD). Et de 1955 à 1960, l'émission monétaire est assurée par un organisme international public qui deviendra la BEAC suite aux accords conclus entre la France et les cinq États (Cameroun, Congo, Centrafrique, Gabon, Tchad).

Deuxième phase : de l'indépendance à la crise bancaire des années 80

La prise en main de ce système par les autorités nationales du Cameroun se déroule de manière harmonieuse jusque dans les années soixante-dix. Et dans les années 80 des signes d'essoufflement apparaissent mais de manières différentes selon qu'il s'agit des filiales des grands groupes étrangers ou des banques nationales. S'agissant des filiales des grands groupes étrangers, leur installation commence par les groupes français (BNP, Crédit Lyonnais, le groupe BIAO, etc.) suivis des filiales des grands groupes américains (Chase Mananthan Bank of Cameroun, la Boston Bank of Cameroun, la Bank of America). Chacune des deux catégories de groupes français et américains ayant pour objectif l'accompagnement de leurs investissements (intérêts) respectifs.

Troisième phase : des années 90 à 2017

Le système financier camerounais a connu plusieurs évènements majeurs qui ont conduit à son redressement suite à des défaillances de gestion. Il y eut d'abord la création des banques catégorielles par les pouvoirs publics afin de financer les investissements sectoriels. Il s'agit du Fonds de Garantie de Crédits aux PME (FOGAPE) spécialisé dans le financement du secteur agricole ; la Cameroon Bank (CAMBANK), banque commerciale à capitaux entièrement détenus par l'État et ses démembrements. Mais aussi l'apparition des grands groupes nationaux ainsi que l'émergence des EMF et des IMF. Ces déconfitures ont contribué à l'aggravation de la situation financière de l'État du Cameroun.

I.1 Le contexte macro-économique du Cameroun

L'évaluation de l'économie du Cameroun des années 80 fut une économie prospère et structurée. Avec le tissu industriel le mieux élaboré de la région Afrique Centrale qui a fait du Cameroun un pays attractif et pourvoyeur de produits alimentaires comme des produits industriels de production locale dans la CEMAC. Sa densité démographie et le dynamisme de sa population constituent des atouts majeurs et des facteurs clés pour son rayonnement régional, avec la participation d'un secteur privé comme force motrice, pour faire avec l'État un binôme complémentaire et compétitif.

La situation macro-économique du Cameroun reste caractérisée par une relative stabilité des prix et une croissance pondérée comparativement aux autres pays de la CEMAC. Cependant, l'on peut relever un ensemble de contraintes macro-économiques qui peuvent ralentir l'élan de la dynamique de croissance relative à l'investissement privé et au développement des entreprises, tant il est vrai que la problématique de l'accès au financement constitue la pierre d'achoppement des entreprises camerounaises.

Tableau n° 30 : principaux indicateurs économiques du Cameroun

Années / Indicateurs	2014	2015	2016 (P)	Avril 2017 (P)
Croissance du PIB (%)	5,9	5,8	4,4	4,2
Inflation (moyenne annuelle)	1,8	2,7	0,9	2,2
Solde budgétaire/PIB (%)	-4,6	-2,7	-6,2	-4,9
Solde courant/PIB (%)	-4,3	-4,2	-4,2	-4,0
Dette publique/PIB (%)	27,5	29,0	31,6	33,8

Source : COFACE

(P) : Prévision

La Coface fait une analyse en deux points de la situation économique du Cameroun de 2014-04/2017. Il s'agit des points forts et des points faibles.

Les points forts

- ✓ Les ressources agricoles, pétrolières et minières ;
- ✓ Économie diversifiée, comparée à celle d'autres pays exportateurs de pétrole ;
- ✓ Modernisation des infrastructures en cours ;

✓ Réduction de la dette obtenue en 2006 dans le cadre de l'initiative renforcée en faveur des pays pauvres très endettés et de l'initiative d'allègement de la dette multilatérale.

Les points faibles

Comptes extérieurs et publics dépendants du pétrole ;

Réendettement rapide sous l'effet d'un ambitieux programme d'investissements publics ;

Croissance peu « inclusive » et environnement des affaires encore difficile ;

Risque politique accru : insécurité dans l'extrême-nord, incertitude entourant la succession de Paul Biya (84 ans, 35 ans au pouvoir) à travers une certaine élite que Hudson (1972) appelle une « insécurité socio-politique d'élite » et la montée des tensions entre la minorité anglophone et le régime majoritairement francophone. La gestion du corridor sécuritaire et humanitaire à l'Est conséquence de la guerre civile et politique de la Centrafrique.

À cette analyse de la Coface, une autre analyse additionnelle intègre le dynamisme et l'abnégation de la population du Cameroun qui bénéficie aussi d'un dividende démographique (plus de la moitié de la population de la CEMAC), une dépendance au pétrole très relative comparativement à ses voisins de la CEMAC et par ordre de « pétrodépedance », la Guinée Équatoriale, le Gabon et le Congo-Brazzaville.

Néanmoins les performances macro-économiques de ce pays, locomotive (¾ du commerce de la zone CEMAC et 50 % du PIB) des pays de l'Afrique centrale sont déterminées par des facteurs d'ordre domestique et des facteurs d'ordre régionaux du fait de son appartenance aux organismes régionaux comme la CEMAC, l'UEAC, l'UMAC, la COBAC, la COSUMAF, la BVMAC, etc. De ce fait, les décisions et autres orientations comme la libre circulation, la politique monétaire, la politique du taux de change ou la politique macro-prudentielle ou encore la politique monétaire du secteur financier décidées sur le plan régional, impactent significativement l'économie du Cameroun. De ce point de vue, le développement économique du Cameroun et tout particulièrement celui des entreprises en est affecté.

Plusieurs facteurs peuvent être retenus pour expliquer la performance des entreprises du Cameroun et peuvent être classés en deux catégories.

I.1.1 Les facteurs catégoriels contraignants

1) Les facteurs éloignés

L'entreprise est une organisation ouverte qui évolue en interconnexion avec les tiers (takeholders) qui influencent ses activités. Ceux-ci sont relatifs à son appartenance à des organisations régionales. Et pour cela, l'absence de coordination budgétaire et d'intégration financière avec les autres pays membres de la CEMAC (non-respect des critères de convergence) est un handicap à surmonter (absence de solidarité budgétaire) ; tout comme la gestion limitée de la politique monétaire nationale liée à la politique monétaire régionale du fait de son appartenance à la banque centrale (BEAC) ayant compétence d'émission de la monnaie unique (franc CFA). Les investissements publics sur le plan infrastructurel laissent à désirer.

2) Les facteurs proches

La COBAC et les acteurs du système financier communiquent très peu, ce qui témoigne d'une supervision insuffisante. La dette publique intérieure du Cameroun importante est également un facteur contraignant proche, du fait de l'assèchement des finances des PME et PMI par le non-paiement de celle-ci. Cette situation fragilise la trésorerie des PME et PMI et accentue leur vulnérabilité ; avec en outre la supervision insuffisante du secteur financier (fermeture de certaines banques et d'autres sous administration provisoire, les EMF sous administration provisoire), la faillite de la COFINEST (2011), l'agrément de la tontinière nationale (TN) retiré en juillet 2017 par la

COBAC (troisième institution de microfinance à être placée sous administration provisoire après le Crédit Mutuel en décembre 2016, la Caisse d'Épargne et de Crédit pour l'entrepreneuriat CECEC SA, 2017). Les institutions de microfinance au Cameroun sont très fragiles en dépit du rôle indéniable qu'elles jouent dans l'accès au crédit.

I.2 L'environnement des affaires au Cameroun

L'environnement des affaires détermine le cadre dans lequel les acteurs économiques exercent leurs activités. Il ressort d'un recensement général des entreprises réalisé (RGE) en 2009 par l'institut national de la statistique (INS) que (52,4 %) des chefs d'entreprises interrogés ont une opinion défavorable de l'environnement des affaires au Cameroun. Il détermine le niveau de mobilisation de l'épargne et de l'investissement (qualité) tant à l'extérieur qu'à l'intérieur. Et selon le type d'entreprise, 57,5 % des dirigeants des Très Petites Entreprises (TPE) et plus de 50 % des dirigeants des Petites et Moyennes Entreprises (PME) ont une appréciation nettement plus négative que ceux des Grandes Entreprises (GE), dont 35 % d'entre eux estiment que l'environnement est favorable (bonne ou assez bonne).

Il s'agit pour ces dernières, filiales de grands groupes étrangers qui bénéficient d'une robustesse managériale et d'une surface financière assez large pour résister aux aléas dans la durée contrairement à leurs consœurs des TPE et PME/PMI qui ont besoin d'un dispositif législatif et règlementaire allégé pour leur protection.

Tableau n° 31 : Opinion des entreprises sur le climat des affaires (RGE, 2009) en %

OPINIONS / TYPES	Bonne	Assez Bonne	Mauvaise	Sans opinion	ND	Ensemble
TPE	4,0	19,9	57,5	10,5	8,1	100
PE	4,4	20,2	55,2	10,3	10,0	100
ME	2,9	23,5	52,5	10,9	10,3	100
GE	4,3	31,1	42,6	12,5	9,6	100
Ensemble	**4,4**	**22,8**	**52,4**	**10,8**	**9,6**	**100**

Source : INS/RGE 2009

Un mauvais environnement des affaires constitue un frein à la compétitivité des entreprises et un obstacle à la mobilisation des investissements directs étrangers dont le Cameroun a besoin pour booster sa croissance. La compétitivité des entreprises requiert donc la mise en place des moyens technologiques et commerciaux appropriés. Ces efforts de performance doivent être soutenus par un cadre règlementaire favorable et un appui institutionnel au profit des entreprises.

Des résultats du RGE, on relève que les chefs d'entreprises déplorent dans leur grande majorité un environnement économique peu favorable au développement de leurs activités au triple plan administratif, juridique et financier.

Les obstacles les plus cités par les entrepreneurs sont par ordre d'importance, la fiscalité pour 58,8 %, la corruption pour 50,6 %, *l'accès au crédit pour 37,6 %,* les formalités administratives pour 35,2 %, la concurrence déloyale pour 25,8 %, les infrastructures pour 18,4 et enfin *le coût de financement crédit pour 18 %.*

Les autres obstacles qui gênent la bonne marche des affaires se rapportent à l'insuffisance de dialogue entre le secteur public et le secteur privé, les pénuries d'énergie électrique, le transport et le fonctionnement de la justice.

À l'observation, en lien avec le sujet de notre réflexion, les deux pans du financement de l'investissement sont relevés comme obstacles à l'investissement : il s'agit de la problématique de l'accès au crédit et le coût de ce crédit. L'on peut alors à toutes fins utiles s'interroger sur l'effet du DSX dans le financement des investissements des entreprises camerounaises.

L'environnement des affaires au Cameroun peut être vu sous l'angle du modèle PEST. Ce modèle est un outil d'analyse stratégique qui permet de savoir à travers un certain nombre de variables un impact direct ou indirect, positif ou négatif sur une problématique donnée. S'agissant de notre réflexion relative à la performance du marché financier du Cameroun, le macro-environnement nous renseigne sur le contexte, sur la place et la valeur ajoutée de ce nouvel acteur financier sur l'échiquier de la finance camerounaise en particulier et l'économie camerounaise en général.

PEST est un acronyme composé de quatre variables permettant de distinguer les différentes catégories d'influence macro-environnementales qui influencent le marché financier du Cameroun. Le marché boursier exerce ses activités dans un espace composé d'autres opérateurs économiques externes proches ou lointains de l'ensemble de ses activités, avec lesquels il est susceptible d'entretenir des relations pour son développement. Une enquête menée auprès des entreprises camerounaises[138] tient compte de toutes les catégories d'entreprises, quels que soient leur taille (GE, PME, PMI, PT, etc.), leur secteur d'activité et leur emplacement ; celle-ci fait ressortir des domaines d'intervention critiques nécessitant des actions prioritaires (Tableau n° 32).

---

[138] Voir BIT (2013), Rapport analytique de l'Enquête 2012 auprès des entreprises au Cameroun

Tableau n° 32 : Domaines d'intervention prioritaires

Critères de la CIT	Domaines d'intervention	sujets
Accès aux services financiers	**Crédits, garanties et services financiers**	▪ Mécanismes de garantie pour l'obtention de prêt ; ▪ Incitation pour améliorer l'offre de services financiers dans les zones rurales ; ▪ Procédures simplifiées de transactions sur services financiers ; ▪ Finalisation de la mise en place des initiatives à la création des banques d'Etat pour les PME ; ▪ Renforcement de la capacité des banques pour l'octroi de crédits aux petites et microentreprises.
Cadre règlementaires	**Tracasseries administratives**	▪ Simplification des procédures de paiement des impôts et taxes, autres charges ; ▪ Création d'entreprises : centre de formalités, capital minimum, frais d'enregistrement ; ▪ Simplification des procédures de règlement des différends, méthodes alternatives pour arbitrer les litiges ; ▪ Gestion des incitations à l'investissement et sur le choix des filières porteurs ; ▪ Vulgarisation sur les réformes et les mesures d'amélioration du cadre des affaires ; ▪ Procédures douanières : simplification, signature électroniques pour les formalités douanières.
Infrastructures	**Electricité**	▪ Incitation à l'investissement privé
	Accès à l'eau	▪ Suivi-financier du sous-secteur de l'offre : investissement, dépenses, de fonctionnement, subventions, revenus : ▪ Rationalisation des routines de passation de marché publics avec Camwater ; ▪ Révision de la règlementation sur l'assainissement, le drainage, et a responsabilité institutionnelle.
Entreprenariat	**Services d'appui aux entreprises**	▪ Programme de formation des formateurs en entreprenariat ; ▪ Dans le cadre des états généraux de l'éducation, changement du curriculum en entreprenariat ; ▪ Etablissement d'une plate –forme centrale d'information pour entrepreneurs ; ▪ Programmes de conseils ciblant les jeunes entrepreneurs ; ▪ Programme d'appui pour renforcer la sécurité des entreprises ▪ Coordination de l'offre de services d'appui.
Concurrence loyale	**Entreprises informelles**	▪ Programme pour améliorer l'organisation et le regroupement du par secteur d'activité ; ▪ Développement des programmes pilotes d'appui et des stratégies d'intervention pour encourager et faciliter la formalisation :
Protection des droits de propriété	**Droit de propriété physiques**	▪ Information des transferts de propriétés et des informations cadastrales

Source : Conférence Internationale du Travail (CIT), 2013

I.2.1 Cadre politique (P)

L'analyse du cadre politique de l'environnement des affaires au Cameroun ne peut se faire en dehors de la Vision 2035 qui veut que le Cameroun devienne un pays à revenus intermédiaires de la tranche supérieure d'ici à 2035. L'émergence ainsi projetée a contraint l'État du Cameroun à prendre un certain nombre de dispositions règlementaire, structurelle et organisationnelle. Celles-ci passent par l'accumulation des facteurs de production rendue possible grâce à l'épargne intérieure et extérieure, publique et privée convertible en investissement.

À ce titre, il est observable selon les perceptions du secteur privé au Cameroun que les politiques publiques et la qualité de la prestation de services publics constituent une contrainte majeure. Dans le rapport du Forum économique mondial (WEF, 2014) pour les entreprises, les quatre (sur six) obstacles principaux à la conduite des affaires au Cameroun sont *la corruption, l'insuffisance des infrastructures, la règlementation fiscale et l'inefficacité de l'administration publique.* L'enquête réalisée auprès des entreprises par la Banque Mondiale au Cameroun en 2006 et 2009, et l'enquête sur le climat des affaires 2011 confirment les contraintes similaires : *la pression et le harcèlement fiscaux* (notamment les taux des impositions élevés, la multiplicité des taxes et impôts), *le manque de financement* (notamment des taux d'intérêt élevés, la difficulté d'accès au crédit), *les lourdeurs administratives et la bureaucratie* (notamment la lenteur des procédures administratives, le harcèlement par les agents de l'État, le manque de transparence).

Il est donc judicieux pour l'État d'évaluer les performances du fonctionnement des différents démembrements de son administration qui influencent de façon significative la croissance. C'est ainsi qu'un programme de lutte acharnée contre la corruption et les détournements des deniers publics ont été engagés sous le nom de code « opération épervier ». Il serait peut-être temps de faire un bilan pour en tirer les conséquences afin de réorienter la méthode et d'adapter les outils pour y parvenir. L'État dans son rôle d'accompagnateur et de conseil, en tant que partenaire privilégié des acteurs économiques, devrait s'interroger sur les résultats de ses propres actions et des autres partenaires pour une perspective globale des actions correctrices.

La paix et la stabilité politique sont des facteurs importants pour la prospérité et la croissance. Le climat politique délétère dans lequel se trouve englué le Cameroun, partagé entre la crise sécessionniste des régions anglophones du Sud-Ouest et du Nord-Ouest, la guerre contre BOKO HARAM dans la partie Nord du Cameroun et la gestion du corridor humanitaire de la partie Est du Cameroun frontalière avec la République de Centrafrique empêtrée depuis deux décennies dans les guerres politique et civile, ne sont pas de nature à rassurer les acteurs économiques, sans ignorer les batailles politiques relatives à une probable succession à la tête de l'État du Cameroun.

En souvenir, quelques évènements socio-politiques au Cameroun ont perturbé l'environnement des affaires et sont révélateurs de ce que les affaires sont plus prospères dans un climat de stabilité socio-politique que dans un climat d'instabilité. Les émeutes de février/mars 2008 relatives à « la vie chère » couplées à la révision constitutionnelle qui était en cours ont paralysé la vie économique du Cameroun au point de détruire les immobilisations (actifs) des entreprises tant des étrangers que des nationaux, plombant ainsi la croissance et le développement du Cameroun. Sur ce point, Collier (2006) démontre que le principal risque menaçant le développement est celui de la guerre civile, car pour lui il s'agit d'un évènement coûteux tant pour le pays concerné que pour les pays riverains et qui s'inscrit dans la durée.

I.2.2. Cadre économique (E)

La santé macro-économique du Cameroun reste préoccupante tant les indicateurs de croissance comme la consommation et le commerce extérieur sont diamétralement opposés, la production et la diversification ne sont pas soutenues. Cette problématique est aussi due à la conjoncture internationale difficile correspondant à la baisse des cours des matières premières en l'occurrence le pétrole.

Face à ce choc asymétrique dans l'espace CEMAC, le Cameroun semble opposer une « résilience » plus forte par rapport au reste des pays membres. Suite à cette baisse tendancielle, les pays de la CEMAC ont revu pour la plupart leur budget 2017 à la baisse de l'ordre de 20 % alors que celui du Cameroun connaissait une augmentation de 3,3 % par rapport à 2016, passant à 4 373,8[139] de francs de CFA, soit 5,6 milliards d'euros. Cette espérance a fait dire au Ministre des finances dans le quotidien gouvernemental : « Les défis sont importants et nombreux. Ce sont des défis liés à l'Accord de Partenariat Economique (APE) avec l'Union européenne. Les défis sont également relatifs au contexte macro-économique mondial quelque peu difficile. Mais, nous sommes habitués à faire face à ces défis-là parce que notre économie, comme en 2015 et en 2016 et certainement l'année prochaine, fera preuve de résilience. Une résilience bâtie autour d'un secteur privé fort, producteur et créateur de richesses »[140].

Dans la perspective de croissance économique pour 2017, au regard de la rareté des moyens de financement, le Cameroun a multiplié des actions d'incitation à l'investissement économique. Et pour cela, outre l'allègement ou la souplesse du code des investissements, il a incité les entreprises à solliciter le financement de leurs investissements par l'émission des titres sur la place financière de Douala (DSX) par des mesures d'incitation fiscale à l'instar de la baisse du taux de l'impôt sur les sociétés (IS) de 25 %. C'est dans le souci de booster le développement et l'efficacité du système financier en panne pour l'octroi de crédit, et favoriser la concurrence pour un nivellement des taux d'intérêt vers le bas, dans la perspective d'un pays émergent en 2035. Il s'agit des facteurs internes susceptibles de tirer la croissance vers le haut par l'augmentation de la productivité : « Pour que le Cameroun réalise sa Vision 2035, la productivité devra augmenter sensiblement. Les simulations tirées du modèle de croissance à long terme de Solow (1956), Swan (1956), Hevia et Loayza (2012) et Pennings (2016), montrent que le taux de croissance de la productivité

[139] Loi de finances 2017
[140] Cameroon Tribune

globale des facteurs est le déterminant macro-économique le plus important de la croissance à long terme du Cameroun. Une croissance rapide de la productivité (environ 2 %) autour de 90-95e percentile de productivité de tous les pays en 1985-2010, est nécessaire pour atteindre l'objectif de la Vision 2035 dans l'horizon temporel fixé »[141].

« Dans le modèle de croissance à long terme, la croissance de la productivité globale des facteurs (PGF), une augmentation de l'intensité du capital ou une accumulation plus rapide du capital humain peuvent entraîner la croissance par habitant. Ces chiffres sont calculés en utilisant une part du revenu du travail de 0,5 (tirée des Penn World Tables (PWT) ; avec une part plus faible du revenu du travail de 00.3 (en utilisant d'autres données). Le Cameroun peut atteindre l'objectif de la Vision 2035 avec une croissance de la PGF de 1,5 %. Le capital humain est supposé croître au rythme de 0,8 %, sa moyenne de 2001-2010 selon PWT ; une accélération de la croissance du capital humain pourrait réduire le taux de croissance de la PGF ou les taux d'investissement requis »[142].

Lorsque l'on sait que le tissu économique du Cameroun est composé en majorité de ces types d'entreprises (90 %), il y a lieu de s'interroger sur l'efficacité de la politique monétaire du Cameroun, car le crédit est un canal des flux financiers des banques vers l'économie à travers les entreprises. C'est traditionnellement le cas dans la majorité des pays, et principalement dans les pays sous-développés et dans une moindre mesure les pays développés où ces différentes déclinaisons d'entreprises opèrent leurs activités. Avec la particularité que les critères de classification diffèrent d'un pays à un autre en accordant une attention soutenue à tel critère et pas à un autre, les critères (taille, effectif, chiffre d'affaires) restant les mêmes.

---

[141] Banque mondiale, 2016, Cameroun, Mémorandum économique, Marché, administration publique, et croissance P.1

[142] Banque mondiale, 2016, Cameroun, Mémorandum économique, Marché, administration publique, et croissance P.1

Tableau n° 33 : Typologie de la petite et moyenne entreprise selon l'Union Européenne

TYPE D'ENTREPRISE	EFFECTIF	CHIFFRE D'AFFAIRES	TOTAL BILAN
MOYENNE ENTREPRISE	<250 UTA*	50 millions €	43 millions €
PETITE ENTREPRISE	<50 UTA	10 millions €	10 millions €
MICRO ENTREPRISE	<10 UTA	2 millions €	2 millions €

Source : Union européenne

* L'effectif est évalué en « Unités de Travail-Année » (UTA), c'est-à-dire en nombre de personnes ayant travaillé pendant toute l'année dans l'entreprise (les apprentis, les stagiaires, les congés de maternité et les congés parentaux ne sont pas pris en compte). Le temps partiel et les contrats temporaires sont intégrés au calcul sur la base d'un prorata temporis.

Les chiffres d'affaires sont calculés hors taxes et à la date de clôture de l'exercice annuel. Lorsque l'entreprise n'est pas autonome, ce chiffre d'affaires est calculé avec celui des entreprises « partenaires » ou « liées ».

La définition donnée par l'INSEE est tout à fait différente tant sur l'aspect de la typologie que sur les seuils quantitatifs. Elle se résume dans le tableau ci-dessous (Tableau n° 34).

Tableau n° 34 : Typologie de la petite et moyenne entreprise selon INSEE

TYPOLOGIE	EFFECTIVE	CHIFFRE AFFAIRES	TOTAL BILAN
MICRO-ENTREPRISES	De 1à 9 salariés	< 2 millions €	< 2 millions €
TRÈS PETITES ENTREPRISES (TPE)	De 10 à 19 salariés (ou par généralisation, moins de 20)		
PETITES ENTREPRISES (PE)	De 20 à 49 salariés (ou par généralisation, moins de 50 salariés)		
MOYENNES ENTREPRISES (ME)	De 250 à 5000 salariés	< 50 millions €	< 43 millions €
GRANDES ENTREPRISES (GE)	Plus de 5000 salariés		

Source : INSEE

NB : Dans ses études statistiques, l'INSEE utilise une classification basée principalement sur l'effectif.

Le Cameroun définit la PME selon les critères quantitatifs tels que l'effectif, le chiffre d'affaires et le total du bilan. À travers son Institut National de la Statistique (INS), la définition officielle de PME/PMI découle de la loi n° 201/001 du 13 avril 2010 portant promotion des Petites et Moyennes Entreprises (PME). Ce texte propose des critères permettant de classer les entreprises (Tableau n° 35) dans les catégories « Très Petites Entreprises » (TPE), « Petite entreprise » (PE), « Moyenne Entreprise » (ME). Selon ces critères, rentrent dans la catégorie PME, les entreprises ayant un effectif permanent entre 21 et 100 individus et dont le chiffre d'affaires hors taxes est supérieur à 100 millions de francs de CFA soit 152 449 mille euros et n'excède pas un milliard de francs de CFA, soit 1 524 490 millions d'euros.

Cette catégorie d'entreprises représente à ce jour, selon les statistiques fournies par l'INS plus de 90 % du tissu économique national du Cameroun pour une participation dans le produit intérieur brut (PIB) évaluée à 34 %. Pour mieux apprécier la nécessité et l'efficacité d'une telle stratégie, il faut s'en remettre aux motifs de création du DSX. Ceux-ci sont justifiés par les difficultés d'accès au crédit bancaire que connaissent les entreprises, notamment les PME, PMI et les TPE au Cameroun ainsi que leur coût.

Tableau n° 35 : Typologie de la petite et moyenne entreprise, selon INS

TYPE D'ENTREPRISE	EFFECTIF	CHIFFRE D'AFFAIRES HORS TAXES
TRÈS PETITE ENTREPRISE	5	15 millions FCFA, soit 22 867 €
PETITE ENTREPRISE	6-20	15-20 millions FCFA 22.867-30.490 €
MOYENNE ENTREPRISE	21-100	100-1 milliard FCFA 152.449 —. 1 524 490 €

Source : Afriland First Bank, promouvoir l'inclusion financière en Afrique Centrale, Conférence Régionale CEEAC, Brazzaville, Congo, 23/03/2015, INS, Les défis dans le financement des PME, p.2 et 3.

I.2.3 Cadre social ou socio-culturel (S)

La démographie est une notion (variable) à prendre en compte en économie. Elle est utile et nécessaire pour améliorer la capacité de production mais également sa capacité de consommation. L'absence de culture boursière mérite des campagnes de sensibilisation (road show) afin d'assurer un niveau de compréhension élevé des opérateurs économiques s'agissant des enjeux d'un marché financier à travers des séminaires, des colloques et de saisir toute occasion permettant de donner un écho favorable à la promotion boursière.

Les crises économiques de 1986-1987 ayant conduit l'État du Cameroun à adopter sous l'influence de la Banque mondiale (BM) et du Fonds monétaire international (FMI) des plans d'ajustements structurels (PAS) en 1988 (Kamgnia et Touna, 2002), ceux-ci ont contraint l'État à des restrictions budgétaires avec la baisse des salaires des fonctionnaires en 1993 ; en plus de la dévaluation du franc CFA, la baisse de la consommation, de l'épargne et de l'investissement privé étranger (IDE).

En matière d'attractivité, l'instabilité politique crée l'incertitude auprès des acteurs économiques. La culture entrepreneuriale existe même si elle est embryonnaire, elle mérite d'être renforcée, réorientée dans des secteurs porteurs de transformations à forte valeur ajoutée. L'aptitude à l'entrepreneuriat passe d'abord par un climat social apaisé, des mesures structurelle, organisationnelle et règlementaire pour accompagner les éventuels entrepreneurs.

Par contre, on assiste à des licenciements et parfois à des fermetures d'entreprise, pour des raisons de désordres politiques et pour des raisons de récession économique, ces deux aspects stratégiques de la croissance et du développement étant liés.

I.2.4 Cadre Technologique (T)

Malgré l'omniprésence des nouvelles technologies de l'information et de la communication (NTIC) dans le milieu des affaires, l'on note un niveau de développement limité des infrastructures y relatives même si les efforts sont faits pour améliorer la qualité de la communication et à moindre coût (internet). Or l'outil internet est devenu davantage indispensable aujourd'hui plus qu'hier dans les transactions financières en temps réel.

L'actualisation et la modernisation du marché financier du Cameroun passent également par ce chemin afin d'adapter ses outils et ses mécanismes aux normes et standards internationaux de la finance mondiale et espérer améliorer sa performance pour s'arrimer à la compétitivité des marchés africains et mondiaux. Le marché financier du Cameroun n'évoluant pas en vase clos, il doit s'ouvrir au reste des marchés financiers pour des partenariats d'affaires et d'échanges d'expériences.

Le cadre technologique concerne également les procédures et des processus qui permettent un usage aisé de l'outil informatique pour une meilleure rentabilité et une meilleure efficacité.

De tous les sujets évoqués dans cette étude, certaines problématiques sur le tableau ci-dessus (tableau 33) ont déjà trouvé un début de solution ou une solution. Il s'agit par exemple de la simplification des procédures de paiement des impôts et taxes qui se font en ligne, de la création des centres agréés pour la création des entreprises sous la forme de guichets uniques afin d'écourter les délais (12-20 jours en moyenne) ; la mise en application des textes de l'OHADA, en ce qui concerne le capital minimum pour la création d'entreprise, Cinq Cent (500) Mille francs CFA soit sept cent soixante-deux (762) euros environ ; la mise en place du programme des incubateurs d'entreprises : « Il ne peut y avoir un développement adéquat des entreprises sans l'accès à des services financiers diversifiés et adaptés à l'environnement des affaires »[143]. L'accès aux mécanismes de financement dans une économie tient compte de toutes les entreprises y opérant, quelles que soient leur forme et leur taille. Mais le besoin de financement est plus accentué comme le confirme le rapport Doing Business 2013 sur une évaluation du système de crédit, en ce qui concerne les TPE, PME et les PMI (tableau 37).

[143] Mario Berrios « Évaluation de l'environnement des affaires au Cameroun », Bureau International du Travail, Genève 2013, p. 24 ;

Tableau n° 36 : Indicateurs relatifs aux obtentions de prêts

Indicateurs	2008	2009	2010	2011	2012
Étendue de l'information sur le crédit (0-6)	2	2	2	2	2
Couverture des registres publics (en % des adultes)	4,9	1,8	2,9	3,6	9,1
Couverture par bureaux de crédit privés (en % des adultes)	0	0	0	0	0
Indices fiabilités droits légaux (0-10)	3	3	3	6	6
Rang (sur 183 pays 2011 et 185 en 2012)	-	-	139	98	104

Source : Doing Business 2013, Banque mondiale

Et pour cette catégorie d'entreprises, des mesures d'accompagnement doivent être prises dans la mesure où elles constituent au minimum 80 % du tissu économique du Cameroun. C'est pourquoi une place est réservée aux PME et PMI dans le marché financier du Cameroun (DSX), la création de deux établissements de crédit à capitaux publics dédiés aux PME et PMI (banque agricole et banque des PME) sont en gestation.

Les progrès accomplis sont insuffisants pour garantir le financement ou l'accès des PME au crédit. Certaines contraintes pèsent encore sur elles, telles que le cadre règlementaire opaque pour les dirigeants de ces PME et PMI, les conflits entre les niveaux de supervision nationale et régionale, la segmentation du marché défavorable aux PME et PMI. Faisant partie d'un même espace communautaire qu'est la CEMAC, les caractéristiques relatives au financement de l'investissement privé au Cameroun restent calquées sur le modèle régional. Extraites de ce modèle régional, il s'agit de l'autofinancement, les tontines, les banques et les EMF, ainsi que les IDE.

I.3 Les caractéristiques de l'investissement privé au Cameroun

I.3.1 Le financement endogène : l'autofinancement

La problématique du financement des entreprises au Cameroun est connue et est fonction du clivage catégoriel de celles-ci dans un contexte hautement concurrentiel avec des barrières à l'entrée qui créent un écart considérable entre la grande entreprise (filiale des multinationales) pour la plupart et les PME-PMI représentant la fraction importante des entreprises. Le regard croisé sur l'entreprise au Cameroun relatif à son financement montre que la petite entreprise est confrontée à des difficultés de financement contrairement à la grande entreprise qui a une large surface financière de par l'importance de ses capitaux propres d'une part, et d'autre part du fait de l'apport des financements du groupe par le principe de la solidarité des vases communicants intragroupe.

La grande entreprise en cas de difficulté de trésorerie peut faire recours à ses capitaux permanents ou à un appel de fonds justifié dans son budget annuel ou pluriannuel par rapport au plan d'investissement qui rentrent généralement dans la stratégie d'investissement du groupe auquel elle appartient. Donc, le problème de financement ne pose pas avec acuité.

L'appui au financement des PME/PMI constitue un champ d'opérations financières à exploiter tant par les banques, les bailleurs de fonds (organismes internationaux), les EMF et la microfinance que les marchés financiers et l'État, mais les conditions sont prohibitives. Dans ce cas de figure, il ne reste plus aux PME/PMI qu'une solution : l'autofinancement, c'est-à-dire le financement en fonds propres émanant d'une part du promoteur (généralement faible), et d'autre part des apports issus des différents types de proches du promoteur (amis et connaissances, parents et collègues/camarades).

« Dans son analyse de l'entrepreneuriat *grassfields* au Cameroun, Warnier[144] souligne la similarité du comportement d'accumulation de tous les entrepreneurs, caractérisé par le rôle central de l'épargne individuelle, l'investissement de l'épargne et des bénéfices dans l'entreprise au moins dans la phase de décollage. D'après les enquêtes de Lootvoet[145], l'autofinancement concerne au moins partiellement 57 % des créations d'activités, les apports familiaux ou d'amis comptant pour 64 % »[146].

I.3.2 Le financement informel : les tontines

Pour ce qui est du présent et de l'avenir, l'activité bancaire a laissé une grande place à la finance informelle au Cameroun. C'est une forme d'épargne qui finance les activités, entraîne une accumulation financière et le développement du système financier. La faillite du système bancaire au Cameroun comme ailleurs (Afrique centrale) aura contribué au développement du système financier informel au Cameroun.

Les tontines constituent le financement non structuré, issues de l'épargne personnelle. Les tontines représentent un enjeu majeur sur l'échiquier social, économique et financier du Cameroun. En fonction des enjeux socio-économiques, on distingue plusieurs formes de tontines qui varient d'une région, d'un groupe social de rang identique ou similaire, d'un groupe ethnique à un autre. On peut alors distinguer :

- Les tontines simples ou des mutuelles. Les plus répandues ayant pour objectif la solidarité entre les membres avec des liens de connaissance étroits ;

- Les tontines simples avec caisses des prêts commerciales ;

[144] CF.J.-P Warnier, *l'esprit d'entreprise au Cameroun*, Paris, Karthala, 1993

[145] cf. B. Lootvo et X. Oudin, L'accumulation dans les petites entreprises, *in* Ellis et Faure, *Entrepreneurs et entreprises,* Paris, Karthala, 1995

[146] Michel Botzung, *Dispositifs d'appui et financement de la petite entreprise,* revue tiers monde/année 1996/145/pp.135-151

- Les tontines aux enchères non capitalisées ;
- Les tontines aux enchères capitalisées : financières

Ici l'argent des adhérents est mis aux enchères selon les modalités statutaires. Le plus offrant payant un intérêt pour emprunter. Le but étant de capitaliser les dépôts considérés comme des actifs financiers. Lequel intérêt financier cumulé fera l'objet d'une destination précise par décision de l'ensemble des adhérents du groupe tontinier, au cours d'une assemblée qui est habituellement annuelle. Et généralement la destination la plus courante est son partage entre les membres soit en augmentation de leur mise (épargne), soit en distribution directe.

Aujourd'hui ce système de financement s'est exponentiellement développé au point où les nouvelles technologies sont mises à contribution pour sa vulgarisation. Deux développeurs ont lancé le « i-Djangui », une application de tontine en ligne. Il s'agit d'Achille Salomon Nghukam Noussi et Eddy Joël Tchousse Lonkeng qui ont lancé en mi-mars 2017 une plateforme mobile dédiée aux tontines. Disponible en anglais et en français, elle a pour objectif de faciliter l'adhésion du plus grand nombre à des tontines en exploitant ce moyen de communication pour les adhérents se trouvant partout dans le monde.

En guise d'encouragement et afin de promouvoir ce moyen de participation au financement de l'économie, l'opérateur de téléphonie mobile MTN Cameroun a offert une aide de un million (1 000 000) FCFA soit l'équivalent de mille cinq cents (1 500) euros.

I.3.3 Le financement bancaire : la finance indirecte

La structure bancaire au Cameroun est celle héritée de la période coloniale. On assiste à une déstructuration du système bancaire au Cameroun de 1988 à 1991. La Société de Recouvrement des Créances (SRC) créé par décret n° 89/1283 du 18 août 1989 sera chargée de la liquidation à l'amiable des actifs et du passif de tout établissement de crédit dépendant du ministère des finances ou les tribunaux.de procéder à la liquidation des banques, notamment celles-ci :

- La société camerounaise de banque (SCB) ;
- La Banque PARIBAS CAMEROUN ;
- La Banque Internationale pour l'Afrique occidentale — Cameroun (BIAO), Etc.

Une relation de contrainte

C'est le seul moyen de financement des activités économiques qui existait jusqu'à une certaine époque dans les années 70, avant l'apparition et le développement de la microfinance et la prolifération des tontines. Ce monde de financement s'impose alors comme la seule alternative possible. Car l'investissement et le placement des fonds pour des projets d'une certaine envergure sont réservés aux grands financiers, c'est-à-dire à ceux qui disposent d'une large surface financière.

Une relation de méfiance

La déconfiture des banques, ainsi que celle de la microfinance ont créé un sentiment d'inquiétude et de méfiance des épargnants, au point de « faire le lit » de la finance informelle au détriment de la finance institutionnelle. Cette crise de confiance en s'accentuant nourrit le sentiment de suspicion permanente.

Une relation de suspicion

L'évolution de la structure bancaire au Cameroun ponctuée de hauts et de bas va dans le sens du renforcement de cette relation de suspicion qui n'encourage pas des relations sereines qui devraient exister entre le banquier et son client, à savoir bénéficier de l'assistance du premier pour son accompagnement dans la réalisation des affaires du second. L'activité bancaire s'est développée dans tous les PVD, au fil du temps, car elle a connu une implantation grandissante proposant des services divers et variés à la population locale.

Le financement bancaire est l'une des sources de financement les plus importantes dans le système financier du Cameroun. Le crédit bancaire est le produit financier disponible proposé par le système bancaire camerounais. Le Cameroun dispose de la plus forte densité d'établissements financiers dans la CEMAC. Malheureusement son niveau de crédit intérieur, malgré une augmentation depuis 2007, demeure inférieur à 12 % de son produit intérieur Brut (PIB) **(Tableau n° 37).** Malgré une présence importante des PME/PMI dans le paysage économique des pays de la CEMAC et en particulier au Cameroun, le système financier du Cameroun à l'image de l'ensemble du système financier de la zone CEMAC est en panne en dépit de sa capacité financière (surliquidité) à satisfaire les besoins de financement de ces économies.

Tableau n° 37 : Répartition des crédits par type de clientèle au 31/12/2014

	TOTAL	%
Administration Publique Centrale	98 032	3,80
Administration Publique Locale	9 939	0,39
Organismes Publics	526	0,02
Administrations Privées	50 669	1,96
Entreprises Publics	140 882	5,46
Entreprises Privées	**1.625.968**	**62,99**
Sociétés d'Assurance et de Capital	58 167	2,25
Entreprises individuelles	**200 714**	**7,71**
Particuliers	379 824	14,71
Divers	16 757	0,65
TOTAL	2.581.478	100
Part de marché	100 %	

Source : Afriland First Bank, promouvoir l'inclusion financière en Afrique Centrale, Conférence Régionale CEEAC, Brazzaville, Congo, 23/03/2015, INS, le défis dans le financement des PME, p.6.

Ce tableau permet d'avoir une représentation non seulement du mode de financement dominant de l'économie camerounaise, mais aussi de la proportion de crédit alloué à chaque catégorie d'agent économique. Il se dégage les caractéristiques suivantes :

- Faiblesse des crédits aux entreprises individuelles assimilables aux PME (TPE, PE, ME) ;

- Prédominance des crédits accordés aux entreprises privées (majorité pour les grandes entreprises (GE).

Une présentation et une lecture plus approfondie de la structure des financements bancaires permettent de comprendre l'impasse dans lequel se trouve la problématique du financement de l'économie camerounaise en général et singulièrement le poumon de son produit intérieur brut (PIB). (Tableau, n° 38)

Tableau n° 38 : Structure actuelle des financements bancaires au 31/12/2014

RÉPARTITION DES CRÉDITS PAR NATURE ET PAR DURÉE		
AU 31 DÉCEMBRE 2014	**TOTAL**	**%**
CRÉDIT À LONG TERME	**32 072**	**1,24**
CRÉDIT À MOYEN TERME	893 392	34,60
CRÉDIT À COURT TERME	957 525	37,09
CRÉANCES BRUTES EN SOUFFRANCE	320 646	12,42
COMPTES DÉBITEURS DE LA CLIENTÈLE	306 137	11,86
AUTRES SOMMES DUES PAR LA CLIENTÈLE	71 806	2,7
TOTAL CRÉDITS CLIENTÈLE NON FINANCIÈRE	2 581 478	100
PROVISIONS CONSTITUÉES	233 568	9,05

Source : Afriland First Bank, promouvoir l'inclusion financière en Afrique Centrale, Conférence Régionale CEEAC, Brazzaville, Congo, 23/03/2015, INS, le défis dans le financement des PME, p.7.

Une autre lecture complémentaire donne une vision incohérente du financement bancaire du Cameroun au 31 décembre 2014. À partir ce tableau, il ressort trois (3) observations :

- La faiblesse des crédits à long terme ;

- La prédominance des concours à court terme ;

- Le niveau important des créances en souffrance.

Une autre caractéristique du système bancaire camerounais est l'absence des ressources à long terme auprès des banques et qui influencent significativement le système économico-financier du Cameroun. Le tableau ci-après (Tableau n° 39) en donne une illustration à partir de sa répartition des dépôts par nature dans le circuit bancaire.

Tableau n° 39 : Répartition de ressources à long terme auprès des banques au 31/12/2014

	TOTAL	**%**
COMPTE DE DÉPÔT À RÉGIME SPÉCIAL	220 468	6,62
COMPTE DE DÉPOT À TERME	455 004	1,67
COMPTE CRÉDITEUR A VUE	2.653.643	79,71
DÉPÔTS VENTILABLES : ATTRIBUT « AGENTS ÉCONOMIQUES »	3.329.115	100

Source : Afriland First Bank, promouvoir l'inclusion financière en Afrique Centrale, Conférence Régionale CEEAC, Brazzaville, Congo, 23/03/2015, INS, le défis dans le financement des PME, p.9.

Ce tableau appelle une double lecture :

- La faiblesse des ressources à long terme ;

- La prédominance des ressources à court terme.

Une lecture numérique indique la surliquidité de ce système bancaire. Mais une lecture analytique fait ressortir la fragilité de cette surliquidité qui peut s'effriter à tout moment et détruire cette liquidité comme un « château de cartes », car elle n'est assise sur aucune infrastructure solide et durable. Et donc, sa soutenabilité dans le système économique et financier ne permet pas de perspective.

Le Cameroun a formalisé son cadre macro-économique à l'horizon 2035 pour son émergence à travers le Document de Stratégie pour la Croissance et l'emploi (DSCE, 2008). C'est un document « élaboré dans un contexte caractérisé par le renchérissement du coût de la vie au niveau national, la crise financière internationale, la crise alimentaire et la crise énergétique au niveau mondial »[147]. Il tient compte d'un ensemble d'éléments rationnels et incontournables dans la vie d'une nation à la recherche d'un développement harmonieux et équilibré.

Le contexte économique du Cameroun n'a pas échappé au déluge des différentes crises économiques et financières qui ont perturbé l'économie mondiale ces deux dernières décennies y compris la mal gouvernance. Il est caractérisé principalement par la chute des prix à l'export, notamment le pétrole, sans oublier les règles d'équité prônées par l'OMC (alors qu'il existe des déséquilibres flagrants entre les économies des pays riches et celles des pays en voie de développement ou sous-développés) ainsi que les accords de partenariat économique (APE) négociés entre les pays ACP et l'Union européenne. Ces accords devraient faire l'objet de signature par groupe d'intérêts régionaux, le Cameroun les a paraphés seul à travers un accord d'étape en solitaire, donc en marge des autres États de la CEMAC.

Dans le prolongement du financement bancaire, les EMF participent en tant que moyen de financement alternatif au financement des entreprises camerounaises. Malgré un apport insignifiant et un nombre important d'établissements de microfinance, un certain nombre d'obstacles constituent encore des goulots d'étranglement et principalement la gouvernance. Ce secteur peu encadré par les autorités locales est un véritable problème pour les épargnants ayant choisi volontairement ou par contrainte ce mode financement.

[147] Document de stratégie pour la croissance et l'emploi (DSCE), p.10

Certains ont pris de l'envergure au point de concurrencer les banques. Les EMF ne disposent pas de fonds de garantie et exposent leurs épargnants du moins les plus gros à un risque de non-remboursement. Ce secteur d'activité de la finance est mal encadré et expose à des déconfitures avec des conséquences dommageables tant pour les épargnants que pour le secteur financier et l'économie en général.

La microfinance : un secteur à risques

La microfinance est un secteur porteur en Afrique Centrale avec le leadership du Cameroun qui représente 65 % (tableau 40) des microfinances de la CEMAC. Les EMF ont pris de l'ampleur au Cameroun au point d'être un sujet de préoccupation permanente pour l'État du Cameroun, pour le régulateur régional (COBAC) et pour les Camerounais qui ont fait confiance à ce mode de financement après les tontines.

Nonobstant cette forte présence des EMF dans son espace financier, ils n'ont pas un impact positif dans le financement de l'économie du Cameroun. Même s'il est vrai, qu'ils contribuent dans une certaine mesure à sortir de l'extrême pauvreté une grande partie de la population camerounaise exclut du système de la finance moderne (direct et indirect).

Tableau n° 40 : Présence des EMF dans les pays de la CEMAC (2010)

PAYS	POURCENTAGE
Cameroun	**65 %**
Tchad	23 %
Congo	8 %
RCA	3 %
Gabon	1 %
Guinée Équatoriale	0
TOTAL	100

Source : Commission Bancaire de l'Afrique Centrale (COBAC)

Malgré une présence importante des PME-PMI dans le système financier du Cameroun, une grande présence des EMF dans le paysage économico-financier du Cameroun pourrait faire courir un grand risque de liquidités (PME/PMI) et constituer une entorse à l'économie locale. « Des structures assez grosses pour inquiéter le FMI : en mai 2015, l'institution de Bretton Woods alertait sur la nécessité de renforcer la supervision des grands établissements de microfinance de la CEMAC »[148]. Ils pourraient constituer des établissements à haut risque, car certains comme la Cameroon Cooperative Crédit Union League (Camccul) et le Crédit Communautaire d'Afrique (CCA, Cameroun) ont atteint la taille d'une véritable banque. : « Avec environ 80 000 emprunts, Camccul affichait 311 millions de dollars (environ 240 millions d'euros) d'actifs fin 2014. Soit presque autant que la filiale camerounaise du groupe BGFI Bank ! »[149].

Il faudrait donc imaginer et améliorer des mécanismes de mutation d'une EMF vers la banque et se servir des tontines comme un tremplin pour migrer vers les activités bancaires. Ce d'autant plus que les tontines sont constituées sur la base de liens de solidarité et de confiance, et par effet d'entraînement cette population cible est transformable en clients potentiels d'une microfinance et d'une banque.

I.3.4 Le financement exogène : les investissements directs étrangers (IDE)

Dans le prolongement du financement exogène, il y a les instruments de coopération économique à travers des fonds d'aide au développement, par le biais des conventions de partenariats et des prises de participation, des organismes internationaux (bailleurs de fonds) des ONG, de la société civile, etc. Le choix des principaux secteurs qui bénéficient des IDE au Cameroun sont des entreprises pétrolières et agricoles, du BTP et le secteur tertiaire. Il relève de la

[148] JEUNE AFRIQUE, hors-série n° 41 « Spéciale FINANCE », 17e Ed.p.94
[149] JEUNE AFRIQUE, hors-série n° 41 « Spéciale FINANCE », 17e Ed.p.94

détermination des priorités sectorielles de l'État du Cameroun comme c'est le cas ailleurs (autres pays). Mais le clivage de l'entrepreneuriat au Cameroun entre grande entreprise et petite entreprise est toujours respecté dans le financement de l'économie du Cameroun par les IDE.

La grande entreprise à travers les bailleurs de fonds internationaux, à l'exclusion dans une moindre mesure des organismes spécialisés des Nations Unies que sont la BM, le FMI et la SFI, les autres bailleurs que sont les marchés financiers internationaux, le club de Paris ou le club de Londres, leur apportent un concours financier. Pour ce qui est de la petite entreprise, les organismes de financement de ce type d'entreprise existent tant en Europe (FED, AFD) qu'aux États-Unis (USAID[150], ACCION International, Development Alternatives Inc.). Ils apportent un appui financier conséquemment aux risques encourus par les entreprises de petite taille.

Troisième pays bénéficiaire des IDE dans la CEMAC en termes de stocks, le Cameroun a la France comme premier investisseur suivi de la Chine, du Maroc, du Nigeria, de la Turquie et du Vietnam[151]. Après avoir passé en revue les caractéristiques de l'investissement privé au Cameroun et leur impact dans le financement de l'économie du Cameroun, l'on retient que l'environnement financier du Cameroun se détermine par un dualisme de son système financier :

- ✓ Le système financier formel ;
- ✓ Le système financier informel ;
- ✓ Doublé d'un système financier binaire issu de son passé colonial ;
- ✓ Un système financier d'inspiration anglophone ;

---

[150] L'agence publique de coopération des États-Unis.

[151] Ambassade de France au Cameroun, service économique régional, *les IDE au Cameroun*, 29 mars 2016

✓ Un système financier d'inspiration francophone.

Analysons dans la deuxième section le lien entre le marché financier du Cameroun (DSX), en tant que nouvelle source de financement et les entreprises au Cameroun.

SECTION II : ANALYSE DU LIEN DSX ET ENTREPRISES AU CAMEROUN

La démarche consistant à vérifier les hypothèses financières et à apprécier les indicateurs de performance relatifs au financement des entreprises au Cameroun par le marché financier est faite sur la base des supports documentaires issus des rapports d'activités de l'entreprise de marché (DSX), de ceux du régulateur (CMF) et de ceux de l'organe de tutelle (Ministère des finances) ainsi que tout autre support documentaire y relatif. Les journaux et revues spécialisées de la finance ou de l'économie permettent l'élargissement et la densification de la base de réflexion pour une analyse croisée.

Ce processus a pour objectif principal l'analyse de la performance du marché financier du Cameroun dans le financement des entreprises camerounaises ainsi que l'économie du Cameroun. De manière traditionnelle, le marché boursier est un mode de financement complémentaire de l'économie par la réallocation de la liquidité disponible dans des projets rentables avec deux caractéristiques majeures, à savoir : la durée de l'emprunt long, la faiblesse des coûts financiers et la disponibilité immédiate des fonds. Les caractéristiques de l'investissement privé au Cameroun répondent aux standards classiques du financement des économies en voie de développement, c'est-à-dire dominés par le financement bancaire malgré l'existence d'une présence remarquable des EMF dans l'échiquier financier du Cameroun qui reste très marginal.

Cette bourse constitue un circuit de collecte et de réaffectation de la masse monétaire du Cameroun via la BEAC, en tant qu'organisme délégataire régional de l'émission de la monnaie régionale (le franc CFA). S'agissant de la finance des marchés, la notion est utilisée pour évoquer l'étude de la circulation de l'argent entre les individus, les entreprises ou les États dans le monde des affaires. Dans le cas d'espèce, s'agissant du marché boursier de Douala, grâce à cette analyse, il sera possible d'estimer la performance de ce marché financier. Préalablement à l'appréciation de l'apport du DSX dans le financement de l'économie du Cameroun, sa présentation dans les différents aspects significatifs (structurel et organisationnel) permettra de comprendre les circonstances de sa création ainsi que le contexte *ex-ante* de l'environnement financier du Cameroun et *in-situ* pour mieux l'apprécier.

II.1 Présentation de la DSX

II.1.1 Genèse

La Douala Stock Exchange a été créée conformément à la loi n° 99/015 du 22 décembre 1999 portant création et organisation du marché financier du Cameroun, en une société anonyme avec conseil d'administration au capital de 1 740 500 000 de FCFA, soit 2 653 375 euros (Tableau n° 41). Son actionnariat est constitué par les zinzins (banques 62,9 % et les compagnies d'assurances 13.3 %) et les démembrements de l'État 23,8 %.

Tableau n° 41 : Actionnariat de la DSX

ACTIONNAIRES	%	MONTANTS	
		Francs CFA	**Euros**
BANQUES	**62,9**	**1.094.774.500**	**1.668.973**
Banque Atlantique Cameroun, Afriland First Bank			
BICIC, Citibank, Commercial Bank of Cameroon			
SGBC, Ecobank Cameroun, Union Bank of Cameroon, Standard Chartered Bank Cameroun, FMO			
DÉMEMBREMENTS DE L'ÉTAT	**23,8**	**414.239.000**	**631 503**
Caisse Autonome d'Amortissement, Caisse Nationale de Prévoyance Sociale,			
Caisse de Stabilisation des Prix des hydrocarbures, Société Nationale d'Investissement du Cameroun, Crédit Foncier du Cameroun			
COMPAGNIES D'ASSURANCES	**13,3**	**231.486.500**	**352 899**
Activa Assurances, Cameroon Insurance, Pro Assur, Compagnie Professionnelle d'Assurance, Société Africaine d'Assurance et de Réassurance du Cameroun, Satelite Insurance			
TOTAL		**1.740.500.000**	**2.653.375**

Source : DSX, Rapport du marché boursier en 2014, P.26, compilation de l'auteur

Sous l'autorité de la Commission des Marchés Financiers (CMF), l'entreprise de marché, la DSX a pour missions :

Organiser et animer le marché boursier ;
Veiller au fonctionnement régulier des négociations ;
Administrer la négociation des OTZ ;

Fixer les règles régissant :

L'accès au marché ;
L'admission à la cotation ;
L'organisation des transactions ;
La suspension des négociations ;
L'enregistrement et publicité des négociations ;
La livraison des titres et le remplacement des fonds ;
La conservation des valeurs.

La DSX dispose de plusieurs produits :

- ✓ Actions et autres titres de capital ;
- ✓ Obligations et autres titres de créances ;
- ✓ Parts sociales ou actions d'organismes de placements collectifs en valeurs mobilières ;
- ✓ Obligations du trésor à coupons zéro.

Quel est le contexte du marché financier du Cameroun, la DSX ?

II.1.2. Contexte

Le contexte de la création de la DSX repose sur une vision qui peut être perçue sous plusieurs angles. Dans le cadre de cette réflexion, trois angles peuvent être retenus pour justifier l'opportunité et la nécessité de l'existence de cette source de financement subsidiaire des entreprises et de l'économie du Cameroun. Cette bourse vient répondre à la préoccupation évidente liée à la problématique du financement des entreprises camerounaises dans la perspective d'une émergence du Cameroun Vision 2035. Mais aussi compléter l'architecture du système financier du Cameroun. Le premier angle est politique, le second angle est pragmatique et le troisième angle est organisationnel.

1) L'angle politique : vision des autorités camerounaises

« La Communauté Economique et monétaire de l'Afrique centrale (CEMAC), constituée par le Cameroun, le Congo, le Gabon, la Guinée Équatoriale, la RCA et le Tchad connaît actuellement un vent de réformes pour l'instauration d'un cadre économique plus élaboré et plus intégré. Ces réformes se matérialisent notamment par :

Sur le plan juridique par la mise en place de l'OHADA ;

Sur le plan des assurances par l'adoption du code CIMA.

Dans le domaine des statistiques par la mise en place du projet AFRITAST.

Un projet de bourse sous-régionale ainsi que la mise en pratique de la libre circulation des citoyens au sein des différents pays membres sont en cours d'élaboration. Ce vent de réformes souffle dans un contexte où les économies ont durement souffert de la récession du fait des PAS (Plan d'Ajustement Structurel) du FMI et de la BM qui contraignent les États à accélérer les processus de privatisation et de libéralisation des économies. À la faveur desdits programmes, l'Afrique s'engage rapidement dans la dynamique mondiale de développement de marchés financiers (près de la moitié des États africains ont déjà mis en place un marché financier de type national ou régional).

Cette dynamique qui est déjà particulièrement forte en Asie du Sud–Est, en Amérique Latine et en Europe de l'Est constitue l'un des facteurs du renouveau économique de ces régions du monde. La création du marché financier camerounais s'inscrit précisément dans cette dynamique et vise à doter le pays d'une infrastructure financière à même de répondre aux exigences d'une économie en pleine mutation après une décennie de crises aiguës qui a considérablement gelé ses engagements et compromis les portefeuilles de crédits. Les banques de développement qui auraient remédié aux limites des banques commerciales classiques n'ont pas survécu aux années de crise bancaire et le capital-risque encore embryonnaire requiert une voie de sortie de crise par cession en bourse des parts détenues au sein des entreprises. L'État n'entend plus limiter son propre financement à l'apport des bailleurs de fonds extérieurs et des recettes fiscales des régies financières. Il doit en effet pouvoir financer son déficit budgétaire avec des ressources internes nouvelles en monnaie locale et distinctes des revenus fiscaux.

Il existe un important gisement d'épargne oisive et inemployée qui attend des supports de placements attractifs. La surliquidité du système bancaire constitue d'ailleurs un indice de fonds en quête de placement. Or dans la zone CEMAC, la palette de placements bancaires se limite aux traditionnels comptes à terme, bons de caisse et comptes d'épargne ; d'où la délocalisation de l'épargne tant des particuliers que des investisseurs institutionnels. Depuis la réforme, le marché monétaire ne garantit plus l'absorption automatique des liquidités bancaires inemployées. Les banques dynamiques dans la collecte de ressources structurelles excédentaires recherchent donc de nouveaux emplois.

Le programme de privatisations nécessite pour son volet développement de l'actionnariat populaire et démocratique du capital (critères fondamentaux de sa légitimité populaire), la mise en place d'un marché boursier. Aucun pays d'économie libérale ne peut mener avec succès un programme de privatisations en marge de la bourse. La bourse est le seul moyen d'associer l'épargne populaire nationale aux privatisations, ce qui devrait contribuer à atténuer les critiques qui leur sont faites. Hormis la commission des marchés financiers localisée à Yaoundé, l'Enterprise de marché (Douala Stock Exchange), le dépositaire central et la banque de règlement sont depuis leur création localisés à Douala, métropole économique de la République du Cameroun. Et toutes ces structures fonctionnent selon les standards internationaux ».[152]

---

[152] Extrait du journal MINEFI 2002, la bourse de Douala, p.2-3

2) L'angle opérationnel : justifications fondées

L'avènement de la création de la bourse des valeurs mobilières du Cameroun est une réponse à un refus de reconnaissance sur le plan régional par les autres États membres de la CEMAC de voir attribuer à ce pays membre (Cameroun) la domiciliation de la bourse régionale des valeurs mobilières de l'Afrique Centrale au terme de la conférence des chefs d'État de la communauté économique et monétaire de l'Afrique Centrale (CEMAC) tenue à N'Djamena en décembre 2000.

Pour le Cameroun, sa capitale économique Douala doit abriter le siège de la bourse régionale au regard de ses caractéristiques (indicateurs) économiques. Le Cameroun revendique 40 % du tissu industriel de toute la zone CEMAC, 52 % du PIB de la CEMAC et un peu plus de 55 % de la population de cette sous-région avec officiellement 20 millions d'habitants sur les 35 millions que compte la CEMAC. De plus apprend-on de source autorisée à la Banque des États de l'Afrique Centrale (BEAC) « l'agence de Douala, c'est 60 % de tous les flux financiers de la zone couverte par la BEAC ». Autres indicateurs de taille : sur les 100 premières entreprises camerounaises en termes de chiffres d'affaires, 79 sont basées à Douala selon l'institut national de la statistique (INS) »[153].

C'est pour dire qu'au regard de ces quelques indicateurs et bien d'autres le choix du Cameroun et sa capitale économique (Douala) par rapport aux autres pays de la CEMAC pour abriter le marché financier sous-régional s'imposent. Mais le choix de Libreville, la capitale politique du Gabon pour abriter la bourse régionale (BVMAC) semble répondre à d'autres critères géostratégiques de leadership régional au mépris des critères économico-financiers. L'intérêt égocentrique qui a prévalu à cette époque, montre à ce jour que ce fut une erreur stratégique au point de revenir à la « case départ » à la faveur de la décision des mêmes chefs d'État.

[153] INVESTIR AU CAMEROUN, décembre 2013/janvier 2014-N° 21/22 P.16

Lors de leur récent sommet dans la même capitale politique du Tchad le 30 octobre 2017, la consolidation de la BVMAC avec la DSX avec pour domiciliation Douala fut prise.

La création de la DSX peut donc être perçue comme une réaction afin de mettre en exergue la position qui est la sienne sur le plan de la géofinance régionale. Au point que les résultats insignifiants de ce marché financier du Cameroun pourraient trouver une explication dans son impréparation, en l'absence d'une étude de faisabilité propre au périmètre du Cameroun l'on manquait d'une boussole. On parlerait alors d'une improvisation, conséquence de l'absence d'une démarche rationnelle, spécificité de tout projet à caractère économique ou financier. La DSX naît donc d'un sursaut d'orgueil de la part des autorités du Cameroun et non d'un projet sur la base d'un document de référence. À cela, il faudrait ajouter une conséquence qui pèse sur le budget de l'État du Cameroun : sa contribution statutaire à la BVMAC.

3) L'angle organisationnel : nouvelle architecture financière

Avant la création de la DSX, l'environnement financier du Cameroun est composé sur le plan formel, essentiellement du financement bancaire (la finance indirecte) et du financement exogène (les IDE), dans une moindre mesure du financement des EMF. La bourse est un outil d'intermédiation financière, à ce titre elle vient en complément organisationnel de l'architecture financière du Cameroun qui s'enrichit pour l'occasion d'un outil moderne du monde de la finance. Le Cameroun n'évoluant pas en vase clos, son économie comme son système financier est en connexion avec le monde extérieur avec lequel ils entretiennent des relations commerciales directes ou indirectes.

Il se doit donc non seulement d'améliorer l'efficacité de son système financier mais aussi de l'enrichir par de nouveaux mécanismes et de nouveaux produits pour répondre à ses ambitions propres de pays émergent Vision 2035. Les expériences dans la finance à travers le monde montrent que les pays émergents (la Chine, l'Inde, le Brésil, l'Afrique du Sud, etc.) sont passés par la création de leur bourse des valeurs mobilières, comme une des conditions d'attractivité des investisseurs étrangers à capitaux importants. Le marché financier est d'abord réservé aux grands financiers. Donc par extension, les structures organisationnelles identiques en sont l'illustration.

II.1.3 Les structures institutionnelles du marché

Dans l'optique de développer des moyens alternatifs de financement de l'économie nationale, à dominante bancaire et des EMF, l'État du Cameroun a créé une bourse nationale dénommée la Douala Stock Exchange (DSX) par la loi n° 99/015 du 22/12/1999, avec des structures de fonctionnement classiques.

1) L'autorité de régulateur : Commission des marchés financiers (CMF)

À l'instar de sa consœur du marché régional (BVMAC), elle a comme toutes les autres bourses à travers le monde un organe régaleur, institué par la Loi n° 99/015 du 22 décembre 1999 portant création et organisation du marché financier camerounais (CMF). Organisme de contrôle et de surveillance en charge de veiller au bon fonctionnement du marché financier (DSX). La CMF est régie par le décret n° 2001/213 du 31 juillet 2001 précisant son organisation et son fonctionnement et la décision n° 02/002 du 03 décembre 2002. Elle est chargée de la régulation, du contrôle, de la surveillance et du bon fonctionnement du marché financier. Elle assure la protection de l'épargne investie en valeurs mobilières et dans tous les autres placements donnant lieu à l'appel public à l'épargne.

Ses principales missions sont :

- Le pouvoir règlementaire qui s'exerce à travers la prise de règlements, l'adoption des instructions, circulaires, avis recommandations et communiqués ;

- Le pouvoir de décision qui permet de délivrer des autorisations, des agréments aux acteurs et opérations admis sur le marché et de prendre diverses mesures individuelles ;
- La surveillance du marché dans le but de rechercher des délits boursiers et de détecter tout comportement suspect (délits d'initié, manipulation de cours, diffusion d'informations fausses ou trompeuses, utilisation ou communication d'une information privilégiée, suivi en temps réel des transactions boursières, etc.) ;
- Le contrôle des acteurs du marché qui lui confèrent le pouvoir de sanction.

Pour exercer ses missions, la CMF dispose des instruments de régulation notamment :

- ✓ Le règlement général de la CMF qui fixe les règles d'application aux différents acteurs du marché financier ;
- ✓ Les instructions de la CMF notamment l'instruction générale n° 002/CMF/04 relative à la note d'information exigée par des émetteurs faisant appel public à l'épargne ;
- ✓ Les recommandations ;
- ✓ Les communiqués.

2) L'entreprise de marché : la Douala Stock Exchange (DSX)

L'entreprise de marché a été agréée par la résolution n° 0028/CMF/03 du 06 août 2003, portant agrément de la Douala Stock Exchange (DSX). Créée le 1er décembre 2001, la Douala Stock Exchange est un marché centralisé, dirigé par des ordres en ce sens qu'il dépend des donneurs d'ordres qui agissent par l'intermédiaire des prestataires de services d'investissement (PSI). De ce fait, les titres admis à la cote ne sont échangés qu'avec le consentement de leurs propriétaires.

Le mode de cotation en vigueur sur ce marché est le fixing qui conduit à la formation d'un prix de marché à la suite de la concentration des ordres pendant une période donnée. Il s'oppose à la cotation en continu qui implique un ajustement du prix de marché à chaque nouvel enregistrement d'ordre boursier.

La DSX est un marché au comptant dirigé par des ordres. Il est prévu au démarrage de ce marché une séance de cotation par semaine : le mercredi. Et plus tard trois séances de cotation par semaine : les lundi, mercredi et vendredi. Les cotations de valeur se font au « fixing » au démarrage de ses activités, la DSX dispose de trois (3) compartiments :

Le compartiment des titres de capital des entreprises inscrites à la cote officielle. Ce compartiment ayant deux sous compartiments relatifs à une introduction volontaire par des actions nouvelles ou par la cession d'une partie du capital au public :

Le compartiment réservé aux grandes entreprises ;
Le compartiment réservé aux PME/PMI.

Le compartiment des titres de créances des entreprises inscrites à la cote officielle : il s'agit des obligations ordinaires estées, comportant deux sous compartiments :

Les obligations des sociétés privées ;
Les obligations d'État ou des collectivités publiques.

Le compartiment hors cote : il s'agit des titres de capital ou de créances non inscrits à la cote officielle.

Le marché boursier du Cameroun offre deux principaux produits : les actions et les obligations.

3) La banque de règlement : Société Générale de Banque du Cameroun (SGBC)

La SGBC est chargée d'assurer la gestion des comptes des professionnels habilités à collecter les ordres de bourse des investisseurs (PSI), essentiellement pour les titres cotés à la bourse des valeurs mobilières de la DSX. Elle permet le dénouement des transactions et les confirme auprès du dépositaire central. Le dénouement d'une journée de comptabilisation doit se faire de manière simultanée et irrévocable entre le dépositaire central et la banque de règlement : imputation en titre chez le dépositaire central et en espèces en banque de règlement. Ces comptes servent aux transferts des flux financiers matérialisant les différentes transactions négociées (achats et ventes de titres) issues du marché financier par virement.

Le délai de dénouement est fixé à trois jours à compter de la date de transmission de la feuille de marché et le sommaire des transactions des PSI par la DSX au dépositaire central au dénouement de la transaction. Pour fonctionner, tous les PSI ont des comptes domiciliés auprès de la SGBC et le règlement se fait directement par virement de compte à compte. Les PSI en tant que gestionnaires des ordres des clients répercutent dans leur comptabilité pour le compte de ce client.

Figure n° 13 : l'organisation du marché, pôle institutionnel

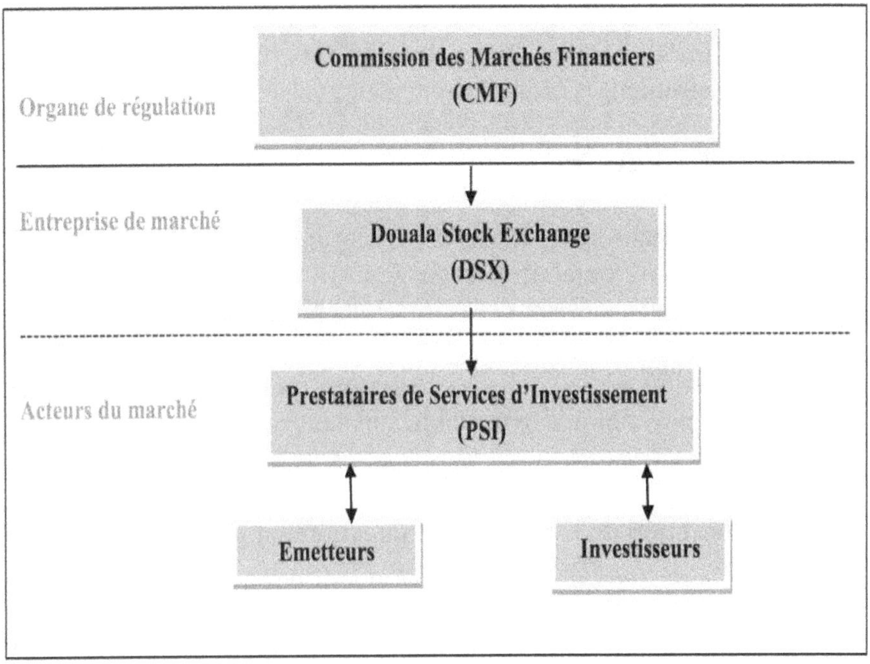

Source : Rapport du marché boursier 2014, p.9

II.1.4 Les structures organisationnelles du marché

1) Le marché central

L'entreprise de marché est le concessionnaire pour le service public de la bourse des valeurs mobilières du Cameroun. La Douala Stock Exchange est un marché centralisé dirigé par des ordres en ce sens qu'il dépend des donneurs d'ordres qui agissent par l'intermédiaire des prestataires de services d'investissement. De ce fait, les titres admis à la cote ne sont échangés qu'avec l'accord des propriétaires.

Le mode de cotation en vigueur sur ce marché est le fixing qui conduit à la formation d'un prix de marché à la suite de la concentration des ordres pendant une période donnée. Il s'oppose à la cotation en continu qui implique un ajustement du prix de marché à chaque nouvel enregistrement d'ordre boursier.

2) Le dépositaire central : CAA

La CAA est un établissement public créé par le décret n° 85/1176 du 28 août 1985. Son objectif est de rendre le marché financier du Cameroun fiable et sécurisant. Ses missions concernent :

- La gestion des fonds d'emprunts publics de l'État, des organismes publics, parapublics et ses correspondants ;

- Fournir au gouvernement des éléments nécessaires à l'élaboration de la politique d'endettement du pays ;

- Rechercher, étudier et négocier les financements extérieurs et intérieurs de l'État, en liaison avec les départements ministériels intéressés.

Le dépositaire central du marché financier du Cameroun est la Caisse Autonome d'Amortissement (CAA). Conformément à l'article 47 du règlement intérieur de la commission des marchés financiers, le dépositaire central est investi des missions suivantes :

- Le suivi régulier des teneurs de compte conservateur (PSI) par l'élaboration d'une règlementation comptable et opérationnelle imposable aux teneurs de comptes, le contrôle du respect de celle-ci et la gestion des valeurs mobilières ;

- La gestion du cycle règlement-livraison en garantissant la bonne fin des transactions par compensation en banque de règlement/livraison des paiements en espèces et des livraisons des titres d'une manière simultanée et irrévocable ;

- La conservation des titres admis à ses opérations par la dématérialisation des titres en assurant leur inscription en compte après leur codification et l'ouverture des comptes courants qui permet de garder trace de la propriété ;

- La circulation scripturale des valeurs mobilières par la transmission des valeurs mobilières entre les TDC (teneurs de comptes conservateurs) sous forme scripturale par virement de compte à compte par un simple jeu d'écriture ;

- L'administration des titres par la gestion des droits attachés aux valeurs mobilières (paiement des dividendes, droits de souscription, droit d'attribution, etc.).

- La codification des valeurs mobilières en assurant la codification de toutes les valeurs mobilières admises aux négociations à la DSX (Douala Stock Exchange).

- Le règlement général du dépositaire central précise les règles et les modalités relatives notamment aux organismes teneurs de compte de titres, aux conditions d'inscription en compte et de circulation des titres, au dénouement des transactions ;

- Les instructions du dépositaire central ;

- Le plan comptable de gestion des titres.

3) La banque de règlement : SGBC

La Société Générale de banque du Cameroun (SGBC) joue le rôle de banque de règlement pour le marché financier camerounais. Elle le fait essentiellement pour des titres cotés à la bourse de valeurs de la DSX. Elle permet le dénouement des transactions en confirmant auprès du dépositaire central le règlement d'un achat de titre par un PSI tel qu'il ressort des opérations de bourse.

Le dénouement d'une journée de comptabilisation doit se faire de manière simultanée et irrévocable entre le dépositaire central et la banque de règlement : imputations en titres chez le dépositaire central et en espèces en banque de règlement.

Le délai de place pour le dénouement est fixé à 4 jours et correspond à la date de transmission de la feuille de marché et le sommaire des transactions des PSI par la DSX au DC au dénouement de la transaction.

Le même mécanisme est appliqué pour le règlement des droits liés aux différents titres.

Le règlement de la Douala Stock Exchange fixe les règles relatives à l'organisation du marché, la négociation des valeurs mobilières, l'admission et la radiation des valeurs mobilières, des opérations particulières et la tarification des prestataires.

L'accord de place sur les conditions tarifaires et le processus de règlement/livraison du marché financier du Cameroun fixe le régime tarifaire pour toutes les opérations du marché financier.

4) Les acteurs du marché du marché financier du Cameroun

Les émetteurs

La qualité d'émetteur a une signification, il s'agit à la fois d'un adjectif et d'un nom commun désignant celui qui émet. Et le verbe émettre signifie la manifestation d'une opinion, d'une proposition. Dans le domaine de la finance des marchés, un émetteur peut être une entreprise, une institution ou une organisation qui émet des valeurs de bourse (des actions, des obligations ou des prêts, par exemple). Et le marché financier en l'occurrence le DSX est la courroie de transmission qui organise et met en place des règles ainsi que des mécanismes de mode de transmission des titres. Y sont donc éligibles,

les entreprises, les États et ses démembrements, les organismes internationaux.

Les investisseurs

La qualité d'investisseur est réservée à toute personne physique ou morale qui investit sur le marché financier, à l'exemple de la Douala Stock Exchange (DSX). On y distingue deux types d'investisseurs : les investisseurs institutionnels et les particuliers (personnes physiques ou morales).

Les investisseurs institutionnels : les Zinzins

Il peut s'agir des banques, des compagnies d'assurance, les caisses de retraite, bref ce sont des organismes collecteurs. On peut y inclure les fonds de pension qui sont également des organismes collecteurs avec la particularité d'être des fonds d'investissement spécifiques à la retraite par capitalisation. C'est un outil de l'épargne retraite et un organisme de placement collectif (OPC) gérant collectivement en capitalisation les retraites et l'épargne salariale.

Les particuliers : personnes physiques ou morales

Il s'agit d'individus ou d'entreprises détenteurs de l'épargne de placement (EP) pour les premiers ou des bénéfices réalisés dans le cadre de l'exploitation de leur activité (bénéfice) qui décident de faire des placements dans un marché financier comme celui de la DSX.

5) Les intermédiaires : courtiers ou brokers (PSI)

Les sociétés de prestataires de services d'investissement de la DSX obtiennent leur légalité par la délivrance d'un agrément auprès de l'autorité de régulation qu'est la commission des marchés financiers du Cameroun (CMF), qui en a la séniorité et l'autorité du contrôle et de veille du fonctionnement de la DSX. Ils peuvent être des personnes physiques ou morales et ont pour fonction de recevoir, d'arranger, de transmettre et de négocier les ordres de leurs clients (émetteurs et investisseurs) à l'entreprise de bourse (DSX) par les supports et formats (moyens) et les canaux légaux (voies) retenus et instruits par l'autorité de régulation.

Au nombre de treize au total à ce jour, les prestataires de service de bourse constituent des partenaires professionnels du marché boursier servant d'interface entre l'entreprise de marché (DSX) et la population cible du marché, c'est-à-dire les émetteurs et les investisseurs. À cet effet, ils ont un double rôle, celui de marketing financier et de support technique :

Selon la loi n° 99/015 du 22 décembre 1999, les prestataires des services d'investissement s'occupent de :

La réception et la transmission des ordres ;
L'exécution des ordres pour le compte des tiers ;
La négociation pour compte propre ;
La gestion de portefeuille pour le compte des tiers ;
La prise ferme ;
Le placement ;
La conservation ou l'admission des valeurs mobilières.

Marketing financier

Il participe à la promotion et à la vulgarisation du marché financier auprès de la population cible (émetteurs et investisseurs) dans une démarche de prospection, mais aussi auprès grand public par des moyens de communication divers et variés (internet, radio, affichage, etc.).

Toute démarche qui rentre dans le processus de sensibilisation dont dépend en partie la visibilité de la bourse ainsi que son attractivité, surtout dans un environnement qui manque de culture boursière et hostile au changement de paradigme financier. Le changement et l'adaptation au nouveau contexte financier du Cameroun passent aussi par les intermédiaires de bourse.

Support technique

En qualité de partenaires privilégiés de la DSX, les PSI ont le rôle technique d'arrangeur tant des titres de capital d'entreprises comme des titres de créances d'entreprises (privées ou publiques). Ils constituent le bras séculier de l'entreprise de bourse par leur expertise technique, car d'eux dépendent la qualité des dossiers des émetteurs et des investissements et ils participent de ce fait à la réalisation des performances de la DSX.

Tableau n° 42 : Les Prestataires de Services d'Investissement (PSI) agréés à la DSX

Identité	Prestataires services d'invest.	BP.	Téléphone
Afriland First bank	Afriland Fisrt bank (FIRST BANK) Alphonce NAFACK, DG	11.834 Ydé	(237) 222 22 37 34
Banque atlantique	Banque atlantique (BACM) Daniel TOURE, DG	2.933 Dla	(237) 233 42 10 72 (237) 233 42 10 66
BICEC	Banque inter. Cam. Épargne. Crédit Pierre MAHE, DG	1.925 Dla	(237) 233 42 84 31
BGFIBank	BGFIbank Cameroun (BGFIBank) Edgard ANON, DG	660 Dla	(237) 233 42 64 64
FINANCIA Capital	FINANCIA Capital, Serge Yanic NANA	4.593 Dla	(237) 233 42 04 13
CBC BANK	Commercial Bank of Cameroon (CBC) Martin NJANGA NJOH, DG	4.004 Dla	(237) 233 42 02 02
CENANINVEST	Central Africa Investment Albert BENGALA, DG	11.838 Ydé	(237) 677 93 60 67
CITIBANK	CITYBANK Cameroun (CITIBANK) Akim DADA, DG	4.571 Dla	(237) 233 42 42 72
EDC INVESTMENT CORPORATION INVESTMENT BANKING	EDC Investment corporation Adonis SEKA	15.835 Dla	(237) 233 43 13 71 (237) 233 43 13 76
SCB Cameroun	Société commerciale de banques Cameroun (SCB Cameroun) Jamal AHIZOUNE	300 Dla	(237) 233 43 53 00
Standard Chartered	Standard chartered bank Cameroon (SCBC) Mathieu MANDENG, DG	1.784 Dla	(237) 233 43 52 00 (237) 233 43 52 02
Société Générale Cameroun	Société Générale Cameroun (SG Cameroun) Jean Philippe GUILLAUME, DG	4.042 Dla	(237) 233 42 47 38
UBA **United Bank of Africa**	United Bank of Africa Isong UDOM, DG	2.088 Dla	(237) 233 43 36 64 (237) 233 43 36 83

Source : DSX : Rapport du marché boursier en 2014, p.30

De ce tableau des prestataires de services d'investissement agréés à la DSX, on peut faire les observations suivantes susceptibles d'évoquer un certain nombre de risques.

Sur les treize prestataires de services d'investissement, dix sont des banques ; ce qui pourrait compromettre la concurrence des coûts de transaction entre ceux des banques et ceux des prestations de services d'investissement.

Il y a confusion entre les banques chargées du financement bancaire et les prestataires de services d'investissement. Cette confusion pose la problématique de la concurrence déloyale entre les banques et le DSX.

Sur les treize prestataires de services d'investissement, dix sont basés à Douala, siège social de l'entreprise de marché qu'est la DSX, capitale économique du Cameroun et éventuelle place financière de l'Afrique centrale au regard de son potentiel. La proximité serait un facteur concurrentiel pour les opérations de marché initiées par ces derniers par rapport à leurs concurrents situés à Yaoundé ou ailleurs sur le territoire national. Ce qui réduirait les coûts substantiels à l'entrée, invisibles à payer aux arrangeurs pour une inscription en bourse, malgré le projet de dématérialisation des ordres.

Il se pose donc un problème de la modernisation du marché financier du Cameroun. Cet imbroglio organisationnel n'est pas pour rendre la DSX compétitive et attractive.

Tous les prestataires de services d'investissement sont tous des personnes morales à ce jour. Cette forme juridique garantit une fiabilité et une responsabilité collective affichant une certaine ambition relative aux enjeux de crédibilité, de confiance.

Le fonctionnement du marché du Cameroun

« Douala Stock Exchange démarre ses activités avec une séance de cotation par semaine (tous les mercredis). Le système de cotation est entièrement électronique. Développé par l'éditeur 3V FINANCE du groupe Viel & Cie, il permet aux PSI de suivre l'évolution du cours et de visualiser la profondeur du marché en temps réel, mais aussi de gérer leurs carnets d'ordres. Les prestataires de services d'investissement se rendent tous les jours de cotation dans la salle de marché de DSX ou une cotation de négociation composée d'un terminal graphique et d'une ligne téléphonique est mise à disposition de chacun d'eux pendant la séance.

La méthode de détermination des cours est le "fixing". Afin d'éviter la volatilité des cours, les mécanismes de maîtrise des mouvements des cours utilisés sont les suivants :

1) L'amplitude de cotation est fixée par instruction de la bourse et est actuellement de 3 %. Cette amplitude traduit le seuil maximal de variation à la hausse ou à la baisse qu'une valeur pourrait enregistrer au cours d'une séance ;

2) L'échelon ou pas de cotation : également fixé par instruction, il exprime les séquences de variation susceptibles d'être infligées au cours.

Le marché est ouvert et prêt à recevoir les ordres de 9 heures à 11 heures (GMT+01) et le fixing a lieu à 11 heures 00 (GMT+01).

Le dénouement des transactions est glissant et se fait à j+4 »[154]

[154] www.douala-stock-exchange.com

Figure n° 14 : Organisation du marché, pôle opérationnel

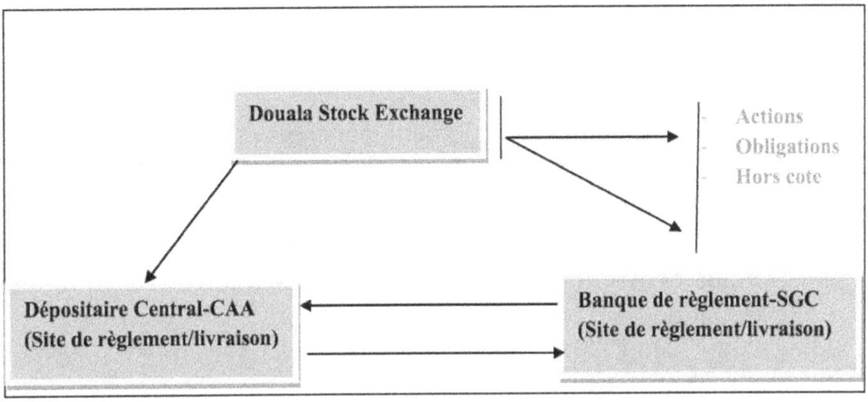

Source : Rapport du marché boursier 2014, p.9

Les principes de marché

Les principes fondamentaux de fonctionnement du marché sont les suivants :

- Marché centralisé, dirigé par les ordres ;
- Saisie centralisée de tous les ordres par des intermédiaires agréés ;
- Cotation au fixing ;
- Marché au comptant ;
- Transactions automatiques sans confirmation ;
- Garantie de bonne fin des transactions effectuées sur le marché.

Les principes de règlement-livraison

En ce qui concerne les règles de dénouement, les principes de fonctionnement sont les suivants :

- Livraison des titres et règlement des espèces concomitantes ;
- Irrévocabilité des mouvements comptables ;
- Dénouement glissant, un nombre de jours fixe après la transaction (dans un premier temps j+4)
- Titres cotés : dématérialisés au porteur ;
- Titres non cotés : dématérialisés nominatifs ;
- Transfert de propriété à la date de négociation.

Pour ce qui est des règles de comptabilisation, les opérations suivantes ont été retenues :

- Comptabilité en partie double ;
- Comptabilité par valeur ;
- Identification des catégories d'avoirs par nature de compte ;
- Principe de droit constaté.

II.2 L'exploration des processus

La bourse des valeurs mobilières représente le marché secondaire d'un marché financier. Une valeur mobilière est un titre négociable, représentatif d'un droit de propriété ou de créance. Elle est émise par des sociétés publiques ou privées et représente soit une fraction du capital social (action), soit un prêt à long terme qui leur est consenti (obligation). La bourse de Douala (DSX) est donc scindée en deux principaux compartiments : le compartiment actions et le compartiment obligations.

II.2.1 Le compartiment des titres de capital : les actions

Le compartiment actions est divisé en deux compartiments : un premier compartiment pour les grandes entreprises et un deuxième compartiment pour les PME/PMI.

II.2.1.1 Le premier compartiment des actions : les grandes entreprises

L'admission des titres de capitalisation à la cote du DSX est subordonnée au respect des conditions suivantes :

- Être constitué en société anonyme ;

- Présenter une capitalisation boursière à l'introduction de plus de 500 millions de FCFA, soit environ 762 245 euros ;

- Distribuer les titres émis à au moins 100 actionnaires distincts ;

- Présenter trois années de comptes annuels sociaux consolidés, le cas échéant et certifiés par un commissaire aux comptes agréé par l'ONECCA ;

- Avoir réalisé une marge nette d'au moins 3 % du chiffre d'affaires sur chacune des trois dernières années ;

- Avoir distribué au moins deux dividendes au cours des trois derniers exercices ;

- S'engager à signer un contrat d'animation du marché prévoyant une cotation ou une indication de cours toutes les trois séances ;

- Diffuser au public au moins 20 % de son capital dès l'introduction en bourse.

La Douala Stock Exchange se réserve le droit d'examiner, en fonction de la qualité du dossier, tout autre critère de profitabilité. L'observation de ces critères d'introduction à la cote exige de la part de l'entité candidate à la bourse une transparence dans la production de ses informations comptables et financières de manière régulière. Rassurer les potentiels émetteurs par la gouvernance de celle-ci qui permet d'entrevoir la rentabilité de l'entreprise dans un secteur porteur.

Figure n° 15 : fonctionnement du marché primaire : Placement des titres de capital

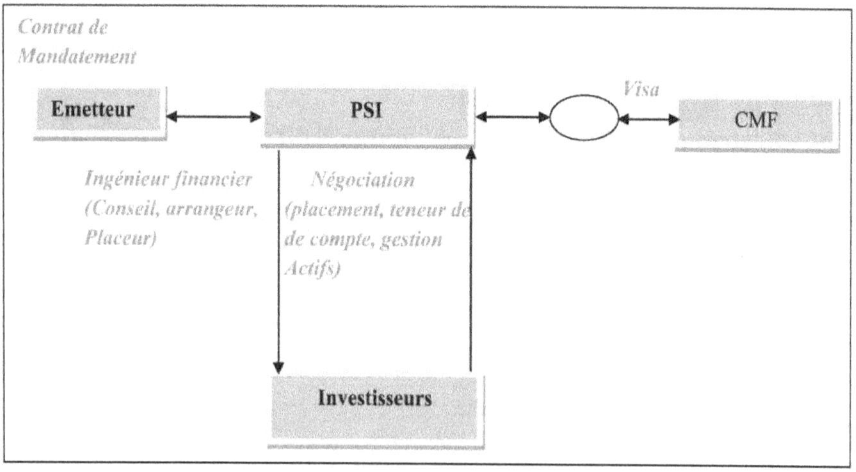

Source : Rapport du marché boursier 2014, p.9

Le deuxième compartiment des actions : les PME/PMI

L'admission des titres d'obligations à la cote du DSX est subordonnée au respect des conditions suivantes :

- Être constitué en société anonyme ;

- Présenter une capitalisation boursière à l'introduction de plus de 200 millions de francs de CFA, soit environ 304 898 euros ;

- Distribuer des titres émis à moins de100 actionnaires distincts ;

- Présenter deux années de comptes annuels sociaux consolidés, le cas échéant et certifiés par un commissaire aux comptes agréé par l'ONECCA ;

- Avoir distribué au moins un dividende au cours des deux derniers exercices ;

- S'engager à signer un contrat d'animation de marché prévoyant une cotation ou une indication de cours toutes les cinq (5) séances :

- Diffuser dans le public au moins 15 % de son capital dès l'introduction en bourse.

La Douala Stock Exchange se réserve le droit d'examiner, en fonction de la qualité des dossiers, tout autre critère de profitabilité.

II.2.2 Le compartiment des titres de créances : obligations

On distingue les emprunts des sociétés privées et les emprunts publics d'États et collectivités.

1) Les emprunts des sociétés privées

La Douala Stock Exchange fixe pour chaque émission, par voie d'instruction, les modalités d'admission des titres de créances :

- Comptes sociaux des deux derniers exercices certifiés par des commissaires aux comptes agréés ;
- Constituer une garantie ou produire une notation délivrée par une agence agréée ;
- Le nombre de titres émis doit pouvoir assurer la liquidité de la valeur.

2) Les emprunts publics : États et collectivités

L'emprunt aux négociations émis par l'un des États membres de la Communauté Economique des États de l'Afrique Centrale (CEMAC) est prononcé sur simple demande de l'émetteur.

Figure n° 16 : fonctionnement du marché secondaire : Gestion de la cotation des valeurs

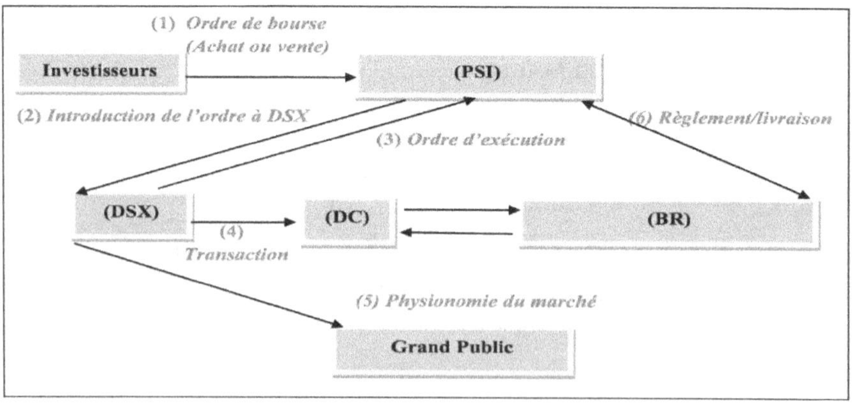

Source : Rapport du marché boursier 2014, p.9

Le respect strict des règles de la DSX doit être observé par toutes les entités candidates à une éventuelle inscription en bourse. Cependant, elles ont la latitude de solliciter leur inscription sur l'un ou l'autre des compartiments du marché. Toutefois, il revient à ces entreprises de remplir les conditionnalités qui sont exigées dans chaque compartiment.

C'est donc dire que la seule manifestation de la volonté et de la liberté de choix de compartiment ne suffit pas. Aussi, faudrait-il remplir les conditionnalités liées à chaque compartiment pour y avoir droit d'accès. Les barrières à l'entrée ne sont pas à la portée de toutes les PM/PMI, TE, TPE et autres au regard des problématiques de seuils, de transparence, de gouvernance et de production régulière des informations comptables et financières.

II.3 Vérification du lien DSX et entreprise : hypothèses et analyse

II.3.1 La fluidité du marché financier : la liquidité et les coûts

La liquidité

Tableau n° 43 : Sociétés, organismes et États cotés à la DSX

ACTIONS/OBLIGATIONS			MONTANTS		
ÉMETTEURS	**ANNÉE**	**NOMBRE**	**FRANCS CFA Milliers**	**EUROS Milliers**	**%**
COMPARTIMENT ACTIONS					
ENTREPRISES		**3**			
SEMC	2006		496 800	757	
SAFACAM	2008		2.898.000	4 418	
SOCAPALM	2009		11.806.000	17 998	
TOTAL ACTIONS			**15.200.800**	**23 173**	**3**
COMPARTIMENT OBLIGARTIONS					
ORGANISMES		**3**			
FAGACE	2004		3.510.000	5 351	
IFC	2009		7.500.000	11 434	
BDEAC	2010		11.835.000	18 041	
Sous-Total 1			**22.845.000**	**34 826**	**4**
ÉTATS		**2**			
CAMEROUN	2010		200.000.000	304 898	
CAMEROUN	2013		80.000.000	121 959	
TCHAD	2013		58.307.000	88 888	
CAMEROUN	2014		150.000.000	228 674	
Sous-Total 2			**588.307.000**	**744 419**	**93**
TOTAL OBLIGATIONS			**611.152.000**	**779 245**	**97**
TOTAL GÉNÉRAL			**626.352.800**	**802 418**	**100**

Source : Compilation de l'auteur sur la base des données du rapport du marché bousier DSX 2014

Compartiment actions

Le compartiment le plus connu de la bourse dans tout marché financier est le compartiment actions. Une action représente un droit de propriété, ou un titre de participation dans une société. Or depuis sa création officielle en 2001, la DSX a démarré tardivement ses activités en 2006 soit cinq ans plus tard. Ce qui n'est pas bon signe tant l'initiateur du projet, c'est-à-dire tant pour l'État du Cameroun que pour les potentiels émetteurs et investisseurs de ce marché. Toutefois, depuis l'effectivité du marché financier du Cameroun, le compartiment actions a enregistré trois entreprises (Semc, Socapalm, Safacam) à la cote pour un montant de capitalisation de 164 milliards de francs CFA, soit 250 millions d'euros ; ce qui montre que pendant la période effective d'activité (16 ans), il y a une moyenne d'une entité cotée tous les cinq ans.

Les opérations relatives aux titres de capitalisation de ces trois entités économiques ne concernent qu'une partie des actifs de l'État du Cameroun. Preuve s'il en était de constater le désengagement de l'État dans ces entités et son retrait progressif des activités de production d'une part, et de l'absence des acteurs privés dans la dynamique de transfert ou du mouvement (échanges) d'actions, caractéristique d'un marché financier animé d'autre part.

En l'absence d'un nombre critique d'entités à la cote, il n'est pas possible d'établir une courbe des taux qui permet d'apprécier le taux de rotation des actions (achats et ventes) en temps et en valeur.

Le tableau ci-dessus fait ressortir une capitalisation boursière globale de **626 352 800 milliards** de francs CFA, soit 802 418 euros, tous titres confondus (actions, obligations) en quinze ans, soit une moyenne de 41 756 800 milliards de francs CFA pour 53,495 millions d'euros. L'analyse de celle-ci montre une faiblesse accentuée des titres de capital, soit 3 % de la capitalisation totale, contre 97 % représentant les titres de créances, tous à dominance publique.

Compartiment obligations

Le compartiment obligations est le compartiment de la DSX qui a connu plus de capitalisation comparativement au compartiment actions pour la même période. Une obligation est un titre de créance négociable émis par une entreprise publique ou privée ou par le trésor (État), donnant à son souscripteur le droit de créance sur l'émetteur (entreprise). Dans la DSX, les obligations qui y sont émises ont la particularité d'être constituées en grande partie des titres d'obligations d'États (trois fois le Cameroun : 2010, 2013, 2014, une fois le Tchad : 2013) suivis des titres des organismes (FAGACE en 2004 ; IFC en 2009, BDEAC en 2010). Que ce soient les États ou les organismes, les obligations y relatives concernent les titres d'obligations publiques qui affichent une capitalisation d'obligations de 337 milliards (2014), soit environ 513 700 millions d'euros. L'on note également l'absence totale des titres d'obligations privées dans la DSX.

Toutefois, si l'on s'en tient au fait que le secteur privé demeure le moteur de la croissance économique, dans le compartiment actions comme dans celui des obligations de créances privées, une insuffisance de ce secteur privé est une preuve manifeste d'un déficit de financement de celui-ci et un désintérêt des acteurs économiques du secteur.

Les coûts de transaction

Approche des coûts de transaction des investisseurs

À titre d'illustration dans le cas de la DSX, deux cas peuvent être cités en référence, il s'agit de l'emprunt obligataire de l'État du Cameroun en 2010 et l'introduction à la cote de l'entreprise SAFACAM, entreprise du groupe Bolloré en 2008.

Il s'agit des coûts à l'entrée supportés par l'investisseur. « Lors de l'emprunt obligataire de l'État du Cameroun en 2010, d'un montant de 200 milliards de FCFA, soit 304,898 millions d'euros, l'État du

Cameroun a dû payer un consortium d'arrangeurs composé de trois (3) banques locales à hauteur de 500 millions de FCFA, soit 762 245 euros.

À ces frais, il faudrait ajouter ceux relatifs à l'introduction à la cote dont le taux moyen est de 7,32 % (Tableau n° 44) et des sommes versées aux prestataires de services d'investissement (sept banques de la place) ont empoché 2,5 milliards de francs CFA (selon, CMF), soit 3,811 millions d'euros. »[155]

Les modalités d'introduction en bourse de SAFACAM (2008), une entreprise du groupe Bolloré, pour y placer des actions d'une valeur de 2,8 milliards de francs CFA, soit 4 268 572 euros, sont précisées dans un document préparé par la SGBC : « *les frais relatifs à l'introduction ressortent alors un montant de 116,6 millions de francs CFA, soit 177 756 euros hors taxes, 8 millions de francs CFA, soit 12 196 euros de commission de décentralisation revenant à la DSX, 1,4 million soit 2 134 euros d'adhésion annuels revenant au dépositaire central, 14,4 millions de francs CFA soit 21 953 euros de frais de visa revenant à la CMF, et 45 millions de francs CFA, soit 68 602 euros de rémunération globale des intermédiaires financiers engagés dans l'opération* [156] ».

Le même document précise qu'« *après l'admission du titre SAFACAM à la cote, l'émetteur aura en charge des frais annuels additionnels facturés essentiellement par la DSX et le dépositaire central. Il s'agira notamment des frais annuels de cotation facturés par la DSX au taux de 0,75 % de la capitalisation moyenne des titres cotés, du droit d'adhésion annuel et des frais sur les opérations sur titres (paiement de dividendes, identification des actionnaires) facturés par la CAA (dépositaire central). L'émetteur devra aussi s'acquitter de frais d'animation du marché auprès du PSI de son choix* ».[157]

---

[155] INVESTIR AU CAMEROUN, N° 21-22/décembre 2013-janvier 2014, p.18
[156] INVESTIR AU CAMEROUN, N° 21-22/décembre 2013-janvier 2014, p.18
[157] INVESTIR AU CAMEROUN, N° 21-22/décembre 2013-janvier 2014, p.19

Ces deux cas démontrent qu'il existe des coûts à supporter par l'investisseur qui ne sont pas connus d'avance (invisibles) avant son entrée en bourse et qui apparaissent aux yeux des praticiens trop élevés.

Approche des coûts de transaction de l'introduction

Seuls les coûts de transaction à l'introduction sont connus et visibles. Le tableau ci-après (Tableau n° 44) renseigne à ce sujet pour ce qui est du DSX.

Tableau n° 44 : Coût d'introduction à la cote à la DSX

COÛTS ADMINISTRATIFS POUR UNE COTATION À LA DSX		
CMF	COMMISSION VISA	0,00 %
DSX	COMMISSION CENTRALISATION COMMISSION DE COTATION	0, 65 % 0, 65 %
DÉPOSITAIRE CENTRAL	COMMISSION DE MEMBRE	0,02 %
TAUX D'INTÉRÊT MOYEN		6,00 %
TAUX DE SORTIE MOYEN		7,32

Source : CMF du Cameroun

Ces coûts de transaction sont fixes de par leur nature et leur cotation en pourcentage dans la détermination du coût total à l'introduction en bourse. Seules les valeurs des titres inscrits à la cote les différencient fondamentalement (entrée et sortie). C'est donc dire que le coût administratif pour une cotation s'applique à tous les investisseurs potentiels, quelles que soient sa catégorie et la nature du titre (action ou obligation).

Approche des coûts de transaction de la cotation

Il s'agit de l'écart entre le prix d'achat et le prix de vente. Il s'agit donc des prix mis à la disposition des maker (les intermédiaires) pour engager la négociation pour le compte de leurs clients respectifs.

Dans le DSX, les informations relatives au prix de négociation sont inaccessibles. Seuls les prix de certains titres négociés sont disponibles. Il est donc aléatoire d'analyser expressément ces coûts et de tirer une conclusion pertinente.

La gestion des coûts de transaction a un impact sur le rendement d'un portefeuille. De ce fait, sa prise en compte dans une démarche capitalistique est un indicateur pour les potentiels investisseurs du marché financier, fut-il celui du Cameroun. C'est donc un dénominateur commun de placement à examiner afin de maximiser le gain de placement.

Les coûts de transaction représentent pour les investisseurs potentiels (particuliers ou institutionnels) un enjeu de premier plan. Ce sont des coûts de transaction fixe constituant des contraintes à observer comme ceux relatifs à l'introduction en bourse (7,32 %) (Tableau 45), et d'autres qui sont variables, dits coûts d'opportunité qui sont fonction du délai de chaque transaction, partant de la date de l'émission de l'ordre jusqu'à sa réalisation (durée).

Face donc à des coûts aussi importants des prestations sur le marché financier du Cameroun pour les investisseurs potentiels, ils constituent un facteur bloquant, donc une barrière à l'entrée pour d'éventuels investisseurs qui continueront à recourir au marché bancaire pour se financer ; situation qui ne rend pas la DSX attractive, la rend plutôt invisible et par conséquent plombe sa performance attendue.

Les banques ne peuvent pas se faire concurrence même en changeant de « casquette » pour devenir des prestataires de services d'investissement. Si c'est le cas, les intérêts (frais) de la seconde « casquette » sont plus élevés.

Bref, ces coûts de transaction à trois paliers présentent une opacité tant à l'entrée qu'à la sortie, ils sont donc très onéreux, et ce malgré les incitations fiscales encourageantes, voire incitatrices ; les acteurs économiques du secteur privé ne se bousculent donc pas aux portes de la DSX. C'est ce qui fait dire à Albert Florent Bengala, Directeur Général de Cenainvest, une entreprise de capital-risque à l'hebdomadaire Le Financier d'Afrique que « le coût de sortie d'un investissement à la bourse de Douala n'est pas compétitif par rapport à ce qu'offre le secteur bancaire ».

II.3.2 L'augmentation du volume de transaction : Le niveau de transaction

Le niveau de transaction boursière est fonction du volume des transactions en quantité (nombre) et en valeur (montant). Il se résume par la fonction suivante :

Niveau de transaction = Nbre de titres (action/obligation) X valeur d'un titre

Mais une analyse pertinente exige la prise en compte de manière régulière de trois variables, il s'agit de :

- *La fréquence,* c'est-à-dire la régularité, la constance des opérations de marché ;

- *La durée,* c'est-à-dire le temps des opérations de marché (achat et vente) qui doit être court ;

- *La progression,* c'est-à-dire l'évolution des échanges des opérations de marché (achat et vente).

Compartiment titres

De manière générale, le compartiment des titres de capital dans un marché financier est le compartiment qui permet de mieux apprécier la liquidité du marché. Et celui de la DSX ne saurait échapper à cette évaluation. Car c'est le compartiment dans lequel les titres passent de main en main (se négocient), l'exécution des opérations de vente et d'achat des titres s'effectue tout en prenant de la valeur. C'est donc dire que le nombre de titres échangé revêt une importance particulière dans l'analyse de la liquidité du marché, combiné au nombre de participants aux différentes négociations, ainsi se trouve justifiée l'attractivité du marché mais aussi la performance des entreprises inscrites à la cote.

Les trois facteurs (fréquence, durée et progression) ne peuvent exister et être appréciés que si le marché est attractif et profond. La détermination de la capitalisation boursière de la DSX à elle seule comme valeur absolue n'est pas significative, si elle n'est pas analysée dans sa progression pour une appréciation de l'amélioration continue de sa performance dans le financement des entreprises et de l'économie. En seize ans la DSX a enregistré dans son compartiment bourse trois entreprises : SEM (2006), SAFACAM (2008), SOCAPALM (2009).

Compartiment actions

Si en seize ans la DSX n'a enregistré que trois entreprises dans son compartiment actions, c'est une preuve palpable et un marqueur indélébile quant à la faible performance du marché financier du Cameroun à financer les entreprises camerounaises, soit une entreprise tous les cinq ans. Le compartiment actions est celui qui est le plus performant par rapport aux autres compartiments dans la plupart des marchés financiers à travers le monde.

Au-delà du nombre de sociétés cotées, il y a la fréquence très irrégulière entre les sociétés par rapport à leur introduction à la cote, soit une moyenne d'une entreprise tous les cinq ans. Situation qui prouve que la DSX n'est pas attractive, donc pas fréquentable et ne peut pas réaliser des performances satisfaisantes. Dans ce compartiment actions, l'on note une absence totale des PME/PMI et ses dérivés pour lesquelles un sous-compartiment a été dédié. Or c'est cette catégorie d'opérateurs économiques (PME/PMI), majoritaires dans la sphère économique du Cameroun, représentant plus de 80 % du tissu économique qui souffre d'un grave déficit de financement et de structures de financement spécialisées et adaptées à leurs problématiques.

Compartiment obligations

Le compartiment des titres d'obligations dans un marché financier est composé de deux ailes : il y a une aile des titres d'obligations publiques d'État et une autre aile des titres d'obligations publiques privées. Or la DSX ne contient que les titres d'obligations publiques d'États/organismes. L'inexistence des titres d'obligations privées handicape ce compartiment du marché qui est plus animé par l'aile publique. Ce qui affaiblit la performance partielle (compartiment obligations) de la DSX et sa performance globale.

Tableau n° 45 : Les titres d'obligation d'État/les titres d'obligation privé à la DSX à 2017 (Milliard de francs CFA).

ANNEES	OBLIGATIONS D'ETATS			OBLIGATIONS PRIVEES		
	NBRE	NOMS	MONTANTS	NBRE	NOMS	MONTANTS
2001	0	-	0	0	-	0
2002	0	-	0	0	-	0
2003						
2004				**1**	**FAGACE**	**3.510.000**
2005						
2006						
2007						
2008						
2009				**1**	**SFI**	**7.500.000**
2010				**1**	**BDEAC**	**11.835.000**
2011	**1**	**CAM.**	**200.000.000**			
2012						
2013	**2**	**CAM** **TCHAD**	**80.000.000** **58.307.000**			
2014	**1**	**CAM**	**150.000.000**			
2015						
2016						
2017						

Source : DSX, compilation de l'auteur Paul BABAGNACK

De façon numérique, l'on constate effectivement une augmentation du volume de transactions à la seule lecture des montants de 2001-2004, on est passé de 0 à 3 510 000 000 de FCFA, en une année (2004). De 2004 à 2009, soit cinq ans après, une autre transaction de même nature pour 7.500.00.000 de FCFA, réalisée par la SFI (2009), suivie en 2010 par la BDEAC pour un montant de 11 835 000 000 de FCFA. Ce fut la fin des titres d'obligations privées pour laisser la place aux titres d'obligations d'État, comme si les deux types d'obligations ne sont pas réalisables parallèlement ou simultanément.

Les obligations d'État dans le marché financier du Cameroun ont pris naissance dix ans après le démarrage de la DSX, avec les obligations d'État du Cameroun en 2011 pour une transaction de 200 000 000 000 de FCFA, soit 304 500 millions d'euros. En 2013 l'État du Cameroun récidive avec des obligations d'un montant de 80 000 000 000 de FCFA, soit 121,959 millions d'euros, suivi de l'État du Tchad la même année pour 58 307 000 000 de FCFA, soit 88, 800 millions d'euros. En 2014, l'État du Cameroun fait un appel public à l'épargne d'un montant de 150 000 000 000 de FCFA, soit 228, 673 millions d'euros, et puis (2015) plus d'obligations publiques/organismes ou privées dans le marché financier du Cameroun jusqu'à la fin de l'année 2017.

Or, un marché financier quel qu'il soit est dynamique par l'animation de son compartiment actions et dans une moindre mesure par son compartiment obligations dans le sous-compartiment obligations privées. C'est dans ces deux compartiments que les transactions (achat et vente) se font et reflètent la performance du marché. Dans un compartiment comme dans l'autre les écarts positifs d'augmentation du volume de capitalisation d'une année à une autre sont trompeurs et peuvent laisser croire à une quelconque performance. Mais une analyse fine laisse plutôt entrevoir l'incapacité du DSX à financer les entreprises camerounaises et particulièrement les PME-PMI et ses dérivés.

La conclusion selon laquelle le marché financier du Cameroun n'est pas performant dans le financement des entreprises camerounaises est tout simplement une évidence. La durée moyenne entre les titres d'obligations publiques comme privées est de deux ans avec un resserrement entre 2009 et 2014, soit cinq ans.

II.3.3 L'évolution du marché financier du Cameroun : mutation vers une bourse régionale

La DSX connaîtra certainement sa métamorphose pour une transition de consolidation avec la BVMAC, à la faveur de la récente décision des Chefs d'État lors du sommet du 30 octobre 2017 à N'Djamena au Tchad. Cette volonté manifeste des Chefs d'État de la CEMAC de consolider les deux marchés financiers pose un problème structurel et organisationnel en domiciliant le marché central unique à Douala (DSX, BVMAC) ; et l'autorité du marché financier unique à Libreville (CMF, COSUMAF) avec la banque de règlement à Yaoundé siège de la Banque des États de l'Afrique Centrale (BEAC). Avec cette particularité que la banque de règlement est l'autorité de l'émission monétaire régionale, elle a des représentations dans chacun des pays membres de la CEMAC.

Cette nouvelle architecture organisationnelle du marché financier de la CEMAC permettra de sortir du marché financier fragmenté vers un marché financier centralisé de la CEMAC. Ce qui aura pour conséquence la disparition du marché financier national du Cameroun lorsque les dispositions règlementaires de la CEMAC permettront l'entrée en vigueur de cette décision. Initialement prévue pour le 31 décembre 2018, elle reste confrontée à des modalités règlementaires et opérationnelles pour son application. Cette consolidation effective pourrait connaître une prorogation. Pour cela, il faudra s'appesantir sur deux axes de réflexion :

- L'un règlementaire avec un acte additionnel à la convention de la CEMAC pour qu'une telle mesure à dimension régionale soit appliquée ;
- L'autre opérationnel, répondant à la problématique du modèle de transition.

Toutefois, cette évolution du marché financier du Cameroun (DSX) rentre dans le cadre de l'évolution normale d'une structure qui veut répondre à de nouveaux défis et s'arrimer à la géofinance internationale (regroupement). Elle doit connaître des changements structurels pour exister dans la durée.

Après avoir vérifié et analysé les hypothèses ci-dessus relatives à la performance du marché financier du Cameroun, l'on peut apprécier les indicateurs de performance qui en découlent. Ils sont liés étroitement entre eux et en corrélation avec les hypothèses sus-analysées. Il s'agit de l'efficacité, de l'efficience et de l'effectivité du DSX dans sa mission de financement des entreprises camerounaises.

II.3.4 Les indicateurs de performance du marché financier du Cameroun

II.3.4.1 L'efficacité de la DSX

Un marché financier efficace est un marché financier qui intègre à chaque instant toute l'information disponible sur le marché dans les prix d'échange. Il suppose l'existence d'un grand nombre d'acheteurs et de vendeurs sur les titres existants. Adam Smith (1962) distingue trois grands facteurs pour créer un marché financier efficace :

> *L'environnement :* les structures supposent l'existence d'un grand nombre d'acheteurs et de vendeurs sur les titres existants ;
>
> *Les institutions :* l'ensemble des règles et procédures qui régissent les opérations de marché et leur dénouement rapide de manière à créer la confiance et les rendre attractives ;
>
> *Les comportements :* Comportement des agents est conséquent à l'organisation et à l'animation du marché.

Le marché financier du Cameroun compte à ce jour trois entreprises inscrites à la cote dans son compartiment actions dans la catégorie des grandes entreprises. Ce qui est insignifiant lorsque l'on sait que le Cameroun est la locomotive de l'économie de l'Afrique Centrale au regard d'un certain nombre d'agrégats macro-économiques indiqués plus haut.

Au regard de l'absence d'un grand nombre d'intervenants (acheteurs et vendeurs), l'atomicité de la DSX pose problème. Ce déficit d'acheteurs et de vendeurs est la conséquence logique de la rareté d'offreurs et de demandeurs.

Un marché financier est dit efficace s'il remplit son rôle à temps et dans des conditions prévues par le régulateur. Ce qui n'est pas le cas du marché financier du Cameroun, la DSX.

II.3.4.2 L'efficience de la DSX

Il s'agit ici des coûts d'acquisition de l'information permettant de mettre en évidence l'asymétrie d'informations telle que l'ont montré Crossman (1976, 1978) et Stiglitz (1980). Le modèle qu'ils proposent concerne deux catégories d'agents, dont l'un qui acquiert l'information à un coût moindre et l'autre moins informé qui n'observe que le prix. Le fait d'avoir à payer pour obtenir une information donne l'impression d'avoir un avantage par rapport à celui qui n'a connaissance que du prix. Or, le prix reflète toute l'information disponible du marché. Donc en présence des coûts de l'information, le prix ne reflète plus toute l'information : d'où l'asymétrie d'information et par conséquent l'inefficience du marché.

Une classification en trois catégories, de différents niveaux d'efficience par Fama (1965) [158] sur la base de l'information du marché. Selon lui, un marché est efficient sur le plan de l'information si le prix observé sur le marché reflète pleinement et instantanément toute l'information disponible, il prend en compte le contexte informationnel dans son ensemble et se révèle de ce fait trop général pour permettre une quelconque vérification empirique.

Efficience forte : l'ensemble de l'information disponible comprend uniquement l'historique des séries de prix et de rentabilités. Les tests

[158] Mignon Valérie, « Les ambiguïtés de la théorie de l'efficience informationnelle des marchés financiers », Regards croisés sur l'économie, vol.3, n° 1, 2008, pp.104-117

de la forme forte sont essentiellement les tests de la forme de marché aléatoire et visent à déterminer si les rentabilités futures peuvent être faites à partir des rentabilités passées ;

Efficiente semi-forte : l'ensemble de l'information contient toute l'information publique. Cette information peut regrouper toute l'information comprenant l'entreprise émettrice, notamment les rapports annuels, l'annonce des bénéfices, les distributions d'actions gratuites, l'information fournie par la presse, etc. C'est-à-dire si le marché a correctement anticipé l'annonce ou la publication des résultats ;

Efficience faible : l'ensemble de l'information comprend en plus de l'information publique, toute l'information privée. Les tests visent à déterminer si les individus ayant un accès monopolistique à l'information sont capables de réaliser des profits supérieurs aux autres agents.

Selon le classement de Fama (1965), la problématique de l'information est au cœur des préoccupations de l'efficience des marchés financiers. Les hypothèses financières sus analysées montrent un déficit informationnel au point de ne pas attirer un grand nombre d'entreprises, qu'elles soient de grande taille (grandes entreprises) ou de petites tailles (PME/PMI). Il s'agit :

- La liquidité du marché financier du Cameroun, la DSX ;

- Les coûts de transaction ;

- Le niveau de transaction.

La faible liquidité de la DSX est la conséquence de l'existence de coûts de transaction par ailleurs élevés ; et d'autre part de l'irrationalité des investisseurs. Ces derniers ne disposant pas de toute l'information gratuitement ne peuvent pas accéder à la DSX. La rareté des investisseurs (acheteurs et vendeurs) dans le compartiment actions comme dans celui des obligations justifie aussi le faible de niveau de transaction : DSX, inefficient.

II.3.4.3 L'effectivité de la DSX

L'effectivité renvoie à l'impact qu'un phénomène ou un évènement peut avoir sur son environnement, proche ou lointain. Cet impact peut avoir un attribut négatif, ou un attribut positif, ou encore un attribut prospectif. De façon plus précise, il s'agit ici d'apprécier l'impact de la présence du marché financier, la DSX, dans le paysage économique et financier, voire socio-culturel du Cameroun.

Le décryptage des hypothèses ci-dessus, porte sur :

- La liquidité du marché financier du Cameroun, la DSX ;

- L'augmentation du volume de transaction ;

- L'évolution de la liquidité du marché financier du Cameroun.

La création de la DSX par les autorités du Cameroun venait combler une insuffisance dans le développement de son secteur financier de manière à impacter non seulement le comportement des acteurs économiques et autres mais surtout celui de la finance.

Le résultat obtenu dans le test de la première hypothèse relative à la liquidité du marché financier du Cameroun est que la DSX n'est pas liquide. La seconde hypothèse est liée aux coûts de transaction et montre qu'il y a des coûts invisibles, préalables à une entrée à la DSX, associés aux coûts visibles (coûts administratifs), donc connus et publiés en pourcentage (…) et aux coûts de sortie de la DSX (variation du prix négocié des titres, entre les prix proposés du vendeur et de l'acheteur). L'existence de ces coûts est une entorse à l'effectivité du marché financier du Cameroun.

Dans cette troisième section, nous allons apprécier les effets de la DSX sur l'économie du Cameroun, tant sur les acteurs que sur l'économie.

SECTION III : EFFETS DE LA DSX SUR L'ÉCONOMIE DU CAMEROUN

C'est le cas ici d'évoquer la loi Pareto, la méthode 80-20 appelée aussi « principe de Pareto » par Joseph Juran (1954) pour faire une représentation de l'environnement économique du Cameroun. Pareto fait une remarquable observation : le pourcentage de la population dont la richesse est supérieure à une valeur X est toujours proportionnel à $A/X\alpha$ et le coefficient α variant d'un pays à un autre. Selon Joseph Juran (1954), « 80 % des effets sont le produit de 20 % des causes ». En d'autres termes, le principe de Pareto est la méthode générale permettant de trier un quelconque agrégat en deux parties : les problèmes vitaux et les problèmes secondaires, il est devenu un outil universel d'analyse.

Le tissu économique du Cameroun est constitué en majorité des PME, PMI et TPE (80 %) avec une faible capacité d'influence sur l'économie. Avec surtout la caractéristique d'une existence éphémère, deux ans en moyenne du niveau de vie entre la création juridique et le démarrage réel de leurs activités. À *contrario*, les 20 % restant représentent les filiales ou les succursales des grandes multinationales étrangères, force motrice de l'économie du Cameroun. Avant l'avènement du DSX dans l'environnement économico-financier du Cameroun, seul le système bancaire (formel et moderne) dominait le mode de financement de l'économie (des entreprises) aux côtés du mode traditionnel et informel (tontine). Ce système de financement bancaire n'étant rien d'autre sur le plan stratégique que le prolongement d'un système bancaire hérité de la colonisation qui a changé d'époque et de coloration, mais qui n'a en fait pas véritablement changé dans le fond (pratiques), avec des taux d'intérêt et des conditions d'emprunt prohibitifs et une sorte de filtrage (barrières) à l'entrée pour les potentiels investisseurs (demandeurs de crédit). Les crises économiques et financières qui se sont succédé (ont contribué à la fragilisation de ce système avec la faillite de certaines banques filiales [BIAO, BICIG, etc.] des grands groupes.

Les problématiques liées à l'existence, à la durée de vie du poumon de l'économie camerounaise [PME, PMI et TPE], donc à sa capacité d'assurer son développement sont nombreuses. D'abord elles tiennent à la création « opportuniste » avec tout ce que cela comporte comme défauts de conception, de business plan [business model] donc de perspective de croissance [vision], c'est-à-dire une gestion opaque. C'est ce qui fait dire à M.J Alibert : « Pour nombre des PME, les difficultés résultent en grande partie du manque de compétence dans le montage des documents financiers »[159]. La pression fiscale est un autre « caillou dans la chaussure » des entrepreneurs camerounais associée aux lenteurs administratives, la corruption, la gouvernance [la bonne tenue de la comptabilité qui est source de la confiance des banquiers en matière de crédit].

Si la finance bancaire est discriminatoire au point de faire le lit des EMF et du système financier informel, la finance des marchés financiers peut-elle influencer positivement le système productif camerounais ? L'avènement du marché financier du Cameroun [DSX] semblait être la panacée dans la résolution de ce problème de financement de l'économie du Cameroun et plus particulièrement ceux des acteurs économiques comme les PME, PMI et TPE, contrairement aux filiales et succursales des grandes entreprises ayant une surface financière assez large. Malgré sa présence [DSX] dans le système financier du Cameroun, la situation de ces PME, PMI et TPE, n'a pas connu une embellie financière.

Les contraintes de financement décriées dans le système bancaire se sont vues transposées [dupliquées] dans le marché financier, excluant de fait une frange de la population cible candidate naturelle aux

---

[159] M.J Alibert (1987) : le guide pratique de la PME et PMI en Afrique noire ; édition John libbey Euronext ; page 44

financements par le marché financier. Pour J.C De la Contre : « Le rôle essentiel de la bourse est donc de collecter des capitaux nouveaux. Ce que les entreprises recherchent, c'est une épargne acceptant de s'investir. En d'autres termes, elles vendent des titres représentant leur demande de capitaux aux investisseurs qui désirent placer leur épargne. Un transfert d'épargne s'opère aussi des particuliers aux entreprises »[160].

III.1 Les effets sur les acteurs du marché financier du Cameroun

1) Sur les épargnants

Le DSX n'a pas eu d'impact significatif sur les épargnants camerounais qui ne se sont pas empressés sur le marché financier du Cameroun. Même si à chaque emprunt obligataire, ils se sont manifestés massivement avec des souscriptions largement au-dessus de l'emprunt initial sollicité. Mais le compartiment actions n'a pas connu l'engouement constaté dans le compartiment obligations. Le nombre de transactions reste faible et distancé, preuve s'il en était besoin de dire que le DSX n'est pas attractif et dynamique. La distance constatée vis-à-vis du système bancaire est la même vis-à-vis de la bourse locale au profit des EMF et autres circuits de la finance informelle comme les tontines.

2) Sur les entreprises

2.1) Sur les entreprises privées

Effet relatif sur les entreprises privées camerounaises, car seulement trois entreprises (SEM, SOCAPALM, SAFACAM) sont cotées dans la DSX sur un ensemble d'entreprises identifiables et potentiellement éligibles à la cote. Or le marché financier local offre des alternatives

---

[160] C De la Conte (1975) : À quoi sert la bourse ; édition du seuil, Paris 1975, page 88

de financement aux sociétés en faisant jouer la concurrence entre le marché bancaire et le marché financier. Cette concurrence permet la diversification des sources de financement et induit un abaissement des coûts des capitaux.

2.2) Sur les entreprises parapubliques

Les entreprises parapubliques devaient trouver en la DSX une opportunité pour résoudre leurs déficits et sortir des subventions étatiques hypothétiques qui plombent leur gouvernance et fragilisent leur existence. Les privatisations des deux dernières décennies n'ont pas été faites par le marché financier du Cameroun : ce qui est déplorable pour les entreprises parapubliques qui sont passées pour la plupart dans le portefeuille des multinationales étrangères ; exposant l'économie locale aux vicissitudes de l'économie mondiale et des multinationales d'envergure mondiale. Les différents chocs dont elles seront victimes se répercutent sur leurs filiales au Cameroun avec des conséquences désastreuses sur l'ensemble de l'économie camerounaise en termes de cessation d'activités, de licenciements et de délocalisations.

2.3) Sur les institutionnels (zinzins)

Les investisseurs institutionnels peuvent acheter et vendre des valeurs mobilières sur ledit marché local sans restriction. Compte tenu de leur large surface financière, ils auraient pu profiter d'une meilleure répartition de leurs risques par le biais de la diversification de leurs placements qui se feraient à une échelle locale et renforceraient ainsi la liquidité du marché financier domestique. Les zinzins ont manqué de saisir l'occasion de sédentariser et de sécuriser les flux financiers locaux et l'épargne locale par le renforcement de leurs capitaux permanents avec les placements en bourse, en investissant dans des projets rentables.

2.4) Sur les intermédiaires de bourse

Le nombre important des prestataires de services d'investissement (PSI-membre de DSX)[161] n'a pas contribué au lancement de la bourse du Cameroun. Cheville ouvrière dans l'animation des marchés financiers, ceux de la DSX ont brillé par leur inefficacité. Ils n'ont pas joué leur rôle dans leur large éventail d'offre des services, pour proposer, promouvoir la culture boursière d'une part, convaincre les résistants ou les indécis sur le bien-fondé non seulement de leur entrée en bourse en ouvrant leur capital, en partageant les risques, en offrant des possibilités de prises de participation pour une croissance verticale et/ou horizontale.

2.5) Sur l'autorité de régulation de bourse

Un marché financier régulé est une réponse à un souci et à un effort des autorités politiques en vue de la sécurisation du fonctionnement des institutions du marché ainsi que la protection des droits des épargnants intervenants dans ce marché financier. Un marché financier ayant un corpus juridique et règlementaire est un outil capable de créer une industrie financière diversifiée et compétitive avec des services financiers qui favorisent l'innovation et la croissance de l'économie. L'existence d'un régulateur dans le marché financier du Cameroun est encore un gage de la modernisation et de l'efficacité des opérations financières en cours au Cameroun.

[161] Rapport du marché boursier en 2014, p.30

III.2 Les effets de la DSX sur l'économie du Cameroun

III.2.1 Les effets négatifs de la DSX : objectifs

La création du DSX au 1er décembre 2001 était un acte salutaire de la part des autorités camerounaises. Elle était la bienvenue pour certains alors que d'autres étaient sceptiques au regard du contexte de ses conditions de création. La DSX est créée alors que l'économie du Cameroun en pleine zone de turbulence et en pleine restructuration. Et pour les sceptiques les conditions n'étaient pas réunies pour un fonctionnement normal.

III.2.2 Les effets positifs de la DSX : institutionnels

Le premier effet positif est l'existence d'un marché financier qui vient ainsi combler un vide dans l'appareillage architectural de la finance locale. C'est donc un enrichissement que d'avoir un marché financier pour le développement de la finance et de l'économie du Cameroun.

Grâce au DSX, le gouvernement du Cameroun a saisi cette opportunité pour adapter sa fiscalité relative aux entreprises, de manière à faire appel au marché financier leur cycle d'exploitation ainsi que leur cycle d'investissement (l'impôt sur le bénéfice est de 25 %, compter de 1/01/2017). Cet allègement fiscal contribue à renforcer la compétitivité des entreprises cotées en bourse (DSX) et améliore la performance plurielle de celles-ci.

Les entreprises inscrites à la cote du marché financier du Cameroun ont entre autres obligations la publication de leurs états financiers et des rapports trimestriels. Ces exigences de gouvernance garantissent la qualité de l'information comptable et financière, donnent une image positive du management de celles-ci, en termes de transparence et de crédibilité, pour attirer les investisseurs potentiels.

Les besoins de financement sont de trois ordres :

- Le financement des investissements (machines, sites de production, etc.) ;

- Le financement du fonds de roulement (stocks, facteurs de production, charges courantes d'exploitation, etc.) ;

  ✓ Le financement d'une combinaison en investissements et en fonds de roulement.

Quel que soit le type d'investissement sollicité, le socle commun de financement formel reste et demeure l'identification bancaire des PME/PMI. Et pour cela, un changement de paradigme s'impose dans l'abandon du financement informel caractérisé par deux types d'insuffisances :

Premier type : insuffisance culturelle

La préférence pour la liquidité ;

La thésaurisation importante ;

L'absence d'élément incitatif à l'épargne formelle.

Deuxième type : insuffisance managériale

Des structures fortement personnalisées ;

Mauvaise tenue de la comptabilité ;

Des limites dans la gestion financière ;

Démarrage des activités sans étude de faisabilité.

CONCLUSION GÉNÉRALE

C'est dans l'optique de dynamiser l'activité boursière et de booster la culture boursière d'une part, et d'améliorer la performance des marchés financiers et des entreprises de la CEMAC d'autre part que la réflexion sur la démarche de consolidation des deux marchés financiers de l'Afrique Centrale, c'est-à-dire le marché financier régional, la Bourse des Valeurs Mobilières de l'Afrique Centrale (BVMAC) et le marché financier du Cameroun, la Douala Stock Exchange (DSX) est apparue indispensable ; afin de permettre réellement au marché financier régional intégré de jouer son rôle avec efficacité en tant qu'outil de financement long de son économie et renforcer ainsi l'intégration économique et financière de la CEMAC.

La problématique de consolidation et de performance se trouve à l'intersection du financement de l'économie de l'Afrique Centrale. La solution proposée relève de l'architecture structurelle et organisationnelle des marchés financiers de l'Afrique Centrale, dans l'objectif de les rendre plus efficaces et performants.

La presse financière, comme celle non financière admet les avantages comparatifs du fait de la diversification des sources de financement et les économistes classiques (Adam Smith (1776) ; Robert Torrens (1815) ; Ricardo (1817) et néo-classiques (Solow, 1956 ; Cass (1965), Koopmans (1965) louent les mérites d'un marché financier en monnaie locale, donc militent pour la convergence des économies. Et au regard des récentes crises financières et de la baisse des cours des matières premières, en l'occurrence le pétrole, se fait jour l'impérieuse nécessité de diversifier les sources de financement. L'évolution de la pensée financière relative aux mécanismes de financement impose une nouvelle organisation des sources de financement par la théorie de la centralité et la théorie de la mutualisation. Les économies des pays développés et les différentes unions qui se sont constituées (hier les États-Unis, l'Union Européenne, l'UEMOA, aujourd'hui les BRICS) ont choisi cette option de centralité et de mutualisation des moyens de financement avec des différences propres à leur histoire.

Pour répondre au tarissement des leviers budgétaires (recettes fiscales, devises étrangères issues de la vente des produits à l'export), aux coûts des transactions élevés et prohibitifs des places financières et marchés internationaux, les États de la CEMAC doivent mettre à profit cette source de financement subsidiaire à l'exception du système bancaire traditionnel (économie de l'endettement). Aux entreprises et aux investisseurs privés comme institutionnels (zinzins) de profiter d'une source supplémentaire de financement et de placement qu'offre le marché financier en monnaie locale. L'existence, le développement et la consolidation des marchés financiers domestiques de la CEMAC en un marché financier unique sont des avantages considérables dans la répartition et la réduction des risques multiformes dupliqués par l'effet de taille des économies des pays de la CEMAC.

C'est pour mobiliser de manière efficace les ressources intérieures nécessaires à son développement, diminuer leur dépendance vis-à-vis des financements extérieurs, et redynamiser un marché financier bipolaire donc fragmenté, que sur la base du modèle *CODERE*, les pays de l'Afrique Centrale doivent sortir des schémas égocentriques de développement de leur secteur financier pour s'engager définitivement dans un processus commun d'intégration et de libéralisation financière de celui-ci et plus précisément celui du marché financier. Il s'agit de favoriser la mobilité des capitaux, tout en permettant au marché financier d'atteindre la taille critique pouvant attirer les entreprises et les États à la recherche de la diversification de leurs sources de financement, qu'il s'agisse des investisseurs locaux ou étrangers en quête de diversification de portefeuilles et de risques.

BIBLIOGRAPHIE

OUVRAGES

Anne Marie GEOURJON, Samuel GUERINEAU, Patrick GUILLAUMOND, 2013, *Intégration régionale pour le développement en Zone franc*, Economica.

Bela BASSALA, 1962, « The money of economic integration ».
Bruno Biais « Microstructure des marchés financiers », Édition puf, mai 1997.

BVMAC août 2008, « Petit lexique boursier et financier ».

BVMAC septembre 2009, « Comment développer le marché financier en Afrique Centrale » ;

Christophe BOUCHER et Dominique PLIHON « Les marchés financiers sont-ils efficaces ? ».

Commission de l'Union africaine « État de l'intégration en Afrique », juillet 2011 Troisième Publication.

Commission de l'Union Africaine, « État de l'intégration en Afrique », troisième publication, juillet 2011.

COSUMAF « Atelier régional sur le développement du marché financier en Afrique centrale » Douala, 29 & 30 octobre 2009.

Edgar Morin, « La méthode », Seuil, 1977

EMERSON, M. et autres, 1990, « Marché unique Monnaie unique », Paris, Economica, Commission des Communautés européennes.
Émile Durkheim, « La division du travail social », Paris, 1893
Fréderic Mishkin, 2010, « *Monnaie, banque et marché financier* », Nouveaux horizons ;

Frédéric Teulon, 1997, DOI : 10.3917/rce.003.0159 « Les marchés de capitaux », Ed. Seuil, Col. Mémo.

Henry Mintzberg, 1979, *Structure et dynamique des organisations* Ed. D'organisation.

J.L. Le Moigne, « La modélisation des systèmes complexes » Dunod, 1995.

Jean-François LAPETIT, 2013, « Dysfonctionnement de marchés ».

Jennifer Nille, Bruno Colmant, 2014, « La bourse une machine infernale : Histoire de la bourse du XVII au XX siècle », Ed. Renaissance du Livre.

Joseph Tchundjang Pouémi, « Monnaie, Servitude et Liberté, la répression monétaire de l'Afrique », 2e Ed.2000 Ed. Menaibuc.

Michel AGLIETTA, 2013, « Zone Euro : éclatement ou effondrement » Ed. MICHALON

Michel Beaud, 2006, *l'art de la thèse. Comment préparer et rédiger un mémoire de master, une thèse de doctorat ou tout autre travail universitaire à l'ère du net*, éd. GUIDES/GRANDS. REPÈRES.

Moustapha Lô DIATTA, 2007, « Les unions monétaires en droit international », Ed. Graduate Institute.

Nicolas AGBOHOU, septembre 2012, « Le franc CFA et l'Euro contre l'Afrique », Groupe Horizon

Paul Lagneau-Ymonet, Angelo Riva, 2011, « Histoire de la Bourse », Ed.la découverte ;
Paul-Jacques Lehmann, 2008, « Bourse et marchés financiers », Collection : Les Topos, Dunod.

Pedro Arbulu, 2007, « La bourse de Paris au XIX : Efficience et performance d'un marché financier émergent », Ed. Connaissance et Savoirs.

Philippe ARRAOU « l'expert-comptable et l'économie numérique », Conseil supérieur de l'ordre des experts-comptables de France.

Philippe NOREL, 2004, « l'invention du marché : Une histoire économique de la mondialisation » Ed. Seuil.

Pierre Philippe COMBES, Thierry MAYER ; Jacques-François THISSE « Économie géographique : l'intégration des régions et des nations » Ed. Economica, 2006.

SCHOR A-D, 1995, « la monnaie unique » Paris Puf/Que sais-je ?

Vivien LEVY-GARBOUA et Gérard MAAREK, 2014, « Capitalisme-Finance-Démocratie, le nouveau malaise », Economica

Yves Bernard, Jean-Claude Colli, et Dominique Lewandowski, 1975, « Dictionnaire économique et financier », Paris, Seuil.

Yves CROZET, Lahsen ABDELMALKI, Daniel DURFOURT, René SANDRETTO 2005, « Les grandes questions de l'économie internationales », 2e édition Armand Colin.

Zahra Bouba « Le marché financier de la CEMAC : Cas de la bourse des valeurs mobilières d'Afrique centrale », mémoire rédigé en vue de l'obtention du Master en Gestion d'entreprise, Instituto Universitario de Lisboa, avril 2010.

Zvi Bodie, Robert Merton et Christophe Thibierge, 2011, « Finance », NOUVEAUX HORIZONS.

ARTICLES

Actes du 4e Congrès de l'Ordre National des Experts-Comptables du Cameroun (ONECCA), avril 2000, « La transparence de l'information financière : Le rôle de l'expert-comptable ».

Actes du 6e Congrès de l'Ordre National des Experts-Comptables du Cameroun (ONECCA), novembre 2003, « Bonne gouvernance des entreprises et marché financier : le rôle du commissaire aux comptes ».
Afriland First Bank, promouvoir l'Inclusion financière en Afrique Centrale, *le Défi du financement des PME*, Conférence Régionale CEEAC, Brazzaville, Congo, 23/03/2015.

Agossou Jacques Gansinhoundé « Comparaison des niveaux de bancarisation dans le monde : situation de l'UEMOA et de la CEMAC ». Cotonou, juillet 2008.

Alain Leclair et Carlos Pardo « La volatilité, conséquence ou cause de l'instabilité des marchés ? » Revue d'économie financière, année 2004, volume 74, n° 1, p.245-252.

Amor Belhiedi Faculté des Sciences Humaines & Sociales « Le développement régional : Problématiques, objectifs et principes » Communication aux JG « Le développement régional. Approches géographiques » Journées géographiques de l'AGT, 19 mars 2011, FSHS, Tunis, Salle Guermadi. Publié in La fracture territoriale, 2012, Wassiti Editions, Ibraz.

Ariel Colonomos « La notation financière des États, une question de représentation », Communication, année 2013, volume 93, n° 1 p.187-202.

Augustino Graziani « le financement de l'économie dans la pensée de J.M. Keynes ».

Avom D. Gbetukom, 2005, « Intégration par le marché : le cas de l'UEMOA, région et développement n° 22-2005.

Ben Slimane, Faten « Les fusions des marchés boursiers : manger ou être mangé », Gestion, Vol. 38, n° .1, 2013, pp66-73.

Boukhatem Jamel, 2009, « Essai sur les déterminants empiriques de développement des marchés obligataires », Université de Paris Ouest Nanterre

Bruno Palier et Yves Surel, Revue Française de Sciences Po, 2005/1 — Vol.55, pages 7 à 32, "LES « TROIS I » et L'ANALYSE DE L'ÉTAT EN ACTION".

Bulletin de la Banque de France n° 198 4e trimestre2014.

BVMAC, par le Pr NGAZO PH. D — MBA, Chargé de cours IAE/Université Paris1 — Sorbonne, « Atelier régional de Libreville, Séminaire COSUMAF 18 AU 19 février 2007 sur le thème : Titrisation et dynamisme des marchés financiers : Quels apports pour la BVMAC »

Cahiers d'économie politique/Année 1988/Volume 14/Numéro 1/Université de Naples (Italie).

Cahiers d'économie politique/Année 1988/Volume 14/Numéro 1/Université de Naples (Italie).

Cahiers français, n° 277 juillet-septembre 1996 ; « La Bourse ».

Cédric Achille MBENG MEZUI Working paper No 138 – novembre 2011 Banque Africaine de Développement : « Politique Economique et Facteurs Institutionnels dans le Développement des Marchés Obligataires Domestiques de la Zone CFA ».

CEMAC, 1972, « Convention régissant l'Union Monétaire de l'Afrique Centrale » (UMAC).

Charles-Edouard Houllier-Guibert, « De ville en métropoles, Ville internationale, image internationale : le cas de Montréal » Observatoire SITQ du développement urbain et immobilier, Institut d'urbanisme de l'Université de Montréal, 04/05/2010.

Chouchane — Verdier Audrey "Libéralisation financière et croissance économique : le cas de l'Afrique subsaharienne, thèse, Université de Nice-Sophia Antipolis, 2000, synthèse de PAGANO (1993) modèle de King et Lévine.

Chouchane — Verdier Audrey « une analyse empirique de l'impact de la libération financière en Afrique subsaharienne sur la période 1983-1996 », Revue du tiers monde 2004, n° 3, volume 179, p.617-641.

Christian Bordes et Laurent Clerc « Stabilité des prix et stratégie de politique monétaire unique », décembre 2003.

Christian Walker « Une histoire du concept d'efficience sur les marchés financiers », Annales, Histoire, Sciences Sociales/Année 1996/Volume 51/Numéro 4/PP 873-905.

Corpataux, José, et Olivier Crevoisier. « Gouvernement d'entreprise et mobilité/liquidité du capital : quel ancrage territorial dans une économie financiarisée ? » Géographie, économie, société, vol.13, n° 4, pp. 387-411

Daniel Ebénézer KEUF, Thèse de Doctorat en droit sur le thème : Régulation des marchés financiers dans l'espace OHADA, soutenue à l'Université de Strasbourg en cotutelle avec l'Université de Dschang, le 25 mars 2010.

Darryl BIGGAR « La tarification de l'accès dans le secteur des télécommunications », OCDE 2004.
Denise Pumain « Ville et système de villes dans l'économie », texte dans la revue d'économie financière année 2006, volume 86, p.29-46, submitted on 13 May 2007.

Dhafer Saïdane « Système et transition : où en est-on ? » Une revue critique de la libéralisation financière, revue d'études comparatives est-ouest, année 2002, volume 33, n° 4, p.5-46.

DIEYE Mohamed 'Quelle politique fiscale pour impulser le développement du marché financier régional de l'UEMOA ? Afrilex n° 4/2004, DOIS : 10.3917/rfe.112.0115.

Elisco Bonetti, « Teorica delle localila centrale », Faculta di economia et commercio instito di geograffia n°6, 1964, un vol.121p, 18 fig.

Fama Eugene (1970), Efficient Capital Markets: A Review of Theory and Empirical Work'. Journal of Finance (The Journal of Finance, Vol. 25, and N°. 2) 25 (2): 383–417.

FLOAREA IOSUD-DOBRICA « L'hypothèse de l'efficience des marchés : apport à l'étude des investissements directs à étranger », Doctorant, Faculté de Sciences économiques, Université de Poitiers, e-mail : floarea.iosub@univ-poitiers.fr

Forges Sylvain, Lévy-Lang André, « Qu'attendre de la fusion d'Euronext et du New York Stock Exchange ? », Le journal de l'école de Paris du management, année 2007, n° 6, volume 68, p.24.31.

Francis KOUTOUZI, « L'INTÉGRATION MONÉTAIRE EN AFRIQUE SUB-SAHARIENNE : Une évaluation de l'optimalité en zone CEMAC », Doctorant en Économie Monétaire et Bancaire, Faculté de Sciences Economiques et de Gestion Appliquée, Université de Douala.

Fredéric Gaschet et Claude Lacour « Métropolisation, centre et centralité », IERSO-IFREDE, Université de bordeaux IV ;
Garance Gabard, « De la complémentarité du régionalisme et du multilatéralisme dans le système commercial international ».

Geneviève Grégoire Labresque, 2014. Formation de base en interculturel « la complexité du concept d'intégration ».

Georges Chabot, « La théorie de la centralité d'après Eliseo Bonetti » (compte rendu) 1965, vol.74, n° 403, p.331.

Gravelle, T (1999), Liquidity of the Government of Canada Securities Market: Stylised Facts and Some Market Microstructure Comparisons to the United States Treasury Market.

Hans Lundström, « Mouvements de capitaux et intégration économique », Revue économique, vol.17, n° 6, 1966.

Henri Tcheng, Jean-Michel Huet, et Jean-Bernard Pagès 'Pourquoi l'Afrique est en avance dans le (m-paiement)'.

J.-P. Pourtois, H. Desmet et W. Lahaye, Faculté de Psychologie et des Sciences de l'éducation, Université de Mons-Hainaut, « Les points-charnières de la recherche scientifique », CAMPUS Force.

Jean Marc Vernière « Les pouvoirs locaux et le financement des PME », Revue d'économie financière, année 2015, volume 5, n° 1, p. 305-309.

Jean MONET, 1959, « Prospect a new Europe ».

Jean Pierre Fouda Owoundi « La convergence des politiques économiques dans la zone : où en est-on 15 ans après ? » Article de la revue économique L'actualité économique, Vol.85, N° 3, septembre 2009, p. 319-354.

Jérôme Creel & Jacky Fayolle « La banque centrale et l'union monétaire européennes : les tribulations de la crédibilité », Revue de l'OFCE, Hors-série/mars 2002.

Joana Bauvert, « Monnaie et capital dans l'œuvre de Walras », les Cahiers du CERAS, Hors-série, n° 3.

Josée St-Pierre, Benoit Lavigne, Hélène Bergeron. LES INDICATEURS DE PERFORMANCE FINANCIÈRE ET NON FINANCIÈRE : COMPLÉMENTARITÉ OU SUBSIDIARITÉ ? ÉTUDE EXPLORATOIRE SUR DES PME MANUFACTURIÈRES. Comptabilité et Connaissance, May 2005, France.pp.CD-Rom. « halshs-00581289 », Submitted on 20 April 2011.

Jules-Armand Tapsoba, thèse de Doctorat en sciences économiques, Université d'Auvergne Clermont-Ferrand I, 3 mars 2009, « Intégration Monétaire Africaine et changements structurels : Commerce, partages des risques et coordination budgétaire ».

Khalid, Ahmed M., (2006), Bond market developments in emerging markets: prospects and challenges for Pakistan, Research Bulletin, State bank of Pakistan, Vol 3, No, 1, Karachi, 43-62.

Les Nations Unies, Rapport 2009, « Renforcer l'intégration économique régionale pour le développement de l'Afrique », numéro de vente : F.09.11.D.7, ISBN 978-92-1-212365-3, ISSN 1990-5092.

Lorenzi Jean Hervé, Navaux Julien, « L'utilité des investissements de long terme », Revue d'économie financière, 2012,/4 (N° 108, p.17-36.

Ludovic Aubert « La politique monétaire : éléments de théorie et pratiques des banques centrales », Recherche effectuée dans le cadre d'une convention conclue entre l'Institut de Recherches Economiques et Sociales (IRES) et la C.F.E.-CGC, décembre 2001.

Mahjouba ZAITER LAHIMER « L'impact des entrées de capitaux privés sur la croissance économique dans les pays en développement », Thèse de doctorat en Sciences de Gestion, DAUPHINE 06 octobre 2011 (Laboratoire d'Économie de Dauphine (LEDa).

Manel Kolsi, Hanen Ghorbel « Effet des mécanismes de gouvernance sur la performance financière et boursière : cas des entreprises canadiennes » Hal Id : hal-00650537, submitted on 10 décembre 2011.

Marcel René Gouenet, Université de Yaoundé II, Yaoundé, Cameroun « Instabilité Socio-Politique et Niveau de l'Investissement Privé : Une évaluation empirique du cas du Cameroun », Investment Climate and Business Environment (ICBE), Research Fund, IDRC, CRDI Canada.

Marie France JARRET, « Les théories de la zone monétaire optimale et critères convergence ».

Mario Berrios « Évaluation de l'environnement des affaires au Cameroun », Bureau International du Travail, Genève 2013.

Mathilde Lemoine — Philippe Madiès-Thyerry Madiès, « Les grandes questions d'économie et de finance internationales », 2016, ISSN 203-501X, ISBN 978-2-8073-0156-6.

Matthieu GASSE-HELLIO « Les tontines dans les pays développement », UNIVERSITÉ DE VERSAILLES SAINT-QUENTIN-EN-YVELINES.

Mckinnon R., 1963, «Optimum Currency Areas», American economic Revew, Vol. 53.

Michel Botzung, *Dispositifs d'appui et financement de la petite entreprise*, revue du tiers monde/année 1996/145/pp.135-151.
Michel LELART « La diversité au cœur de la finance : la finance informelle », Directeur de Recherche émérite au CNRS, Laboratoire d'Orléans.

Mignon Valérie, « Les ambiguïtés de la théorie de l'efficience informationnelle des marchés financiers », Regards croisés sur l'économie, vol.3, n° 1, 2008, pp.104-117

Mondialisme et Régionalisme, « Le nouveau régionalisme » en Afrique. Par Makhtar Diouf, 2002.

Mundell R. A. 1961, «A Theory of Optimum Currency Area», American economic Review n°4.

N'Kodia Claude, « Les pactes de convergences en zone franc : quels critères et quels objectifs en zone CEMAC ? », Revue française d'économie, 2 — /2011 (Volume XXVI).

Narcisse MOUELLE KOMBI, AFRILEX n°4, « Les aspects juridiques d'une union monétaire : L'exemple de l'union monétaire de l'Afrique centrale (UMAC) ».

Nations Unies, 8 avril 2014, Conférence des Nations Unies sur le commerce et le développement, Conseil du commerce et du développement, Cinquième neuvième directive, Genève, 23-25 juin 2014, Point 2 de l'ordre du jour provisoire, activités de la CNUCED en faveur de l'Afrique, « Unions monétaires et commerce régional en Afrique ».

NEPAD-OCDE, 2009, « Afrique : Développer les marchés financiers pour la croissance et l'investissement ».

North, Douglass C., (1999) Institutions, Institutional Change and Economic Performance, New York: Cambridge University Press.

NOUWOUE NJOFANG D. Guylaine « Similarité, commerce et intégration économique régionale au sein de la CEMAC : une application de l'approche économétrique spatiale sur données de panel » *Ministry of economy, planning and regional development, Yaounde-Cameroon*, August 2013.

Olivier de Bandt, Françoise Drumetz, Christian Pfister, « Stabilité financière » 2013.

Ömür SÜER « Un modèle déterminant la performance des banques : BANQUE — OPÉRA », Université de Galatasaray, 2002-2006, IAE de Paris (Université Paris I Panthéon-Sorbonne) — GREGOR — 2002-2006.

Ouedrago Boukary, « les déterminants de l'intensification du volume de l'épargne dans le système financier décentralisé au Burkina Faso : Cas des caisses populaires de Ouagadougou ». Revue Tiers Monde, vol, 196, n° 4, 2008, PP 901-926.

Paul Claval « Réflexion sur la centralité », Cahier de géographie du Québec, volume 44, n° 123, décembre 2000, p.285-301.

Paul GOURDET, 2013, « Comprendre la bourse pour y investir », Gualino, Lextenso édition.

Pereira Brigitte « Blanchiment, soupçon et sécurité financière »,

Revue internationale de droit économique, vol. t. xxv, n° 1, 2011, PP 43-73 d'économie.

Pierre-Cyrille Hautcœur (EHESS-PSE), « Marché et liquidité : le cas du marché financier ». Cet article a été présenté au Congrès de l'Association française d'histoire économique de Lyon le 21 octobre 2010 et sera publié dans ses actes.

Pierre-Cyrille Hautcoeur « Marché et liquidité : le cas du marché financier ».

Pierre-Cyrille Hautcœur, « Marchés financiers et développement économique : une approche historique, Regards croisés sur l'économie », 1/2008 (n° 3), p. 159-172.

Rémi Bachelet « Les salles des marchés financiers : décision et organisation » Chercheur associé au CERSO, Université Paris IX-Dauphine, 75 775 Paris Cedex 16, tél. 01 44 05 46 25.

Réunion des ministres des finances de la zone franc « Intégration des marchés de capitaux en zone franc », Paris le 02 octobre 2015.

Richard ODOUA « la bourse des valeurs mobilières de l'Afrique centrale et l'entrepreneuriat au Congo », mémoire de maîtrise ès sciences Economiques et organisation des entreprises, Université du Marien NGOUABI, faculté des Sciences Economiques, année académique 2004-2005.

Robert Solow, 1980, «Increasing Return and Long Run Growth», Journal of Political Economy.

Rozas Sonia Tello, Gauthier Bernard « les tontines favorisent-elles la performance des entreprises au Cameroun ? », Revue d'économie du développement, vol.20, n° 1, 2012, pp. 5-39.

Sabri BOUBAKER, Florence Labégorre, *L'autorité de régulation des marchés financiers en France : entre États et marché,* Revue d'économie financière/année 2007/89 pp.163-181

Samuel GUERINEAU et Luc JACOLN, « Réussir l'intégration financière en Afrique ».

Stéphane Jacquet, CREG, 17 septembre 2011, « Management de la performance »
Sylvain ALBERTEAU, 2003, « Penser la complexité en gestion : la pensée complexe comme méthode d'apprentissage dans l'erreur et l'incertitude humaine »
URL : http:/www.cairn.info/revue-francaise-d-é-economie-2011-2-page-115.htm.

Vivien LEVY-GARBOUA et Gérard MAAREK, 2014, « Capitalisme-Finance-Démocratie, le nouveau malaise », Economica.

Wilfrid AZAN, 2007, « Système de pilotage et performance ».

William SHARPER, « Théorie de la performance des marchés basée sur la rentabilité et le risque ».

Yves ABESSOLO, Université de Yaoundé II, Cameroun « INSTABILITÉ POLITIQUE ET PERFORMANCE S ÉCONOMIQUES : Une évaluation du cas du Tchad.

RAPPORTS

BAD, 2009, « Guide des marchés obligataires de la Banque Africaine de développement ».

Banque de France, 2013, "Rapport annuel de la zone franc : Évolution de la situation économique et financière de la zone CEMAC".

Banque de France, 2013, "Rapport annuel de la Zone franc"

Banque mondiale, "2016, Cameroun, Mémorandum économique, Marché, administration publique, et croissance".

BEAC (1999), "Le rapport de l'étude de faisabilité pour la création d'un marché financier régional".
COSUMAF, "Recueil des textes de la CEMAC et Marché Financier de l'Afrique Centrale".

COSUMAF, 2005, "Rapport d'activités de la COSUMAF".

COSUMAF, 2011, "Rapport d'activités de la COSUMAF".

COSUMAF, 2012, "Rapport d'activités de la COSUMAF".

COSUMAF, 2013, "Rapport d'activités de la COSUMAF".

COSUMAF, 2014, "Rapport d'activités de la COSUMAF".

COSUMAF, 2014, « Rapport d'activités de la COSUMAF ».

FMI, septembre 2008, "Finance et Développement".

GABAC, « Rapport d'activités du GABAC 2013/2014 ».
Nations Unies, commission économique pour l'Afrique, bureau sous-régional pour l'Afrique centrale, "Rapport sur l'amélioration du climat des affaires en Afrique centrale", *ECA/SRO-CA/NRP/BUS/14*, novembre 2014.

JOURNAUX

Afrique Business, n° 38, avril/mai 2015.

COFACE FOR SAFER TRADE, « GUIDE COFACE, RISQUE PAYS 2017 : Analyse des risques et prévisions sur 160 pays », Dépôt légal janvier 2017.

Économie Gabon+bimensuel, Dr Merdan NGATTAI-LAM, économiste, juillet/août 2016 n° 50.

HEBDO informations, journal hebdomadaire d'informations et d'annonces légales N° 606-16-MARS 2013, "CEMAC, CEEAC et Union africaine, pour quelle intégration régionale ?" MULTIPRESS.

GABON BP 3 875 Libreville T.2000 — D.L.B.N 1296 – 3/2013.

INVESTIR AU CAMEROUN, décembre 2013/janvier 2014-N° 21/22
Jeune Afrique, 55è année, n° 2828 du 22 au 28 mars 2015.

Quotidien L'union, N° 11 302, du mercredi 7 août 2013, Raïvo REMONDO OKENGUE, "SIAT Gabon sacrifiée sur le front du conflit entre la BVMAC et La DSX".

Quotidien L'union, N° 12 256, du jeudi 27 octobre 2016.

Quotidien L'union, N° 12 256, du jeudi 27 octobre 2016.

Revue PROPARCO, n° 5, 2010, "Les marchés financiers en Afrique : véritable outil de développement".

WEBGRAPHIE

htt://www.investiraucameroun.com
http://indexation.univ-fcomte.fr/nuxeo/site/esupversions/0270c076-dbb5-4761-8eea-22e6efdab614
http://www.cairn.info
http://www.deboeck.com
http://www.Droit-Afrique.com
http://www.érudit.org
http://www.grégoria.univ-paris1.fr
http://www.iae-paris.com
http://www.institut-numérique.org
http://www.parisschoolofeconomics.com/hautcoeur-pierre cyrille/these/hautcoeur_these1.pdf
http://www.parisschoolofeconomics.eu/IMG/pdf/n11-septembre2012-lettrepse.pdf
http://www.Vernimmen.net
http://www.wikipedia.orgp
http://www.worldbank.org
https://halshs.archives-ouvertes.fr/tel-00483729/document
https://halshs.archives-ouvertes.fr/tel-00483729/document
https://tel.archives-ouvertes.fr/tel-00618863/document
https://www.arcep.ga
https://www.doingbusiness.org/reports
www.economie-gabon.com

SITES OFFICIELS

http://www.bvmac-ac.com (Bourse des Valeurs Mobilières de l'Afrique Centrale)
http://www.cemac.int (Communauté Economique et Monétaire de l'Afrique Centrale)
www.beac.int (Banque des États de l'Afrique centrale)
www.cmf.cm (Commission des Marchés Financiers du Cameroun)
www.cobac.cm (Commission Bancaire de l'Afrique Centrale)
www.cosumaf.org (Commission de Surveillance des Marchés Financiers de l'Afrique Centrale)
www.douala-stock-exchange.com (Douala Stock Exchange Cameroun)

ACRONYMES ET ABRÉVIATIONS

ACP : Afrique Caraïbe Pacifique
AGE : Assemblée Générale Extraordinaire
AGO : Assemblée Générale Ordinaire
ANIF : Agence Nationale d'Investigation financière
APE : Accord de Partenariat Economique
ATS : Alternative Trading Système
BAD: Banque Africaine de Développement
BC : Banque Centrale
BEAC : Banque des États de l'Afrique Centrale
BGFI : Banque Gabonaise et Française Internationale
BM : Banque Mondiale
CAMES : Conseil Africain et Malgache pour l'Enseignement Supérieur
CEA : Communauté Economique Africaine
CEMAC : Communauté Economique et Monétaire de l'Afrique Centrale
CER : Communauté Economique Régionale
CMF : Commission des Marchés financiers du Cameroun
COBAC : Commission Bancaire de l'Afrique Centrale
COSUMAF : Commission de Surveillance du Marché Financier de l'Afrique Centrale
CT : Capitalisation Total
DSCE : Document Stratégique pour la Croissance et l'Emploi
DSX : Douala Stock Exchange
FCFA : Franc de la Communauté financière Africaine (Afrique de l'Ouest)
FCFA : Franc de la Coopération financière en Afrique (Afrique Centrale)
FF : Franc français
FMI : Fonds Monétaire International
GABAC : Groupe d'Action contre le Blanchiment d'Argent en Afrique Centrale
HF : Hypothèse financière
HNF : Hypothèse Non financière
ID : Investissement Direct
IDE : Investissement Direct Etranger
IE : Intégration Economique
IER : Intégration Economique Régionale
IFI : Institution Financière Internationale

IMFA : Initiative des Marchés Financiers Africains
INS : Institut National de la Statistique
INSEE : Institut National des Études Economiques
IR : Intégration Régional
LT : Long Terme
M2 : Masse Monétaire
MFAC : Marché Financier de l'Afrique Centrale
MFC : Marché Financier du Cameroun
MFRI : Marché Financier Régional Intégré
NTIC : Nouvelle Technologie de l'Information et de la Communication
OHADA : Organisation pour l'Harmonisation en Afrique du Droit des Affaires
OICV : Organisation Internationale des Commissions des valeurs
ONU : Organisation des Nations Unies
OPCVM : Organisme de placement collectif en valeurs mobilières
OUA : Organisation de l'Unité Africaine
P : Page
PAL : Plan d'Action de Lagos
PAS : Plan d'ajustement structurel
PAZF : Pays Africains de Zone Franc
PD : Pays développés
PED : Pays En Développement
PEMOF : Politique, Economique, Monétaire et financier
PEST : Politique, Economique, Socio-culturel, Technologique
PIB : Produit Intérieur Brut
PIB : Produit Intérieur Brut
PIB : Produit Intérieur Brut
PME : Petite et Moyenne Entreprise
PPP : Partenariat Public Privé
PRE : Plan de Relance Economique
Rev. : Revue
RSA : République Sud-Africaine
RT : Ratio de transaction
SFI : Société Financière Internationale
SVT : Spécialiste en Valeurs du Trésor
TCI : Taxe Communautaire d'Intégration
TEC : Tarif Extérieur Commun
TVA : Taxe sur la Valeur Ajoutée
UA : Union africaine

UBA : United Bank of Africa
UDEAC : Union Douanière et Economique de l'Afrique Centrale
UE : Union Européenne
UEAC : Union Économique de l'Afrique Centrale
UEMOA : Union Economique et Monétaire Ouest Africaine
UMAC : Union Monétaire de l'Afrique Centrale
UMR : Union Monétaire Régionale
Vol : Volume
ZLE : Zone de Libre Échange
3D : Trois Dimensions
3R : Trois raisonnements

TABLE DES MATIÈRES

Structures éditoriales du groupe L'Harmattan

L'Harmattan Italie
Via degli Artisti, 15
10124 Torino
harmattan.italia@gmail.com

L'Harmattan Hongrie
Kossuth l. u. 14-16.
1053 Budapest
harmattan@harmattan.hu

L'Harmattan Sénégal
10 VDN en face Mermoz
BP 45034 Dakar-Fann
senharmattan@gmail.com

L'Harmattan Cameroun
TSINGA/FECAFOOT
BP 11486 Yaoundé
inkoukam@gmail.com

L'Harmattan Burkina Faso
Achille Somé – tengnule@hotmail.fr

L'Harmattan Guinée
Almamya, rue KA 028 OKB Agency
BP 3470 Conakry
harmattanguinee@yahoo.fr

L'Harmattan RDC
185, avenue Nyangwe
Commune de Lingwala – Kinshasa
matangilamusadila@yahoo.fr

L'Harmattan Congo
67, boulevard Denis-Sassou-N'Guesso
BP 2874 Brazzaville
harmattan.congo@yahoo.fr

L'Harmattan Mali
ACI 2000 - Immeuble Mgr Jean Marie Cisse
Bureau 10
BP 145 Bamako-Mali
mali@harmattan.fr

L'Harmattan Togo
Djidjole – Lomé
Maison Amela
face EPP BATOME
ddamela@aol.com

L'Harmattan Côte d'Ivoire
Résidence Karl – Cité des Arts
Abidjan-Cocody
03 BP 1588 Abidjan
espace_harmattan.ci@hotmail.fr

Nos librairies en France

Librairie internationale
16, rue des Écoles
75005 Paris
librairie.internationale@harmattan.fr
01 40 46 79 11
www.librairieharmattan.com

Librairie des savoirs
21, rue des Écoles
75005 Paris
librairie.sh@harmattan.fr
01 46 34 13 71
www.librairieharmattansh.com

Librairie Le Lucernaire
53, rue Notre-Dame-des-Champs
75006 Paris
librairie@lucernaire.fr
01 42 22 67 13

www.ingramcontent.com/pod-product-compliance
Lightning Source LLC
LaVergne TN
LVHW021134061026
849535LV00002B/238